Thomas Dräger

Egbert Rumpf-Rometsch

W0201615

Die Fälle

Strafrecht AT

Allgemeiner Teil

8. Auflage

44 Fälle

mit Lösungsskizzen

und

Formulierungsvorschlägen

der fall fallag

!!!!!!!!!!

Dem unvergessenen Eduard Z. !

Credits

Barbara hat wieder einmal viel Zeit aufgewendet, um unsere geistigen Ergüsse zu überprüfen und erhält die Auszeichnung „Heldin der Arbeit“.

Jana hat in der Endphase der Produktion sichergestellt, dass wir nicht verhungern oder verdursten.

Druck und Verarbeitung

CPI – Ebner & Spiegel, Ulm

Umschlag

Marion Volkmer visuelle kommunikation, Düsseldorf

Internet

www.fall-fallag.de

Bezug (leider nur) für den Buchhandel

SIGLOCH Distribution, Blaufelden

ISBN 978-3-932944-69-7

Dräger / Rumpf-Rometsch • Die Fälle – Strafrecht AT • 8. Auflage • 2019

Aus dem Vorwort zur 1. Auflage

Ist es nicht unglaublich? Nun gibt es aus der Serie „Die Fälle“ nicht ein Buch, nicht zwei Bücher, nein sage und schreibe drei Bücher zum Strafrecht.

Wer unsere Werke aktiv durcharbeitet, wird dabei nicht nur auf ausgesuchte und wichtige inhaltliche Fragen stoßen, sondern sich vor allem die Fallbearbeitungs- und Formulierungstechnik erschließen.

...

Auch und gerade die Umsetzung in der Klausur oder Hausarbeit will gelernt sein. Darstellung und Schwerpunktsetzung sind entscheidende Faktoren, die vom Schwierigkeitsgrad und der Bedeutung her häufig unterschätzt werden. Zumindest im klassischen Lehrbuch werden die gutachtentechnischen Fähigkeiten anscheinend wie selbstverständlich vorausgesetzt und die mit der konkreten Fallbearbeitung verbundenen Schwierigkeiten bestenfalls am Rande behandelt.

Wir hingegen stellen nach inzwischen gut bewährtem Muster die konkrete Umsetzung in den Vordergrund.

...

Cottbus und Köln, im vom wiederbelebten Schlager geprägten Frühjahr 1998

Thomas Dräger
Egbert Rumpf-Rometsch

Aus dem Vorwort zur 4. Auflage

...

So haben wir Einzelheiten zum Eventualvorsatz ebenso näher erläutert wie das immer noch diskutierte elterliche Züchtigungsrecht. Neues gibt es auch zur actio libera in causa (a.l.i.c.), zum erfolgsqualifizierten Versuch, zum systematischen Verständnis der Tötungsdelikte im Zusammenhang mit § 28 und zur Abgrenzung zwischen Tun und Unterlassen. Die aktuelle Diskussion um die sogenannte Rettungsfolter haben wir an geeigneter Stelle aufgegriffen.

...

Cottbus und Köln, nicht allzu lange nach dem Sturm „Kyrill“ im Frühjahr 2007

Thomas Dräger
Egbert Rumpf-Rometsch

Aus dem Vorwort zur 6. Auflage

Gerade diese Auflage bringt viel Neues, nämlich insbesondere zwei zusätzliche Fälle.

Ein neuer Fall betrifft eine recht spezielle, erkennbar ausbildungs- und prüfungsrelevante Konstellation aus dem Bereich des Fahrlässigkeitsdelikts.

Außerdem präsentieren wir euch einen weiteren lehrreichen Fall zum unechten Unterlassungsdelikt, der einer frischen BGH-Entscheidung aus dem Jahr 2011 nachgebildet ist.

Bei der Einwilligung waren zwei wichtige Urteile im Zusammenhang mit der sogenannten Sterbehilfe zu beachten. Der BGH berücksichtigt damit konsequent die nach langer Diskussion im Jahr 2009 in Kraft getretenen Vorschriften zur Patientenverfügung (§§ 1901a ff BGB).

Weitere Ergänzungen gibt es beispielsweise im Bereich der Notwehr (§ 32) und zum korrigierten Rücktrittshorizont (§ 24 I 1 Var. 1). Bei der Frage nach dem unmittelbaren Ansetzen zur Tatbestandsverwirklichung (§ 22) haben wir das moderne Phänomen „Skimming" unter die Lupe genommen.
...

Cottbus und Köln, im nacholympischen Herbst 2012

Thomas Dräger
Egbert Rumpf-Rometsch

Aus dem Vorwort zur 7. Auflage

Wir präsentieren euch nun auch in diesem Buch Schemata zum Aufbau. Dabei gehen wir – anders als bei den Büchern zum Besonderen Teil – nicht von einzelnen Delikten aus. In diesem Buch drehen sich die Schemata um Deliktsarten und um Prüfungspunkte aus dem Allgemeinen Teil. Dort nennen wir nicht nur Beispiele, sondern verweisen zur Vertiefung auf die Fälle.

Inhaltlich wollten die Aktivitäten des nimmermüden Gesetzgebers berücksichtigt werden: Inzwischen ist ein Spezialfall der Einwilligung zivilrechtlich geregelt, nämlich in § 630d BGB. Und es gibt nach langer politischer Diskussion seit Ende des Jahres 2015 mit § 217 den Tatbestand „Geschäftsmäßige Förderung der Selbsttötung". Dadurch wird eine bisher straflose Beihilfehandlung zur Straftat.

Zudem hat wie üblich die Entwicklung in Rechtsprechung und Literatur zu einigen Änderungen geführt.

...

Cottbus und Köln, in Erinnerung an David Bowie im Frühjahr 2016

Thomas Dräger
Egbert Rumpf-Rometsch

Vorwort zur 8. Auflage

Wir haben vor allem die Ausführungen im Bereich des Tötungsvorsatzes wesentlich ergänzt.

Hauptauslöser für eine ausgiebige und lebhafte Diskussion war die „Raser-Rechtsprechung". Das Landgericht Berlin hatte Teilnehmer an einem illegalen Autorennen wegen Mordes verurteilt. Diese Entscheidung hat der BGH inzwischen aufgehoben und dabei unter anderem die Anforderungen für den Eventualvorsatz in derartigen Fällen herausgearbeitet (NJW 2018, 1621 ff).

Die Zeiten ändern sich merklich. So wird neuerdings im Bereich der Rechtfertigungsgründe darüber diskutiert, ob Tiere nothilfefähige Individualrechte haben.

Zudem haben weniger spektakuläre Entwicklungen in Rechtsprechung und Literatur an manchen Stellen zu kleineren Änderungen geführt.

Auch hier soll der Hinweis auf unser Werk ***„Das Recht – Ein Basisbuch"*** nicht fehlen. Dort geht es um die Grundlagen und um den nicht minder wichtigen Gesamtüberblick. Arbeitstechnik und Sprache stehen dabei im Vordergrund, wobei zahlreiche Grundbegriffe anhand von Fallbeispielen vermittelt werden. Das Buch gibt es ab April 2019 als ***Download*** auf der Verlag-Homepage (www.fall-fallag.de). Zum Jubiläum. ***Kostenfrei***. Der Fall-Fallag blickt auf 25 erfolgreiche Jahre zurück. Danke ...

Und für Lob und/oder Kritik könnt ihr weiterhin die unten angegebene E-Mail-Adresse nutzen.

Cottbus und Köln, im von Streitigkeiten rund um den Abgasskandal geprägten Frühjahr 2019

Thomas Dräger
Egbert Rumpf-Rometsch

Kontakt: lobundtadel@fall-fallag.de

www.fall-fallag.de

Inhaltsverzeichnis

Schuld

Täterschaft und Teilnahme

Fahrlässigkeitsdelikt

Unterlassungsdelikt

Einführung in die Handhabung des Buches

Generell und damit nicht nur für unsere Bücher gilt, dass rein passives Konsumieren kaum Erfolge bringt. Das Zauberwort für eine effektive Arbeitsweise heißt „aktives Lernen". Dazu gehört als unerlässliche Grundvoraussetzung, dass einschlägige ***Vorschriften*** mitdenkend ge***lesen*** werden. Das ist zwar eine Binsenweisheit, die aber erfahrungsgemäß aufgrund einer gewissen Trägheit nicht immer konsequent beachtet wird.

Von uns ohne Gesetzesbezeichnung genannte Normen sind solche des Strafgesetzbuchs (StGB). Wir zitieren Absätze mit römischen Ziffern. So ist etwa mit „§ 25 ***II***" der zweite Absatz des § 25 gemeint. Die Bezeichnung einzelner Sätze erfolgt durch arabische Ziffern (z.B. § 17 ***S. 1*** oder § 35 I ***1***). Gegebenenfalls werden Varianten, Alternativen und Nummern zitiert (z.B. § 223 I ***Var. 1***, § 25 I ***Alt. 2***, § 11 I ***Nr. 2***). Wenn Vorschriften außerhalb des StGB genannt werden, geschieht dies mit der jeweiligen Gesetzesbezeichnung (z.B. § 228 S. 1 ***BGB***).

Zunächst solltet ihr euch intensiv mit unserer allgemeinen ***Einführung in die Fallbearbeitungstechnik*** beschäftigen. Die meisten der darin enthaltenen Ratschläge werden euch übrigens auch außerhalb des Strafrechts zugute kommen.

Es folgt in der Rubrik ***Alle Fälle auf einmal*** eine Zusammenstellung sämtlicher Sachverhalte. Wir möchten euch damit vor der Versuchung bewahren, vorschnell zu unserem jeweiligen Lösungsvorschlag überzugehen. Macht euch zunächst immer eigene Gedanken! Am meisten bringt es, wenn ihr nicht nur eine eigene Lösungsskizze entwerft, sondern euch auch an der Formulierung übt.

Es folgt der Hauptteil des Buches, der bei jedem der Fälle dieselbe Struktur aufweist:

Fall – Lösungsskizze – Formulierungsvorschlag – Fazit

Der ***Sachverhalt*** mit Fallfrage wird noch einmal wiedergegeben, damit ihr nicht immer wieder zum Anfang zurückblättern müsst.

Die ***Lösungsskizze*** enthält alle Prüfungspunkte, wobei die problematischen Punkte schon hier umfangreicher behandelt werden. Die Schwerpunktsetzung erfolgt damit nicht erst im Formulierungsvorschlag, sondern schon in der Lösungsskizze. Oft werdet ihr an einem problematischen Prüfungspunkt unseren Hinweis „a.A. vertretbar" finden. Das deutet darauf hin, dass man durchaus zu einem von unserer Lösung abweichenden Ergebnis kommen kann. Löst euch von der verbreiteten Vorstellung, es gebe im (strafrechtlichen) Gutachten immer nur ein „richtiges“ Ergebnis. Es geht darum, stilistisch sauber mit rhetorisch möglichst überzeugender Argumentation zu einem vertretbaren Resultat zu gelangen.

Auf die Lösungsskizze folgt der vollständige ***Formulierungsvorschlag***. Der Begriff sollte wörtlich genommen werden. Es ist eben nur ein Vorschlag für eine gelungene Formulierung. Vom Umfang her orientieren sich unsere Ausführungen überwiegend an den Klausuranforderungen. Bei Hausarbeiten kann es sinnvoll sein, bestimmte Problempunkte breiter darzustellen. Für einen bedeutenden Vorteil unserer Darstellungstechnik halten wir es, dass keine lehrbuchartigen Ausführungen in die Formulierungsvorschläge gemischt werden. Viele andere Autoren tun das und tragen so gerade bei Anfängern zu unnötiger Verwirrung bei.

Im ***Fazit*** werden dann inhaltliche wie aufbautechnische Probleme des jeweiligen Falls aufgegriffen und erläutert. Es werden darüber hinaus Bezüge zu ähnlichen Fällen hergestellt sowie sinnvolle Fallabwandlungen konstruiert und durchgespielt. Wir greifen damit vielfach auch relevante Fragen auf, die zwar keinen unmittelbaren Bezug zum Ausgangsfall haben, aber im weiteren Dunstkreis des Falls angesiedelt sind. Kurzum: Im Fazit werden wissenswerte Aspekte beleuchtet, die sich nicht schon erschöpfend aus der Lösungsskizze und/oder dem Formulierungsvorschlag ergeben. Die schon angesprochene klare Trennung zwischen Formulierungsvorschlag und Fazit hat natürlich auch für den jeweiligen Sprachstil Folgen. Im Fazit taucht oft eine etwas saloppere („unwissenschaftliche“) Ausdrucksweise auf, die man sich im Rahmen einer Klausur oder Hausarbeit besser verkneift.

Häufig enthält das Fazit Verweisungen. Sie können sich auf vorangegangene Fälle dieses Buches oder auch auf die BT-Bücher beziehen.

Die ersten 34 Fälle betreffen bis auf wenige Ausnahmen das vorsätzliche vollendete Begehungsdelikt.

In den Fällen 1 bis 5 geht es schwerpunktmäßig um den ***Tatbestand***.

Die ***Rechtswidrigkeit*** ist zentrales Thema der Fälle 6 bis 15.

Fragen der ***Schuld*** bilden Prüfungsschwerpunkte in den Fällen 16 bis 21.

Täterschaft und Teilnahme sind Gegenstand der Fälle 22 bis 34.

Mit den Fällen 35 bis 40 wenden wir uns dem ***Versuch*** und dem ***Rücktritt*** vom Versuch zu.

Die Fälle 41 und 42 betreffen das ***Fahrlässigkeitsdelikt***.

Schließlich greifen wir in den Fällen 43 und 44 das ***Unterlassungsdelikt*** auf.

Im Anschluss an die Fälle folgen noch wichtige Hinweise auf ***vermeidbare Sünden in Klausuren und Hausarbeiten***. Diese Rubrik ist eine Ergänzung zur „Einführung in die Fallbearbeitungstechnik". Sie enthält Warnungen vor erfahrungsgemäß häufig auftauchenden Schnitzern. Es lohnt sich, diese komprimierte Übersicht insbesondere unmittelbar vor Klausuren zu lesen und bei Hausarbeiten immer im Auge zu behalten.

In den folgenden zusammenfassenden ***Aufbauschemata*** geht um Deliktsarten und um Prüfungspunkte aus dem Allgemeinen Teil.

Das ***Gesetzesverzeichnis*** dient ebenso wie das abschließende ***Sachverzeichnis*** dem leichteren Zugriff auf Vorschriften und Details.

Frohes Schaffen!!!

Einführung in die Fallbearbeitungstechnik

- alles im Griff

Mit der Fallbearbeitungstechnik kann man sich nicht intensiv genug beschäftigen. Eine gute Arbeit lebt von der ***Schwerpunktsetzung***, vom ***Stil*** und der ***Argumentation***.

Die Darstellung macht's!!

Was ihr in dieser Hinsicht beherrscht, kommt euch in jeder Klausur oder Hausarbeit zugute. Dagegen begegnet euch ein mühevoll auswendig gelernter Meinungsstreit unter Umständen nie wieder. In der immer weiter steigenden Flut der juristischen Einzelprobleme kann man sich letztlich nur durch eine fundierte Fallbearbeitungstechnik über Wasser halten.

Worum geht es ?

In der Klausur oder Hausarbeit soll ein Fall gutachterlich gelöst werden. Das klingt völlig banal, wird aber oft genug nicht beachtet. Es geht nicht darum, möglichst viel Wissen in Form von Meinungsstreitigkeiten abzuladen. Wer auf die „Ich weiß was"-Tour kommt, fängt sich Randbemerkungen wie „Fallbezug?" oder „überflüssige Lehrbuchausführungen" ein.

Auf Streitfragen darf nur eingegangen werden, wenn es für die Fall-Lösung darauf ankommt.

Häufig liegt der Schwerpunkt der Arbeit auf der Auswertung der im Sachverhalt enthaltenen Angaben, nicht auf dem leidigen Abspulen von Meinungsstreitigkeiten.

Wie gehe ich an die Sache heran ?

- Die Erfassung des Sachverhalts

Zunächst einmal muss der Sachverhalt gründlich erfasst werden. Das gelingt nur bei sehr kurzen und übersichtlichen Klausuren durch einmaliges Lesen. In aller Regel solltet ihr den ***Text*** mindestens zweimal oder besser dreimal ***aufmerksam lesen***. Viele bearbeiten das Aufgabenblatt schon in diesem Stadium mit allen möglichen ***Markierungen***, ***Einteilungen*** und ***Randbemerkungen***.

Das ist nicht unbedenklich:

In der Regel enthält der Sachverhalt keine überflüssigen Passagen. Es besteht die Gefahr, dass vor lauter Konzentration auf die hervorgehobenen Teile Wichtiges unter den Tisch fällt. Vor allem aber könnt ihr zum Zeitpunkt der Erst- oder Zweitlektüre eines unbekannten Falls noch gar nicht zielsicher entscheiden, was nun besonders wichtig ist. Die Fehlerquote kann ziemlich hoch liegen.

Außerdem darf bezweifelt werden, dass die Angelegenheit durch – womöglich vielfarbige – Markierungen wirklich übersichtlicher wird.

Wer es partout nicht lassen kann, sollte sich jedenfalls der genannten Nachteile bewusst sein.

Besonders zu beachten sind natürlich ***Fallfragen*** und ***Bearbeiterhinweise***.

Häufig ist nur die Strafbarkeit bestimmter Personen zu prüfen! Bestimmte Delikte sind oft ausdrücklich nicht zu prüfen! Regelmäßig werden beispielsweise waffenrechtliche Vorschriften von der Prüfung ausgenommen. Die Fallfrage beschränkt den Prüfungsumfang oft auf Vorschriften des StGB! Bearbeiterhinweise werden sich häufig auf gestellte Strafanträge beziehen.

Die – gar nicht so seltene – ***Missachtung*** solcher Hinweise erregt den Unmut des Korrektors, ***sollte*** also ***tunlichst vermieden werden***. Achtet darauf!

- Die Suche nach den Tatbeständen

Nichts ist ärgerlicher, als einen einschlägigen Tatbestand zu übersehen! Deshalb sollte nicht vorschnell mit der gedanklichen Prüfung der auf den ersten Blick infrage kommenden Normen begonnen werden.

Damit euch nichts durch die Lappen geht, solltet ihr ***zunächst das Inhaltsverzeichnis des StGB durchkämmen:***

Wenn ein ***Abschnitt des BT*** seiner Überschrift nach verdächtig erscheint, liest man die ***Paragrafenüberschriften***.

Jeder auch nur entfernt in Betracht kommende Paragraf wird notiert. Anschließend liest man sich den ***Text der*** auf diese Weise ***herausgefilterten Vorschrift***.

Ergibt sich nicht auf Anhieb, dass die Vorschrift ausscheidet, wird sie in der Lösungsskizze geprüft.

Ob der Tatbestand so nahe liegt, dass er ins ausformulierte Gutachten gehört, ist eine ganz andere Frage. Das kann erst im Gesamtüberblick beurteilt werden.

Die hier vorgeschlagene Technik wenden erfahrungsgemäß nur relativ wenige Bearbeiter konsequent an. Sie mag lächerlich erscheinen, wenn auf den ersten Blick nur bekannte Tatbestände einschlägig sind. Es geht aber ja gerade darum, die unbekannten und versteckten Normen aufzuspüren!

Ein kleines Beispiel zum Mitmachen: Lest den Fall und überlegt kurz, welche Delikte euch dazu einfallen. Geht dann nach der oben beschriebenen Methode vor.

> T gelingt es, aus dem im Hausflur befindlichen verschlossenen Briefkasten des O einen Brief durch den Einwurfschlitz herauszuziehen. In der Hoffnung, darin Geld zu finden, reißt er den Brief auf. Inhalt ist ein Schreiben, auf dem O von seinem Geschäftspartner C über ein neues Passwort informiert wird. T setzt sich daraufhin an den PC und dringt in das System des Speditionsunternehmens C ein. Aus Ärger

über den aus seiner Sicht wertlosen Inhalt des Briefs, schleust er noch schnell ein Zerstörervirus ein, das binnen kürzester Zeit alle Daten lahm legt.

Wie hat sich T strafbar gemacht ?

§ 242 I dürfte auf Anhieb jedem in den Sinn kommen. ***§ 243 I 1, 2 Nr. 2*** als Strafzumessungsvorschrift liegt auch noch recht nahe. Wer spontan auf ***§ 303 I*** hinsichtlich des Briefs gekommen ist, hat schon einigen Überblick. § 303 I wird aber von ***§ 202 I Nr. 1*** verdrängt. Die Verletzung des Briefgeheimnisses haben sicher die allerwenigsten im Kopf gehabt. Jede Wette!!

Im zweiten Teil wird es noch etwas exotischer:

§ 202a I, § 303a I, § 303b I und § 263a kommen infrage. Das sind nun wahrlich Tatbestände, die euch im Studium nicht jeden Tag über den Weg laufen. Trotzdem können sie in Klausuren vorkommen. Keine Angst: Detailkenntnisse werden nicht erwartet, wenn die „Exoten“ nicht gerade in der Vorlesung umfassend besprochen wurden. Die Leistung besteht nicht zuletzt im bewussten Aufspüren der Vorschriften.

Macht euch die oben beschriebene Auswahlmethode deshalb frühzeitig zur Gewohnheit. Sie kostet nicht viel Zeit, kann aber peinliche Lücken vermeiden.

Die Lösungsskizze / Zeiteinteilung

Das Erstellen einer sauberen ***Lösungsskizze*** wird oft vernachlässigt. Sie ist die Basis der späteren Klausur und muss ***möglichst detailliert, vor allem aber vollständig*** sein.

Erst wenn der Fall von vorne bis hinten skizziert ist, kann in der Reinschrift eine vernünftige Schwerpunktsetzung erfolgen. Deswegen ist von der ***Unsitte des „Drauflosschreibens“*** klar abzuraten. Hinter diesem stark verbreiteten Verhalten steht wohl der auf den ersten Blick beruhigende Gedanke, schon mal etwas zu Papier gebracht zu haben.

Das ist deshalb gefährlich, weil im noch nicht durchdachten Teil der Arbeit die Hauptschwerpunkte liegen können. „Frühschreiber“ merken das dann zu spät. Das Ergebnis ist eine Arbeit, die zum Ende hin bestenfalls immer dünner wird, schlimmstenfalls ganze Teile der Prüfung gar nicht mehr enthält.

Lasst euch also nicht von den Nachbarn verunsichern, die schon mehrere Seiten geschrieben haben, während ihr noch mit der Lösungsskizze beschäftigt seid. ***Abgerechnet wird zum Schluss!!***

Wann spätestens mit dem Schreiben der Klausur begonnen werden sollte, kann nicht pauschal beantwortet werden. Hier zählen individuelle Erfahrungswerte.

Als ***Faustformel*** mag die sogenannte ***Drittelregel*** dienen:

Auf jeden Fall mindestens das erste Drittel der Bearbeitungszeit für die Skizze verwenden. Andererseits spätestens nach Ablauf von zwei Dritteln der Bearbeitungszeit mit dem Schreiben beginnen, sonst werdet ihr nicht fertig (Oh Ärger).

Bei den Überlegungen zur Lösungsskizze muss der ***Sachverhalt genau im Auge behalten*** werden. Bei einem gut gestellten Fall hat jeder Teil seine Bedeutung. Überflüssige Füllpassagen sind wie gesagt recht selten.

Deshalb ist es sehr hilfreich, folgende ***Kontrollüberlegung*** anzustellen:

Habe ich den gesamten Sachverhalt in die Lösungsskizze einbezogen? Wenn ja, spricht einiges für die Vollständigkeit (nicht notwendig für die Richtigkeit) der Lösung.

Oder umgekehrt: Kann eine bestimmte Textpassage ersatzlos gestrichen werden, ohne dass es sich auf meine Lösung auswirkt? Wenn ja, muss die Lösung im Hinblick auf den betreffenden Teil überdacht werden.

Der Gesamtaufbau

Bereits beim Erstellen der Lösungsskizze solltet ihr euch über den Aufbau klar werden. Oft spielen in einem Fall eine ganze Reihe von Personen mit. Dann ist genau darauf zu achten, ***wessen Strafbarkeit hinsichtlich welcher Delikte*** zu prüfen ist. Das ergibt sich aus der Fallfrage und – wie gesagt – aus eventuellen Bearbeiterhinweisen. Wie nun der Gesamtaufbau aussehen sollte, hängt individuell von der Klausur ab. Häufig ist nach der Strafbarkeit mehrerer Personen gefragt.

Dann kann man daran denken, ***nach Personen*** zu ***gliedern***:

„1. Strafbarkeit des A; 2. Strafbarkeit des B“

Das funktioniert aber nur, wenn man diesen Aufbau sinnvoll durchhalten kann. Dem kann zum Beispiel entgegenstehen, dass jeweils eine Teilnahme (also Anstiftung oder Beihilfe) an der Haupttat des anderen infrage kommt. Dann ist die eiserne Aufbauregel ***„Täter vor Teilnehmer“*** zu berücksichtigen. Ein konsequenter Aufbau nach Personen ist nicht möglich. Ein weiteres Beispiel taucht im Bereich der Mittäterschaft auf. Und zwar dann, wenn für sich genommen niemand den Tatbestand erfüllt hat: „A schlägt auf das Opfer ein, während B ihm die Brieftasche entwendet.“ Hier müssen die Mittäter des Raubes zwangsläufig gemeinsam geprüft werden, weil keiner der Täter alleine den gesamten Tatbestand erfüllt, sondern erst beide gemeinsam (vgl. § 25 II).

Aus diesen oder ähnlichen Gründen bietet sich in vielen Klausuren ein ***Aufbau nach Handlungsabschnitten*** an:

„1. Das Geschehen in der Bank; 2. Die Vorgänge auf der Flucht“

Natürlich kann innerhalb der jeweiligen Handlungsabschnitte wiederum nach Personen gegliedert werden, wenn denn mehrere in Betracht kommen.

Die Darstellung im Allgemeinen

- *Die äußere Form*

Hierzu gibt es nicht so furchtbar viel zu sagen. Dass die ***Schrift*** in der Klausur ***möglichst leserlich*** sein sollte, kann sich jeder denken. Wer also eine Sauklaue hat, sollte nach Möglichkeit daran arbeiten. Schreibt ***nicht mit Bleistift***, damit werden üblicherweise die Korrekturbemerkungen gemacht. Lasst ***genügend Rand***, sonst gilt das Motto „Kein Rand – keine Randbemerkungen". Beschreibt die ***Blätter*** nur ***einseitig und nummeriert*** sie. Wenn ihr die Seiten in der Hektik der letzten Sekunden vor Abgabe in der falschen Reihenfolge zusammengeheftet habt, fällt dem Korrektor so die Zuordnung leichter. An einer fehlenden Unterschrift ist wohl noch keine Klausur oder Hausarbeit gescheitert. Versucht trotzdem daran zu denken. Für die erste juristische Prüfung (Examen) müsst ihr euch die Unterschrift im Übrigen wieder abgewöhnen. Dort werden die Arbeiten anonym unter einer Kennziffer geschrieben.

- *Gutachtenstil*

Von euch wird in der Klausur – wie auch in Hausarbeiten – der anfänglich stark gewöhnungsbedürftige ***Gutachtenstil*** erwartet. Er besteht aus vier Schritten, die anhand eines bewusst einfachen Beispiels verdeutlicht werden sollen:

1. Schritt: Tatbestandsmerkmal aufwerfen

„Das Fahrrad müsste eine Sache sein."

2. Schritt: Definition

„Sache ist jeder körperliche Gegenstand."

3. Schritt: Subsumtion

„Das Fahrrad ist ein körperlicher Gegenstand."

4. Schritt: Ergebnis

„Damit ist das Fahrrad eine Sache."

Um Missverständnissen vorzubeugen: In einem solch unproblematischen Normalfall wirkt es albern, den umständlichen Gutachtenstil anzuwenden. Wenn also das Tatbestandsmerkmal völlig eindeutig gegeben ist, beschränkt man sich auf eine ***kurze Feststellung***: „Das Fahrrad ist eine Sache." Das ist vom Fallsteller durchaus vorgesehen. Die Bearbeitungszeit ist so bemessen, dass ihr unmöglich die ganze Klausur konsequent im Gutachtenstil schreiben könnt. Je nach Gesamtumfang eines Falls kann es sogar angebracht sein, einen konkurrenzmäßig untergeordneten oder völlig eindeutig gegebenen Tatbestand in einem Satz festzustellen: „T hat sich durch das Einsteigen in die Wohnung der O gemäß § 123 I Var. 1 strafbar gemacht."

Also:

Unproblematisches kurz feststellen!

Problematisches im Gutachtenstil darstellen!

Wenn ihr euch bei einem bestimmten Tatbestandsmerkmal für den ***Gutachtenstil*** entschieden habt, ***dann*** muss er ***sauber und vollständig*** sein!

Also nicht: „T müsste vorsätzlich gehandelt haben. Vorsatz ist Wissen und Wollen der Tatbestandsverwirklichung. Dies ist hier der Fall."

In diesem – so oder ähnlich leider sehr oft anzutreffenden – Negativbeispiel fehlt der Subsumtionsschritt und damit der Fallbezug. Das ist nichts Halbes und nichts Ganzes!

Noch mal zur Klarstellung:

Wenn der Vorsatz (wie in aller Regel) unproblematisch ist, reicht eine kurze Feststellung: „T handelte vorsätzlich."

Wenn er (ausnahmsweise) problematisch ist: Saubere (vollständige) Darstellung im Gutachtenstil.

Der Gutachtenstil kann nicht immer in der vierschrittigen Reinform gebracht werden. ***Vielfach muss geschachtelt geprüft werden:***

> „T müsste die Vase weggenommen haben. Wegnahme ist Bruch fremden und Begründung neuen Gewahrsams. Unter Gewahrsamsbruch versteht man die Aufhebung des ursprünglichen Gewahrsams gegen den Willen des Berechtigten. Gewahrsam ist die von einem Herrschaftswillen getragene tatsächliche Sachherrschaft."

Hier müssen einzelne Begriffe der Wegnahmedefinition ihrerseits wieder definiert werden. Im weiteren Verlauf müsst ihr genau ***darauf achten, dass ihr euch sauber zurückhangelt:***

> „Die Vase befand sich zunächst im Herrschaftsbereich des O, der seine Sachherrschaft auch bewusst ausgeübt hat. Damit stand die Vase ursprünglich im Gewahrsam des O. Durch das Mitnehmen hat T diesen Gewahrsam gegen den Willen des O aufgehoben. Er hat somit dessen Gewahrsam gebrochen. Gleichzeitig hat er eigenen und damit neuen Gewahrsam begründet. Folglich hat T die Vase weggenommen."

Auch bei diesem Beispiel geht es nur um die Verdeutlichung der Gutachtentechnik. ***Im Ernstfall*** solltet ihr in solch eindeutigen Fällen die Wegnahme ***in einem Satz*** feststellen.

Vernachlässigt die Schwerpunktsetzung nicht!! Klausuren und Hausarbeiten, in denen alles etwa gleich breit geprüft wird, nerven den Korrektor ohne Ende. Versetzt euch einmal in die Lage eines Korrekturassistenten, der einen Stapel mit über 50 Arbeiten vor sich liegen hat. Stellt euch seine Erleichterung vor, wenn er in der 47. Klausur oder Hausarbeit endlich einmal den geradezu erlösend knappen Satz „Das Auto der O ist eine für T fremde bewegliche Sache" liest. Das gibt einen dicken Haken am Rand. Sympathiepunkte werden eingefahren. ***Wenn die Schwerpunktsetzung stimmt, wird euch die ein oder andere inhaltliche Schwäche locker verziehen!***

Die Schwierigkeit bei der ganzen Angelegenheit liegt natürlich darin, die ***Spreu vom Weizen*** zu ***trennen***, also herauszufinden, was problematisch und was unproblematisch ist.

Das ist immer eine ***unvermeidliche Gratwanderung:*** Wer aus Sicht des Korrektors Unproblematisches im Gutachtenstil prüft, langweilt ihn. Wer andererseits Problematisches nur kurz feststellt, muss sich den Vorwurf des fehlenden Problembewusstseins gefallen lassen.

Es lohnt sich also, ein Fingerspitzengefühl für die richtige Schwerpunktsetzung zu entwickeln. Das Buch soll euch dabei auf die Sprünge helfen.

Wenn euch ein Merkmal nicht wirklich problematisch erscheint, ihr aber die Definition in die Darstellung einbringen wollt, gibt es einen weitgehend anerkannten ***Kompromiss:***

> „T handelte mit Wissen und Wollen der Tatbestandsverwirklichung, also vorsätzlich."

Damit setzt man sozusagen die Definitionskenntnis des Lesers voraus. Ganz sauber ist diese Variante streng genommen nicht. Sie sollte nur bei gängigen Prüfungspunkten angewandt werden.

Im Gutachten spielt die ***Wortwahl*** eine entscheidende Rolle. ***Warnzeichen für unangebrachten Urteilsstil*** sind Wörter wie ***„da", „weil" oder „denn"***. Sobald über die bloße Feststellung hinaus etwas erklärt werden muss, ist der Urteilsstil tabu!

Der reine ***Gutachtenstil*** zeichnet sich wie gezeigt ***im 1. Schritt*** durch Wendungen wie ***„müsste", „könnte", „möglicherweise hat" oder „in Betracht kommt"*** aus. ***Im Ergebnis*** (4. Schritt) heißt es dann typischerweise ***„also", „demnach", „somit", „damit" oder „folglich"***.

Um ganz sauber zu bleiben, solltet ihr mit dem Wort ***„müsste"*** vorsichtig umgehen. Es ist immer dann unangebracht, wenn strukturell noch eine andere Variante in Betracht kommt.

Also nicht: „T könnte sich gemäß § 223 I strafbar gemacht haben. Dazu müsste er O an der Gesundheit geschädigt haben ..."

Das ist unzutreffend, weil auch eine körperliche Misshandlung genügt. Es hätte also zurückhaltender „Er könnte ...", „In Betracht kommt ..." oder ähnlich heißen müssen. Klar geworden?

Vorsicht ist geboten, wenn der Satz ***mit*** den Wörtern ***„Es"*** oder ***„Bevor"*** beginnt. In aller Regel folgen dann überflüssige Ausführungen. Auch die beliebte Einleitung ***„Fraglich ist, ob ..."*** sollte man jedenfalls nicht zu häufig verwenden. Meist bietet es sich stattdessen an, unmittelbar in die konkrete Prüfung des jeweiligen Merkmals einzusteigen. Das wirkt prägnanter.

Die Prüfung des einzelnen Tatbestands

Wir orientieren uns hier am mit Abstand häufigsten Fall, nämlich dem vollendeten vorsätzlichen Begehungsdelikt. Aufbautechnisch sind insbesondere beim Versuch Abweichungen in der Prüfungsreihenfolge zu berücksichtigen. Dazu später mehr.

- Der Obersatz

Jede Prüfung muss mit einem Obersatz beginnen. Der Obersatz sollte immer die Person, die Tathandlung und den Tatbestand enthalten:

> „T könnte sich durch die Ohrfeige gemäß § 223 I strafbar gemacht haben."

Also: ***Wer*** könnte sich ***durch welche Handlung nach welchem Tatbestand*** strafbar gemacht haben?

In vielen Arbeiten wird die Tathandlung nicht im Obersatz benannt. Das ist dann nicht so tragisch, wenn dem Sachverhalt nach eindeutig nur eine Handlung für den jeweiligen Tatbestand in Betracht kommt. Spätestens im gar nicht so seltenen Fall mehrerer möglicher Tathandlungen springt der Korrektor im Dreieck. Er weiß nämlich zunächst einmal gar nicht, worauf abgestellt wird.

Gewöhnt euch also an, ***immer einen vollständigen Obersatz*** zu ***formulieren***.

Die häufig anzutreffende Umschreibung „T könnte sich durch ... gemäß § 242 I ***wegen Diebstahls*** strafbar gemacht haben" ist o.k., wenn auch doppelt gemoppelt. Vermeidet unbedingt falsche Formulierungen wie „T könnte sich des Totschlags strafbar gemacht haben ..." Dieser sprachliche Lapsus ist für manche Korrektoren – nicht ganz zu Unrecht – ein rotes Tuch. Eine Person kann sich nur ***wegen Totschlags strafbar*** gemacht haben oder ***eines Totschlags schuldig*** sein. Der Genitiv hat im Zusammenhang mit dem Wort „Strafbarkeit" nichts zu suchen.

Und noch etwas: ***Keine rechtstechnischen Begriffe und Tatbestandsmerkmale*** als Beschreibung der Handlung ***im Obersatz!***

Also nicht: „T könnte sich durch ***die Körperverletzung*** gemäß § 223 I strafbar gemacht haben" oder „Möglicherweise hat sich T durch ***die Wegnahme der Sache*** gemäß § 242 I strafbar gemacht."

Ob eine Körperverletzung, eine Sache oder eine Wegnahme vorliegt, soll ja gerade geprüft werden!

Das Tatbestandsmerkmal muss – selbst wenn es später lediglich kurz festgestellt wird – ***im Obersatz untechnisch umschrieben werden:***

> „Möglicherweise hat sich T durch das Mitnehmen der Uhr gemäß § 242 I strafbar gemacht."

- Der objektive Tatbestand

Nach dem Einstieg (Obersatz) macht man sich über ***die einzelnen Merkmale des objektiven Tatbestands*** her. Ein einleitender Zwischensatz „Dazu müsste er eine fremde bewegliche Sache weggenommen haben“ ist überflüssig. Dabei wird nur der Gesetzeswortlaut wiedergegeben. Ihr könnt also nach dem Obersatz direkt in die Prüfung der einzelnen Tatbestandsmerkmale einsteigen. Wie das darstellungstechnisch geht, müsste inzwischen klar sein. Wenn nicht, zieht euch den Teil „Gutachtenstil“ noch mal rein.

- Der subjektive Tatbestand

Vorsatz

Der subjektive Tatbestand enthält immer den Vorsatz, es sei denn, im Gesetz ist ausdrücklich von Fahrlässigkeit die Rede (vgl. § 15). Die wichtigsten Fahrlässigkeitsdelikte sind § 222 und § 229.

In aller Regel ist der Vorsatz unproblematisch. Wenn der Sachverhalt zur möglichen Vorstellung des Täters nichts enthält, könnt und sollt ihr getrost vom Vorsatz ausgehen, sofern das lebensnah erscheint.

Will der Aufgabensteller auf die Diskussion des Vorsatzes hinaus, wird der Sachverhalt ***Anhaltspunkte*** geben, die eine bestimmte Einstellung des Täters nahelegen. Die häufige Umschreibung, der Täter habe Tatumstände ***„billigend in Kauf genommen“***, deutet **unmissverständlich** auf ***Eventualvorsatz*** hin. Von einer theorienlastigen Abgrenzung zur bewussten Fahrlässigkeit will der Korrektor in diesen Fällen nichts lesen.

Absichten

Gerade im Eigentums- und Vermögensbereich erfordern viele Tatbestände bestimmte Absichten. Dabei ist oft das Wort ***„Absicht“*** erwähnt (vgl. § 242 I, § 263 I). Beliebt sind aber auch die Formulierungen ***„um ... zu“*** (vgl. § 253 I) oder ***„zur / zum ...“*** (vgl. § 267 I), die „Absicht“ umschreiben.

Absicht bedeutet „Wollen“ (dolus directus 1. Grades). Der Täter muss den zu beabsichtigenden Umstand ***als End- oder Zwischenziel erstreben***.

Das Verzwickte ist nun aber, dass – jedenfalls nach ganz h.M. – nicht immer Absicht drin ist, wo Absicht drauf steht! Dahinter steckt folgender Gedanke: Tatbestände mit Schädigungsabsicht liefen leer, wenn man „Wollen“ verlangte. Der Täter handelt in der Regel in erster Linie eigennützig, nicht um anderen zu schaden. Deshalb lässt die h.M. etwa bei § 274 I sicheres Wissen (dolus directus 2. Grades) genügen. Das ist wegen des Analogieverbots (Art. 103 II GG) an sich äußerst bedenklich. Der Zweck heiligt – aus Sicht der h.M. – die Mittel.

> ***Grobe Faustformel also: Bei Schädigungsabsichten genügt dolus directus 2. Grades.***

Achtung: Oft erstrebt der Täter den Nachteil des Opfers als notwendiges Zwischenziel des gewünschten Vorteils. Dann liegt ohnehin Absicht im technischen Sinne (dolus directus 1. Grades) vor, sodass sich das Problem nicht stellt.

In einigen Tatbeständen (etwa § 258, § 187, § 164, § 145, § 145d) verlangt das Gesetz ausdrücklich dolus directus 2. Grades. Die Formulierungen lauten dann ***„wissentlich“*** oder ***„wider besseres Wissen“***.

- *Qualifikations- und Privilegierungstatbestände*

Immer wieder sind wir in Arbeitsgemeinschaften mit der Frage konfrontiert worden, wie eine Qualifikation (seltener eine Privilegierung) „richtig“ in die Prüfung eingebaut wird.

Zunächst einmal gehört der jeweilige ***Tatbestand*** mit ***in den Obersatz***. Man zitiert also z.B. §§ 223 I, 224 I, §§ 212 I, 216 I oder §§ 242 I, 244 I.

Das sagt aber noch nichts über den ***Aufbau innerhalb der Prüfung*** aus. Dazu Folgendes: Unüblich ist es, die Tatbestände miteinander zu vermengen.

Damit bleiben nur noch ***zwei Möglichkeiten*** übrig: Ihr könnt den Qualifikationstatbestand ***unmittelbar hinter dem vollständigen*** (also objektiven und subjektiven) ***Grundtatbestand*** prüfen. Dieser Aufbau hat den Vorteil, dass man sich nach Bejahung der Qualifikation sozusagen zusammenfassend nur einmal zu Rechtswidrigkeit und Schuld äußern muss. Die Alternative besteht in der vollständigen Trennung. Dann bringt ihr die Qualifikation ***erst hinter Rechtswidrigkeit und Schuld*** des Grunddelikts. Wer so vorgeht, muss aber konsequenterweise auch bei der Qualifikation (bzw. Privilegierung) nochmals auf Rechtswidrigkeit und Schuld eingehen. Ist allerdings schon der Grundtatbestand gerechtfertigt, muss man sich bei dieser Aufbauvariante gar nicht erst mit der Qualifikation auseinandersetzen.

Ihr seht also, dass ***je nach Fallgestaltung*** die Vorteile der einen oder der anderen Möglichkeit überwiegen. Überhaupt sollten Aufbaufragen nicht starr gehandhabt werden. Der Aufbau sollte sich immer an der Zweckmäßigkeit im Einzelfall orientieren.

- *Rechtswidrigkeit*

Auf den beliebten Satz „Die Rechtswidrigkeit ist indiziert“ reagieren viele Korrektoren allergisch.

Was bedeutet er überhaupt? Straftatbestände verkörpern typisches Unrecht. Wenn nicht ***ausnahmsweise Rechtfertigungsgründe*** (= Erlaubnistatbestände) vorliegen, ist die Rechtswidrigkeit gegeben. Genauer müsste es also heißen: „Die Rechtswidrigkeit ist durch die Tatbestandsmäßigkeit indiziert.“ Auch diese Binsenweisheit solltet ihr euch aber verkneifen: Entweder es kommen Rechtfertigungsgründe in Betracht, dann müsst ihr sie prüfen. Oder aber Rechtfertigungsgründe sind weit und breit nicht ersichtlich, dann genügt die kurze Feststellung der Rechtswidrigkeit: ***„Die Tat geschah rechtswidrig.“***

Eine ***Ausnahme*** bilden übrigens ***§ 240 und § 253***. Bei diesen sogenannten ***offenen Tatbeständen*** wird die Rechtswidrigkeit nicht durch die Tatbestandsmäßigkeit indiziert, sondern muss positiv festgestellt werden.

- *Schuld*

In der Schuld fällt der Blick auf die ***persönliche Vorwerfbarkeit***. Hier geht es um den Täter, nicht mehr um die Tat. Auf dieser Ebene können ***Entschuldigungsgründe*** relevant werden. Völlig daneben ist die immer wieder anzutreffende Behauptung, die Schuld sei indiziert. Das ist schlicht falsch!

Ein weiterer beliebter Fehler ist die Diskussion der Schuldfähigkeit, wenn der Täter vor der Tat einige Gläser Bier getrunken hat. An den klausurrelevanten § 20 ist erst ab etwa drei Promille zu denken. Diesen Wert erreichen selbst professionelle Kampftrinker nur in Höchstform! Ein guter Fallsteller wird deshalb konkrete Angaben machen, wenn die Schuldfähigkeit infrage gestellt werden soll.

In wirklich unproblematischen Fällen könnt ihr Rechtswidrigkeit und Schuld auch zusammenfassen: „T handelte rechtswidrig und schuldhaft."

- Besonderheiten

Beim Versuch ist an ***Rücktritt nach § 24*** zu denken. Er ist als persönlicher Strafaufhebungsgrund (ganz h.M.) zwingend hinter der Schuld zu prüfen!

Strafzumessungsregeln – allen voran der häufige § 243 I – gehören ebenfalls hierher. Sie sind ***keine Tatbestände***! Anders als bei Qualifikations- oder Privilegierungstatbeständen ist eine Prüfung vor der Schuld ein grober Aufbaufehler.

Ihr erkennt Strafzumessungsregeln immer an der Formulierung ***„besonders schwerer Fall ..."*** (etwa § 243 I) oder ***„minder schwerer Fall ..."*** (etwa § 213). Leider geht das nicht immer aus der Überschrift hervor. Es gibt auch eher versteckte Strafzumessungsregeln (etwa § 113 II). Klausurrelevant sind in dieser Kategorie aber nur Vorschriften, unter die man tatsächlich subsumieren kann. Ihr braucht deshalb – jedenfalls bis zum ersten Examen einschließlich – nicht darüber zu spekulieren, ob etwa § 249 II oder § 177 V gegeben ist. Das ist doch auch schon was!

- Ergebnis / Zwischenergebnisse

Vor lauter Begeisterung, die Probleme bewältigt zu haben, werden nicht selten (Zwischen-) Ergebnisse vergessen. Im Gutachtenstil müsst ihr am Ende einer jeden Teilprüfung die eingangs gestellte Frage beantworten:

> „Damit handelt es sich bei der Uhr um eine für T fremde bewegliche Sache." (mögliches Zwischenergebnis im Rahmen des § 242 I)

oder:

> „Somit hat sich T durch die Ohrfeige gemäß § 223 I strafbar gemacht." (mögliches Endergebnis bei § 223 I)

oder:

> „Damit hat T die Uhr nicht weggenommen. Er hat sich demnach nicht gemäß § 242 I strafbar gemacht." (mögliches Zwischenergebnis und daraus folgendes Endergebnis bei § 242 I)

Überprüft nach Möglichkeit immer, ob das Ergebnis mit der auf der jeweiligen Ebene gestellten Frage übereinstimmt. Vor allem im Klausurstress ist niemand gegen gedankliche Brüche gefeit. ***Der Vergleich von Frage und Ergebnis ist immer eine effektive Kontrollmethode.***

- Prozessvoraussetzung / Strafantrag

Im soeben erläuterten Ergebnis wurde die Frage beantwortet, ob sich der Täter nach einer bestimmten Vorschrift (materiell) strafbar gemacht hat.

Wenn ihr diese Frage bejaht, ist noch lange nicht gesagt, dass tatsächlich die Bestrafung auf den Fuß folgt, wie es immer so vollmundig von Politikern gefordert wird.

Für eine Anklage oder gar eine spätere Verurteilung darf ***kein Verfolgungshindernis*** vorliegen.

Eigentlich habt ihr in euren Arbeiten mit solcherlei Prozessvoraussetzungen bis zum ersten Examen einschließlich nichts am Hut, ihr sollt nur die materiellen Voraussetzungen prüfen. Schließlich lautet die Frage regelmäßig „Wie hat sich T strafbar gemacht?“ und nicht „Wird T verurteilt werden?“

Auch in diesem Punkt gibt es aber eine Ausnahme, wie sollte es anders sein?

Die Ausnahme hat einen Namen: ***Der Strafantrag***

Von euch wird allgemein erwartet, dass ihr bei den sogenannten Antragsdelikten (vgl. etwa § 123 II, § 194, § 230, § 247, § 248a, § 257 IV, § 259 II, § 263 IV, § 263a II) auf den Strafantrag eingeht.

Diese Erwartungshaltung mag damit zusammenhängen, dass der Strafantrag – an sich systemwidrig – im StGB (§§ 77 ff) geregelt ist. Wie auch immer, ihr müsst euch gegebenenfalls mit dem Strafantrag herumschlagen.

Wo sage ich etwas zum Strafantrag ?

Damit drängt sich die Frage nach dem Prüfungsstandort auf. Im Normalfall (sogenannte Offizialdelikte) wird eine Tat von Amts wegen, also ohne Antrag verfolgt. Das Antragserfordernis bildet eine Ausnahme, es ist eine Besonderheit. Warum also nicht zwischen Schuld und Ergebnis unter dem gedanklichen Punkt „Besonderheiten“ dazu Stellung nehmen?

Zum einen hat der Strafantrag als Prozessvoraussetzung wie gesehen mit der im Obersatz gestellten Frage nach der Strafbarkeit eigentlich nichts zu tun.

Zum anderen wirkt es gezwungen, kurz vor dem Ergebnis das Antragserfordernis festzustellen, um dann der Vollständigkeit halber diesen Satz im Anschluss an das eigentliche Ergebnis noch mal zu wiederholen.

Damit steht der sinnvollste Prüfungsstandort fest: ***Geht auf Antragserfordernisse nach dem Ergebnis zur Strafbarkeit ein!***

Auf diese Weise wird in einer Art Anhang erst- und einmalig etwas zum Strafantrag gesagt.

Beispiel:

> „T hat sich durch das Betreten der Wohnung gemäß § 123 I Var. 1 strafbar gemacht. Der nach § 123 II erforderliche Strafantrag ist gestellt.“

Was sage ich zum Strafantrag ?

Oft findet sich der ***Bearbeiterhinweis, etwa erforderliche Strafanträge seien gestellt***. Ein solcher Satz wird von vielen Professoren sozusagen vorbeugend standardmäßig unter den Sachverhalt gesetzt. Es besteht deshalb kein Grund zur Besorgnis, wenn ihr keine Antragsdelikte geprüft habt. Das muss nicht fehlerhaft sein. Wenn es aber auf den Antrag ankommt, solltet ihr wie im oben genannten Beispiel kurz schreiben:

> „Der gemäß § XY erforderliche Strafantrag ist gestellt.“

Enthält der Text ***keinen Hinweis*** auf gestellte Strafanträge, könnte man auf die Idee kommen, wegen des fehlenden Strafantrags läge eine Strafbarkeit nicht vor. Das ist genau genommen falsch, denn die Strafbarkeit ist ja gegeben, es besteht nur ein Verfolgungshindernis. Schreibt also:

> „T hat sich durch ... gemäß § XY strafbar gemacht. Die Tat wird gemäß § YZ nur auf Antrag verfolgt."

Die dritte denkbare Variante ist der ausdrückliche Hinweis, dass Strafanträge nicht gestellt seien. Das wäre aber wenig pointenreich und kommt deshalb in der Klausur- und Hausarbeitspraxis auch nicht vor.

Auf keinen Fall solltet ihr unter Hinweis auf (mutmaßlich) nicht gestellte Anträge Strafbarkeitsprüfungen weglassen!

Das Konkurrenzverhältnis mehrerer verwirklichter Tatbestände

Die ***Konkurrenzen*** werden von vielen als unangenehmes Thema empfunden. Wir können euch vielleicht damit beruhigen, dass das Ergebnis im Einzelfall meist entweder klar auf der Hand liegt oder heillos umstritten ist. Im letzteren Fall kann man dann so ziemlich alles vertreten, was auch nur halbwegs sachgerecht erscheint.

In die Angelegenheit ist Bewegung gekommen, als der BGH im Jahre 1994 den zuvor als gesichert angesehenen Fortsetzungszusammenhang – vereinfacht gesagt – gekippt hat. Wenn also jemand im Laufe der Zeit hundert Autoradios geklaut hat, kann man (jedenfalls nach BGH) nicht unter dem Gesichtspunkt des Fortsetzungszusammenhangs von Tateinheit (§ 52) ausgehen. Vielmehr ist im Grundsatz jeder „Einzelakt" als selbstständige Tat zu behandeln. Es ließen sich nun umfangreiche Ausführungen darüber machen, in welchen Ausnahmefällen man vielleicht auch im Einklang mit der besagten BGH-Entscheidung nach wie vor Fortsetzungszusammenhang annehmen könnte und inwieweit nach wie vor anerkannte Formen der Tateinheit an die Stelle des ehemaligen Fortsetzungszusammenhangs getreten sind. Das führte aber hier zu weit.

Bedenkt immer: So praxisrelevant Konkurrenzfragen auch sind, bilden sie doch bis zum ersten Examen einschließlich so gut wie nie Prüfungsschwerpunkte.

Vom Ansatz her gibt es ***zwei Möglichkeiten***, mit den Konkurrenzen gedanklich umzugehen:

Man kann ***zuerst*** die Frage nach ***Handlungseinheit oder Handlungsmehrheit*** stellen, um dann in einem zweiten Schritt darüber nachzudenken, ob ein Tatbestand im Wege der Gesetzeskonkurrenz (Spezialität, Subsidiarität oder Konsumtion) verdrängt wird.

Die Alternative besteht darin, ***zuerst*** eventuell im Wege der ***Gesetzeskonkurrenz*** wegfallende Vorschriften rauszuschmeißen. Der verbleibende Rest wird weiter untersucht. Wenn keine Handlungseinheit (dann Idealkonkurrenz / § 52) vorliegt, bleibt nur noch Handlungsmehrheit (dann Realkonkurrenz / § 53) übrig.

Für diese zweite Möglichkeit spricht die sachlogische Vorrangigkeit der Gesetzeskonkurrenz. Wenn ein Tatbestand vom anderen verdrängt wird, fällt er eben schon im Ansatz unter den Tisch.

In der Klausur bringt ihr schon aus Zeitgründen ohnehin meist nur kurz euer Ergebnis zu Papier. Allzu viel Begründungsaufwand sollte jedenfalls nicht betrieben werden. Die ***Schwerpunkte*** liegen bei Universitätsübungen ***so gut wie nie auf*** den in erster Linie praxisrelevanten ***Konkurrenzfragen***. Gegebenenfalls wird euch der Dozent hoffentlich darauf vorbereiten.

Der Prüfungsstandort ist dem Fingerspitzengefühl überlassen. Klar verdrängte Tatbestände sollten im Anschluss an den verdrängenden Tatbestand – wenn überhaupt – kurz geprüft werden. Ihr stellt dann mit einem Satz die betreffende Form der Gesetzeskonkurrenz fest.

Wenn nicht allzu viele Delikte zu prüfen sind, kann man die Konkurrenzen en bloc am Ende der Klausur bringen. Wird es aber unübersichtlicher, bietet es sich an, zwischendurch abzuschichten.

Dass ihr die ***Konkurrenzen jeweils nur auf eine Person bezogen*** prüfen müsst, versteht sich wohl von selbst. So gibt es etwa kein Konkurrenzverhältnis zwischen dem Betrug des A und der Urkundenfälschung des B.

Wie auch immer ihr es im Einzelfall macht, lasst die Konkurrenzen wenn es irgend geht nicht ganz weg. Das bricht zwar für sich genommen sicher keiner Arbeit das Genick, hinterlässt aber immer einen lückenhaften Eindruck.

Wie stelle ich einen Meinungsstreit vorteilhaft dar ?

Zu dieser Frage geben euch die Formulierungsvorschläge bei den einzelnen Fällen reichlich Anschauungsmaterial. Vorab schon einmal einige ***grundlegende Hinweise:***

Auf allen genannten Aufbauebenen können Problemschwerpunkte auftauchen. Dabei muss es sich wie bereits erwähnt keineswegs immer um Meinungsstreitigkeiten handeln. Wenn aber ein Meinungsstreit einschlägig ist, heißt das noch lange nicht, dass er auch entschieden werden muss! An dieser Stelle werden regelmäßig grobe logische Fehler gemacht.

Immer wieder liest man seitenweise von „Theorien“ und ihren Vorzügen oder Nachteilen, ohne dass der Fallbezug auch nur ansatzweise hergestellt worden ist.

Ganz wichtig: Die Argumente für oder gegen eine Meinung dürfen erst ins Spiel gebracht werden, wenn die ***fallbezogene Subsumtion*** ergeben hat, dass die dargestellten Standpunkte zu verschiedenen Ergebnissen führen. Nicht selten besteht die Leistung gerade darin, einer Streitentscheidung aus dem Weg zu gehen. Auch dafür bringen wir viele Fallbeispiele.

Bei einer Vielzahl differenzierender Ansichten genügt oft die Auseinandersetzung mit einer bestimmten Meinung, weil die anderen im konkreten Fall auf ein übereinstimmendes Ergebnis hinauslaufen.

Kurz gesagt: ***Niemals mehr entscheiden als unbedingt nötig!***

Wenn es auf eine ***Streitentscheidung*** ankommt, müsst ihr sie ***abstrakt***, also losgelöst vom konkreten Fall treffen.

Von euch wird nicht das entscheidende, noch nie da gewesene Argument erwartet. Erst recht müsst ihr keine neuartigen Lösungswege aus dem Boden stampfen. Verlangt wird lediglich eine fundierte und ***nachvollziehbare Auseinandersetzung mit den vorhandenen Argumenten***. Das gilt übrigens grundsätzlich auch für Hausarbeiten.

Bei umfangreicher Argumentation kann es sich anbieten, in einer Art ***Ping-Pong-Verfahren*** die Argumente einander gegenüberzustellen:

> „Für die enge Auslegung spricht ...
> Dagegen lässt sich anführen, dass ...
> Andererseits ...
> Der Gegeneinwand ... überzeugt wegen ... nicht."

Mit einem solchen „Schlagabtausch" setzt man sich mit den Argumenten der letztlich abgelehnten Auffassung lebendig auseinander.

Je nach Geschmack kann man aber auch die Argumente der einzelnen Auffassungen en bloc bringen, wobei es sich anbietet, die später abgelehnte Argumentation zuerst darzustellen. Das wirkt überzeugender.

Setzt euch immer konkret mit den jeweiligen Meinungen auseinander und vermengt die Diskussion nicht zu einem Einheitsbrei. Vor allem in Hausarbeiten findet sich häufig folgende Struktur: 1. „Meinung A", 2. „Meinung B", 3. „Meinung C", 4. „Kritik und eigene Ansicht". Diese Art der Darstellung ist in Aufsätzen und Büchern beliebt, aber erfahrungsgemäß für Hausarbeiten oder gar Klausuren ungeeignet. Die Kandidaten („Das ganze Leben ist ein Quiz ...") verirren sich dabei regelmäßig im Dschungel eigener und fremder Gedankengänge.

Im Grundsatz halten wir es ***nicht*** für ***empfehlenswert***, die ***Meinungen beim Namen zu nennen***.

Also nicht:

> „Der BGH vertritt die Auffassung ... / Der herrschenden Lehre zufolge ... / Die XY-Theorie besagt ..."

Eine solche Form der Darstellung ist nicht falsch, hat aber einen entscheidenden Nachteil: ***Der Streit wirkt abgespult!***

Aus Sicht des Korrektors werden nur auswendig gelernte Erkenntnisse gebetsmühlenartig zu Papier gebracht, die in der Klausur ohnehin nicht belegbar sind.

Mit der Einordnung der Meinungen in Literatur und Rechtsprechung gewinnt ihr keinen Blumentopf.

Eine Berufung auf die h.L. oder den BGH ist keine ***Prüfungsleistung***, die Leistung ***besteht in der ansprechenden Argumentation***.

Wesentlich überzeugender ist demgegenüber die ***Darstellung vom Problem her:***

„Der Gesetzestext legt eine weite Interpretation des Merkmals XY nahe.“

„Aus dem Sinn und Zweck der Norm lässt sich aber ableiten, dass ...“

Derartige Formulierungen suggerieren eine ***eigenständige und lebendige Herleitung*** der Ansichten. Die Lösung stellt sich auf diese Weise als echte Leistung des Bearbeiters dar, sie wird im Idealfall zum Leseerlebnis für den Korrektor. Diese Vorgehensweise bietet sich übrigens ***auch in Hausarbeiten*** an, wobei sich dann die Vertreter der jeweiligen Auffassung zwanglos aus den Fußnoten ergeben.

Einige Streitstände sind aber so klassisch, dass die Darstellung vom Problem her eher gezwungen wirkt.

Beispielhaft seien aus dieser Kategorie genannt: Die Streitfrage nach dem Erfordernis einer Vermögensverfügung bei § 253 und die „Theorien“ zum Erlaubnistatbestandsirrtum. Auch das Verhältnis von § 211 und § 212 zueinander ist jedenfalls auf Basis der bisherigen BGH-Rechtsprechung traditionell streitig.

Die selbstständige Problementwicklung kauft euch in diesen ausgelutschten Bereichen ohnehin kein Mensch ab, weshalb es sich ***ausnahmsweise*** anbietet, die ***Meinungen ohne Umschweife beim Namen*** zu ***nennen***.

Das soll es erst einmal gewesen sein.

Es folgen alle Sachverhalte in geballter Form.

Widersteht – wenn es irgend geht – der Verlockung, nach dem Lesen eines Sachverhalts direkt unseren Lösungsvorschlag zu Hilfe zu nehmen.

Ihr solltet zunächst ernsthaft versuchen, eigenständig Lösungen zu erarbeiten.

Auf geht’s!!!

Tatbestand

Fall 1

T will seinen Erzfeind E mit einem gezielten Schuss endgültig aus dem Weg räumen. T trifft E, der aber zunächst nur verletzt ist und im Rettungswagen in Richtung Krankenhaus abtransportiert wird. Fahrer des Rettungswagens ist Z, der nach durchzechter Nacht übermüdet am Lenkrad sitzt. Z übersieht eine rote Ampel. Der Rettungswagen wird im Kreuzungsbereich von einem Lkw erfasst und überschlägt sich so, dass E allein infolge dieses Ereignisses noch am Unfallort stirbt.

Frage: Hat sich T wegen vollendeten Totschlags gemäß § 212 I strafbar gemacht ?

Fall 2

Pazifist P ist in schlechte Gesellschaft geraten und nimmt aus akuter Geldnot an einem Banküberfall teil. Auf Drängen der Komplizen ist P mit einem Klappspaten ausgerüstet, mit dem er im Notfall beherzt zuschlagen soll. Im Verlauf des Überfalls will der Bankangestellte B den Helden spielen, indem er mit einem Hechtsprung den Alarmknopf zu erreichen versucht. P schlägt B daraufhin mit dem Spaten auf den Kopf. Dabei versucht er, so heftig wie nötig anzusetzen, damit B den Alarmknopf nicht doch noch erreicht. P sieht aber gezielt davon ab, mit der scharfen Kante des Spatens zuzuschlagen. Er ist sich einerseits bewusst, dass auch der heftige Hieb mit der flachen Seite des Spatens tödlich sein kann, hofft aber andererseits sehr, dass B überlebt. Leider stirbt B kurze Zeit später an den Folgen des Schlages.

Frage: Hat sich P gemäß § 212 I strafbar gemacht ?

Fall 3

T ist bei seinem Freund F zu Besuch. Gegen Ende des Abends steckt T – von F unbemerkt – eine Taschenuhr ein, die er für seine eigene hält. In Wahrheit handelt es sich aber um die Uhr des F, die der des T zum Verwechseln ähnlich sieht. Erst auf dem Heimweg fällt T auf, dass er versehentlich in seiner Tasche eine Uhr zu viel mit sich herumträgt.

Frage: Hat sich T gemäß § 242 I strafbar gemacht ?

Fall 4

Dr. K hat sich bei einem seiner nächtlichen Beutezüge von Hausherr H überraschen lassen und flieht in den benachbarten Wald. Als er hinter sich immer lauter werdende Schritte hört, wähnt er sich von H verfolgt. Dr. K dreht sich um und schießt auf die herannahende Gestalt. Dabei handelt es sich aber nicht um H, sondern um den eilig herbeigerufenen Polizisten P, der an der Schussverletzung stirbt.

error in Persona

Frage: Hat sich K wegen vollendeten Totschlags gemäß § 212 I strafbar gemacht ?

Fall 5

F hat im Schützenverein nicht den besten Ruf und wird wegen seiner geringen Trefferquote ständig gehänselt. Besonders Meisterschütze M hat es auf F abgesehen. Nach dem Motto „Rache ist süß" legt sich F eines Tages gegenüber dem Haus des M mit der Flinte auf die Lauer. Unvorhergesehen verlässt M allerdings in Begleitung seines Bruders B das Haus. F lässt sich dadurch nicht von seinem Plan abbringen und legt aus geringer Distanz voller Vertrauen in seine Fähigkeiten auf M an. Als F abdrückt, rutscht er aus und erwischt den fünf Meter neben M gehenden B, der tödlich getroffen zu Boden sinkt.

Frage: Hat sich F wegen vollendeten Totschlags gemäß § 212 I strafbar gemacht ?

Rechtswidrigkeit

Fall 6

Unglücksrabe U geht nichts ahnend in einer Kleingartensiedlung spazieren, als plötzlich die frei und unbeobachtet umherlaufende Kampfdogge Caligula des Gartenfreunds G mit weit aufgerissenem Maul auf ihn zuläuft. Geistesgegenwärtig erkennt U, dass einerseits eine Flucht aussichtslos ist, andererseits aber der als Wurfgeschoss geeignete Porzellangartenzwerg des D in erreichbarer Nähe steht. Der beherzte U ergreift den Zwerg und schleudert ihn der angriffslustigen Dogge aus kürzester Distanz so heftig in die Schnauze, dass sie sich den Kiefer bricht und jaulend abzieht. Der Gartenzwerg ist dabei zu Bruch gegangen. U ist sich bei seiner Aktion darüber im Klaren gewesen, dass weder Hund noch Zwerg unversehrt bleiben.

Frage: Hat sich U gemäß § 303 I strafbar gemacht ?

Fall 7

Rechtsanwalt R begibt sich nach einem langen Arbeitstag in der Dunkelheit auf den Heimweg. Passant P leuchtet ihn aus Übermut mit einer Taschenlampe an. R erinnert sich an den Grundsatz „Das Recht braucht dem Unrecht nicht zu weichen“ und verpasst P mit den Worten „Aufblender raus“ eine kräftige Ohrfeige.

Frage: Hat sich R gemäß § 223 I strafbar gemacht oder ist die Tat nach § 32 gerechtfertigt ?

Fall 8

In der Kneipe des W geht es hoch her. Gast G wird gerade grundlos von dem robusten Schläger S verprügelt. G ergreift einen zur Einrichtung der Gaststätte gehörenden Stuhl und zertrümmert ihn, indem er damit auf S einschlägt. S lässt sich davon zwar vorübergehend beeindrucken, rappelt sich dann aber wieder auf und setzt seine Attacken nach kurzem Zögern fort. G greift zu einem weiteren Stuhl des W und erhebt ihn, um erneut zu versuchen, S kampfunfähig zu machen. Daraufhin versetzt der empörte W seinerseits G einen schmerzhaften Schlag, um ihn von der Zerstörung des zweiten Stuhls abzuhalten.

Frage: Hat sich W gemäß § 223 I strafbar gemacht ?

Fall 9

In der Kneipe des W kehrt auf Dauer keine Ruhe ein. Der penetrante P bringt schon seit geraumer Zeit seinen neben ihm an der Theke stehenden Feind F dadurch gegen sich auf, dass er laut und schief alte Schlager von Michael Holm singt („Tränen lügen nicht“). P weiß, dass F leicht zu Wutausbrüchen neigt. Er hofft darauf, dass F alsbald die Beherrschung verlieren und auf ihn mit seinem stets einsatzbereiten Baseballschläger einzudreschen versuchen wird. So geschieht es. F erhebt den Baseballschläger. P hätte zwar noch fliehen können, kann den Schlag aber aktiv nur durch einen gezielten Messerstich in den Arm des F abwenden. Dies hatte er von Anfang an so geplant.

Frage: Hat sich P gemäß § 223 I strafbar gemacht ?

Fall 10

Der ehemalige Flottenadmiral F ist infolge einer Kriegsverletzung an den Rollstuhl gefesselt. Mit Entsetzen muss er sehen, wie in seinem Garten der kleine Junge J auf den Kirschbaum klettert und munter eine Kirsche nach der anderen pflückt und verspeist. F fordert den Übeltäter in gewohnt preußischem Ton vergeblich dazu auf, den Baum sofort zu verlassen. J zeigt sich jedoch gelassen und setzt das Kirschenpflücken fort. Nun wird F die Sache zu bunt. Er holt seine Schrotflinte aus dem Schrank und feuert dreimal zur Warnung in die Luft. Als sich J auch davon nicht beeindrucken lässt, denkt F: „Dem zeig' ich's!" Er legt gezielt an und trifft J mit einigen Schrotkugeln. Daraufhin verlässt J wimmernd den Baum. Zufrieden mit sich und der Welt zieht sich F in seine Gemächer zurück.

Frage: Hat sich F gemäß § 223 I strafbar gemacht ?

Fall 11

Der als „König von St. Peter" bekannte Gangsterboss G begibt sich in die mittlerweile zum Brennpunkt der kriminellen Szene avancierte Kneipe des W, um seinen dort unbewaffnet am Stammtisch sitzenden Erzwidersacher E auszuschalten. Zu diesem Zweck hat er eine Pistole (Kaliber 38) eingesteckt. Von dem Vorhaben hat die resolute Kellnerin K durch eine Information des gewöhnlich gut unterrichteten F (in Insiderkreisen „Der Flüsterer" genannt) Wind bekommen. Dies allerdings erst, als sich G und E bereits im Laden des W befanden. Zur Vermeidung der sich anbahnenden Tragödie gelingt es K in letzter Minute, G scheinbar versehentlich im Vorbeigehen heißen Kaffee über die Schusshand zu gießen. Wie von K geplant muss G daraufhin die Kneipe unverrichteter Dinge mit schmerzverzerrtem Gesicht verlassen, um die verbrühte Hand behandeln zu lassen.

Frage: Hat sich K gemäß § 223 I strafbar gemacht ?

Fall 12

Der etwas zerstreute Professor P hat den Schlüssel zu seiner Ferienwohnung verloren. Nun versucht er, die Tür mit einem Taschenmesser zu öffnen. Dabei wird er von Zeitungsausträger Z beobachtet. Z, der seinerzeit bei der Aufnahmeprüfung für den Polizeidienst zu seinem großen Bedauern durchgefallen war, missversteht die Situation und hält P für einen Einbrecher. Als P den Schließmechanismus gerade überwunden und die Tür geöffnet hat, wird er von Z zur Rede gestellt. P versucht verzweifelt, die Lage zu erklären. Als er sich jedoch auf entsprechende Anfrage zu allem Überfluss nicht ausweisen kann, sagt Z: „So eine dumme Ausrede habe ich ja schon lange nicht mehr gehört!" Ohne weiteres Zögern ergreift Z den schmächtigen P am Arm und führt ihn zu einer Polizeiwache ab.

Frage: Hat sich Z gemäß § 239 I strafbar gemacht ?

Fall 13

Der großzügige G stellt seinem Sohn S seinen alten VW Käfer zur Verfügung, damit dieser an einer wilden Bergrallye teilnehmen kann. Dabei erklärt G: „Gib ruhig ordentlich Stoff. Es ist mir völlig egal, wenn der Wagen verbeult zurückkommt. Einen Schönheitspreis will ich damit ohnehin nicht mehr gewinnen." S lässt sich das nicht zweimal sagen und zeigt keinerlei Hemmungen. Bei der Rallye bekommt der Käfer einiges ab. Als S zurückkehrt, ist der Wagen tatsächlich an verschiedenen Stellen verbeult, was S entsprechend den Äußerungen des Vaters billigend in Kauf genommen hatte.

Frage: Hat sich S gemäß § 303 I strafbar gemacht ?

Fall 14

Aussteiger A hat sein Haus verlassen und sich auf eine lange Weltreise begeben. In der Aufbruchshektik hatte er aber versehentlich die Herdplatte nicht abgestellt und zudem eine Zeitung auf dem Herd liegen lassen. Nachbar N sieht durchs Fenster, dass sich ein Brand entwickelt hat, der sich zügig auszubreiten droht. A hatte weder in der Nachbarschaft einen Schlüssel ausgehändigt, noch ist er spontan erreichbar. Um das Feuer zu löschen und damit Schlimmeres zu verhindern, bricht N die Haustür mit einem Stemmeisen auf. Die Tür wird dabei zwangsläufig beschädigt.

Frage: Hat sich N gemäß § 303 I strafbar gemacht ?

Fall 15

Die Eheleute M und F sind seit geraumer Zeit zerstritten. Nachdem es zu einem besonders heftigen Streit gekommen ist, zieht sich F in die Küche zurück und sinnt auf Rache. Sie entschließt sich, M nun endlich eine tüchtige Abreibung zu verpassen. F ergreift das Brotmesser und trifft im Flur auf den körperlich überlegenen M, der seinerseits auf F zugeht, um ihr die Knochen zu brechen. F denkt aber, M wolle wieder einmal einen der sattsam bekannten Versöhnungsversuche starten. Trotzdem hält sie an ihrem Plan fest und ritzt M, als der gerade zum ersten Schlag ausholen will, mit dem Messer gezielt den Oberschenkel auf. M humpelt daraufhin davon und lässt angesichts seiner Verletzung von F ab.

Frage: Hat sich F wegen vollendeter gefährlicher Körperverletzung gemäß §§ 223 I, 224 I strafbar gemacht ?

Schuld

Fall 16

Der von Natur aus kräftig gebaute aber eher zurückhaltende Z will seinen zierlichen Nebenbuhler N, mit dem er sich zu einem bestimmten Zeitpunkt unter einem Vorwand verabredet hat, verprügeln. Weil er so etwas aber im nüchternen Zustand nie „bringt", trinkt er sich heftig Mut an. Der nicht trinkgewohnte Z schüttet einen Korn nach dem anderen in sich hinein und erreicht so nach einiger Zeit die stattliche Blutalkoholkonzentration (BAK) von 3,3 ‰ (Promille). Er torkelt zwar mühsam zum vereinbarten Treffpunkt, schafft es aber noch, dem körperlich stark unterlegenen N einige schlecht koordinierte Faustschläge zu verpassen. Die BAK beträgt zu diesem Zeitpunkt immerhin noch 3,2 ‰.

Frage: Hat sich Z gemäß § 223 I strafbar gemacht ?

Fall 17

Der mitteilungsbedürftige S erzählt Kumpel K am Stammtisch ausführlich von seinem bereits konkret geplanten Vorhaben, in wenigen Tagen eine bestimmte Kaufhausfiliale während der Öffnungszeiten mit einer großen Ladung Dynamit in die Luft zu sprengen. K hält das für keine gute Idee und versucht, S die Aktion auszureden. Der lässt sich davon jedoch nicht beeindrucken und teilt K zum Abschluss des Gesprächs auch ausdrücklich mit, an der Ausführung des Plans festhalten zu wollen. K bleibt daraufhin untätig und denkt sich, da könne man wohl nichts machen. Er überlegt kurz, ob er zur Anzeige verpflichtet ist, kommt aber zu dem Ergebnis, mehr als seine Überredungsversuche könnten nicht verlangt werden. S lässt die Sprengladung wie geplant hochgehen. Dabei entsteht großer Sachschaden. Außerdem werden diverse Passanten verletzt. Nur einem glücklichen Zufall ist es zu verdanken, dass niemand zu Tode kommt.

Frage: Hat sich K gemäß § 138 I Nr. 8 strafbar gemacht ?

Fall 18

Der pensionierte Oberstudienrat O ist ein Pädagoge der alten Schule. Für die laxen Erziehungsmethoden der Nachbarn hat er keinerlei Verständnis. Eines Morgens tritt der siebenjährige Nachbarjunge N fröhlich pfeifend seinen Schulweg an. Über so viel Unbeschwertheit regt sich O auf. Er verlässt sein Haus und gibt N eine heftige Ohrfeige, um ihm solche Ungezogenheiten auszutreiben. Dabei ist O der festen Überzeugung, ihm stünde aus gegebenem Anlass ein Züchtigungsrecht zu.

Frage: Hat sich O gemäß § 223 I strafbar gemacht ?

Fall 19

Der naturverbundene und zugleich etwas weltfremde N macht am Rosenmontag einen gemütlichen Spaziergang im Wald. Nach einiger Zeit kommt ihm eine Gruppe unterschiedlich verkleideter Personen entgegen. Darunter ist eine „Hexe", ein „Indianer" und ein „Clown". B hingegen ist mit einer Strumpfmaske als Bankräuber verkleidet. Er kommt auf N zu, um ihn um Feuer zu bitten. N missversteht jedoch die Situation und glaubt an einen Überfall. Er gerät in Panik und tritt B daraufhin gezielt, kräftig und schmerzhaft gegen das Schienbein, um sich des scheinbaren Angriffs zu erwehren.

Frage: Hat sich N gemäß § 223 I strafbar gemacht ?

Fall 20

Der schreckhafte S wird auf der Straße von T durch Schläge attackiert. Zu seiner eigenen Verwunderung gelingt es S jedoch, T mit einem Verzweiflungsschlag an die Schläfe niederzustrecken. T liegt bewusstlos am Boden, was S auch erkennt. Trotzdem tritt er in Panik unablässig auf den regungslosen T ein.

Frage: Hat sich S durch die Tritte gemäß § 223 I strafbar gemacht ?

Fall 21

Die Holzsegelyacht „Schnarchtaube" stößt nachts in deutschen Küstengewässern mit einem verirrten Wal zusammen und sinkt in so kurzer Zeit, dass die Besatzung die Rettungsinsel nicht mehr aktivieren kann. T und O gelingt es jedoch, sich an eine zerborstene Schiffsplanke zu klammern, die auf der Wasseroberfläche treibt. Schnell stellt sich heraus, dass die Planke nur eine Person tragen kann. Der körperlich überlegene T sieht daher die einzige Chance zum Überleben darin, O von der Planke in den sicheren Tod zu stoßen. So geschieht es. O ertrinkt, T wird nach einigen Tagen vom spanischen Frachter „Esperanza" aufgefischt und überlebt.

Frage: Hat sich T gemäß § 212 I strafbar gemacht ?
Von der Geltung deutschen Strafrechts ist auszugehen.

Täterschaft und Teilnahme

Fall 22

Bei der Bundeswehr vertreibt man sich die Zeit mit lustigen Spielchen. A überredet B dazu, dem allgemein unbeliebten Spieß S zum Schein in den Fuß zu schießen. A gibt B ein Gewehr und sagt augenzwinkernd: „Das Ding ist natürlich nicht geladen!" In Wahrheit handelt es sich um eine scharfe Waffe, was A bewusst ist. Der gutgläubige B setzt den Plan in die Tat um und ist erschreckt, als sich beim Betätigen des Abzugs ein Schuss löst und S in den Fuß trifft.

Richtig gelöst!

Frage: Haben sich B und/oder A gemäß §§ 223 I, 224 I Nr. 2 strafbar gemacht ?

Fall 23

Der miese M erfreut sich gerne am Leid anderer. Er begibt sich mit einer Schrotflinte zum friedliebenden F. M richtet die Flinte auf F und sagt: „Wenn du nicht deiner Oma (O) eine kräftige Ohrfeige verpasst, durchsiebe ich dich!" Dem verzweifelten F bleibt daher nichts anderes übrig, als dem Wunsch des M nachzukommen und O zu schlagen.

Frage: Haben sich F und/oder M gemäß § 223 I strafbar gemacht ?

Fall 24

Sektenführer S möchte den Kritiker K um die Ecke bringen, will sich dabei aber die Hände nicht schmutzig machen. Er beschwatzt seine naive Anhängerin A, der er von einer großen Bedrohung erzählt. Millionen unbescholtener Menschen kämen ums Leben, wenn nicht K dem launigen Gott „Sheba" geopfert werde. A sei deshalb berufen, K zu töten. A hat zunächst große Skrupel und auch Angst, sich strafbar zu machen. Nach weiterem Zureden des S denkt sie sich aber schließlich, die Tötung eines Einzelnen müsse zur Rettung so vieler dann doch ausnahmsweise erlaubt sein. A tötet K daher wunschgemäß.

Frage: Haben sich A und/oder S gemäß § 212 I strafbar gemacht ?

Fall 25

A und B haben sich von seriöser Arbeit verabschiedet und erschließen neue Einnahmequellen. Die aus der Fernsehsendung „Nepper, Schlepper, Bauernfänger" abgeschaute Masche sieht so aus: B spricht in der Fußgängerzone Passanten unter dem

Vorwand einer Umfrage nach dem Motto „Angst vor Kriminalität – leider kein Einzelfall" an. A nähert sich unterdessen den abgelenkten Opfern von der Seite und durchsucht die Manteltaschen nach Geldbörsen und anderen wertvollen Gegenständen, die er dann unbemerkt entwendet. Anschließend wird die Beute gleichmäßig zwischen A und B aufgeteilt. Auf diese Weise gelangt man unter anderem an die fette Brieftasche des Unternehmers U.

Frage: Haben sich A und/oder B gemäß § 242 I strafbar gemacht ?

Fall 26

B arbeitet in einer Bank und hat aufgrund seiner besonderen Kenntnisse detailliert ausgearbeitet, wie man nach Geschäftsschluss unbemerkt in die Räumlichkeiten und an das dort befindliche Geld gelangen kann. B will sich aber nicht selbst zum Tatort begeben, sondern weiht A und C ein. Der so gemeinsam gefasste Plan wird nach den exakten Vorstellungen des B ausgeführt. C öffnet den Tresor, A sackt die Geldscheine ein und transportiert die Beute ab. Anschließend wird das Geld wie von vornherein vorgesehen gleichmäßig zwischen A, B und C aufgeteilt.

Frage: Haben sich A und/oder B und/oder C gemäß § 242 I strafbar gemacht ?

Fall 27

M und F haben ein intimes Verhältnis, dem aber E, der eifersüchtige Ehemann der F, im Wege steht. Eines Tages kommt F auf die Idee, das Problem radikal zu lösen. Sie überredet M dazu, E ins Jenseits zu befördern. Der wäre zwar von sich aus nicht darauf gekommen, lässt sich aber nicht lumpen und bringt E um.

Frage: Wie haben sich M und F strafbar gemacht ?
Die Strafbarkeit gemäß § 211 ist nicht zu prüfen.

Fall 28

Boxer B will seinen Konkurrenten K vorübergehend kampfunfähig machen und ihn zu diesem Zweck mit bloßen Fäusten verprügeln. Von diesem Vorhaben erzählt B seinem Freund F. Der weist darauf hin, dass K ein zumindest gleichwertiger Gegner sein dürfte und rät B, seiner Boxerehre zum Trotz sicherheitshalber mit einem Baseballschläger auf K einzudreschen. B greift die Anregung dankbar auf und setzt K durch einen kräftigen Schlag mit der Baseballkeule vorläufig außer Gefecht.

Frage: Wie haben sich B und F strafbar gemacht ?

Fall 29

In einem Nobelviertel finden in letzter Zeit immer wieder Wohnungseinbrüche statt. Enttäuscht über ausbleibende Ermittlungserfolge der Polizei gründet Anwohner A zusammen mit anderen die Bürgerinitiative „Jetzt helfen wir uns selbst!" A hat den zwielichtigen Z in Verdacht und startet einen Alleingang. Er informiert Z darüber, dass in der Villa des O eine wertvolle Statue zu holen ist und in einer bestimmten Nacht dort niemand zu Hause sein wird. Er solle doch sein Glück versuchen. Sehr zur Freude des A beißt Z an und begibt sich in der fraglichen Nacht zur Villa. A macht sich wie geplant sofort auf den Weg zur nahe gelegenen Polizeiwache und meldet das Geschehen. Als die Polizei schließlich eintrifft, hat sich der flinke Z jedoch bereits mit der Statue aus dem Staub gemacht. Im Vorfeld hatte A zwar in Erwägung gezogen, dass es zeitlich knapp werden könnte, vertraute aber fest darauf, dass die Polizei Z noch in der Wohnung antreffen werde. Das hätte auch funktioniert, hätten die Beamten nicht trotz Hinweises des A auf die Dringlichkeit der Sache erst einmal ihre Skatrunde beendet.

Frage: Wie haben sich Z und A strafbar gemacht ?
§§ 123, 243, 244 sind nicht zu prüfen.

Fall 30

Bei der Bundeswehr wird weiter Schabernack getrieben (siehe schon Fall 22). Spieß S ist in der Beliebtheitsskala nicht gerade gestiegen. A überredet nunmehr C, dem S nach dem Muster der in Fall 22 geschilderten Geschehnisse eine weitere Abreibung zu verpassen. A drückt dem C dazu ohne nähere Erläuterung ein geladenes Gewehr in die Hand. C glaubt aber, dass sich damals der Schuss des B auch aus Sicht des A als Versehen dargestellt hat. Er geht daher wie selbstverständlich davon aus, dass A aus Erfahrung klug geworden ist und ihm jetzt ein ungeladenes Gewehr gegeben hat. A hingegen denkt, dass C sich über seine wahren Absichten im Klaren ist. C zielt auf den Fuß des S und drückt ab. Erst als sich tatsächlich ein Schuss löst und S trifft, merkt C, dass es A nicht nur darum ging, S einen Schrecken einzujagen.

Frage: Haben sich C und A wegen vorsätzlicher Begehung strafbar gemacht ?
(Die Strafbarkeit nach § 229 ist also nicht zu prüfen.)

Fall 31

Arzt A und seine Ehefrau E haben sich auseinandergelebt. Dann hat A ein Verhältnis mit Krankenschwester K begonnen. Es ergibt sich, dass sich E stationär als Patientin im Krankenhaus aufhält. A bittet K darum, E eine Spritze mit tödlich wirkendem Gift zu geben. K hält das angesichts des geplanten unbeschwerten Zusammenlebens mit A für eine sehr gute Idee, die sie bei nächster Gelegenheit in die Tat umsetzen möchte. Dummerweise verwechselt K, die E noch nie gesehen hat, die Zimmernummern und geht mit der Spritze zu Patientin P. K verabreicht P die Injektion. Kurz darauf stirbt P an der Wirkung des Gifts.

Frage: Wie haben sich K und A strafbar gemacht ?
Die Strafbarkeit nach §§ 211, 224, 222 ist nicht zu prüfen.

Fall 32

Die Tresorknacker A und B gehen nachts auf Beutezug. Beide sind mit geladenen Pistolen bewaffnet, über deren möglichen Einsatz man sich bei der Planung verständigt hatte. Es soll der Vereinbarung nach auch auf Verfolger geschossen werden, wenn eine Festnahme zu befürchten ist. Als A und B den Geldschrank fast aufgeschweißt haben, werden sie vom aufmerksamen Polizeiobermeister P entdeckt. A schaltet sofort und tritt die Flucht an. Der etwas langsamere B läuft hinterher. A denkt jedoch, B habe sich in eine andere Richtung aus dem Staub gemacht. Als A die Schritte hinter sich hört, dreht er sich um. Er erkennt in der Dunkelheit schemenhaft eine Person, die er für einen Polizisten hält. A gibt einen Schuss ab, um den lästigen Verfolger außer Gefecht zu setzen. In Wahrheit handelt es sich aber um B, der am rechten Oberarm getroffen wird.

Frage: Haben sich A und/oder B gemäß §§ 223 I, 224 I Nr. 2 strafbar gemacht ?

Fall 33

Anfänger A will endlich auf eigenen Füßen stehen. Er ist fest entschlossen, seinen ersten großen Bruch zu machen. Konkret hat er sich als Tatort einen Spielsalon ausgesucht, in den man nachts durch eine Dachluke gelangen kann. Um auf das Dach zu kommen, hat sich A eine Klappleiter gekauft. Den exakten Tatplan hat er allein ausgearbeitet. Der kollegiale K bietet A an, ihm die Leiter zu tragen. Dabei soll es sich um einen reinen Freundschaftsdienst handeln, ein Honorar oder gar eine Beteiligung an der Beute ist nicht vorgesehen. Tatsächlich trägt K die Leiter zum Spielsalon, ansonsten will er ihm nicht ins Handwerk pfuschen. A gelangt über das Dach ins Haus und erbeutet die Tageseinnahmen in Höhe von immerhin gut 5.000 €. Er war auf die Unterstützung des K nicht angewiesen. Vielmehr wäre er bereit und in der Lage gewesen, die Leiter selbst zu tragen.

Frage: Wie haben sich A und K strafbar gemacht ?
§§ 123, 243, 244 sind nicht zu prüfen.

Fall 34

Der rachsüchtige R ist von O als „mieses Schwein" bezeichnet worden und hat Strafantrag gestellt. Der Zufall will es, dass der mit R befreundete Hauptkommissar H für die Beschuldigtenvernehmung des O zuständig ist. R bittet H darum, O während der Vernehmung etwas härter als üblich anzupacken und ihm eine Ohrfeige zu verpassen, die sich gewaschen hat. H, dem die gängigen und zulässigen Ermittlungsmethoden schon lange zu lasch sind, kommt dieser Bitte mit Vergnügen nach und schlägt O bei der Vernehmung unvermittelt ins Gesicht.

Frage: Wie haben sich H und R strafbar gemacht ?

Versuch und Rücktritt

Fall 35

Der ungeduldige Sportschütze U will seinen Erbonkel E frühzeitig ins Jenseits befördern. Bei einem Familientreffen legt U mit seinem Gewehr auf E an und schießt. Die einzig vorhandene Kugel zischt jedoch haarscharf an E vorbei, der unverletzt bleibt.

Frage: Wie hat sich U strafbar gemacht ?
Die Strafbarkeit gemäß § 211 ist nicht zu prüfen.

Fall 36

U lässt sich von seinem Misserfolg (Fall 35) nicht beeindrucken und plant jetzt, den betagten Erbonkel E während der Nachtruhe ins Reich der Toten zu befördern. U legt auf den scheinbar schlafenden E an und feuert mehrere Schüsse auf ihn ab. Bevor U das Schlafzimmer betreten hatte, war E jedoch bereits an Altersschwäche gestorben.

Frage: Hat sich U gemäß §§ 212 I, 22, 23 I strafbar gemacht ?

Fall 37

Autoknacker K interessiert sich für einen verschlossenen A-Klasse-Mercedes. K begutachtet den Wagen zunächst von außen. Nachdem er die individuelle Beschaffenheit des Tür- und des Zündschlosses ins Visier genommen hat, beginnt K damit, aus seinem Koffer routinemäßig das passende Werkzeug zusammenzustellen, um später im Schutz der bereits hereinbrechenden Dunkelheit in Ruhe zur Sache gehen zu können. Dieses Verhalten fällt dem aufmerksamen und rüstigen Rentner R auf, der K mit den Worten „Was soll das?“ anspricht. K wird die Sache nun doch zu heiß. Er gibt sein Vorhaben auf, den Wagen aufzubrechen, zu entwenden und ihn zu verkaufen.

Frage: Hat sich K gemäß §§ 242, 22, 23 I strafbar gemacht ?
Die Strafzumessungsregel § 243 ist nicht zu prüfen.

Fall 38

T will Oma O aus dem Weg räumen. Es gelingt ihm, die etwas naive N unter Vorspiegelung großer Vermögenswerte zu einem „Überfall“ auf O zu überreden. O soll dabei nach den Ausführungen des T durch ein angebliches Schlafmittel, das sich in einer von T an N übergebenen Flasche befindet, außer Gefecht gesetzt werden. In Wahrheit enthält die Flasche jedoch ein von T bewusst eingefülltes tödlich wirkendes Gift. So ausgestattet geht N nach Hause. Sie ist zunächst gutgläubig, öffnet die Flasche aber aus Neugier, noch bevor sie sich zu O begibt. Wegen des beißenden Geruchs schätzt N die Flüssigkeit zutreffend als äußerst gefährlich ein. Sie sieht daraufhin entsetzt von der Durchführung des von T empfohlenen Vorhabens ab. T war hingegen davon ausgegangen, dass N mit dem Gift unverändert gutgläubig den Tod der O herbeiführt.

Frage: Hat sich T gemäß §§ 212 I, 22, 23 I, 25 I Alt. 2 strafbar gemacht ?

Fall 39

Der arbeitslose A hadert mit seinem Schicksal, weil sein Fahrrad den Geist aufgegeben hat und er kein Geld hat, sich ein neues zu kaufen. Er beschließt, sich Ersatz auf illegalem Weg zu verschaffen. Eines Tages sieht A das neuwertige Fahrrad des O, das unverschlossen vor dessen Hauseingang steht. Als er sich schon auf das Rad geschwungen hat, um damit loszufahren, erinnert sich A an den sinnigen Spruch seiner weisen Großmutter: „Im Alter wie schon in der Jugend, wandle immer auf dem Pfad der Tugend!“ Noch bevor er sich mit dem Rad in Bewegung gesetzt hat, steigt A wieder ab, lässt das Objekt der Begierde an Ort und Stelle stehen und kommt für sich zu dem Schluss, jetzt und in Zukunft doch besser dem Rat der Großmutter zu folgen.

Frage: Hat sich A gemäß §§ 242, 22, 23 I strafbar gemacht ?

Fall 40

Messerwerfer M will seine langjährige Assistentin A erstechen. Er geht dabei davon aus, dass ein einziger gezielter Stich mit dem Messer in den Bauch der A genügt, um sie tödlich zu verletzen. M setzt seinen konkret an dieser Vorstellung orientierten Plan in die Tat um und sticht zu. Wider Erwarten bleibt A aber gemessen an den Umständen ziemlich unbeeindruckt stehen und fängt mit M eine lebhafte Diskussion über den Sinn und Zweck seines Verhaltens an. Der Stichkanal verläuft zufällig so, dass weder lebenswichtige Organe verletzt sind, noch größerer Blutverlust eintritt. M erkennt schnell und zutreffend, dass der Stich entgegen seiner ursprünglichen Annahme nur vergleichsweise leichte Verletzungen hervorgerufen hat, die keineswegs lebensbedrohlich sind. M hält es für ausgeschlossen, dass A an der zugefügten Verletzung stirbt. Er ist sich zwar darüber im Klaren, dass weitere Stiche tödlich wirken können und ihm auch ohne Weiteres möglich sind, er sieht davon aber aus Reue auch für die Zukunft ab.

Frage: Hat sich M gemäß §§ 212 I, 22, 23 I strafbar gemacht ?

Fahrlässigkeitsdelikt

Fall 41

Der neureiche N ist morgens mit seinem Ferrari unterwegs. Innerhalb einer geschlossenen Ortschaft fährt er 60 km/h. Zur selben Zeit schlingert Skater S unkoordiniert auf der Hauptstraße herum. Er kommt gerade völlig bedröhnt von einer Techno-Party. N versucht noch auszuweichen, kann aber den Zusammenstoß beim besten Willen nicht mehr vermeiden. S wird vom Ferrari seitlich erfasst und leicht verletzt. Wahrscheinlich hätte der Zusammenstoß – mit denselben Folgen – auch bei Einhaltung der erlaubten Geschwindigkeit (50 km/h) stattgefunden. Sicher ist das aber nicht.

Frage: Hat sich N gemäß § 229 strafbar gemacht ?

Fall 42

Die lebensfrohen Freunde F und B sind leidenschaftliche und aktive Motorsportfans. Sie nehmen mit dem umgebauten VW Golf des F an sogenannten Beschleunigungsrennen teil. Diese Rennen laufen so ab, dass auf einer Bundesstraße mit zwei Fahrbahnen pro Richtung „hochgezüchtete“ Fahrzeuge nebeneinander aus dem Stand heraus beschleunigen. Dabei wird die auf der Strecke zulässige Höchstgeschwindigkeit (120 km/h) drastisch überschritten. In jedem Auto sitzen ein Fahrer und ein Beifahrer. Die Beifahrer (im Auto des F ist dies B) leiten den Start ein, indem sie mit den Fingern einer Hand demonstrativ auf Null herunterzählen. Zudem halten die Beifahrer die Rennen mit einer Videokamera fest. Bei einem dieser Rennen überschätzt F seine Fähigkeiten als „Rennfahrer“ und kommt bei einer Geschwindigkeit von über 200 km/h mit den Rädern auf den Seitenstreifen neben der Mittelleitplanke. Die Ausgleichslenkbewegung des F führt dazu, dass sein Fahrzeug ins Schleudern gerät und mit enormer Wucht gegen einen Baum prallt. B stirbt dadurch noch am Unfallort. F war sich darüber im Klaren, dass B auch bei diesem Rennen trotz grundsätzlichen Bewusstseins der Risiken nicht an die Möglichkeit eines tödlichen Ausgangs des Rennens gedacht hatte.

Frage: Hat sich F gemäß § 222 strafbar gemacht ?

Unterlassungsdelikt

Fall 43

Politiker P ist begeisterter Bergsteiger, neigt jedoch zur Selbstüberschätzung. Trotzdem heuert er vorsichtshalber den erfahrenen Profibergführer B für eine bekanntermaßen besonders schwierige und anstrengende Tour an. Die beiden erreichen den Gipfel bei widrigen Wetterbedingungen. Als es an den Abstieg geht, erleidet P einen Schwächeanfall und bricht zusammen. B, der schon die ganze Zeit über vom ununterbrochenen Geschwafel des P genervt war, lässt P erleichtert liegen und geht alleine ins Tal zurück. Wie von B erwartet, erfriert P im Schneesturm. B war sich zutreffend sicher, dass er P aufgrund seiner Ausrüstung und Erfahrung wieder auf die Beine stellen und in Sicherheit hätte bringen können, ohne dabei ein nennenswertes persönliches Risiko einzugehen.

Frage: Hat sich B gemäß § 212 I strafbar gemacht ?

Fall 44

V ist als Vorarbeiter einer Kolonne des städtischen Bauhofes beschäftigt. Dieser Baukolonne gehört unter anderem K an. In einer anderen, nicht von V beaufsichtigten Kolonne arbeitet E, aus persönlichen Gründen ein Erzfeind des K. K prahlt gegenüber V damit, E „zur Sau zu machen". Tatsächlich kommt es in der Folgezeit im Abstand von wenigen Tagen zu Begegnungen zwischen K und E, bei denen K dem körperlich eher schwächlichen E jeweils mehrere heftige und schmerzhafte Faustschläge in die Magengrube versetzt. V war bei jeder dieser Begegnungen anwesend und erkannte das jeweilige Vorhaben des K. V verhinderte die Übergriffe nicht, obwohl er K körperlich überlegen war und damit – zumal als Vorgesetzter des K – ohne weiteres in der Lage gewesen wäre, die Angriffe des K gegen E zu unterbinden.

Frage: Hat sich (neben K) auch V gemäß § 223 I Var. 1 strafbar gemacht ?

Tatbestand

Fall 1

T will seinen Erzfeind E mit einem gezielten Schuss endgültig aus dem Weg räumen. T trifft E, der aber zunächst nur verletzt ist und im Rettungswagen in Richtung Krankenhaus abtransportiert wird. Fahrer des Rettungswagens ist Z, der nach durchzechter Nacht übermüdet am Lenkrad sitzt. Z übersieht eine rote Ampel. Der Rettungswagen wird im Kreuzungsbereich von einem Lkw erfasst und überschlägt sich so, dass E allein infolge dieses Ereignisses noch am Unfallort stirbt.

Frage: Hat sich T wegen vollendeten Totschlags gemäß § 212 I strafbar gemacht ?

Lösungsskizze Fall 1

- Strafbarkeit des T gemäß § 212 I ?

I. Tatbestand

1. Objektiver Tatbestand

a. ein anderer Mensch (Tatobjekt) ? **(+)**

b. Töten (Tathandlung und zurechenbarer Taterfolg) ?

aa. strafrechtlich relevante Handlung ? **(+)**

bb. Taterfolg (Tod eines Menschen) ? **(+)**

cc. Kausalität (Ursächlichkeit) zwischen Handlung und Erfolg ?

= jede Bedingung ist ursächlich, die nicht hinweggedacht werden kann, ohne dass der konkrete Erfolg entfiele („conditio-sine-qua-non-Formel")

HIER (+) → hätte T nicht auf E geschossen, wäre E nicht mit dem Rettungswagen abtransportiert worden und folglich auch nicht durch den Unfall zu Tode gekommen

dd. objektive Zurechnung des Erfolgs ?

= der kausal auf der Handlung beruhende Erfolg ist dem Täter auch objektiv zuzurechnen, wenn er das Risiko des Erfolgseintritts in vorwerfbarer Weise geschaffen hat und sich gerade dieses Risiko auch im Erfolgseintritt realisiert hat

HIER (–) → T hat die mit der Schussverletzung verbundenen Risiken geschaffen; konkret realisiert hat sich aber allein das Risiko der Teilnahme am Straßenverkehr; dieses andersartige Risiko hat sich durch die Schussverletzung nicht erhöht

ee. <u>also</u>: Töten (Tathandlung und zurechenbarer Taterfolg) **(–)**

c. <u>also</u>: objektiver Tatbestand **(–)**

2. <u>also</u>: Tatbestand **(–)**

II. Ergebnis:

Strafbarkeit des T gemäß § 212 I (–)

Formulierungsvorschlag Fall 1

- Strafbarkeit des T gemäß § 212 I

T könnte sich durch den Schuss wegen vollendeten Totschlags gemäß § 212 I strafbar gemacht haben.

I. Mit E ist ein Mensch zu Tode gekommen.

Dieser Taterfolg müsste seine Ursache in der Tathandlung – dem Schuss des T – gehabt haben, der Schuss müsste für den Tod des E kausal geworden sein. Ursächlich ist eine Bedingung nach der sogenannten conditio-sine-qua-non-Formel, wenn sie nicht hinweggedacht werden kann, ohne dass der konkrete Erfolg entfiele.

Hätte T nicht geschossen, wäre E nicht verletzt worden, nicht mit dem Rettungswagen abtransportiert worden und folglich auch nicht durch den Unfall zu Tode gekommen. Denkt man sich also den Schuss hinweg, wäre auch der Tod des E nicht eingetreten. Somit ist der Schuss für den konkreten Taterfolg kausal geworden.

Möglicherweise ist der Taterfolg dem T aber nicht objektiv zuzurechnen. Objektive Zurechnung setzt voraus, dass der Täter in vorwerfbarer Weise das Risiko des Erfolgseintritts geschaffen hat und sich gerade dieses Risiko auch konkret im Erfolg realisiert hat.

T hat die mit der Schussverletzung verbundenen Gefahren, etwa Blutverlust oder die Verletzung lebenswichtiger Organe, in vorwerfbarer Weise geschaffen. Konkret realisiert hat sich aber allein das Risiko der Teilnahme am Straßenverkehr. Gerade dieses Risiko wurde aber durch die Schussverletzung nicht erhöht.

Damit ist der Taterfolg dem T nicht objektiv zuzurechnen.

II. Folglich hat sich T durch den Schuss nicht wegen vollendeten Totschlags gemäß § 212 I strafbar gemacht.

Fazit

1. Dass T mit dem Schuss strafrechtlich relevant gehandelt hat, steht ersichtlich außer Frage und war daher nicht näher zu erörtern. Probleme tauchen an diesem Punkt in Klausuren so gut wie nie auf. Der Vollständigkeit halber sei aber erwähnt, dass es verschiedene sogenannte ***Handlungslehren*** gibt, die die Voraussetzungen für eine strafrechtlich relevante Handlung unterschiedlich definieren.

   Praktische Konsequenzen hat das vor allem für den Aufbau. Wir prüfen – wie an den Universitäten allgemein üblich – den ***Vorsatz im subjektiven Tatbestand*** (siehe Seite 22). Das entspricht den moderneren Handlungslehren (als da wären: finale, soziale und personale Handlungslehre), wogegen die ältere kausale Handlungslehre die Prüfung des Vorsatzes im Rahmen der Schuld zur Konsequenz hat. Wichtig: ***In der Klausur*** ist ***kein Wort über den Aufbau*** zu verlieren, der immer für sich spricht!

2. Bei der Frage nach der ***Zurechnung des Erfolgs*** geht es zunächst einmal um die ***Kausalität***. Hier ist die berühmte (von der sogenannten Äquivalenztheorie herangezogene) ***conditio-sine-qua-non-Formel*** am Start, deren Anwendung wir in der Lösungsskizze und im Formulierungsvorschlag demonstriert haben.

   Auf diese Weise könnt ihr auch die meisten der denkbaren Problemfälle in den Griff bekommen, nämlich die Fälle der kumulativen, der überholenden und der hypothetischen Kausalität. Lediglich bei der alternativen Kausalität (auch Doppelkausalität genannt) gerät man mit der klassischen conditio-sine-qua-non-Formel ins Schleudern und muss sie zweckmäßigerweise etwas abwandeln. Wir wollen auf diese Lehrbuchkonstellationen hier nicht näher eingehen, weil sie in der Klausurpraxis (wenn überhaupt) nur eine sehr untergeordnete Rolle spielen.

   Wirklich klausurrelevant ist dagegen die Situation unseres Ausgangsfalls, die allgemein unter das Stichwort ***„atypischer Kausalverlauf“*** gefasst wird. Die Kausalität ist hier im Ergebnis eindeutig gegeben, weil das Verhalten des Täters weder die einzige noch die effektivste Ursache für den Taterfolg sein muss. Auch ist für die (objektive) Beurteilung der Kausalität nicht entscheidend, ob der Kausalverlauf vorhersehbar war.

3. Die Bejahung der Kausalität führt aber noch lange nicht dazu, dass der Taterfolg dem Täter auch zuzurechnen ist. Zur Vermeidung unsachgerechter Ergebnisse haben wir mit dem überwiegenden Teil der Literatur die ***Lehre von der objektiven Zurechnung*** herangezogen. Die Notwendigkeit eines solchen Korrektivs wird an einem Extrembeispiel deutlich: Mit der Zeugung des Mörders wird ein Verhalten des Vaters für den späteren Mord kausal. Dass der Vater deswegen aber nicht strafrechtlich zur Verantwortung gezogen werden kann, liegt auf der Hand.

   Mit welchen Kriterien die Lehre von der objektiven Zurechnung arbeitet, haben wir oben gezeigt. Die Rechtsprechung erkennt diese Methode zwar nicht an, kommt aber nach Bejahung des objektiven Tatbestands im subjektiven Tatbestand mit Hilfe eines ***Irrtum***s ***über den Kausalverlauf*** zur Verneinung des

Vorsatzes (§ 16 I 1) und damit letztlich zu weitgehend gleichen Ergebnissen wie die Literatur.

Deswegen empfehlen wir, Klausurfälle ohne jegliche Darstellung eines „Meinungsstreits“ auf Basis der Lehre von der objektiven Zurechnung zu bearbeiten. Zum Irrtum über den Kausalverlauf kommt man dann bei Verneinung der objektiven Zurechnung gar nicht mehr, weil ja schon im objektiven Tatbestand das Ende der Fahnenstange erreicht ist (siehe Ausgangsfall).

Anders sieht es hingegen aus, wenn ihr im Einzelfall bis zum subjektiven Tatbestand vordringt, weil die objektive Zurechnung bejaht wird (das läge z.B. nahe, wenn das Opfer in Abweichung vom Ausgangsfall daran stirbt, dass es wegen des Schusses unglücklich mit dem Kopf auf eine Bordsteinkante fällt). Dann solltet ihr bei der Vorsatzprüfung kurz feststellen, dass der Irrtum über den Kausalverlauf unbeachtlich ist, weil die unwesentliche Abweichung des tatsächlichen vom vorgestellten Kausalverlauf vom Vorsatz des Täters gedeckt ist.

Inkonsequent wäre es aber, die objektive Zurechnung anzunehmen und dann den Vorsatz wegen (beachtlichen) Irrtums über den Kausalverlauf zu verneinen. Warum das nicht zusammenpasst, sollte klar geworden sein.

4. Einige werden vielleicht die Nase gerümpft haben, weil unser Kandidat nun vermeintlich straffrei ausgeht. Dem ist natürlich nicht so! T hat sich zumindest wegen versuchten Totschlags nach §§ 212 I, 22, 23 I strafbar gemacht. Danach war aber bewusst ebenso wenig gefragt wie nach denkbaren Mordmerkmalen (§ 211 II).

Fall 2

Pazifist P ist in schlechte Gesellschaft geraten und nimmt aus akuter Geldnot an einem Banküberfall teil. Auf Drängen der Komplizen ist P mit einem Klappspaten ausgerüstet, mit dem er im Notfall beherzt zuschlagen soll. Im Verlauf des Überfalls will der Bankangestellte B den Helden spielen, indem er mit einem Hechtsprung den Alarmknopf zu erreichen versucht. P schlägt B daraufhin mit dem Spaten auf den Kopf. Dabei versucht er, so heftig wie nötig anzusetzen, damit B den Alarmknopf nicht doch noch erreicht. P sieht aber gezielt davon ab, mit der scharfen Kante des Spatens zuzuschlagen. Er ist sich einerseits bewusst, dass auch der heftige Hieb mit der flachen Seite des Spatens tödlich sein kann, hofft aber andererseits sehr, dass B überlebt. Leider stirbt B kurze Zeit später an den Folgen des Schlages.

Frage: Hat sich P gemäß § 212 I strafbar gemacht ?

Lösungsskizze Fall 2

- Strafbarkeit des P gemäß § 212 I ?

I. Tatbestand

1. Objektiver Tatbestand

a. ein anderer Mensch (Tatobjekt) ? **(+)**

b. Töten (Tathandlung und zurechenbarer Taterfolg) ? **(+)**

c. <u>also</u>: objektiver Tatbestand **(+)**

2. Subjektiver Tatbestand

a. Vorsatz ?
= Wissen und Wollen der Tatbestandsverwirklichung

HIER (–) / a.A. vertretbar → es kommt nur bedingter Vorsatz (Eventualvorsatz / dolus eventualis) in Betracht; die Wissenskomponente liegt vor; P hat den Tod des B und damit den Taterfolg zumindest für möglich gehalten; zusätzlich ist aber auch beim Eventualvorsatz ein gewisses voluntatives Element (Wollenskomponente) erforderlich, um eine brauchbare Unterscheidung von dolus eventualis und bewusster Fahrlässigkeit zu ermöglichen (a.A. vertretbar); an der Wollenskomponente fehlt es hier; der Tod des B war nicht nur von P unerwünscht, er hat trotz der Gefährlichkeit seines Verhaltens ernsthaft (und nicht nur vage) auf einen guten Ausgang vertraut; dies entspricht der Erfahrung, dass gewöhnlich eine beachtliche Tötungshemmung besteht

b. <u>also</u>: subjektiver Tatbestand **(–)**

3. <u>also</u>: Tatbestand **(–)**

II. Ergebnis:

Strafbarkeit des P gemäß § 212 I (–)

Formulierungsvorschlag Fall 2

- Strafbarkeit des P gemäß § 212 I

P könnte sich durch den Schlag mit dem Spaten gemäß § 212 I strafbar gemacht haben.

I. P hat den Tod des B durch den Hieb mit dem Klappspaten zurechenbar verursacht.

Er müsste vorsätzlich gehandelt haben. Allgemein gesprochen bedeutet Vorsatz Wissen und Wollen der Tatbestandsverwirklichung. P hat weder in Tötungsabsicht noch mit dem festen Wissen des bevorstehenden Todeseintritts zugeschlagen. Demnach kommt nur bedingter Vorsatz in Betracht.

P hat den Tod des B und damit den Taterfolg als zumindest möglich erkannt und dennoch zugeschlagen. Folglich liegt das Wissenselement des Eventualvorsatzes vor. Allein das kann aber nicht genügen, weil mit dem Wissenselement lediglich eine Mindestanforderung erfüllt ist, die ebenso für die bewusste Fahrlässigkeit charakteristisch ist. Für den bedingten Vorsatz ist daher – entsprechend der allen Vorsatzformen gemeinsamen Grundstruktur – ein gewisses voluntatives Element zu fordern, das den entscheidenden Unterschied zur bewussten Fahrlässigkeit ausmacht.

Der Erfolgseintritt entsprach nicht dem Wunsch des P, der Tod des B war im Gegenteil unerwünscht. Gleichwohl könnte P den als möglich erkannten Taterfolg billigend in Kauf genommen haben, weil er sein Vorhaben trotz erheblicher Gefährlichkeit durchgeführt hat, ohne auf einen glücklichen Ausgang vertrauen zu dürfen. Die bloße vage Hoffnung, alles werde gut gehen, schließt den Eventualvorsatz nämlich nicht aus.

P hat aber gezielt nicht mit der scharfen Kante des Spatens zugeschlagen. Obwohl auch der Schlag mit der flachen Seite lebensgefährdend war, hat sich P Gedanken gemacht, wie er das Risiko des Todeseintritts vergleichsweise gering halten kann. Er hat somit ernsthaft und nicht nur vage auf einen guten Ausgang vertraut. Diese Interpretation steht mit der Erkenntnis in Einklang, dass gewöhnlich eine beachtliche Tötungshemmung besteht. Auch unter diesem Aspekt ist in Grenzfällen bei der Annahme eines Tötungsvorsatzes Vorsicht geboten.

Im Ergebnis bleibt festzuhalten, dass P den Todeseintritt nicht billigend in Kauf genommen hat. Die auch dem bedingten Vorsatz eigene Willenskomponente liegt nicht vor. P handelte nicht vorsätzlich.

II. Er hat sich durch den Schlag mit dem Spaten nicht gemäß § 212 I strafbar gemacht.

Fazit

1. Der objektive Tatbestand des § 212 I war ohne Weiteres gegeben, sodass eine kurze Feststellung genügte. Insbesondere spielte die in Fall 1 zu erörternde Frage nach der (objektiven) Zurechnung des Taterfolgs hier keine Rolle.

2. Problematisch war dagegen der Vorsatz. Lest dazu unbedingt (noch einmal) Seite 22. Welche Anforderungen im Einzelnen an den ***bedingten Vorsatz*** oder auch ***Eventualvorsatz*** (lateinisch: ***dolus eventualis***) zu stellen sind, gehört zu den umstrittensten Fragen des gesamten Strafrechts. Gerade deshalb möchten wir an dieser Stelle nochmals betonen, dass sich die Darstellung am konkreten Fall zu orientieren hat und niemals in eine lehrbuchartige abstrakte Diskussion von „Theorien" ausarten darf (häufiger Fehler, vgl. Seite 27). Es kommt vielmehr schwerpunktmäßig darauf an, die im Sachverhalt enthaltenen Anhaltspunkte konkret auszuwerten.

Vereinzelt wird nach wie vor vertreten, dass sich der Eventualvorsatz allein aus dem ***Wissenselement*** in Form einer Möglichkeits- oder Wahrscheinlichkeitsvorstellung des Täters ergeben kann. Dem tritt die ganz h.M. wie gezeigt zu Recht entgegen, indem sie zur Unterscheidung des bedingten Vorsatzes von der bewussten Fahrlässigkeit ***zusätzlich*** ein ***Willenselement*** fordert.

Als vereinfachende Faustregel kann die nach ihrem „Entdecker" benannte ***„Frank'sche Formel"*** herangezogen werden: Sagt sich der Täter mit Blick auf den Erfolgseintritt „Na wenn schon", hat man es mit (bedingtem) Vorsatz zu tun. Sagt er sich dagegen „Es wird schon gut gehen", spricht einiges für (nur) bewusste Fahrlässigkeit.

Damit ist das von der Rechtsprechung bemühte Kriterium, nämlich dass der ***Täter*** beim Eventualvorsatz ***den Erfolg billigend in Kauf nimmt***, plastisch umschrieben. Die Formel ist jedoch zu grob, um die wirklich problematischen Fälle in den Griff zu bekommen. Wie in Lösungsskizze und Formulierungsvorschlag gezeigt, genügt eben nicht eine nur vage Hoffnung auf ein glückliches Ende, um den Täter vor dem Vorwurf des Eventualvorsatzes zu bewahren. Anders ausgedrückt: Ist der Erfolgseintritt unerwünscht, führt das allein noch nicht zwingend zur Verneinung des dolus eventualis.

In unserem Ausgangsfall gab es aber wie gesehen konkrete Anhaltspunkte dafür, dass P ernsthaft und nachvollziehbar auf einen guten Ausgang vertraut hat. Damit sprach im Ergebnis viel gegen bedingten Vorsatz, zumal speziell bei Tötungsdelikten allgemein von einer besonderen Hemmschwelle ausgegangen werden kann. Allerdings soll in der Praxis gerade nach der neueren BGH-Rechtsprechung im Einzelfall eine vom Täter als solche erkannte hohe Gefährlichkeit der Tatausführung wesentliches Indiz für bedingten Tötungsvorsatz sein können (vgl. Die Fälle – Strafrecht BT 1, Fall 46, Fazit 2.). Gestützt auf die Gefährlichkeit des gewalttätigen Täterverhaltens war also auch die Annahme bedingten Vorsatzes vertretbar.

Große Aufmerksamkeit hat in den letzten Jahren die sogenannte ***Raser-Rechtsprechung*** erregt. Was war geschehen?

Das Landgericht Berlin hatte im Jahr 2017 ***bei Teilnehmern an einem illegalen Autorennen*** Tötungsvorsatz angenommen und die „Raser“ wegen Mordes an einem anderen Verkehrsteilnehmer verurteilt. Das ist in der Literatur mehr oder weniger einhellig kritisiert worden.

Der ***BGH*** hat das Urteil des Landgerichts Berlin dann auch aufgehoben (NJW 2018, 1621 ff), weil er die ***Feststellungen*** des Landgerichts ***zum Tötungsvorsatz*** im Wesentlichen unter zwei Gesichtspunkten für ***unzulänglich*** gehalten hat:

Die objektive Gefährlichkeit der Tathandlung sei zwar ein wesentliches Indiz für bedingten Tötungsvorsatz (s.o.), das alleine sei aber nicht ausreichend. Vielmehr könne insbesondere die vom Täter als solche erkannte ***Eigengefährdung*** dafür sprechen, dass er ***auf einen guten Ausgang vertraute*** und damit auch den Tod des Opfers nicht billigend in Kauf nahm.

Unabhängig davon sei nicht ersichtlich, dass die Angeklagten den Tod eines anderen Verkehrsteilnehmers als Folge ihrer Fahrweise schon vor dem Einfahren in den Kreuzungsbereich als möglich erkannten und billigend in Kauf nahmen. Beim Einfahren in den Kreuzungsbereich sei die Kollision unvermeidbar gewesen. Ein erst ***nachträglich*** (nach der zum Taterfolg führenden Handlung) ***gefasster Vorsatz*** (sog. dolus subsequens) kann aber anerkanntermaßen ein vorsätzliches Begehungsdelikt nicht begründen.

In diesem Zusammenhang ist jenseits von Überlegungen zum Allgemeinen Teil wichtig: Der Gesetzgeber hat im Jahr 2017 den ***Straftatbestand „Verbotene Kraftfahrzeugrennen“*** eingeführt, geregelt im neu gefassten ***§ 315d***.

3. Die Frage nach dem Eventualvorsatz stellt sich im Übrigen auch und gerade in den Fällen des ungeschützten Geschlechtsverkehrs eines über seine Krankheit und die Ansteckungsrisiken voll informierten ***HIV-Infizierten***. Unter welchen Umständen in einem solchen Fall Körperverletzungs- oder gar Tötungsvorsatz vorliegt, ist ein anhand der geschilderten Grundsätze diskutiertes Problem.

4. Die Fallfrage war wiederum bewusst auf § 212 I beschränkt. Es sollte an dieser Stelle ausschließlich der Tötungsvorsatz problematisiert werden. Weitere Vorsatzdelikte (§§ 212 I, 211; §§ 223 I, 224 I; §§ 249 I, 250; §§ 253, 255, 250; §§ 249 I, 251) wie auch § 222 waren nicht zu prüfen.

Zur ***Fahrlässigkeit*** schon jetzt jedoch so viel: Die Ablehnung des Eventualvorsatzes führt nicht etwa automatisch zur Annahme eines Fahrlässigkeitsdelikts (hier § 222). Dazu ist vielmehr eine selbstständige Prüfung nach gesonderten Regeln erforderlich. Insofern ist auch das häufig auftauchende Stichwort von der „Abgrenzung“ zwischen dolus eventualis und bewusster Fahrlässigkeit etwas schief.

Fall 3

T ist bei seinem Freund F zu Besuch. Gegen Ende des Abends steckt T – von F unbemerkt – eine Taschenuhr ein, die er für seine eigene hält. In Wahrheit handelt es sich aber um die Uhr des F, die der des T zum Verwechseln ähnlich sieht. Erst auf dem Heimweg fällt T auf, dass er versehentlich in seiner Tasche eine Uhr zu viel mit sich herumträgt.

Frage: Hat sich T gemäß § 242 I strafbar gemacht ?

Lösungsskizze Fall 3

- Strafbarkeit des T gemäß § 242 I ?

I. Tatbestand

1. Objektiver Tatbestand

a. fremde bewegliche Sache ?

aa. Sache ? **(+)**

bb. beweglich ? **(+)**

cc. fremd ?
= im Eigentum eines anderen stehend

HIER (+) → die eingesteckte Uhr gehört F (T hat dies lediglich nicht bemerkt)

dd. also: fremde bewegliche Sache **(+)**

b. Wegnahme ? **(+)**

c. also: objektiver Tatbestand **(+)**

2. Subjektiver Tatbestand

a. Vorsatz ?
= Wissen und Wollen der Tatbestandsverwirklichung

HIER (–) → T ging davon aus, dass es sich um seine eigene Uhr gehandelt hat; die Uhr des T steht aber nicht im Eigentum eines (aus seiner Sicht) anderen; T kannte also einen Umstand nicht, der zur Fremdheit des Tatobjekts führt und damit zum gesetzlichen Tatbestand gehört (den Tatbestand objektiv erfüllt); er handelte in einem vorsatzausschließenden Tatbestandsirrtum gemäß § 16 I 1 und damit nicht vorsätzlich

b. also: subjektiver Tatbestand **(–)**

3. also: Tatbestand **(–)**

II. Ergebnis:

Strafbarkeit des T gemäß § 242 I (–)

Formulierungsvorschlag Fall 3

- Strafbarkeit des T gemäß § 242 I

Möglicherweise hat sich T durch das Einstecken der Uhr des F gemäß § 242 I strafbar gemacht.

I. Die Uhr des F ist eine bewegliche Sache, die für T im Eigentum eines anderen steht und mithin auch fremd ist.

Dieses Tatobjekt hat T spätestens mit Verlassen der Wohnung auch weggenommen.

Er müsste vorsätzlich gehandelt haben.

Vorsatz bedeutet Wissen und Wollen der Tatbestandsverwirklichung.

T könnte sich in einem vorsatzausschließenden Tatbestandsirrtum nach § 16 I 1 befunden haben. Er hielt die Uhr für seine eigene. T war sich somit nicht darüber im Klaren, dass er eine ihm nicht gehörende – also fremde – Uhr einsteckt. Damit kannte er einen Umstand nicht, aus dem die objektive Erfüllung des § 242 I folgt.

T befand sich in einem Tatbestandsirrtum und handelte gemäß § 16 I 1 nicht vorsätzlich.

II. T hat sich durch das Einstecken der Uhr nicht gemäß § 242 I strafbar gemacht.

Fazit

1. Der objektive Tatbestand des § 242 I bereitete keine Probleme (vgl. zur Wegnahme: Die Fälle – Strafrecht BT 2, Fall 1, Fazit 3. und Fall 7). Die Strafbarkeit scheiterte im subjektiven Tatbestand beim Vorsatz (vgl. § 15). Der Vollständigkeit halber: § 242 I erfordert im subjektiven Tatbestand über den Vorsatz hinaus die Absicht der rechtswidrigen Zueignung (siehe auch Seite 22).

   Es handelte sich um einen bewusst einfachen Fall des ***Tatbestandsirrtum***s nach § 16 I 1. Ob der Irrtum vermeidbar war, spielt anders als bei § 17 keine Rolle. Zu beachten ist im Falle eines vorsatzausschließenden Tatbestandsirrtums immer auch noch der klarstellende § 16 I 2 (lesen!). Hier ergaben sich daraus aber keine Konsequenzen, weil weit und breit kein einschlägiges Fahrlässigkeitsdelikt ersichtlich ist.

2. Auch wenn die Voraussetzungen des § 16 I 1 auf den ersten Blick sehr simpel erscheinen, kann doch die Prüfung eines Tatbestandsirrtums und insbesondere die ***Unterscheidung vom Verbotsirrtum*** (§ 17, in der Schuld zu prüfen) im Einzelfall beachtliche Schwierigkeiten bereiten.

Wie behandelt man z.B. einen Fall, in dem der Täter die Tatsachen richtig erkennt, sie aber rechtlich falsch einordnet (sogenannter ***Subsumtionsirrtum***)? Nun, es handelt sich dann um einen auf Tatbestandsebene grundsätzlich unbeachtlichen Irrtum. Weil er auf einer fehlerhaften rechtlichen Wertung beruht, kann er aber zu einem Verbotsirrtum (§ 17) führen, wenn nämlich der Täter sein Verhalten irrig für straflos hält. Wir gehen auf diese Konstellation an anderer Stelle anschaulicher ein.

Auch was den berühmten Erlaubnistatbestandsirrtum angeht, solltet ihr euch noch etwas gedulden. Wir bringen ihn an geeigneter Position ausführlich. Versprochen!

Merkt euch zur groben Unterscheidung aber schon jetzt: Irrt sich der Täter über das (straf)rechtliche Verbot, ist § 17 einschlägig. Liegt dagegen ein Tatsachenirrtum vor, läuft es auf § 16 I 1 hinaus.

3. Der bereits angesprochene ***Irrtum über den Kausalverlauf*** ist ein normaler Tatbestandsirrtum, der allerdings keine eigenständige Bedeutung erlangt, wenn man bereits im objektiven Tatbestand die Kriterien der Lehre von der objektiven Zurechnung heranzieht (vgl. Fall 1, Fazit 3.).

4. Der Tatsachenirrtum bezogen auf Merkmale eines ***Qualifikation***statbestands ist ebenfalls ein gewöhnlicher Tatbestandsirrtum nach § 16 I 1. Ein Beispiel zu § 250 bieten wir in Die Fälle – Strafrecht BT 2, Fall 28.

5. Bei irriger Annahme von Umständen, deren Vorliegen einen ***Privilegierung***statbestand erfüllt (z.B. § 216 I), ist § 16 II zu beachten (lesen!). In der Klausurpraxis kommt so etwas eher selten vor. Wenn aber doch, ist es natürlich wichtig, den leicht zu übersehenden § 16 II auf der Rechnung zu haben. Prüfungstechnisch geht das am geschicktesten, indem man die Privilegierung prüft (vgl. Seite 23) und dabei den nicht vorhandenen objektiven Tatbestand über § 16 II durch die entsprechende Vorstellung des Täters ersetzt.

6. Bei Strafzumessungsregeln (z.B. § 243, vgl. Seite 24) ist wegen des tatbestandsähnlichen Charakters in subjektiver Hinsicht der sogenannte Quasivorsatz zu prüfen. Folgerichtig gilt § 16 I 1 zugunsten des Täters analog.

Fall 4

Dr. K hat sich bei einem seiner nächtlichen Beutezüge von Hausherr H überraschen lassen und flieht in den benachbarten Wald. Als er hinter sich immer lauter werdende Schritte hört, wähnt er sich von H verfolgt. Dr. K dreht sich um und schießt auf die herannahende Gestalt. Dabei handelt es sich aber nicht um H, sondern um den eilig herbeigerufenen Polizisten P, der an der Schussverletzung stirbt.

Frage: Hat sich K wegen vollendeten Totschlags gemäß § 212 I strafbar gemacht ?

Lösungsskizze Fall 4

- Strafbarkeit des K gemäß § 212 I ?

I. Tatbestand

1. Objektiver Tatbestand

a. ein anderer Mensch (Tatobjekt) ? **(+)**

b. Töten (Tathandlung und zurechenbarer Taterfolg) ? **(+)**

c. also: objektiver Tatbestand **(+)**

2. Subjektiver Tatbestand

a. Vorsatz ?
= Wissen und Wollen der Tatbestandsverwirklichung

HIER (+) → K hat sein Ziel getroffen; es liegt lediglich ein Irrtum über das Tatobjekt (hier: error in persona) vor; wegen der Gleichwertigkeit von getroffenem und vorgestelltem Tatobjekt führt ein solcher Irrtum nicht zur Anwendung des § 16 I 1

b. also: subjektiver Tatbestand **(+)**

3. also: Tatbestand **(+)**

II. Rechtswidrigkeit **(+)**

III. Schuld **(+)**

IV. Ergebnis:

Strafbarkeit des K gemäß § 212 I (+)

Formulierungsvorschlag Fall 4

- Strafbarkeit des K gemäß § 212 I

K könnte sich durch den Schuss wegen vollendeten Totschlags gemäß § 212 I strafbar gemacht haben.

I. Durch den Schuss hat K den Tod des P zurechenbar verursacht.

K müsste vorsätzlich gehandelt haben. Vorsatz bedeutet Wissen und Wollen der Tatbestandsverwirklichung.

K könnte sich, indem er P für H gehalten hat, in einem vorsatzausschließenden Tatbestandsirrtum gemäß § 16 I 1 befunden haben.

Er hat zwar das Tatobjekt verwechselt, zugleich aber die Person getroffen, auf die er gezielt hatte. Kennzeichnend für einen solchen error in persona ist, dass die durchgeführte und die irrtümlich vorgestellte Tat gleichwertig sind. Wäre die Vorstellung des K zutreffend, änderte sich nichts an der strafrechtlichen Bewertung, dass er nämlich einen Menschen getötet hat.

Wegen der Gleichwertigkeit der Tatobjekte liegt ein bloßer Motivirrtum vor, der nicht zur Anwendung des § 16 I 1 führt und den Vorsatz daher unberührt lässt.

K handelte vorsätzlich.

II. Die Tat geschah auch rechtswidrig.

III. K handelte schuldhaft.

IV. Er hat sich durch den Schuss wegen vollendeten Totschlags gemäß § 212 I strafbar gemacht.

Fazit

1. Der ***Irrtum über das Handlungsobjekt*** darf selbstverständlich auch bei uns nicht fehlen. Er liegt wie gesehen vor, wenn der Täter zwar das anvisierte Tatobjekt trifft, sich aber über dessen Identität irrt.

   Im Falle der Verwechslung zweier Menschen bezeichnet man ihn als ***error in persona***, ansonsten als ***error in obiecto***. Für die Antwort auf die Frage, ob es sich dabei um einen beachtlichen Tatbestandsirrtum handelt (§ 16 I 1), muss wie folgt unterschieden werden:

2. Sind die ***Objekte gleichwertig*** (wie im Ausgangsfall), habt ihr es mit einem bloßen Motivirrtum zu tun, der nicht zum Vorsatzausschluss nach § 16 I 1 führt. Der Täter ist dann wegen einer vollendeten vorsätzlichen Tat zu bestrafen.

3. Wie aber, wenn die ***Objekte nicht gleichwertig*** sind? Dann liegt ein nach § 16 I 1 beachtlicher Irrtum vor. Das führt strukturell zu einer Bestrafung wegen Versuchs hinsichtlich des vorgestellten Objekts einerseits und wegen Fahrlässig-

keit bezüglich des tatsächlich verletzten Objekts andererseits. Um es plastisch zu machen, folgen jetzt zwei Abwandlungen des Ausgangsfalls zum Mitknobeln:

„K schießt auf den vermeintlichen H, erlegt aber dessen Hund." Es liegt eine versuchte Tötung des H vor. Strukturell ist darüber hinaus an fahrlässige Sachbeschädigung zu denken, die aber nicht strafbar ist.

„K schießt auf einen vermeintlichen Hund, das Rascheln im Unterholz stammte aber von P, der wie im Ausgangsfall das Zeitliche segnet (Umkehrung der ersten Abwandlung / BILD-Schlagzeile: „Hund war Mann")." Es liegt eine versuchte Sachbeschädigung vor (§ 303 I, III). Darüber hinaus ist die fahrlässige Tötung nach § 222 einschlägig.

Werft zum Problem „Tier als Sache" einen Blick in Fall 6 und Die Fälle – Strafrecht BT 2, Fall 1, Fazit 1. und 2.

4. Der error in persona wird euch im Bereich von Täterschaft und Teilnahme in einer sehr klausurrelevanten Konstellation wieder begegnen.

5. Der Sinn der beschränkten Fallfrage dürfte jedem einleuchten. Es ging uns hier schon von der Fallgestaltung her weder um Untersuchung von Mordmerkmalen (§ 211 II) noch um die Prüfung eventuell verwirklichter weiterer Delikte.

Fall 5

F hat im Schützenverein nicht den besten Ruf und wird wegen seiner geringen Trefferquote ständig gehänselt. Besonders Meisterschütze M hat es auf F abgesehen. Nach dem Motto „Rache ist süß“ legt sich F eines Tages gegenüber dem Haus des M mit der Flinte auf die Lauer. Unvorhergesehen verlässt M allerdings in Begleitung seines Bruders B das Haus. F lässt sich dadurch nicht von seinem Plan abbringen und legt aus geringer Distanz voller Vertrauen in seine Fähigkeiten auf M an. Als F abdrückt, rutscht er aus und erwischt den fünf Meter neben M gehenden B, der tödlich getroffen zu Boden sinkt.

Frage: Hat sich F wegen vollendeten Totschlags gemäß § 212 I strafbar gemacht ?

Lösungsskizze Fall 5

- Strafbarkeit des F gemäß § 212 I ?

I. Tatbestand

1. Objektiver Tatbestand

a. ein anderer Mensch (Tatobjekt) ? **(+)**

b. Töten (Tathandlung und zurechenbarer Taterfolg) ? **(+)**

c. also: objektiver Tatbestand **(+)**

2. Subjektiver Tatbestand

a. Vorsatz ?

= Wissen und Wollen der Tatbestandsverwirklichung

HIER (–) → F hat sein Ziel verfehlt; es liegt ein Fehlgehen der Tat (aberratio ictus) vor; auch bei Gleichwertigkeit von angestrebtem und getroffenem Tatobjekt führt dies (anders als beim Irrtum über das Tatobjekt) zur Verneinung des Vorsatzes hinsichtlich des getroffenen Objekts (a.A. vertretbar); die Zielverfehlung und die mangelnde Beherrschung der vollendeten Tat lässt die Annahme von Vorsatz bezüglich des tatsächlich eingetretenen Erfolgs nicht zu; speziell hinsichtlich der Tötung des B handelte F nicht einmal bedingt vorsätzlich; ließe man den Willen genügen, irgendeinen Menschen zu töten, wäre dies eine Missachtung der Tatsache, dass der Täter seinen Vorsatz auf ein bestimmtes Tatobjekt (hier M) konkretisiert hat

b. also: subjektiver Tatbestand **(–)**

3. also: Tatbestand **(–)**

II. Ergebnis:

Strafbarkeit des F gemäß § 212 I (–)

Formulierungsvorschlag Fall 5

- Strafbarkeit des F gemäß § 212 I

F könnte sich durch den Schuss wegen vollendeten Totschlags gemäß § 212 I strafbar gemacht haben.

I. Durch den Schuss hat F den Tod des B zurechenbar verursacht.

F müsste vorsätzlich gehandelt haben. Vorsatz bedeutet Wissen und Wollen der Tatbestandsverwirklichung.

Möglicherweise fehlt der Vorsatz, weil F versehentlich B getroffen hat. Er hat nicht lediglich das gleichwertige Tatobjekt verwechselt, er hat vielmehr ungewollt sein Ziel verfehlt. Es liegt ein Fehlgehen der Tat (aberratio ictus) vor.

F vertraute den Umständen nach ernsthaft darauf, dass der Schuss M und gerade nicht B trifft. Speziell in Bezug auf die unerwünschte Tötung des B läge danach nicht einmal bedingter Vorsatz vor. Zur Bejahung des hier relevanten Tötungsvorsatzes käme man daher nur, wenn man den Willen genügen ließe, überhaupt einen Menschen zu töten.

Die Konstruktion eines generellen Willens, ein beliebiges Objekt gleicher Gattung zu verletzen, wäre aber eine reine Unterstellung, die der Wirklichkeit nicht gerecht würde. Auf diese Weise machte man letztlich aus einem Versuch eine Vollendung, indem man nämlich den individualisierten Vorsatz mit dem Erfolg einer Fahrlässigkeitstat verbindet.

Daher bleibt festzuhalten, dass der Zielverfehlung und der mangelnden Beherrschung der vollendeten Tat bei der aberratio ictus nur dadurch Rechnung getragen werden kann, dass man hinsichtlich des getroffenen Objekts den Vorsatz verneint.

Nach alledem kann trotz Gleichwertigkeit von anvisiertem und getroffenem Tatobjekt kein Wissen und Wollen der konkreten Tatbestandsverwirklichung angenommen werden. F handelte nicht vorsätzlich.

II. F hat sich durch den Schuss nicht wegen vollendeten Totschlags gemäß § 212 I strafbar gemacht.

Fazit

1. Der Fall betrifft die ***aberratio ictus (Fehlgehen der Tat)***. Kulturbeflissenen Lesern werden gewisse Parallelen zur Oper „Der Freischütz“ nicht entgangen sein, aber das nur am Rande.

Die aberratio ictus wird häufig in einem Atemzug mit dem im vorangegangenen Fall behandelten Irrtum über das Handlungsobjekt (error in persona / error in obiecto) genannt, ist aber streng davon zu unterscheiden.

Bezeichnend für die aberratio ictus ist, dass der Täter rein tatsächlich sein konkretes Ziel verfehlt, zugleich aber (zufällig) ein anderes trifft. Der Täter trifft schlicht daneben. Anders ist das beim error in persona (oder error in obiecto). Dort trifft der Täter sein angepeiltes Ziel sehr wohl. Er hat es aber verwechselt.

2. Eine ***Mindermeinung*** behandelt nun das ***Fehlgehen der Tat*** von den Folgen her genauso ***wie*** den ***Irrtum über das Handlungsobjekt***. Das führt nach dem zu Fall 4 Gesagten dazu, dass bei gleichwertigen Tatobjekten der Vorsatz hinsichtlich des tatsächlich getroffenen Objekts gegeben ist und ein vollendetes Vorsatzdelikt (im Ausgangsfall § 212 I) gegeben ist.

Die ***h.M.*** lehnt das mit den in Lösungsskizze und Formulierungsvorschlag aufgezeigten guten Argumenten ab. Sie kommt wegen des konkretisierten Vorsatzes im Fall der aberratio ictus strukturell zu einer ***Versuchsstrafbarkeit hinsichtlich der beabsichtigten Straftat*** (hier §§ 212 I, 22, 23 I) und zu einer Strafbarkeit wegen ***Fahrlässigkeit hinsichtlich des tatsächlich eingetretenen Erfolgs*** (hier § 222), wobei Tateinheit vorliegt (§ 52). Eine entsprechende Prüfung war im Ausgangsfall nicht gefragt.

Euch ist hoffentlich aufgefallen, dass sich die Mindermeinung im Falle ungleichwertiger Tatobjekte (vgl. Fall 4, Fazit 3.) vom Ergebnis her nicht von der h.M. unterscheidet (siehe zur Konsequenz Seite 27). Dann nämlich stimmt die Rechtsfolge von Irrtum über das Handlungsobjekt und Fehlgehen der Tat ohnehin überein. Es bleibt damit so oder so dabei, dass unter dem Strich nur eine Strafbarkeit wegen Versuchs und Fahrlässigkeit einschlägig ist.

Noch etwas: Die ganze Angelegenheit wird natürlich von vornherein hinfällig, wenn der Täter zwar die falsche Person trifft, diesen Erfolg aber mit Eventualvorsatz in die Tat einbezieht. Unser Ausgangsfall war bewusst so gestaltet, dass diese Variante ausscheidet.

3. Wer sorgfältig mitdenkt, wird sich vielleicht schon gefragt haben, wie die Kombination aus aberratio ictus und error in persona zu behandeln ist. Das ist feinste Lehrbuchkriminalität, wie folgendes Schulbeispiel zeigt:

„T will O auflauern. Es erscheint aber U, den T für O hält. T schießt mit Tötungsvorsatz auf den vermeintlichen O (tatsächlich U). Der Schuss geht zu allem Überfluss daneben und trifft dann doch O, der plötzlich in der Nähe des U aufgetaucht war."

Geschichten, die das Leben schreibt … In dieser Konstellation wird den Regeln der aberratio ictus gefolgt, weil der Vorsatz einseitig konkretisiert ist. Bezogen auf den U liegt Versuchsstrafbarkeit vor (hier §§ 212 I, 22, 23 I), hinsichtlich des O bleibt es bei Fahrlässigkeit (hier § 222). Das wirkt auf den ersten Blick kurios, weil T mit O gerade die Person töten wollte, die er im Ergebnis auch erwischt hat. Der Tätervorsatz war aber nun einmal auf U bezogen, auch wenn T ihn für O gehalten hatte. Also ist das Ergebnis konsequent.

Rechtswidrigkeit

Fall 6

Unglücksrabe U geht nichts ahnend in einer Kleingartensiedlung spazieren, als plötzlich die frei und unbeobachtet umherlaufende Kampfdogge Caligula des Gartenfreunds G mit weit aufgerissenem Maul auf ihn zuläuft. Geistesgegenwärtig erkennt U, dass einerseits eine Flucht aussichtslos ist, andererseits aber der als Wurfgeschoss geeignete Porzellangartenzwerg des D in erreichbarer Nähe steht. Der beherzte U ergreift den Zwerg und schleudert ihn der angriffslustigen Dogge aus kürzester Distanz so heftig in die Schnauze, dass sie sich den Kiefer bricht und jaulend abzieht. Der Gartenzwerg ist dabei zu Bruch gegangen. U ist sich bei seiner Aktion darüber im Klaren gewesen, dass weder Hund noch Zwerg unversehrt bleiben.

Frage: Hat sich U gemäß § 303 I strafbar gemacht ?

Lösungsskizze Fall 6

- Strafbarkeit des U gemäß § 303 I (Hund) ?

I. Tatbestand

1. Objektiver Tatbestand

a. fremde Sache ?

aa. Sache ?
= jeder körperliche Gegenstand (vgl. § 90 BGB)

HIER (+) → § 90a S. 1 BGB schließt Tiere zumindest vom zivilrechtlichen Sachbegriff aus; die Anwendung des § 90a S. 3 BGB könnte wegen des Analogieverbots (Art. 103 II GG / § 1 StGB) auf Bedenken stoßen; es kann aber auch auf einen insoweit eigenständigen strafrechtlichen Sachbegriff abgestellt werden, der von § 90a S. 1 BGB nicht tangiert wird und vom Schutzzweck her auch Tiere erfasst

***bb. fremd ?* (+)**

***cc. <u>also</u>: fremde Sache* (+)**

***b. (hier) Beschädigen ?* (+)**

***c. <u>also</u>: objektiver Tatbestand* (+)**

2. Subjektiver Tatbestand

- Vorsatz ? (+)

3. <u>also</u>: Tatbestand (+)

II. Rechtswidrigkeit

1. Rechtfertigung gemäß § 32

a. gegenwärtiger rechtswidriger Angriff ?

aa. Angriff ?
= jede von einem Menschen ausgehende Bedrohung rechtlich geschützter Interessen

HIER (–) → die Bedrohung ging ausschließlich von der Dogge selbst aus, nicht von einem Menschen

bb. <u>also</u>: gegenwärtiger rechtswidriger Angriff (–)

b. <u>also</u>: Rechtfertigung gemäß § 32 (–)

2. Rechtfertigung gemäß § 228 S. 1 BGB

a. von einer fremden Sache ausgehende drohende Gefahr für ein Rechtsgut ? (+)

b. erforderliche (hier) Beschädigung der gefährdenden Sache ?

aa. Beschädigung der gefährdenden Sache ? (+)

bb. Erforderlichkeit ?
= kein milderes und gleich geeignetes Mittel

HIER (+) → weil keine Fluchtmöglichkeit zur Verfügung stand, blieb U nur die Tathandlung, um die Gefahr abzuwenden

cc. <u>also</u>: erforderliche (hier) Beschädigung der gefährdenden Sache (+)

c. Verhältnismäßigkeit ?
= Beschädigung nicht außer Verhältnis zu der Gefahr

HIER (+) → die gefährdeten Rechtsgüter (Leben, Gesundheit) sind gegenüber dem beschädigten Sachgut sogar höherwertig

d. subjektives Rechtfertigungselement ?
= Kenntnis von der Notstandslage und Verteidigungswille

HIER (+)

e. <u>also</u>: Rechtfertigung gemäß § 228 S. 1 BGB (+)

3. <u>also</u>: Rechtswidrigkeit (–)

III. Ergebnis:

Strafbarkeit des U gemäß § 303 I (Hund) (–)

- Strafbarkeit des U gemäß § 303 I (Gartenzwerg) ?

I. Tatbestand

1. Objektiver Tatbestand

a. fremde Sache ? (+)

b. (hier) Zerstören ? (+)

c. also: objektiver Tatbestand (+)

2. Subjektiver Tatbestand

- Vorsatz ? (+)

3. also: Tatbestand (+)

II. Rechtswidrigkeit

1. Rechtfertigung gemäß § 904 S. 1 BGB

a. gegenwärtige Gefahr für ein Rechtsgut ?

aa. Gefahr für ein Rechtsgut ? (+)

bb. gegenwärtig ?
= zur Schadensabwendung sofortige Abhilfe erforderlich

HIER (+) → die Dogge hatte U zwar noch nicht angefallen, dies stand aber unmittelbar bevor

cc. also: gegenwärtige Gefahr für ein Rechtsgut (+)

b. Einwirkung zur Abwendung der Gefahr notwendig ?

HIER (+) → die Gefahr konnte nicht anders abgewendet werden

c. Verhältnismäßigkeit ?
= drohender Schaden überwiegt die Beeinträchtigung wesentlich

HIER (+) → Gesundheit und Leben des U wiegen wesentlich schwerer als der vergleichsweise geringfügige Sachschaden

d. subjektives Rechtfertigungselement ?
= Kenntnis von der Notstandslage und Verteidigungswille

HIER (+)

e. also: Rechtfertigung gemäß § 904 S. 1 BGB (+)

2. also: Rechtswidrigkeit (–)

III. Ergebnis:

Strafbarkeit des U gemäß § 303 I (Gartenzwerg) (–)

- Gesamtergebnis

Strafbarkeit des U gemäß § 303 I (–)

Formulierungsvorschlag Fall 6

- Strafbarkeit des U gemäß § 303 I (Hund)

U könnte sich durch den Wurf mit dem Gartenzwerg wegen Sachbeschädigung des Hundes gemäß § 303 I strafbar gemacht haben.

I. Dazu müsste die Dogge eine fremde Sache sein.

Sache ist zunächst jeder körperliche Gegenstand im Sinne des § 90 BGB.

Der Hund ist ein körperlicher Gegenstand. § 90a BGB enthält allerdings eine Sonderregelung für Tiere. Sie sind nach § 90a S. 1 BGB ausdrücklich keine Sachen. § 90a BGB hebt die Eigenschaft der Tiere als Lebewesen hervor. § 90a S. 1 BGB soll daher sicher nicht den strafrechtlichen Schutz verkürzen.

Möglicherweise findet § 90a S. 3 BGB Anwendung. Eine solche entsprechende Anwendung begegnet aber im Strafrecht Bedenken. In ihr könnte eine Analogie zuungunsten des Täters und damit ein Verstoß gegen das Analogieverbot aus Art. 103 II GG liegen. Bei vorbehaltloser Anknüpfung an den zivilrechtlichen Sachbegriff könnte es mithin dazu kommen, dass Tiere wegen § 90a BGB aus dem Schutzbereich des § 303 I herausfielen. Das ist aber ersichtlich nicht sachgerecht und stünde im krassen Widerspruch zum Schutzgedanken des § 90a S. 2 BGB.

Deshalb kann auf einen insoweit eigenständigen strafrechtlichen Sachbegriff abgestellt werden, der von der abweichenden zivilrechtlichen Begriffsbestimmung des § 90a S. 1 BGB nicht tangiert wird und vom Schutzzweck her auch Tiere umfasst.

Somit ist die Dogge eine Sache im Sinne des § 303 I, sei es über die Anwendung des § 90a S. 3 BGB oder durch Abstellen auf einen insoweit eigenständigen strafrechtlichen Sachbegriff.

Sie steht im Eigentum des G und ist daher aus Sicht des U fremd.

Durch den Wurf mit dem Gartenzwerg hat U das Tier schwer verletzt und damit beschädigt.

Er handelte dabei zumindest bedingt vorsätzlich.

II. Die Tat müsste rechtswidrig geschehen sein.

Möglicherweise war das Verhalten des U gemäß § 32 gerechtfertigt.

Dazu bedürfte es eines gegenwärtigen rechtswidrigen Angriffs. Unter Angriff ist jede Bedrohung rechtlich geschützter Interessen zu verstehen, die allerdings von einem Menschen ausgehen muss. Die Gefahr ging hier aber allein von der unbeobachtet frei laufenden Dogge Caligula selbst aus. Eigentümer G hat den Hund nicht etwa aufgehetzt oder dem Geschehen auch nur tatenlos zugesehen. Mithin liegt kein menschlicher Angriff vor.

Eine Rechtfertigung nach § 32 scheidet aus.

Zu denken ist aber weiter an eine Rechtfertigung gemäß § 228 S. 1 BGB.

Eine Notstandslage in Form einer von der Dogge als aus Sicht des U fremden Sache ausgehenden drohenden Gefahr war gegeben. Die Beschädigung des gefährdenden Hundes müsste erforderlich gewesen sein. U hatte keine Fluchtmöglichkeit. Ihm blieb nur die Tathandlung, um die drohende Gefahr abzuwenden. Mithin war die Beschädigung erforderlich. Die Beschädigung dürfte weiter nicht außer Verhältnis zu der drohenden Gefahr gestanden haben. Bedroht war die Gesundheit oder gar das Leben des U. Demgegenüber ist die Unversehrtheit des Hundes geringwertig. Die Beeinträchtigung stand also keineswegs außer Verhältnis zur Gefahr.

Schließlich handelte U auch in Kenntnis der Notstandslage und mit dem Willen zur Verteidigung.

Die Beschädigung des Hundes war folglich gemäß § 228 S. 1 BGB gerechtfertigt.

III. U hat sich deshalb durch den Wurf mit dem Gartenzwerg nicht wegen Sachbeschädigung des Hundes gemäß § 303 I strafbar gemacht.

- Strafbarkeit des U gemäß § 303 I (Gartenzwerg)

Möglicherweise führt der Wurf aber zu einer Strafbarkeit des U wegen Sachbeschädigung des Gartenzwergs gemäß § 303 I.

I. Der Zwerg war eine für U fremde Sache, die er durch die Tathandlung zerstört hat.

Auch diesbezüglich handelte U zumindest bedingt vorsätzlich.

II. Die Tat müsste rechtswidrig geschehen sein.

In Betracht kommt eine Rechtfertigung gemäß § 904 S. 1 BGB.

Mit der Gesundheit oder gar dem Leben des U waren Rechtsgüter gefährdet. Diese Gefahr muss bei § 904 S. 1 BGB im Gegensatz zu § 228 S. 1 BGB aber nicht nur drohen, sondern schon gegenwärtig sein. Das ist der Fall, wenn zur Schadensabwendung sofortige Abhilfe erforderlich war. Die Kampfdogge hatte U zwar noch nicht angefallen, war ihm aber schon bedrohlich nahe gekommen, sodass sofortige Abhilfe nötig war. Damit war die Gefahr auch gegenwärtig.

Die erfolgte Verteidigungshandlung war einziges Mittel zur Gefahrabwendung, also notwendig.

Der zu befürchtende Schaden müsste die zur Abwehr erforderliche Beeinträchtigung wesentlich überwogen haben. Gesundheit und Leben des U wiegen bedeutend schwerer als der vergleichsweise geringfügige Sachschaden, der D durch die Zerstörung des Gartenzwergs entstanden ist. Somit war die in § 904 S. 1 BGB vorausgesetzte Verhältnismäßigkeit gewahrt. Zudem handelte U in Kenntnis der Notstandslage, des Verhältnisses der sich gegenüberstehenden Rechtsgüter und mit Verteidigungswillen.

Folglich war die Tat nach § 904 S. 1 BGB gerechtfertigt.

III. U hat sich durch den Wurf nicht wegen Sachbeschädigung des Zwergs gemäß § 303 I strafbar gemacht.

- Gesamtergebnis

U hat sich nicht gemäß § 303 I strafbar gemacht.

Fazit

1. Mit einem echten Klassiker, der in ähnlicher Form durch fast alle einschlägigen Bücher und Vorlesungen geistert, haben wir zur Ebene der Rechtswidrigkeit übergeleitet. Lest zunächst (noch einmal) Seite 23.

Der Fall zeigt, dass ***Rechtfertigungsgründe*** (= Erlaubnistatbestände) nicht nur dem StGB zu entnehmen sind, sondern aus allen Rechtsgebieten stammen können (Stichwort: Einheit der Rechtsordnung). Macht euch bitte die Mühe, folgende Vorschriften zu lesen: §§ 32, 34, 193 StGB, § 127 StPO, §§ 228, 229, 859, 904 BGB. Diese Auflistung ist bei Weitem nicht vollständig, sondern gibt nur die wichtigsten geschriebenen Rechtfertigungsgründe wieder, mit denen man es in der Klausur zu tun bekommen kann. Neben den gesetzlich geregelten Rechtfertigungsgründen existieren wichtige ungeschriebene Erlaubnistatbestände, auf die wir später im Einzelnen eingehen werden.

Rechtfertigungsgründe bestehen wie Tatbestände aus objektiven und subjektiven Komponenten.

Prägt euch folgenden ***Grobaufbau*** ein:

1. Rechtfertigungslage (objektiv)
2. Rechtfertigungshandlung (objektiv)
3. subjektives Rechtfertigungselement

2. Obwohl es sich um eine einzige Tathandlung handelte, war wegen der unterschiedlichen Tatobjekte sinnvollerweise eine getrennte Prüfung der Sachbeschädigung angesagt. Dass Tiere von § 303 I erfasst sind, ist angesichts des § 90a BGB nicht ganz selbstverständlich. Weil es sich um ein Problem des BT handelt, das hier nur zwangsläufig mit abgehandelt werden musste, verweisen wir wegen der weiteren Einzelheiten auf Die Fälle – Strafrecht BT 2, Fall 1, Fazit 1. und 2.

3. Ihr müsst euch im Einzelfall Gedanken darüber machen, welche Rechtfertigungsgründe in welcher ***Reihenfolge*** zu prüfen sind. Es soll bekanntlich ein Gutachten erstellt werden. Somit ist grundsätzlich alles zu prüfen, was ernsthaft in Betracht kommt. Wenn aber – wie im Ausgangsfall – die speziellen Rechtfertigungsgründe § 228 S. 1 und/oder § 904 S. 1 BGB erfüllt sind, tritt der allgemeine rechtfertigende Notstand nach § 34 jeweils dahinter zurück, muss also nicht geprüft werden. Notwehr (§ 32) ist – wie im Ausgangsfall demonstriert – in der Regel zuerst zur prüfen, insbesondere also vor rechtfertigendem Notstand. Auch von diesem Grundsatz gibt es aber Ausnahmen. So geht beispielsweise eine rechtfertigende Einwilligung der Notwehr vor.

Ihr merkt: Prüfungsumfang und Prüfungsreihenfolge richten sich nach den Umständen des Einzelfalls. Allgemeinverbindliche Regeln lassen sich nur sehr begrenzt aufstellen.

4. Die Notwehr scheiterte hier am fehlenden Angriff. „Na wenn das kein Angriff ist ...", hören wir so manchen Leser verwundert sagen. Nun, die Notwehrlage besteht gemäß ***§ 32 II*** in einem gegenwärtigen, rechtswidrigen Angriff. Das Merkmal „Angriff" ist schon deswegen auf ***menschliches Verhalten*** zu beschränken, weil ein Tier nicht rechtswidrig agieren kann.

   Aber Vorsicht: Wenn ein Mensch einen Hund hetzt, kann darin ohne Weiteres ein (menschlicher) Angriff liegen, weil der Hund dann nur als eine Art Waffe dient.

   Auch die bloße Duldung eines Tierverhaltens kann eine Notwehrlage begründen, wenn nämlich z.B. der Halter des Tieres eine Pflicht zum Einschreiten hat. Wir haben es dann mit einem Angriff durch Unterlassen zu tun.

5. Die Sachbeschädigung des Hundes war nach ***§ 228 S. 1 BGB*** (Defensivnotstand) gerechtfertigt. Der ***Defensivnotstand*** (Verteidigungsnotstand) zeichnet sich dadurch aus, dass die Gefahr gerade von der durch die Tat beeinträchtigten fremden Sache ausgeht.

6. Der entscheidende strukturelle Unterschied zu ***§ 904 S. 1 BGB*** (Aggressivnotstand) besteht darin, dass beim ***Aggressivnotstand*** die Gefahrenquelle irgendwer oder irgendetwas sein kann, nur eben nicht die beeinträchtigte Sache selbst. Der Aggressivnotstand war wie gesehen bei der Beschädigung unseres Gartenzwergs einschlägig. Der Zwerg diente als Mittel zum Zweck der Gefahrabwehr, stellte aber selbst natürlich keine Gefahrenquelle dar.

   Unser Fall ist übrigens insofern eine kleine Variante des Klassikers, als in den Schulbeispielen für die Unterscheidung von Defensiv- und Aggressivnotstand meist eine Latte aus einem Gartenzaun gebrochen wird, um sich der von einem Hund ausgehenden Gefahr zu erwehren.

7. Das bloße objektive Vorliegen eines Erlaubnissachverhalts führt wie gesagt noch nicht zur Rechtfertigung, es muss das ***subjektive Rechtfertigungselement*** hinzukommen (so gut wie allgemeine Auffassung).

   Das besteht zunächst aus der ***Kenntnis*** des Täters ***von der objektiven Rechtfertigungslage***. Zusätzlich muss der ***Wille zur Ausübung des*** sich aus der Rechtfertigungslage ergebenden ***Rechts*** vorliegen (h.M.).

   Damit keine Missverständnisse aufkommen: Die Anforderungen an das subjektive Rechtfertigungselement sind nicht allzu streng. Es genügt das Bewusstsein des Täters, sich in einer Rechtfertigungslage zu befinden und das darauf basierende Gefühl, etwas Rechtmäßiges zu tun. Davon könnt ihr in der Klausur immer dann lebensnah ausgehen, wenn der Sachverhalt keine gegenteiligen Anhaltspunkte liefert.

   Im Übrigen: Der Rechtfertigungswille muss keineswegs das einzige Motiv des Täters sein. Daneben sind andere Beweggründe wie etwa Hass oder Wut unschädlich.

   Nicht ganz einfach zu beantworten ist allerdings die Frage, welche Rechtsfolge ein Fehlen des subjektiven Rechtfertigungselements nach sich zieht. Dazu später mehr.

Fall 7

Rechtsanwalt R begibt sich nach einem langen Arbeitstag in der Dunkelheit auf den Heimweg. Passant P leuchtet ihn aus Übermut mit einer Taschenlampe an. R erinnert sich an den Grundsatz „Das Recht braucht dem Unrecht nicht zu weichen" und verpasst P mit den Worten „Aufblender raus" eine kräftige Ohrfeige.

Frage: Hat sich R gemäß § 223 I strafbar gemacht oder ist die Tat nach § 32 gerechtfertigt ?

Lösungsskizze Fall 7

- Strafbarkeit des R gemäß § 223 I ?

I. Tatbestand

1. Objektiver Tatbestand

a. eine andere Person ? **(+)**

b. körperliche Misshandlung, § 223 I Var. 1 ? **(+)**

c. also: objektiver Tatbestand **(+)**

2. Subjektiver Tatbestand

- Vorsatz ? **(+)**

3. also: Tatbestand **(+)**

II. Rechtswidrigkeit

1. Rechtfertigung gemäß § 32

a. gegenwärtiger rechtswidriger Angriff ?

aa. Angriff ?

= jede von einem Menschen ausgehende Bedrohung rechtlich geschützter Interessen

HIER (–) → es liegt keine Bedrohung rechtlich geschützter Interessen vor; der Vorgang spielte sich im untersten Bagatellbereich ab; das Anleuchten war eine noch sozial übliche Belästigung; bei dem Verhalten des R handelte sich um eine „Unfugabwehr"

bb. also: gegenwärtiger rechtswidriger Angriff **(–)**

b. also: Rechtfertigung gemäß § 32 **(–)**

2. also: Rechtswidrigkeit **(+)**

III. Schuld **(+)**

IV. Ergebnis:

Strafbarkeit des R gemäß § 223 I (+); Verfolgung aber gemäß § 230 I 1 nur auf Antrag, wenn nicht die Staatsanwaltschaft ein besonderes öffentliches Interesse bejaht

Formulierungsvorschlag Fall 7

- Strafbarkeit des R gemäß § 223 I

R könnte sich durch die Ohrfeige gemäß § 223 I strafbar gemacht haben.

I. Er hat durch diese Handlung eine andere Person – nämlich P – vorsätzlich körperlich misshandelt.

II. Die Tat müsste rechtswidrig geschehen sein.

Möglicherweise ist sie gemäß § 32 gerechtfertigt.

Dazu müsste eine Notwehrlage in Form eines gegenwärtigen rechtswidrigen Angriffs bestanden haben.

Ein Angriff ist jede von einem Menschen ausgehende Bedrohung rechtlich geschützter Interessen. Das Anleuchten mit der Taschenlampe war ein als „Unfug“ zu bezeichnender Vorgang, der sich im untersten Bagatellbereich abspielte. Es stellte eine noch als sozial üblich einzuschätzende Belästigung dar. Das Anleuchten hat daher rechtlich geschützte Interessen des R nicht bedroht.

Folglich lag schon kein Angriff im Sinne des § 32 II und damit keine Notwehrlage vor.

Die Tat ist nicht gemäß § 32 gerechtfertigt. Sie geschah rechtswidrig.

III. R handelte schuldhaft.

IV. Er hat sich durch die Ohrfeige gemäß § 223 I strafbar gemacht. Die Tat wird allerdings gemäß § 230 I 1 nur auf Antrag verfolgt, wenn nicht die Staatsanwaltschaft ein besonderes öffentliches Interesse bejaht.

Fazit

1. Das ***Notwehrrecht*** basiert auf ***zwei Komponenten***. Zum einen besteht individualrechtlich die Befugnis zum ***Selbstschutz***. Zum anderen dient die Notwehr aber auch der ***Verteidigung der Rechtsordnung*** (sogenanntes Rechtsbewährungsprinzip: „Das Recht braucht dem Unrecht nicht zu weichen“).

   Warum erzählen wir euch das, obwohl doch hoffentlich bekannt ist, dass wir unsere Ausführungen nicht unnötig mit theoretischen Erwägungen überfrachten? Ganz einfach: Die beiden genannten Grundgedanken spielen eine Rolle für die Ausgestaltung und Interpretation des § 32. Wir werden gleich daran anknüpfen und an verschiedenen weiteren Stellen darauf zurückkommen.

2. Vor allem aus dem Rechtsbewährungsprinzip wird abgeleitet, dass das Notwehrrecht sehr „schneidig" konstruiert ist. Es kommt für ***§ 32*** grundsätzlich nicht auf das Wertverhältnis der kollidierenden Güter an. ***Verhältnismäßigkeit spielt*** also ***im Prinzip*** gerade ***keine Rolle***. Wie ihr an unserem Fall gesehen habt, gibt es aber Grenzen!

Zwei Fallgruppen sind systematisch zu unterscheiden:

Zum einen kann es in Extremfällen vorkommen, dass die Voraussetzungen des § 32 „an sich" vorliegen, aber wegen des ***krassen Missverhältnisses der beteiligten Rechtsgüter*** ausnahmsweise eine Einschränkung vorgenommen wird. Wir werden auf diese Konstellation selbstverständlich noch näher eingehen.

Zum anderen gibt es aber auch die Fälle der sogenannten ***Unfugabwehr***, in denen schon kein Angriff i.S.d. § 32 II gegeben ist. Solche „***Bagatellangriffe***" spielen sich im Grenzbereich zu den noch sozial üblichen Belästigungen ab. Damit hattet ihr es bei unserem Ausgangsfall zu tun. Andere Beispiele: „Lärm spielender Kinder", „Hand auf die Schulter legen", „Drängeln am Skilift oder beim Einstieg in die Straßenbahn". Teilweise wird übrigens in diesem Zusammenhang zur Begründung des Ergebnisses der Grundsatz „minima non curat praetor" („Um Geringfügigkeiten kümmert sich der Richter nicht") herangezogen.

Weil wir gerade beim Thema „Belästigungen" sind: Mit § 238 hat der Gesetzgeber einen Straftatbestand eingeführt, der das sogenannte ***Stalking*** erfassen soll. Die amtliche Überschrift dieser Norm lautet „***Nachstellung***" (siehe dazu näher Die Fälle – Strafrecht BT 1, Fall 19, Fazit 4.).

Wer – nach dem oben Gesagten wohl unzutreffend – einen gegenwärtigen rechtswidrigen Angriff bejaht hatte und zudem die „Verteidigungshandlung" für erforderlich gehalten hatte, musste § 32 zumindest an fehlender Gebotenheit (§ 32 I) scheitern lassen. Dass ein solches Verhalten Ergebnis nicht gerechtfertigt sein kann, sollte jedem schon vom Rechtsgefühl her klar sein.

3. Eine Rechtfertigung nach § 34 (lesen!) war hier fernliegend. Wir haben bereits durch die Andeutung in der Fallfrage den Prüfungsumfang auf § 32 beschränkt.

Fall 8

In der Kneipe des W geht es hoch her. Gast G wird gerade grundlos von dem robusten Schläger S verprügelt. G ergreift einen zur Einrichtung der Gaststätte gehörenden Stuhl und zertrümmert ihn, indem er damit auf S einschlägt. S lässt sich davon zwar vorübergehend beeindrucken, rappelt sich dann aber wieder auf und setzt seine Attacken nach kurzem Zögern fort. G greift zu einem weiteren Stuhl des W und erhebt ihn, um erneut zu versuchen, S kampfunfähig zu machen. Daraufhin versetzt der empörte W seinerseits G einen schmerzhaften Schlag, um ihn von der Zerstörung des zweiten Stuhls abzuhalten.

Frage: Hat sich W gemäß § 223 I strafbar gemacht ?

Lösungsskizze Fall 8

- Strafbarkeit des W gemäß § 223 I ?

I. Tatbestand

1. Objektiver Tatbestand

a. eine andere Person ? **(+)**

b. körperliche Misshandlung, § 223 I Var. 1 ? **(+)**

c. <u>also</u>: objektiver Tatbestand **(+)**

2. Subjektiver Tatbestand

- Vorsatz ? **(+)**

3. <u>also</u>: Tatbestand **(+)**

II. Rechtswidrigkeit

1. Rechtfertigung gemäß § 32

a. gegenwärtiger rechtswidriger Angriff ?

aa. Angriff ?

= jede von einem Menschen ausgehende Bedrohung rechtlich geschützter Interessen

HIER (+) → das Eigentum des W ist durch das Verhalten des G bedroht

bb. gegenwärtig ?

= Beeinträchtigung des Rechtsguts unmittelbar bevorstehend, gerade stattfindend oder noch fortdauernd

HIER (+) → die Beeinträchtigung des zweiten Stuhls steht unmittelbar bevor

cc. rechtswidrig ?

= fehlende rechtliche Befugnis des Angreifers

HIER (–) → G ist rechtlich zur Beschädigung bzw. Zerstörung des Stuhls befugt, weil sein Verhalten gerechtfertigt ist; es ist zwar nicht nach § 32 gerechtfertigt, weil durch die drohende Beeinträchtigung des Stuhls kein Rechtsgut des Angreifers betroffen ist, wohl aber nach § 904 S. 1 BGB; zumindest für die körperliche Unversehrtheit des G besteht angesichts der Attacken des S gegenwärtige Gefahr; die beabsichtigte Einwirkung ist zur Abwendung dieser Gefahr notwendig; der drohende Schaden überwiegt die Beeinträchtigung auch wesentlich; schließlich handelt G auch in Kenntnis der Notstandslage und mit Verteidigungswillen

***dd. also: gegenwärtiger rechtswidriger Angriff* (–)**

***b. also: Rechtfertigung gemäß § 32* (–)**

***2. also: Rechtswidrigkeit* (+)**

***III. Schuld* (+)**

IV. Ergebnis:

Strafbarkeit des W gemäß § 223 I (+); Verfolgung aber gemäß § 230 I 1 nur auf Antrag, wenn nicht die Staatsanwaltschaft ein besonderes öffentliches Interesse bejaht

Formulierungsvorschlag Fall 8

- Strafbarkeit des W gemäß § 223 I

W könnte sich durch den Schlag gemäß § 223 I strafbar gemacht haben.

I. Er hat durch diese Handlung eine andere Person – nämlich G – vorsätzlich körperlich misshandelt.

II. Die Tat müsste rechtswidrig geschehen sein.

Als Rechtfertigungsgrund kommt § 32 in Betracht.

Es müsste eine Notwehrlage in Form eines gegenwärtigen, rechtswidrigen Angriffs bestanden haben.

Angriff ist jede von einem Menschen ausgehende Bedrohung rechtlich geschützter Interessen. Das Eigentum des W an dem zweiten Stuhl war durch den beabsichtigten Schlag des G bedroht, nachdem er schon einen Stuhl zertrümmert hatte. Ein Angriff lag damit vor.

Dieser müsste gegenwärtig gewesen sein. Die Beeinträchtigung des Rechtsguts muss unmittelbar bevorstehen, gerade stattfinden oder noch fortdauern. G hatte den Stuhl bereits zum Schlag erhoben. Seine Beeinträchtigung stand damit unmittelbar bevor. Der Angriff war gegenwärtig.

Der Angriff müsste schließlich auch rechtswidrig gewesen sein. G dürfte rechtlich nicht zum Schlag mit dem Stuhl befugt gewesen sein.

Das Verhalten des G könnte seinerseits gerechtfertigt sein.

Zunächst ist an Rechtfertigung nach § 32 zu denken.

Eine Handlung kann nur insoweit durch Notwehr gerechtfertigt sein, als von ihr Rechtsgüter gerade des Angreifers betroffen sind. Der von G zur Verteidigung vorgesehene Stuhl gehört dem W und damit nicht dem Angreifer S.

Eine Rechtfertigung des Verhaltens des G gegenüber S aus § 32 scheidet damit aus.

Es kommt aber weiter § 904 S. 1 BGB als Rechtfertigungsgrund in Betracht.

Zumindest für die körperliche Unversehrtheit des G bestand angesichts der Attacken des S gegenwärtige Gefahr. Ein milderes Mittel zur Abwendung dieser Gefahr ist nicht ersichtlich, die beabsichtigte Einwirkung war damit notwendig. Die durch die fortdauernden Schläge des S stark bedrohte Gesundheit des G wiegt wesentlich schwerer als der vergleichsweise geringfügige Sachschaden. Schließlich handelte G auch in Kenntnis der Notstandslage und mit Verteidigungswillen.

Das Verhalten des G ist mithin gemäß § 904 S. 1 BGB gerechtfertigt, G war rechtlich zum Schlag mit dem Stuhl befugt.

Der Angriff war nicht rechtswidrig.

Eine Notwehrlage bestand nicht.

Der Schlag des W war nicht gemäß § 32 gerechtfertigt.

Die Tat geschah rechtswidrig.

III. W handelte schuldhaft.

IV. Er hat sich durch den Schlag gemäß § 223 I strafbar gemacht. Die Tat wird allerdings gemäß § 230 I 1 nur auf Antrag verfolgt, wenn nicht die Staatsanwaltschaft ein besonderes öffentliches Interesse bejaht.

Fazit

1. Anhand dieses Falls sind wir erstmals bis zum Merkmal ***„Gegenwärtigkeit“*** vorgedrungen.

Die Definition zeigt, dass die sogenannte ***Präventivnotwehr*** (= vorbeugende Notwehr) nicht erlaubt ist. Kein gegenwärtiger Angriff ist beispielsweise das bloße Mitsichführen einer Waffe. Nur die aktuelle Kampfsituation kann der Privatperson das einschneidende Notwehrrecht gewähren. Auch dies darf aber nicht missverstanden werden: Wenn der Angreifer beispielsweise die Waffe zieht, darf der Verteidiger bereits schießen. Er muss nicht etwa abwarten, bis der Angreifer auf ihn zielt. Noch ein wichtiger Hinweis vorab: Es sind Fälle denkbar, in denen zwar noch kein gegenwärtiger Angriff i.S.d. § 32 vorliegt, wohl aber schon eine gegenwärtige Gefahr i.S.d. § 34.

Der ***Angriff dauert*** so lange ***fort***, wie die schon vollendete Rechtsgutsverletzung noch vertieft werden kann. Der Angreifer muss also nicht zwingend auf frischer Tat angetroffen werden, eine lückenlose Verfolgungskette soll genügen.

2. Die Pointe unseres Falls lag darin, dass das Verhalten des Angreifers seinerseits gerechtfertigt und der Angriff daher nicht rechtswidrig war. Die Rechtfertigung ergibt sich aber nicht – wie man vorschnell denken könnte – aus § 32, sondern aus § 904 S. 1 BGB.

Nur die ***Verletzung von Rechtsgütern des Angreifers*** wird ***durch Notwehr gerechtfertigt***. Teilweise wird allerdings von diesem Grundsatz eine Ausnahme gemacht, wenn sich nämlich der Angreifer einer fremden Sache bedient. Hierzu eine Abwandlung des Ausgangsfalls: S wirft mit einer W gehörenden Weinflasche auf G. Der wehrt sich, indem er die Flasche zerstört, bevor er von ihr getroffen wird. In einer solchen Konstellation wird mitunter Notwehr bejaht, obwohl es sich nicht um ein Rechtsgut des Angreifers (S) sondern eines Dritten (W) handelt. Diese Ansicht überzeugt vor allem deshalb nicht, weil praktisch überflüssigerweise ein Grundsatz durchbrochen werden soll. Auf Notwehr kommt es nämlich im Ergebnis deshalb nicht an, weil ohnehin regelmäßig die Voraussetzungen des Notstands vorliegen (§ 228 S. 1 bzw. § 904 S. 1 BGB).

3. Möglicherweise haben einige bei der Fallbearbeitung ein Mitgefühl für den Wirt entwickelt, der ja unter den gegebenen besonderen Umständen die Zerstörung seiner Einrichtung hinnehmen muss. Er ist zivilrechtlich durch den Anspruch aus § 904 S. 2 BGB (lesen!) geschützt. Das Motto des § 904 BGB lautet damit knapp zusammengefasst: „Dulde und liquidiere."

Fall 9

In der Kneipe des W kehrt auf Dauer keine Ruhe ein. Der penetrante P bringt schon seit geraumer Zeit seinen neben ihm an der Theke stehenden Feind F dadurch gegen sich auf, dass er laut und schief alte Schlager von Michael Holm singt („Tränen lügen nicht"). P weiß, dass F leicht zu Wutausbrüchen neigt. Er hofft darauf, dass F alsbald die Beherrschung verlieren und auf ihn mit seinem stets einsatzbereiten Baseballschläger einzudreschen versuchen wird. So geschieht es. F erhebt den Baseballschläger. P hätte zwar noch fliehen können, kann den Schlag aber aktiv nur durch einen gezielten Messerstich in den Arm des F abwenden. Dies hatte er von Anfang an so geplant.

Frage: Hat sich P gemäß § 223 I strafbar gemacht ?

Lösungsskizze Fall 9

- Strafbarkeit des P gemäß § 223 I

I. Tatbestand

1. Objektiver Tatbestand

a. eine andere Person ? (+)

b. körperliche Misshandlung, § 223 I Var. 1 ? (+)

c. Gesundheitsschädigung, § 223 I Var. 2 ? (+)

d. <u>also</u>: objektiver Tatbestand (+)

2. Subjektiver Tatbestand

- Vorsatz ? (+)

3. <u>also</u>: Tatbestand (+)

II. Rechtswidrigkeit

1. Rechtfertigung gemäß § 32

a. gegenwärtiger rechtswidriger Angriff ?

aa. Angriff ? (+)

HIER (+) → die körperliche Unversehrtheit des P war durch das Verhalten des F bedroht

bb. gegenwärtig ? (+)

cc. rechtswidrig ?

= fehlende rechtliche Befugnis des Angreifers

HIER (+) → das Verhalten des Angreifers F ist nicht gerechtfertigt, insbesondere nicht nach § 32; das laute und schiefe Singen ist zwar eine

Belästigung, aber seinerseits kein Angriff des P i.S.d. § 32; es handelt sich um zumindest in einer Gastwirtschaft noch üblichen „Unfug“; rechtliche Interessen des F sind dadurch nicht bedroht

***dd. also: gegenwärtiger rechtswidriger Angriff* (+)**

b. erforderliche Verteidigung ?

***aa. geeignetes Mittel ?* (+)**

bb. relativ mildestes Mittel ?

= keine mildere Handlungsalternative bei gleicher Wirksamkeit

HIER (+) → ein milderes und zugleich ebenso wirksames Mittel stand P nicht zur Verfügung; die mögliche Flucht war insoweit keine entsprechende Alternative

***cc. also: erforderliche Verteidigung* (+)**

c. Gebotenheit ?

= keine Einschränkung des Notwehrrechts unter Wertungsgesichtspunkten

HIER (–) → zumindest bei der absichtlich provozierten Notwehrlage ist die aktive Verteidigung nicht geboten, sofern eine Fluchtmöglichkeit besteht (a.A. gut vertretbar); in dieser Sondersituation tritt das Rechtsbewährungsprinzip zurück; der Täter, der sich selbst absichtlich und damit in höchst vorwerfbarer Weise in die Notwehrlage hineinmanövriert hat (wenn man so will der wahre Angreifer im untechnischen Sinne), ist weder individuell schutzwürdig noch eignet er sich als Repräsentant und Bewahrer der Rechtsordnung

***d. also: Rechtfertigung gemäß § 32* (–)**

***2. also: Rechtswidrigkeit* (+)**

***III. Schuld* (+)**

IV. Ergebnis:

Strafbarkeit des P gemäß § 223 I (+); die ausschließlich zu untersuchende einfache Körperverletzung wird aber gemäß § 230 I 1 nur auf Antrag verfolgt, wenn nicht die Staatsanwaltschaft ein besonderes öffentliches Interesse bejaht

Formulierungsvorschlag Fall 9

- Strafbarkeit des P gemäß § 223 I

Möglicherweise hat sich P durch den Messerstich gemäß § 223 I strafbar gemacht.

I. Er hat durch diese Handlung eine andere Person – nämlich F – vorsätzlich körperlich misshandelt.

II. Die Tat müsste rechtswidrig geschehen sein.

Die Handlung des P könnte gemäß § 32 gerechtfertigt sein.

Ein gegenwärtiger Angriff des F war gegeben.

Dieser Angriff müsste rechtswidrig gewesen sein, es dürfte keine rechtliche Befugnis für das Verhalten des F bestehen.

Als Rechtfertigungsgrund kommt aus Sicht des F wiederum § 32 in Betracht. Dazu müsste das Vorverhalten des P ein gegenwärtiger rechtswidriger Angriff gewesen sein. Angriff ist jede Bedrohung rechtlich geschützter Interessen. Das laute und schiefe Singen des P ist aber zumindest in einer Gastwirtschaft eine Belästigung, die sich noch im Bereich des Üblichen abspielt. Das Vorverhalten des P ist allenfalls als Unfug zu bezeichnen. Rechtliche Interessen sind dadurch nicht beeinträchtigt. Somit liegt im Vorverhalten des P kein Angriff, das Ansetzen des F zum Schlag war nicht gemäß § 32 gerechtfertigt. Für das Verhalten des F bestand keine rechtliche Befugnis.

Der Angriff des F war rechtswidrig.

Die Verteidigungshandlung des P müsste weiterhin erforderlich gewesen sein.

Erforderlich ist eine Verteidigungshandlung, wenn sie zur Abwehr des Angriffs geeignet ist und kein milderes und gleich effektives Mittel zur Verfügung steht. Die Abwehr des P war erfolgreich, das von ihm gewählte Mittel also geeignet. Die mögliche Flucht bildete keine gleichwertige Alternative. Ein milderes und gleich wirksames Mittel stand nicht zur Verfügung.

Somit war die Verteidigungshandlung erforderlich.

Möglicherweise war die Handlung des P aber nicht geboten. Eine Notwehrhandlung ist dann nicht geboten, wenn im Einzelfall unter Wertungsgesichtspunkten eine Einschränkung vorzunehmen ist.

Eine solche Einschränkung könnte sich aus dem Umstand ergeben, dass P den Angriff durch sein Vorverhalten selbst absichtlich herbeigeführt und damit provoziert hatte.

Für die Annahme eines Notwehrrechts auch in dieser Situation spricht auf den ersten Blick das sogenannte Rechtsbewährungsprinzip. Das Recht braucht dem Unrecht nicht zu weichen. Der Bewährung der Rechtsordnung scheint es auch gegenüber demjenigen zu bedürfen, der zum Angriff provoziert wurde.

Dies erscheint zumindest dann einleuchtend, wenn das provozierende Verhalten – wie hier – selbst die Voraussetzungen eines rechtswidrigen Angriffs nicht erfüllt. Dann nämlich kann erwartet werden, dass der Provokation widerstanden wird.

Auch das Selbstschutzprinzip könnte nahelegen, eine Einschränkung über das Merkmal der Gebotenheit für den Fall der Notwehrprovokation abzulehnen. Für den Provokateur besteht nun einmal objektiv eine Notwehrlage, auch wenn er sie selbst vorwerfbar herbeigeführt hat.

Dieser Argumentation ist jedoch entgegenzuhalten, dass das Notwehrrecht wie alle Rechte seine Schranken im allgemeinen Verbot des Rechtsmissbrauchs findet. Wer absichtlich zum Angriff reizt und sich sehenden Auges in die von ihm vorbereitete und deshalb auch bis zu einem gewissen Grad beherrschte Situation hineinmanövriert, bedarf nicht des individuellen Schutzes des § 32.

Bei wertender Betrachtung kann der Provokateur als der wahre Angreifer bezeichnet werden, wenn auch nicht im technischen Sinne des § 32. Eine solche Person eignet sich mit Blick auf das Rechtsbewährungsprinzip angesichts des Vorverhaltens auch nicht als Repräsentant und Bewahrer der Rechtsordnung. Der Absichtsprovokateur mag sich passiv schützen oder die Flucht antreten. Sofern dies möglich erscheint, ist ihm angesichts eines aktiven Gegenangriffs eine erfolgreiche Berufung auf das Notwehrrecht verwehrt.

Ein aktiver Gegenangriff ist nach alledem bei bestehender Fluchtmöglichkeit unter den besonderen Umständen einer absichtlichen Notwehrprovokation durch den Verteidiger nicht geboten im Sinne des § 32 I. Insoweit ist eine Einschränkung des Notwehrrechts vorzunehmen.

Daher war die Handlung des P wegen mangelnder Gebotenheit nicht gemäß § 32 gerechtfertigt.

Die Tat geschah rechtswidrig.

III. P handelte schuldhaft.

IV. Er hat sich durch den Messerstich gemäß § 223 I strafbar gemacht. Die ausschließlich zu untersuchende einfache Körperverletzung wird allerdings gemäß § 230 I 1 nur auf Antrag verfolgt, wenn nicht die Staatsanwaltschaft ein besonderes öffentliches Interesse bejaht.

Fazit

1. § 224 I als Qualifikation des § 223 I war einschlägig, aber wegen der eingeschränkten Fallfrage nicht zu prüfen. Uns geht es hier nur um das AT-Problem.

2. Der Angriff des F war rechtswidrig, nicht etwa nach § 32 gerechtfertigt. An diesem Punkt sollten euch die Erkenntnisse aus Fall 7 geholfen haben.

3. Die Verteidigungshandlung war nach der eindeutigen Vorgabe im Sachverhalt klar erforderlich. Bei differenzierteren Angaben muss man dieses Merkmal näher abklopfen. Wichtig ist Folgendes: Der ***Verteidiger muss sich*** beim „schneidigen“ Notwehrrecht ***auf kein Risiko einlassen***. Er darf unter mehreren geeigneten Mitteln das wirksamste auswählen. Bereits objektive Zweifel an der Effektivität eines milderen Mittels berechtigen zum Einsatz des schärferen Mittels.

Anders ausgedrückt: Nur wenn nach der konkreten „Kampflage“ (ausnahmsweise) wirklich objektiv mehrere gleich effektive Mittel zur Verfügung stehen, muss der Verteidiger unter diesen das mildeste Mittel wählen. Deswegen auch der Begriff ***„relativ mildestes Mittel“***.

Wie gesagt: Die Sache wird nur bei einschlägigen Angaben im Sachverhalt problematisch. Vor entsprechenden Spekulationen warnen wir ausdrücklich.

4. Gerade weil das ***Notwehrrecht*** so scharf konstruiert ist, treten Probleme häufig bei der Frage nach ***Einschränkungen*** auf (vgl. bereits Fall 7, Fazit 2.). Wir empfehlen euch, diese möglichen Einschränkungen am Merkmal der ***Gebotenheit*** (§ 32 I) zu verankern und nicht wie teilweise praktiziert im „luftleeren Raum" zu diskutieren.

Die im Zusammenhang mit Notwehreinschränkungen vielleicht prüfungsrelevanteste Konstellation haben wir euch hier mit der ***Notwehrprovokation*** präsentiert.

Spätestens bei diesem Fall dürfte auch endgültig klar geworden sein, warum wir zu Beginn des Fazits zu Fall 7 die beiden Grundgedanken der Notwehr (Rechtsbewährung / Selbstschutz) hervorgehoben haben. Sie werden maßgeblich bei der Argumentation herangezogen.

Es darf nicht verschwiegen werden, dass bei der Notwehrprovokation bis in die kleinsten Verästelungen hinein alles wahnsinnig umstritten ist. Wenn man so will, ist die in der Lösungsskizze und im Formulierungsvorschlag aufgezeigte Argumentation nur die Spitze des Eisbergs. Gerade in den letzten Jahren haben einige BGH-Entscheidungen wieder Schwung in die Diskussion gebracht.

Wir folgen der herrschenden Meinung, die die Rechtfertigung eines aktiven Gegenangriffs bei vorangegangener Absichtsprovokation und bestehender Fluchtmöglichkeit ablehnt. Die Annahme eines Notwehrrechts ist aber ebenfalls gut vertretbar, weil das Vorverhalten des P zwar provozierend aber nicht rechtswidrig war. Jedenfalls dürfte die von uns dargestellte Auseinandersetzung mit dem Problem vom Umfang und von der Komplexität her für die (erfolgreiche) Klausur allemal genügen.

Daher eher für einschlägige Hausarbeiten zusätzlich nur noch so viel: Nicht durchgesetzt hat sich die Ansicht, derzufolge zwar die Verteidigungshandlung selbst gerechtfertigt ist, aber die strafrechtliche Anknüpfung auf die Provokationshandlung vorverlagert wird (sogenannte Lehre von der „actio illicita in causa").

Ihr könnt euch als eine Art ***Wegweiser*** durch den Dschungel der ***Notwehrprovokation*** folgende Kriterien merken: War die Provokation (sogar) rechtswidrig und/oder erfolgte sie (sogar) absichtlich, spricht dies tendenziell eher für eine Notwehreinschränkung. War die Provokation hingegen (nur) sozialethisch zu missbilligen und/oder erfolgte sie (nur) vorwerfbar unabsichtlich, spricht dies tendenziell eher gegen eine Notwehreinschränkung.

5. Insbesondere bei nicht absichtlicher Provokation lässt sich gut vertreten, das Notwehrrecht nicht als gänzlich ausgeschlossen, aber von den Grenzen der erlaubten Verteidigung her eingeschränkt anzusehen. Werden diese Grenzen überschritten, ist die Tat nicht nach § 32 gerechtfertigt. Im Einzelfall kann aber an § 33 (lesen!) zu denken sein, dessen Anwendbarkeit bei der Notwehrprovokation allerdings wiederum umstritten ist.

Fall 10

Der ehemalige Flottenadmiral F ist infolge einer Kriegsverletzung an den Rollstuhl gefesselt. Mit Entsetzen muss er sehen, wie in seinem Garten der kleine Junge J auf den Kirschbaum klettert und munter eine Kirsche nach der anderen pflückt und verspeist. F fordert den Übeltäter in gewohnt preußischem Ton vergeblich dazu auf, den Baum sofort zu verlassen. J zeigt sich jedoch gelassen und setzt das Kirschenpflücken fort. Nun wird F die Sache zu bunt. Er holt seine Schrotflinte aus dem Schrank und feuert dreimal zur Warnung in die Luft. Als sich J auch davon nicht beeindrucken lässt, denkt F: „Dem zeig' ich's!" Er legt gezielt an und trifft J mit einigen Schrotkugeln. Daraufhin verlässt J wimmernd den Baum. Zufrieden mit sich und der Welt zieht sich F in seine Gemächer zurück.

Frage: Hat sich F gemäß § 223 I strafbar gemacht ?

Lösungsskizze Fall 10

- Strafbarkeit des F gemäß § 223 I ?

I. Tatbestand

1. Objektiver Tatbestand

a. eine andere Person ? (+)

b. körperliche Misshandlung, § 223 I Var. 1 ? (+)

c. Gesundheitsschädigung, § 223 I Var. 2 ? (+)

d. also: objektiver Tatbestand (+)

2. Subjektiver Tatbestand

- Vorsatz ? (+)

3. also: Tatbestand (+)

II. Rechtswidrigkeit

1. Rechtfertigung gemäß § 32

a. gegenwärtiger rechtswidriger Angriff ? (+)

b. erforderliche Verteidigung ?

aa. geeignetes Mittel ? (+)

bb. relativ mildestes Mittel ?

= keine mildere Handlungsalternative bei gleicher Wirksamkeit

HIER (+) → ein milderes und zugleich ebenso wirksames Mittel stand F nicht zur Verfügung; die verbale Aufforderung und die Warnschüsse hatten sich als nicht erfolgreich herausgestellt; den Baum konnte F wegen seiner Behinderung nicht besteigen; den Angriff auf sein Eigentum hätte er also nicht anders abwenden können

***cc. <u>also</u>: erforderliche Verteidigung* (+)**

c. Gebotenheit ?

= keine Einschränkung des Notwehrrechts unter Wertungsgesichtspunkten

HIER (–) → es liegt ein besonders krasses Missverhältnis zwischen geschütztem und beeinträchtigtem Rechtsgut vor; absolut geringfügige Sachwerte dürfen auch im Rahmen des § 32 – dem an sich eine Güterabwägung fremd ist – nicht durch den Einsatz lebensgefährlicher Waffen verteidigt werden

***d. <u>also</u>: Rechtfertigung gemäß § 32* (–)**

***2. <u>also</u>: Rechtswidrigkeit* (+)**

***III. Schuld* (+)**

IV. Ergebnis:

Strafbarkeit des F gemäß § 223 I (+); die ausschließlich zu untersuchende einfache Körperverletzung wird aber gemäß § 230 I 1 nur auf Antrag verfolgt, wenn nicht die Staatsanwaltschaft ein besonderes öffentliches Interesse bejaht

Formulierungsvorschlag Fall 10

- Strafbarkeit des F gemäß § 223 I

F könnte sich durch den gezielten Schuss gemäß § 223 I strafbar gemacht haben.

I. Er hat durch diese Handlung eine andere Person – nämlich J – vorsätzlich körperlich misshandelt und an der Gesundheit geschädigt.

II. Die Tat müsste rechtswidrig geschehen sein.

Zu denken ist an eine Rechtfertigung nach § 32.

Im Verhalten des J liegt ein gegenwärtiger rechtswidriger Angriff auf das Eigentum des F.

Der Schuss müsste als Verteidigungshandlung erforderlich gewesen sein.

Erforderlich ist eine Verteidigungshandlung, wenn sie zur Abwehr des Angriffs geeignet ist und kein milderes und gleich effektives Mittel zur Verfügung steht.

Der gezielte Schuss des F war erfolgreich, das von ihm gewählte Mittel also geeignet.

Die verbale Aufforderung und die Warnschüsse haben sich als nicht wirksam erwiesen. Wegen seiner Behinderung konnte F nicht auf den Baum klettern, um eine weitere Beeinträchtigung seines Eigentums zu verhindern. Nur durch die Schüsse konnte F den Angriff effektiv abwehren. Ein ebenso wirksames milderes Mittel stand nicht zur Verfügung.

Mithin war die Verteidigungshandlung erforderlich.

Gleichwohl war der gezielte Schuss möglicherweise nicht geboten. Eine Notwehrhandlung ist dann nicht geboten, wenn im Einzelfall unter Wertungsgesichtspunkten eine Einschränkung vorzunehmen ist.

Eine solche Einschränkung kann sich ausnahmsweise aus einem besonders krassen Missverhältnis zwischen geschütztem und beeinträchtigtem Rechtsgut ergeben. Eine Güterabwägung sieht § 32 zwar prinzipiell gerade nicht vor. Gleichwohl ist in Extremfällen eine Einschränkung vorzunehmen. So kann insbesondere die Verteidigung eines Angriffs auf absolut geringfügige Sachwerte durch Einsatz lebensgefährlicher Waffen nicht mehr als geboten im Sinne des § 32 I angesehen werden.

Der Einsatz einer Schrotflinte ist lebensgefährlich. Er diente hier lediglich der Abwehr eines Angriffs auf das Eigentum an einigen Kirschen, also auf einen absolut geringfügigen Sachwert.

Somit ist eine Einschränkung des Notwehrrechts angebracht, der gezielte Schuss war nicht geboten.

Die Tat war nicht gemäß § 32 gerechtfertigt.

Sie geschah rechtswidrig.

III. F handelte schuldhaft.

IV. Er hat sich durch den gezielten Schuss gemäß § 223 I strafbar gemacht. Die ausschließlich zu untersuchende einfache Körperverletzung wird allerdings gemäß § 230 I 1 nur auf Antrag verfolgt, wenn nicht die Staatsanwaltschaft ein besonderes öffentliches Interesse bejaht.

Fazit

1. Es war wieder nur nach § 223 I gefragt. Überlegt euch zu Übungszwecken einmal, welche weiteren Tatbestände in Betracht kommen.

2. Das Problem lag erneut beim Merkmal der ***Gebotenheit*** (Stichwort: ***Notwehreinschränkungen***), diesmal jedoch unter einem ganz anderen Aspekt als im vorangegangenen Fall. Wir hatten diese Fallgruppe bereits oben andeutungsweise vorgestellt. Erinnert ihr euch? Lest noch einmal Ziffer 2. des Fazits zu Fall 7.

Ganz wichtig: Es bleibt stets dabei, dass beim „schneidigen“ Notwehrrecht an sich keine Güterabwägung vorgenommen wird. So darf man nach ganz h.M. grundsätzlich durchaus auf einen Dieb schießen, wenn dies im Einzelfall zur Abwendung eines noch gegenwärtigen Angriffs i.S.d. § 32 II erforderlich ist (etwa nach ergebnislosem Warnschuss).

Nur in wirklich extremen Ausnahmefällen erfolgt ergebnisorientiert die Einschränkung über das Merkmal der Gebotenheit. Diese Ausnahmesituation muss dann auch in der Klausur als solche dargestellt werden. Es muss sich dabei stets um ein Verhalten des Verteidigers handeln, über das man sinngemäß sagen möchte: „Das darf doch nicht wahr sein!" Unser Fall kam sicher vielen bereits bekannt vor. Er gibt das klassische Schulbeispiel wieder.

3. Der Vollständigkeit halber heben wir noch hervor, dass § 32 nicht wegen Fehlens des subjektiven Rechtfertigungselements gescheitert wäre. Von hinreichendem Verteidigungswillen war auszugehen. F war zwar auch durch Wut motiviert, das schließt den Rechtfertigungswillen aber bekanntlich nicht aus (vgl. schon Fall 6, Fazit 7.).

4. Ein paar Worte zu weiteren diskutierten bzw. mehr oder weniger anerkannten Fallgruppen der Einschränkung des Notwehrrechts:

Art. 2 II a) der Europäischen Menschenrechtskonvention (***MRK***) gestattet die ***Tötung eines Menschen nur zur Verteidigung von Menschen***, nicht dagegen zur Verteidigung von Sachwerten. Daraus könnte man nun den naheliegenden Schluss ziehen, dass diese Regelung das Notwehrrecht entsprechend beschränkt. Die h.M. lehnt das mit der Begründung ab, Art. 2 MRK betreffe nur das Verhältnis des Staates gegenüber dem Bürger und nicht das Verhältnis von Privatpersonen untereinander. Eine vermittelnde Ansicht will nur die Tötung mit direktem Vorsatz (also nicht nur bedingtem Vorsatz) ausgeschlossen wissen.

Bei ***Angriffe****n* ***erkennbar schuldloser Personen*** (etwa Kinder oder Volltrunkene) wird ebenfalls über mehr oder weniger weitreichende Einschränkungen nachgedacht. Zunächst ist schuldhaftes Handeln gerade nicht Bestandteil der Notwehrlage. Trotzdem erscheint es sinnvoll, den Verteidiger bei Angriffen ersichtlich Schuldloser zumindest auf eine besonders schonende Ausübung des an sich strukturell sehr „schneidigen" Notwehrrechts zu verweisen. Der Verteidiger wird soweit möglich auch ausnahmsweise dem Angriff ausweichen müssen.

Schließlich kommt eine ***Notwehreinschränkung bei engen Lebensbeziehungen*** – insbesondere im Verhältnis von Ehegatten zueinander – in Betracht. Darauf wird noch einzugehen sein.

5. Nach ganz h.M. gelten die allgemeinen Rechtfertigungsgründe des Strafrechts (insbesondere § 32, § 34) vom Ansatz her uneingeschränkt auch für ***Staatsorgane*** wie etwa Polizeibeamte ***in Ausübung ihrer hoheitlichen Tätigkeit***.

Vor allem im Anschluss an den spektakulären Fall eines Polizeipräsidenten („Fall Daschner" / LG Frankfurt a.M. NJW 2005, 692) ist streitig, ob das Notwehrrecht in Form der Nothilfe (vgl. dazu Fall 11, Fazit 3.) durch das „Folterverbot" als Ausdruck der Menschenwürde gänzlich ausgeschlossen oder gegebenenfalls zumindest eingeschränkt ist. Im Rahmen des § 32 spielt sich prüfungstechnisch auch die ***Diskussion um die sogenannte Rettungsfolter*** bei der Gebotenheit ab. Das Landgericht Frankfurt a.M. hat wegen Art. 1 I 1 GG die Gebotenheit i.S.d. § 32 verneint und im Übrigen den rechtfertigenden Notstand an § 34 S. 2 scheitern lassen (siehe zu § 240 II und zur Gestaltung des „Falls Daschner" näher Die Fälle – Strafrecht BT 1, Fall 18, Fazit 3.).

Fall 11

Der als „König von St. Peter" bekannte Gangsterboss G begibt sich in die mittlerweile zum Brennpunkt der kriminellen Szene avancierte Kneipe des W, um seinen dort unbewaffnet am Stammtisch sitzenden Erzwidersacher E auszuschalten. Zu diesem Zweck hat er eine Pistole (Kaliber 38) eingesteckt. Von dem Vorhaben hat die resolute Kellnerin K durch eine Information des gewöhnlich gut unterrichteten F (in Insiderkreisen „Der Flüsterer" genannt) Wind bekommen. Dies allerdings erst, als sich G und E bereits im Laden des W befanden. Zur Vermeidung der sich anbahnenden Tragödie gelingt es K in letzter Minute, G scheinbar versehentlich im Vorbeigehen heißen Kaffee über die Schusshand zu gießen. Wie von K geplant muss G daraufhin die Kneipe unverrichteter Dinge mit schmerzverzerrtem Gesicht verlassen, um die verbrühte Hand behandeln zu lassen.

Frage: Hat sich K gemäß § 223 I strafbar gemacht ?

Lösungsskizze Fall 11

- Strafbarkeit der K gemäß § 223 I ?

I. Tatbestand

1. Objektiver Tatbestand

a. eine andere Person ? **(+)**

b. körperliche Misshandlung, § 223 I Var. 1 ? **(+)**

c. Gesundheitsschädigung, § 223 I Var. 2 ? **(+)**

d. also: objektiver Tatbestand **(+)**

2. Subjektiver Tatbestand

- Vorsatz ?

= Wissen und Wollen der Tatbestandsverwirklichung

HIER (+) → K hat G nur scheinbar versehentlich den Kaffee über die Hand gegossen

3. also: Tatbestand **(+)**

II. Rechtswidrigkeit

1. Rechtfertigung gemäß § 32

a. gegenwärtiger rechtswidriger Angriff ?

aa. Angriff ?

= jede von einem Menschen ausgehende Bedrohung rechtlich geschützter Interessen

HIER (+) → den Umständen nach kann bereits die Anwesenheit des mit der Schusswaffe ausgestatteten G in der Kneipe als Bedrohung des Lebens und damit eines rechtlich geschützten Interesses des E angesehen werden

bb. gegenwärtig ?
= Beeinträchtigung des Rechtsguts unmittelbar bevorstehend, gerade stattfindend oder noch fortdauernd

HIER (–) → die Rechtsgutsbeeinträchtigung stand noch nicht unmittelbar bevor; zwar ist dazu ein Zielen des Angreifers mit der Waffe nicht erforderlich, G hatte aber noch nicht einmal zur Pistole gegriffen

cc. also: gegenwärtiger rechtswidriger Angriff (–)

b. also: Rechtfertigung gemäß § 32 (–)

2. Rechtfertigung gemäß § 34

a. gegenwärtige Gefahr für ein (beliebiges) Rechtsgut ?

aa. Gefahr für ein (beliebiges) Rechtsgut ? (+)

bb. gegenwärtig ?
= der Schadenseintritt muss nicht notwendig unmittelbar bevorstehen, aber sicher oder zumindest höchstwahrscheinlich sein, sofern nicht alsbald Abwehrmaßnahmen ergriffen werden

HIER (+) → hätte K nicht eingegriffen, hätte G sein Vorhaben zumindest höchstwahrscheinlich in die Tat umgesetzt und E erschossen; bei weiterem Abwarten hätte die Gefahr allenfalls mit wesentlich größerem Risiko abgewendet werden können

cc. also: gegenwärtige Gefahr für ein (beliebiges) Rechtsgut (+)

b. erforderliche Beeinträchtigung eines anderen Rechtsguts ?

aa. Beeinträchtigung eines anderen Rechtsguts ? (+)

bb. Erforderlichkeit ?
= kein milderes und gleich geeignetes Mittel

HIER (+) → in der konkreten Situation gab es kein weniger einschneidendes, aber gleich effektives Mittel zur Abwendung der Gefahr; selbst bei Aufklärung des E hätte ein Fluchtversuch wenig Aussicht auf Erfolg gehabt; rechtzeitiges Herbeirufen obrigkeitlicher Hilfe war ebenfalls nicht möglich, weil K erst informiert wurde, als sich die Situation schon zugespitzt hatte

cc. also: erforderliche Beeinträchtigung eines anderen Rechtsguts (+)

c. wesentliches Überwiegen des geschützten Interesses ?
= eindeutiges Überwiegen des geschützten Interesses gegenüber dem beeinträchtigten als Ergebnis einer Gesamtabwägung

HIER (+) → das Leben des E (geschütztes Rechtsgut) steht im Rang eindeutig höher als die bloße körperliche Unversehrtheit des G (beeinträchtigtes Rechtsgut); zudem sprechen auch die weiteren Umstände des Einzelfalls für ein eindeutiges Überwiegen des geschützten Interesses; besondere Gefahrtragungspflichten des E existierten nicht

d. Tat als angemessenes Mittel zur Gefahrabwendung (§ 34 S. 2) ?
= in der konkreten Situation sachgemäß und billigenswert

HIER (+) → ein auch nur annähernd ähnlich effektives und dabei zugleich milderes Mittel stand zum Schutz des wesentlich überwiegenden Interesses nicht zur Verfügung; es liegt auch nicht ausnahmsweise ein aus Gründen der Gesamtrechtsordnung zu missbilligendes Verhalten der K vor

e. subjektives Rechtfertigungselement ?
= Kenntnis von der Nothilfelage und Rettungswille

HIER (+) → K handelte in Kenntnis des geplanten Anschlags auf E und um ihn zu retten

f. also: Rechtfertigung gemäß § 34 **(+)**

3. also: Rechtswidrigkeit **(–)**

III. Ergebnis:

Strafbarkeit der K gemäß § 223 I (–)

Formulierungsvorschlag Fall 11

- Strafbarkeit der K gemäß § 223 I

K könnte sich dadurch, dass sie die Hand des G gezielt mit heißem Kaffee übergossen hat, gemäß § 223 I strafbar gemacht haben.

I. Sie hat durch diese Handlung eine andere Person – nämlich G – körperlich misshandelt und an der Gesundheit geschädigt.

K müsste vorsätzlich gehandelt haben.

Vorsatz bedeutet Wissen und Wollen der Tatbestandsverwirklichung.

K hat G nur scheinbar versehentlich den Kaffee über die Hand geschüttet. In Wahrheit hat sie gezielt gehandelt, sie wusste um die Verwirklichung des objektiven Tatbestands und wollte sie auch.

K handelte vorsätzlich.

II. Die Tat müsste rechtswidrig geschehen sein.

Als Rechtfertigungsgrund kommt zunächst Nothilfe nach § 32 in Betracht.

Durch die Anwesenheit des G in der Kneipe bestand angesichts des geplanten Vorhabens möglicherweise bereits eine Nothilfelage in Form eines gegenwärtigen rechtswidrigen Angriffs auf das Leben des E.

Ein Angriff ist jede von einem Menschen ausgehende Bedrohung rechtlich geschützter Interessen. G war im Begriff, E in der Kneipe zu erschießen. Mit dem Leben war ein rechtlich geschütztes Interesse des E bedroht. Unter den gegebenen Umständen kann bereits die Anwesenheit des mit der Pistole ausgestatteten G in der Kneipe als Angriff bezeichnet werden.

Gegenwärtig ist ein Angriff aber nur, wenn die Beeinträchtigung des Rechtsguts unmittelbar bevorsteht, gerade stattfindet oder noch fortdauert. Nur die aktuelle Kampfsituation kann nämlich zum einschneidenden Notwehrrecht führen.

Unmittelbar bevorstehend ist die Rechtsgutbeeinträchtigung beim Angriff eines Schusswaffenträgers zwar nicht erst, wenn der Angreifer auf sein Opfer zielt. Er muss aber zumindest zur Waffe greifen, damit schon von einem gegenwärtigen Angriff die Rede sein kann.

G hatte indessen zum Tatzeitpunkt noch nicht zur Waffe gegriffen, die Beeinträchtigung des Rechtsguts stand nicht unmittelbar bevor.

Die bloße Anwesenheit des G in der Kneipe war somit noch kein gegenwärtiger Angriff.

Eine Rechtfertigung unter dem Gesichtspunkt der Nothilfe nach § 32 scheidet damit aus.

Die Tat könnte aber durch Nothilfe gemäß § 34 gerechtfertigt sein.

Dazu bedarf es einer gegenwärtigen Gefahr für ein Rechtsgut.

Das Leben des E war gefährdet.

Eine Gefahr ist gegenwärtig, wenn der Schadenseintritt sicher oder zumindest höchst wahrscheinlich ist, sofern nicht alsbald Abwehrmaßnahmen ergriffen werden.

Anders als bei § 32 muss also der Schadenseintritt nicht etwa unmittelbar bevorstehen. Es genügt, dass er bei weiterem Abwarten später nur mit wesentlich höherem Risiko abgewendet werden könnte.

Hätte K nicht geistesgegenwärtig eingegriffen, hätte G sein Vorhaben zumindest höchstwahrscheinlich in die Tat umgesetzt und E erschossen. Hätte K hingegen weiter abgewartet und G wie geplant zur Waffe gegriffen, hätte die Gefahr allenfalls mit wesentlich größerem Risiko abgewendet werden können.

Die Gefahr war also gegenwärtig.

Eine gegenwärtige Gefahr im Sinne des § 34 ist gegeben.

Das Übergießen der Hand des G und damit die Beeinträchtigung des anderen Rechtsguts müsste erforderlich gewesen sein.

Erforderlich ist eine Nothilfehandlung, wenn kein milderes und gleich geeignetes Mittel zur Abwendung der Gefahr zur Verfügung steht.

Obrigkeitliche Hilfe konnte wegen der späten Information der K nicht mehr rechtzeitig erlangt werden. Die Situation hatte sich schon zugespitzt. Eine denkbare Alternative hätte allenfalls darin bestanden, E vom Vorhaben des G zu unterrichten. E war allerdings unbewaffnet, ein Fluchtversuch hätte kaum

Aussicht auf Erfolg gehabt. Damit war die Aufklärung des E gemessen an der Tathandlung kein gleich geeignetes Mittel.

Das Übergießen der Hand des G war mithin auch erforderlich.

Das geschützte Interesse müsste das beeinträchtigte wesentlich überwiegen.

Dabei ist eine eindeutige, nicht notwendig quantitativ große Wertdifferenz erforderlich.

Das Leben des E und damit das geschützte Rechtsgut genießt absoluten Schutz der Rechtsordnung. Demgegenüber ist die bloße körperliche Unversehrtheit des G als beeinträchtigtes Rechtsgut nachrangig. Auch existierten keine besonderen Gefahrtragungspflichten des E.

Folglich überwiegt das geschützte Interesse das beeinträchtigte eindeutig und damit wesentlich im Sinne des § 34.

Weiter müsste die Tat nach § 34 S. 2 ein angemessenes Mittel zur Gefahrabwendung gewesen sein.

Sie müsste in der konkreten Situation sachgemäß und billigenswert gewesen sein, dürfte insbesondere nicht aus Gründen der Gesamtrechtsordnung zu missbilligen sein.

Ein auch nur annähernd ähnlich effektives und dabei zugleich milderes Mittel stand zum Schutz des wesentlich überwiegenden Interesses nicht zur Verfügung. Gründe der Gesamtrechtsordnung, aufgrund derer der Nothilfeeingriff zu missbilligen wäre, liegen nicht vor.

Schließlich müsste auch das sogenannte subjektive Rechtfertigungselement erfüllt sein.

K müsste in Kenntnis der Nothilfesituation und mit darauf basierendem Rettungswillen gehandelt haben.

Sie hat G nur scheinbar versehentlich den Kaffee über die Hand gegossen. In Wahrheit handelte sie in Kenntnis der Situation und zur Rettung des E.

Das subjektive Rechtfertigungselement ist damit ebenfalls erfüllt.

Die Tat ist durch Nothilfe gemäß § 34 gerechtfertigt.

Also geschah die Tat nicht rechtswidrig.

III. K hat sich durch ihr Verhalten gegenüber G nicht gemäß § 223 I strafbar gemacht.

Fazit

1. Dass K im Ergebnis straffrei ausgeht, dürfte dem allgemeinen Rechtsgefühl entsprechen und musste nur zutreffend begründet werden.

2. Im Rahmen des Tatbestands haben wir den ***Vorsatz*** kurz im Gutachtenstil erörtert. Immerhin legte das äußere Geschehen bloße Fahrlässigkeit nahe. Eine kurze Feststellung des Vorsatzes (vgl. Seite 19) wäre aber angesichts der klaren Sachverhaltsvorgaben auch nicht falsch gewesen.

3. Sowohl bei § 32 wie auch bei § 34 muss der Verteidiger nicht zugleich der Angegriffene bzw. Gefährdete sein. Dies ergibt sich unmittelbar aus dem Wortlaut der Vorschriften (§ 32 Abs. 2 / § 34 S. 1). ***Im Drei-Personen-Verhältnis*** spricht man von ***Nothilfe***. Streitig ist dabei, ob und inwieweit Nothilfe auch gegen den Willen des Angegriffenen bzw. Gefährdeten zulässig ist.

   Aus Anlass des sogenannten Schweinemastanlagenfalls wird sogar ernsthaft darüber diskutiert, ob ***Tiere*** „andere" i.S.d. § 32 Abs. 2 und/oder des § 34 S. 1 sein können. Tieren ***nothilfefähige Individualrechte*** zuzuerkennen, geht nach herrschender Meinung zu weit. Der ***Tierschutz*** kann allerdings notstandfähiges Rechtsgut sein (§ 34 S. 1 „anderes Rechtsgut").

4. § 32 scheiterte an der ***fehlenden*** ***Gegenwärtigkeit des Angriffs***, während ungeachtet dessen schon eine ***gegenwärtige Gefahr*** i.S.d. § 34 S. 1 vorlag. Wie bereits an anderer Stelle hervorgehoben, beginnt die Gegenwärtigkeit der Gefahr vor der des Angriffs (vgl. Fall 8, Fazit 1.).

5. Die Verneinung des § 32 führte uns sofort zum allgemeinen rechtfertigenden Notstand nach § 34. Jedes Wort zu §§ 228 S. 1, 904 S. 1 BGB (nochmals lesen!) wäre hier überflüssig gewesen, weil es nicht um die Rechtfertigung einer Sacheinwirkung (§ 303) ging.

   Achtung: Der rechtfertigende Notstand (§§ 228 S. 1, 904 S. 1 BGB, 34) ist systematisch vom entschuldigenden Notstand (§ 35 I) zu unterscheiden.

6. Die ***Prüfung des § 34*** gestaltet sich insgesamt eher umständlich und an einigen Prüfungspunkten auch etwas schwammig. Das hängt damit zusammen, dass die Vorschrift eine Vielzahl sehr unterschiedlicher Fälle möglichst sachgerecht erfassen muss.

   Im Gegensatz zu § 32 spielen hier ***Verhältnismäßigkeitserwägungen*** eine große Rolle. Und zwar an drei Stellen im Prüfungsaufbau, nämlich bei der ***Erforderlichkeit***, bei der ***Interessenabwägung*** und bei ***§ 34 S. 2***.

   Zunächst zum Merkmal der ***Erforderlichkeit*** (das Gesetz spricht in § 34 S. 1 von einer „nicht anders abwendbaren" Gefahr): Hier könnt ihr die Kenntnisse zur Notwehr grundsätzlich entsprechend heranziehen, wobei allerdings bei § 34 wie oben gesehen auch das Herbeirufen rechtzeitiger obrigkeitlicher Hilfe (Polizei) und die Flucht als Alternativmöglichkeiten zur Gefahrabwendung in Erwägung zu ziehen sind.

   Dann ist natürlich die ***Interessenabwägung*** eine Verhältnismäßigkeitsprüfung. Das geschützte Interesse muss das beeinträchtigte wesentlich überwiegen.

Wichtig dabei: „Wesentlichkeit“ wird allgemein nicht etwa so verstanden, dass ein quantitativ großes Wertgefälle vorliegen muss. Gemeint ist vielmehr ein ***eindeutiges, zweifelsfreies Ergebnis*** der Abwägung.

Wie der Wortlaut des § 34 zeigt, ist das Verhältnis der Rechtsgüter zueinander nicht allein maßgeblich. Es kommt auf alle Umstände des Einzelfalls an. Dazu zählen neben dem Wertgefälle der Rechtsgüter zueinander insbesondere Grad und Nähe der drohenden Gefahr, Umfang des zu erwartenden Schadens und mögliche besondere Gefahrtragungspflichten.

Dass das Wertgefälle der Rechtsgüter mitunter weitgehend in den Hintergrund treten kann, zeigt eindrucksvoll der sogenannte ***Nötigungsnotstand***. Was ist das nun wieder? Ein Beispiel: „T wird von Fiesling F unter Morddrohung zu einer schweren Sachbeschädigung gezwungen.“

Hier setzt sich T – wenn auch gezwungenermaßen – auf die Seite des Unrechts. Deswegen kann die Tat nach unseres Erachtens zutreffender Ansicht nur nach § 35 I entschuldigt, nicht aber nach § 34 gerechtfertigt sein. Dies gilt, obwohl das Wertgefälle der Rechtsgüter isoliert betrachtet stark für § 34 zu sprechen scheint. Bei Annahme einer Rechtfertigung könnte das Opfer der Sachbeschädigung nämlich seinerseits keine Notwehr üben, weil ja kein rechtswidriger Angriff vorläge.

Merke: Es gibt im Rahmen des rechtfertigenden Notstands keine Abwägung Leben gegen Leben. Der Lebensschutz ist absolut, ***Tötungsdelikte*** können damit ***nicht durch Notstand gerechtfertigt*** sein. Im Einzelfall kann entschuldigender Notstand (§ 35 I) in Betracht kommen.

Schließlich wird ein weiterer Verhältnismäßigkeitsaspekt in ***§ 34 S. 2*** angesprochen. Es muss allerdings erwähnt werden, dass diese Verhältnismäßigkeitsklausel teilweise als überflüssige Leerformel oder allenfalls als Interpretationshinweis für § 34 S. 1 angesehen wird.

Schon daran wird deutlich, dass der rechtfertigende Notstand wenn überhaupt nur in eng begrenzten Ausnahmefällen speziell an § 34 S. 2 scheitern wird. Denkbar ist das insbesondere, wenn der Täter ein besonders scharfes Mittel einsetzt, das aber zugleich auch wirksamer als ein denkbares Alternativmittel ist. Wenn nämlich das Alternativmittel ebenso wirksam wie das eingesetzte ist, fehlt es schon an der Erforderlichkeit (Stichwort: „relativ mildestes Mittel“, vgl. Fall 9, Fazit 3.).

Hoffentlich habt ihr an die Prüfung des sogenannten ***subjektiven Rechtfertigungselements*** gedacht (vgl. schon Fall 6, Fazit 7.), dessen Erfordernis übrigens in § 34 S. 1 klar zum Ausdruck kommt („um die Gefahr ...“).

Fall 12

Der etwas zerstreute Professor P hat den Schlüssel zu seiner Ferienwohnung verloren. Nun versucht er, die Tür mit einem Taschenmesser zu öffnen. Dabei wird er von Zeitungsausträger Z beobachtet. Z, der seinerzeit bei der Aufnahmeprüfung für den Polizeidienst zu seinem großen Bedauern durchgefallen war, missversteht die Situation und hält P für einen Einbrecher. Als P den Schließmechanismus gerade überwunden und die Tür geöffnet hat, wird er von Z zur Rede gestellt. P versucht verzweifelt, die Lage zu erklären. Als er sich jedoch auf entsprechende Anfrage zu allem Überfluss nicht ausweisen kann, sagt Z: „So eine dumme Ausrede habe ich ja schon lange nicht mehr gehört!" Ohne weiteres Zögern ergreift Z den schmächtigen P am Arm und führt ihn zu einer Polizeiwache ab.

Frage: Hat sich Z gemäß § 239 I strafbar gemacht ?

Lösungsskizze Fall 12

- Strafbarkeit des Z gemäß § 239 I ?

I. Tatbestand

1. Objektiver Tatbestand

- Freiheitsberaubung ? **(+)**

2. Subjektiver Tatbestand

- Vorsatz ? **(+)**

3. <u>also</u>: Tatbestand **(+)**

II. Rechtswidrigkeit

1. Rechtfertigung gemäß § 32

a. gegenwärtiger rechtswidriger Angriff ?

aa. Angriff ?

= jede von einem Menschen ausgehende Bedrohung rechtlich geschützter Interessen

HIER (–) → P wollte lediglich in die von ihm rechtmäßig genutzte Wohnung gelangen; rechtliche Interessen waren nicht bedroht; für Z entstand lediglich ein entsprechender Eindruck

bb. <u>also</u>: gegenwärtiger rechtswidriger Angriff **(–)**

b. <u>also</u>: Rechtfertigung gemäß § 32 **(–)**

2. Rechtfertigung gemäß § 127 I 1 StPO

a. auf frischer Tat (hier) betroffen ?

= bei Begehung einer rechtswidrigen Tat oder unmittelbar danach am Tatort oder in dessen unmittelbarer Nähe gestellt

HIER (+) → für eine Tat i.S.d. § 127 I 1 StPO genügt der nach pflichtgemäßer Prüfung gewonnene dringende Tatverdacht, die objektive Begehung ist nicht erforderlich (a.A. gut vertretbar); für das Erfordernis einer objektiven Tatbegehung spricht der Vergleich von § 127 I 1 und II StPO; Absatz 2 knüpft über § 112 I StPO an den dringenden Tatverdacht an, während Absatz 1 lediglich von „Tat" spricht; wenn das Gesetz aber in § 127 I 1 StPO Privatpersonen Handeln in öffentlicher Funktion erlaubt, muss dafür auch die ohne Fahrlässigkeit gewonnene Überzeugung von der Täterschaft genügen; mehr als Beachtung der objektiv möglichen Sorgfalt ist nicht zu verlangen; sonst wäre dem Festnahmewilligen zu raten, das Festnahmerecht nie auszuüben, weil eine Rechtfertigung im Falle eines immer denkbaren Irrtums ausgeschlossen wäre; die Hinnahme einer kurzfristigen Freiheitsentziehung bis zur Aufklärung der Unschuld ist dem Festgenommenen zuzumuten, zumal ihm selbst an der Klärung gelegen sein muss

b. (hier) Identität nicht sofort feststellbar ? **(+)**

c. subjektives Rechtfertigungselement ? **(+)**

d. also: Rechtfertigung gemäß § 127 I 1 StPO **(+)**

3. also: Rechtswidrigkeit **(–)**

III. Ergebnis:

Strafbarkeit des Z gemäß § 239 I (–)

Formulierungsvorschlag Fall 12

- Strafbarkeit des Z gemäß § 239 I

Möglicherweise hat sich Z durch das Ergreifen und Abführen des P gemäß § 239 I strafbar gemacht.

I. Er hat durch sein Verhalten einen Menschen – nämlich P – der Freiheit vorsätzlich beraubt.

II. Die Tat müsste rechtswidrig geschehen sein.

Es ist an Rechtfertigung gemäß § 32 unter dem Gesichtspunkt der Nothilfe zu denken.

Dazu müsste ein gegenwärtiger rechtswidriger Angriff vorliegen.

Angriff ist jede von einem Menschen ausgehende Bedrohung rechtlich geschützter Interessen.

P wollte allerdings lediglich in die von ihm rechtmäßig genutzte Wohnung gelangen. Dies erweckte den trügerischen Anschein eines Einbruchs. Rechtlich geschützte Interessen waren dadurch objektiv nicht bedroht.

Es liegt kein Angriff vor.

Eine Rechtfertigung nach § 32 scheidet aus.

Möglicherweise ergibt sich eine Rechtfertigung aber aus § 127 I 1 StPO.

P könnte von Z auf frischer Tat betroffen worden sein.

Objektiv wurde – wie gezeigt – keine Tat begangen, es bestand aus Sicht des Z nur ein entsprechender Eindruck. Dieser Eindruck drängte sich allerdings den Umständen nach auf. Z konnte nach pflichtgemäßer Prüfung ohne Weiteres von einem strafbaren versuchten Wohnungseinbruchdiebstahl (§§ 242, 244 I Nr. 3, 22, 23 I) überzeugt sein.

Die Täterschaft des P war bei objektiver Betrachtung des Geschehens hoch wahrscheinlich, es lag dringender Tatverdacht vor.

Für eine Rechtfertigung müsste daher der dringende Tatverdacht ausreichen, die objektive Begehung dürfte nicht erforderlich sein.

Für das Erfordernis einer objektiven Tatbegehung spricht vor allem der Vergleich von § 127 I 1 und II StPO. In Absatz 2 wird an die Voraussetzungen des Haftbefehls und damit über § 112 I StPO an den dringenden Tatverdacht angeknüpft. Von daher liegt es durchaus nahe, dass im Umkehrschluss in Absatz 1 nur eine objektiv begangene Tat gemeint sein kann.

Auch könnte man dem Festnehmenden entgegenhalten, dass er im Zweifel alles Erforderliche den staatlichen Stellen zu überlassen hat.

Dieser Gedanke überzeugt jedoch letztlich nicht. Wenn das Gesetz in § 127 I 1 StPO Privatpersonen Handeln in strafverfolgender und damit öffentlicher Funktion erlaubt, muss dafür auch die ohne Fahrlässigkeit gewonnene Überzeugung von der Täterschaft genügen. Der Staat darf, wenn er den Bürger schon für öffentliche Aufgaben heranzieht, von ihm nicht mehr verlangen als eine pflichtgemäße Prüfung unter Beachtung der objektiv möglichen Sorgfalt.

Im Übrigen muss das Festnahmerecht des § 127 I 1 StPO auch deswegen an den dringenden Tatverdacht anknüpfen, weil es sich um eine verfahrenseinleitende Festnahme handelt, die nahezu zwangsläufig an Verdachtsmomente anknüpfen muss. Objektive Täterschaft kann allenfalls am Ende des Prozesses festgestellt werden.

Zudem müsste das Erfordernis objektiver Tatbegehung auf den Rat hinauslaufen, das vom Gesetzgeber bewusst eingeräumte Festnahmerecht nie auszuüben, weil eine Rechtfertigung im Falle eines immer denkbaren Irrtums ausgeschlossen wäre.

Schließlich wird dem vorläufig Festgenommenen eine kurzfristige Freiheitsentziehung bis zur Aufklärung seiner Unschuld, an der ihm ja selbst gelegen sein muss, zuzumuten sein.

Folglich reicht der dringende Tatverdacht für § 127 I 1 StPO aus, die objektive Tatbegehung ist nicht erforderlich.

P ist damit von Z auf frischer Tat im Sinne des § 127 I 1 StPO betroffen worden.

Die Identität des P konnte zudem nicht sofort festgestellt werden.

Das subjektive Rechtfertigungselement ist entsprechend dem oben Gesagten ebenfalls erfüllt.

Z war zur vorläufigen Festnahme berechtigt.

Die Tat war gemäß § 127 I 1 StPO gerechtfertigt.

III. Z hat sich nicht gemäß § 239 I strafbar gemacht.

Fazit

1. Der Tatbestand (§ 239 I) bereitete keine Probleme.

2. Der Fall behandelt den wohl prüfungsrelevantesten Aspekt beim Festnahmerecht nach § 127 I 1 StPO.

Die Gegenansicht lässt ***dringenden Tatverdacht bei fehlender objektiver Begehung*** nicht genügen und führt hier folgerichtig zur Ablehnung des Festnahmerechts. Sie ist ebenso gut vertretbar, es kommt wieder einmal auf die Qualität der Argumentation an.

Bei genauerem Hinsehen zeigt sich, dass noch weiter differenziert wird: Teils wird objektiv tatbestandsmäßige, rechtswidrige und schuldhafte Begehung verlangt, teils wird in Abweichung davon schuldhaftes Handeln nicht vorausgesetzt. Am nächsten an die von uns in der Fallbearbeitung vertretene Ansicht angenähert ist die vereinzelt vertretene Meinung, die nur die Erfüllung des objektiven Tatbestands für eine Tat i.S.d. § 127 I 1 StPO verlangt.

Diese Untervarianten werden jedoch nur in zugespitzten Ausnahmefällen relevant. Wenn es auf das Problem ankommt, wird häufig (so auch im Ausgangsfall) nicht einmal der objektive Tatbestand erfüllt sein.

Wer § 127 I 1 StPO in der Konstellation des Ausgangsfalls ablehnt, gelangt damit zum Problem des berühmt-berüchtigten Erlaubnistatbestandsirrtums. Darauf wird – ihr ahnt es – an anderer Stelle noch ausführlich einzugehen sein.

3. Wie im Formulierungsvorschlag angeklungen, bildet natürlich ***auch eine versuchte Straftat*** eine ***Tat i.S.d. § 127 I 1 StPO***, sofern der Versuch strafbar ist (im Ausgangsfall nach § 242 II). Der Sachverhalt gab den dringenden Tatverdacht vor. Vom Erscheinungsbild her war das Verhalten des P als versuchter Wohnungseinbruchdiebstahl zu begreifen.

Hätte P in Abweichung vom Ausgangsfall die Tür noch nicht geöffnet, wäre das unmittelbare Ansetzen zur Verwirklichung des Tatbestands zumindest zweifelhaft gewesen.

Um schneidigem Übereifer vorzubeugen: Bloße Ordnungswidrigkeiten (z.B. „Falschparken") geben kein Festnahmerecht (§ 46 III 1 OWiG).

4. Ein weiteres Problem kann sich im Zusammenhang mit der Frage stellen, welche Taten im Einzelnen ***nach § 127 I 1 StPO gerechtfertigt*** sein können.

Keine Schwierigkeiten gibt es bei Taten, die für eine Festnahme normalerweise unerlässlich sind, also quasi zwingend damit im Zusammenhang stehen. Dazu wird neben der ***Freiheitsberaubung*** und der ***Nötigung*** auch die ***„leichte" Körperverletzung*** (§ 223 I Var. 1) durch festes Zupacken gezählt.

Dagegen kann eine Gesundheitsschädigung (§ 223 I Var. 2) und erst recht der Gebrauch von Schlag-, Stich- oder Schusswaffen nach herrschender und unseres Erachtens auch richtiger Auffassung nie nach § 127 I 1 StPO gerechtfertigt sein.

5. Unter den engen Voraussetzungen der erlaubten Selbsthilfe gibt übrigens auch § 229 BGB ein Recht zur Festnahme. Dessen Bedeutung ist aber in der Praxis wie auch in Klausuren eher gering.

Fall 13

Der großzügige G stellt seinem Sohn S seinen alten VW Käfer zur Verfügung, damit dieser an einer wilden Bergrallye teilnehmen kann. Dabei erklärt G: „Gib ruhig ordentlich Stoff. Es ist mir völlig egal, wenn der Wagen verbeult zurückkommt. Einen Schönheitspreis will ich damit ohnehin nicht mehr gewinnen." S lässt sich das nicht zweimal sagen und zeigt keinerlei Hemmungen. Bei der Rallye bekommt der Käfer einiges ab. Als S zurückkehrt, ist der Wagen tatsächlich an verschiedenen Stellen verbeult, was S entsprechend den Äußerungen des Vaters billigend in Kauf genommen hatte.

Frage: Hat sich S gemäß § 303 I strafbar gemacht ?

Lösungsskizze Fall 13

- Strafbarkeit des S gemäß § 303 I ?

I. Tatbestand

1. Objektiver Tatbestand

a. fremde Sache ? (+)

b. (hier) Beschädigen ? (+)

c. <u>also</u>: objektiver Tatbestand (+)

2. Subjektiver Tatbestand

- Vorsatz ?
= Wissen und Wollen der Tatbestandsverwirklichung

HIER (+) → bedingter Vorsatz (Eventualvorsatz); S hat die Beschädigung billigend in Kauf genommen

3. <u>also</u>: Tatbestand (+)

II. Rechtswidrigkeit

1. Rechtfertigung durch Einwilligung

a. Erklärung der Einwilligung durch den Betroffenen vor der Tat ? (+)

b. Einwilligungsfähigkeit des Erklärenden ? (+)

c. Verfügbarkeit des Rechtsguts ? (+)

d. keine relevanten Willensmängel ? (+)

e. Tat im Rahmen der Einwilligung ? (+)

f. subjektives Rechtfertigungselement ? (+)

g. <u>also</u>: Rechtfertigung durch Einwilligung (+)

*2. <u>also</u>: **Rechtswidrigkeit*** (–)

III. Ergebnis:

Strafbarkeit des S gemäß § 303 I (–)

Formulierungsvorschlag Fall 13

- Strafbarkeit des S gemäß § 303 I

S könnte sich durch seine Fahrweise und die daraus resultierende Verbeulung des Wagens gemäß § 303 I strafbar gemacht haben.

I. Er hat mit dem VW Käfer des Vaters eine für ihn fremde Sache beschädigt.

Dies müsste vorsätzlich erfolgt sein.

Vorsatz bedeutet Wissen und Wollen der Tatbestandsverwirklichung.

S war bewusst, dass seine Fahrweise bei der Rallye zur Verbeulung des Wagens führen konnte. Er hat diesen Taterfolg angesichts der entsprechenden Äußerung des Vaters billigend in Kauf genommen und damit die Wollenskomponente des Vorsatzes hinreichend erfüllt.

S handelte mit Blick auf die Tatbestandsverwirklichung bedingt vorsätzlich.

II. Die Tat müsste rechtswidrig geschehen sein.

Eine Rechtfertigung könnte sich aus der Einwilligung des G ergeben.

Die Einwilligung wurde von G als Betroffenem ausdrücklich vor der Tat erklärt.

An der Einwilligungsfähigkeit des G bestehen keine Zweifel.

Das von § 303 I geschützte Rechtsgut – das Eigentum – ist auch disponibel.

Die Einwilligung ist zudem frei von Willensmängeln erklärt worden.

Die Tat hielt sich im Rahmen der Einwilligung

Schließlich handelte S auch in Kenntnis und gerade aufgrund der Einwilligung.

Die Tat ist daher durch wirksame Einwilligung gerechtfertigt.

Sie geschah nicht rechtswidrig.

III. S hat sich durch sein Verhalten nicht gemäß § 303 I strafbar gemacht.

Fazit

1. Der gezielt ziemlich einfache Fall sollte im Wesentlichen dazu dienen, die einzelnen Prüfungspunkte der ***Einwilligung*** schulmäßig abzuklappern.

2. Auch der subjektive Tatbestand war eindeutig erfüllt, lange Diskussionen zum bedingten Vorsatz waren im Unterschied zu Fall 2 nicht angebracht (siehe nochmals Seiten 19, 22).

3. Die (rechtfertigende) Einwilligung ist systematisch streng ***vom tatbestandsausschließenden Einverständnis*** zu unterscheiden. Das Einverständnis führt schlicht dazu, dass ein bestimmtes Tatbestandsmerkmal nicht vorliegt (siehe zum Einverständnis auch Die Fälle – Strafrecht BT 2, Fall 56, Fazit 2.).

So liegt im Ausgangsfall in der Äußerung des G (auch) ein tatbestandsausschließendes Einverständnis. S hat den Wagen eben gerade nicht gegen den Willen des Berechtigten in Gebrauch genommen. § 248b I ist daher anders als § 303 I schon tatbestandsmäßig nicht erfüllt.

Ist der Unterschied klar geworden?

4. Die Einwilligung ist ein nicht allgemein geregelter Rechtfertigungsgrund, dessen unbestrittene Existenz in § 228 (lesen!) vorausgesetzt wird. Seit dem Jahr 2013 gibt es mit § 630d BGB zudem eine zivilrechtliche Regelung im Zusammenhang mit medizinischen Maßnahmen.

Nun zu den einzelnen Voraussetzungen:

Die ***Einwilligung*** muss durch den Betroffenen (noch genauer: den Inhaber des durch die Tat betroffenen Rechtsguts) ***vor der Tat*** erklärt werden. Die Erklärung muss nicht unbedingt ausdrücklich erfolgen, sie kann sich auch aus schlüssigem Verhalten (konkludent) ergeben.

Die Zustimmung nach der Tat reicht zur Rechtfertigung nicht aus. Eine solche Genehmigung (vgl. § 184 I BGB) kann im Zivilrecht bedeutsam sein, im Strafrecht spielt sie keine Rolle.

Der Erklärende muss ***einwilligungsfähig*** sein. Er muss also fähig sein, die Bedeutung und Tragweite der Einwilligung in vollem Umfang zu erfassen. Dabei ist jedenfalls grundsätzlich die individuell zu beurteilende persönliche Einsichtsfähigkeit entscheidend. Geschäftsfähigkeit (§§ 104 ff BGB) soll nach überwiegender Auffassung nie eine Rolle spielen. Dagegen stellt eine Literaturansicht speziell bei Vermögens- und Eigentumsverletzungen (aber auch nur dort) auf Geschäftsfähigkeit ab.

Die Einwilligungsfähigkeit kann vor allem bei Minderjährigen Probleme bereiten.

Das ***Rechtsgut*** muss ***verfügbar*** (disponibel) sein.

Nicht verfügbar sind naturgemäß Rechtsgüter der Allgemeinheit (etwa bei §§ 153 ff, 164 der Schutz der Rechtspflege). Es gibt Tatbestände, bei denen die Verfügbarkeit des Rechtsguts fraglich und streitig ist (vgl. Die Fälle – Strafrecht BT 1, Fall 43 / zu § 315c).

Grundsätzlich nicht disponibel ist das absolut geschützte Rechtsgut „Leben". § 216 I zeigt, dass sogar die Tötung auf Verlangen strafbar ist. Logischer Schluss daraus: Jedenfalls vorsätzliche Tötungsdelikte können nicht durch Einwilligung gerechtfertigt sein (Fachbegriff „Einwilligungssperre").

Nun hat aber der Gesetzgeber im Jahr 2009 mit ***§§ 1901a ff BGB Regelungen zur Patientenverfügung*** eingeführt und einen Weg eingeschlagen, der sich mit § 216 I beißt. In zwei wichtigen Entscheidungen zur sogenannten ***Sterbehilfe*** (richtungsweisend BGH NJW 2010, 2963, weiterführend BGH NJW 2011, 161) hat der BGH mit dem Gedanken der Einheit der Rechtsordnung bei Einhaltung der §§ 1901a ff BGB eine Ausnahme von der Einwilligungssperre gemacht. Anders ausgedrückt: Ein ***Behandlungsabbruch*** mit der gezielten Folge des Todes des Patienten kann ausnahmsweise (vgl. § 216 I) durch Einwilligung gerechtfertigt und damit straflos sein. Dazu muss der Abbruch auf der Grundlage des Patientenwillens geschehen sein. Der Patientenwille muss nach den Vorgaben der §§ 1901a ff BGB ermittelt werden (vgl. auch Die Fälle – Strafrecht BT 1, Fall 7, Fazit 4.). Beachtet im Zusammenhang mit der sogenannten Sterbehilfe auch § 217, der sich gelegentlich als prüfungsrelevant gezeigt hat. Dazu später mehr ...

Eine ganz andere Frage ist, ob ***bei der fahrlässigen Tötung*** (§ 222) eine ***Einwilligung*** möglich ist. § 216 I (grundsätzliche Einwilligungssperre / s.o.) passt wie auch § 228 jenseits der Vorsatzdelikte jedenfalls nicht unmittelbar. Ein weites Feld, das wir gegen Ende des Buches gesondert beackern werden.

An dieser Stelle lassen wir es damit zum Thema „Verfügbarkeit des Rechtsguts" genügen. Weiter im Prüfungsablauf zur Einwilligung:

Es darf ***kein relevanter Willensmangel*** des Erklärenden vorliegen. Auf dieses Merkmal müsst ihr besonders bei Irrtümern achten, die oft durch Täuschung des Täters hervorgerufen werden. Jedenfalls schließt ein Irrtum die Wirksamkeit der Einwilligung aus, wenn er rechtsgutsbezogen ist und den Betroffenen daher die Tragweite seiner Entscheidung verkennen lässt. Es wird aber auch die Ansicht vertreten, dass schlechthin jeder Irrtum relevant sei.

Selbstverständlich muss sich die ***Tat im Rahmen der Einwilligung*** abspielen. So wäre im Ausgangsfall die völlige Zerstörung des Wagens kaum gerechtfertigt gewesen.

Auch bei der Einwilligung ist nach h.M. ein ***subjektives Rechtfertigungselement*** erforderlich. Es besteht zumindest aus der Kenntnis von der Einwilligung. Zum Teil wird darüber hinaus Handeln gerade aufgrund der Einwilligung verlangt. In der Regel wird beides vorliegen, sodass die kurze Feststellung genügt.

Speziell für §§ 223 ff enthält der schon erwähnte § 228 eine besondere Regelung (siehe näher Die Fälle – Strafrecht BT 1, Fall 10, Fazit 3.). Nur vereinzelt wird in § 228 – nicht sehr überzeugend – ein allgemeiner Rechtsgrundsatz gesehen. Nach dieser Mindermeinung soll die Vorschrift entsprechend auf alle Fälle der Einwilligung anzuwenden sein.

Aus dem Charakter der Einwilligung ergibt sich schließlich auch, dass sie vom Rechtsgutsträger bis zur Tatbegehung jederzeit frei widerrufen werden kann.

Fall 14

Aussteiger A hat sein Haus verlassen und sich auf eine lange Weltreise begeben. In der Aufbruchshektik hatte er aber versehentlich die Herdplatte nicht abgestellt und zudem eine Zeitung auf dem Herd liegen lassen. Nachbar N sieht durchs Fenster, dass sich ein Brand entwickelt hat, der sich zügig auszubreiten droht. A hatte weder in der Nachbarschaft einen Schlüssel ausgehändigt, noch ist er spontan erreichbar. Um das Feuer zu löschen und damit Schlimmeres zu verhindern, bricht N die Haustür mit einem Stemmeisen auf. Die Tür wird dabei zwangsläufig beschädigt.

Frage: Hat sich N gemäß § 303 I strafbar gemacht ?

Lösungsskizze Fall 14

- Strafbarkeit des N gemäß § 303 I ?

I. Tatbestand

1. Objektiver Tatbestand

a. fremde Sache ? **(+)**

b. (hier) Beschädigen ? **(+)**

c. also: objektiver Tatbestand **(+)**

2. Subjektiver Tatbestand

- Vorsatz ? **(+)**

3. also: Tatbestand **(+)**

II. Rechtswidrigkeit

1. Rechtfertigung durch mutmaßliche Einwilligung

a. keine tatsächliche Einwilligung ? **(+)**

b. Verfügbarkeit des Rechtsguts ? **(+)**

c. tatsächliche Einwilligung nicht einholbar ? **(+)**

d. Tat im mutmaßlichen Interesse des Betroffenen ?

= bei Kenntnis der Sachlage müsste der Rechtsinhaber vernünftigerweise im eigenen Interesse einwilligen

HIER (+) → hätte A von der Sachlage gewusst, hätte er vernünftigerweise eingewilligt; das gesamte Haus drohte abzubrennen; zur Verhinderung dessen ist die Beschädigung der Tür sinnvollerweise hinzunehmen

e. subjektives Rechtfertigungselement ? **(+)**

f. <u>also</u>: Rechtfertigung durch mutmaßliche Einwilligung (+)

2. <u>also</u>: Rechtswidrigkeit (–)

III. Ergebnis:

Strafbarkeit des N gemäß § 303 I (–)

Formulierungsvorschlag Fall 14

- Strafbarkeit des N gemäß § 303 I

N könnte sich durch das Aufbrechen der Tür gemäß § 303 I strafbar gemacht haben.

I. Er hat mit der Tür eine für ihn fremde Sache vorsätzlich beschädigt.

II. Die Tat müsste rechtswidrig geschehen sein.

Sie könnte nach den Grundsätzen über die mutmaßliche Einwilligung gerechtfertigt sein.

Eine tatsächliche Einwilligung lag nicht vor.

Das von § 303 I geschützte Eigentum ist ein verfügbares Rechtsgut.

Eine tatsächliche Einwilligung war nicht einholbar.

Die Tat müsste im mutmaßlichen Interesse des Betroffenen gelegen haben.

Dies ist der Fall, wenn der Inhaber des Rechtsguts bei Kenntnis der Sachlage vernünftigerweise im eigenen Interesse einwilligen müsste.

Angesichts des um sich greifenden Feuers drohte das gesamte Haus abzubrennen. Zur Verhinderung dessen blieb N den Umständen nach nichts anderes übrig als die Haustür aufzubrechen. Die vergleichsweise geringfügige Sachbeschädigung ist sinnvollerweise hinzunehmen, wenn dadurch das Haus selbst gerettet werden kann.

A hätte bei Kenntnis der Sachlage im eigenen Interesse vernünftigerweise eingewilligt.

Die Tat lag mithin im mutmaßlichen Interesse des Betroffenen.

N handelte zur Wahrung dieses Interesses.

Damit liegt der Rechtfertigungsgrund der mutmaßlichen Einwilligung vor.

Die Tat geschah nicht rechtswidrig.

III. N hat sich nicht gemäß § 303 I strafbar gemacht.

Fazit

1. Auch hier dürfte von vornherein klar gewesen sein, dass im Ergebnis ein Rechtfertigungsgrund vorliegt. Es handelt sich um eine ***mutmaßliche Einwilligung***, die als Ersatz für eine tatsächliche Einwilligung ein eigenständiger Rechtfertigungsgrund ist. Dies ist wie so vieles im Strafrecht nicht ganz unstreitig, braucht aber von euch nicht infrage gestellt zu werden.

   Vor der Prüfung einer mutmaßlichen Einwilligung ist zunächst immer an eine möglicherweise konkludent erklärte tatsächliche Einwilligung zu denken, gegenüber der die (nur) mutmaßliche Einwilligung subsidiär ist.

2. Die mutmaßliche Einwilligung kann euch In ***zwei Fallgruppen*** begegnen.

   Die wohl häufigere Situation der ersten Fallgruppe ist die des Ausgangsfalls.

   Habt ihr die Parallele zum Zivilrecht erkannt? Richtig, es handelt sich um das gleiche ***Prinzip*** wie bei der ***Geschäftsführung ohne Auftrag*** (kurz G.o.A., vgl. §§ 677 ff BGB).

   Ein anderes typisches Beispiel für das G.o.A.-Prinzip ist die medizinisch notwendige Operation eines bewusstlosen Verletzten. Wer hier mit der Rechtsprechung den Tatbestand einer Körperverletzung erfüllt sieht (vgl. Die Fälle – Strafrecht BT 1, Fall 10, Fazit 3.), gelangt zur Rechtswidrigkeit. Eine tatsächliche Einwilligung ist nicht einholbar, die mutmaßliche Einwilligung muss herangezogen werden.

   Die zweite Fallgruppe kann man als ***Fehlen eigener Interessen*** des Rechtsgutinhabers bezeichnen. Beispiel: Einsammeln von Fallobst (das ansonsten zu verderben droht) unter fremden Bäumen.

   Bei der zweiten Fallgruppe sieht die Prüfung – wie ihr euch denken könnt – etwas anders aus. Es kann hier nicht auf fehlende Einholbarkeit einer tatsächlichen Einwilligung ankommen. Die Tat muss auch nicht im Interesse des Betroffenen liegen. Diese beiden Merkmale sind speziell auf die erste Fallgruppe „G.o.A.-Prinzip“ zugeschnitten, während es in den der zweiten Gruppe zuzuordnenden Fällen genügt, dass der Rechtsgutsinhaber bei Kenntnis der Sachlage vernünftigerweise hätte einwilligen müssen.

   Eines ist noch wichtig, liegt aber im Grunde in der Natur der Sache: Es schadet nicht, wenn sich die nach den genannten Kriterien vernünftige Mutmaßung nachträglich als falsch herausstellt. Beispiel: Auch wenn sich in Ergänzung des Ausgangsfalls anschließend herausstellt, dass A wegen einer entsprechenden Feuerversicherung das Haus ganz gerne hätte abbrennen lassen, ändert das nichts an der Rechtfertigung der Tat durch mutmaßliche Einwilligung.

Fall 15

Die Eheleute M und F sind seit geraumer Zeit zerstritten. Nachdem es zu einem besonders heftigen Streit gekommen ist, zieht sich F in die Küche zurück und sinnt auf Rache. Sie entschließt sich, M nun endlich eine tüchtige Abreibung zu verpassen. F ergreift das Brotmesser und trifft im Flur auf den körperlich überlegenen M, der seinerseits auf F zugeht, um ihr die Knochen zu brechen. F denkt aber, M wolle wieder einmal einen der sattsam bekannten Versöhnungsversuche starten. Trotzdem hält sie an ihrem Plan fest und ritzt M, als der gerade zum ersten Schlag ausholen will, mit dem Messer gezielt den Oberschenkel auf. M humpelt daraufhin davon und lässt angesichts seiner Verletzung von F ab.

Frage: Hat sich F wegen vollendeter gefährlicher Körperverletzung gemäß §§ 223 I, 224 I Nr. 2 strafbar gemacht ?

Lösungsskizze Fall 15

- Strafbarkeit der F gemäß §§ 223 I, 224 I Nr. 2?

I. Tatbestand

1. Tatbestand § 223 I

a. Objektiver Tatbestand

aa. eine andere Person ? (+)

bb. körperliche Misshandlung, § 223 I Var. 1 ? (+)

cc. Gesundheitsschädigung, § 223 I Var. 2 ? (+)

dd. <u>also</u>: objektiver Tatbestand (+)

b. Subjektiver Tatbestand

- Vorsatz ? (+)

c. <u>also</u>: Tatbestand § 223 I (+)

2. Tatbestand § 224 I Nr. 2

a. Objektiver Tatbestand

aa. (hier) mittels eines gefährlichen Werkzeugs, § 224 I Nr. 2 ? (+)

bb. <u>also</u>: objektiver Tatbestand (+)

b. Subjektiver Tatbestand

- Vorsatz ? (+)

c. <u>also</u>: Tatbestand § 224 I Nr. 2 (+)

3. <u>also</u>: Tatbestand (+)

II. Rechtswidrigkeit

1. Rechtfertigung gemäß § 32

***a. gegenwärtiger rechtswidriger Angriff ?* (+)**

b. erforderliche Verteidigung ?

***aa. geeignetes Mittel ?* (+)**

***bb. relativ mildestes Mittel ?* (+)**
= keine mildere Handlungsalternative bei gleicher Wirksamkeit

HIER (+) → ein milderes und zugleich ebenso wirksames Mittel stand F wegen der körperlichen Überlegenheit des M nicht zur Verfügung

***cc. <u>also</u>: erforderliche Verteidigung* (+)**

c. Gebotenheit ?
= keine Einschränkung des Notwehrrechts unter Wertungsgesichtspunkten

HIER (+) → zwar kommt unter Eheleuten wegen der engen Lebensbeziehung eine Beschränkung in Betracht, weil der Verteidiger für die Unversehrtheit des Angreifers in gewissen Grenzen garantenpflichtig ist; eine etwaige Beschränkung findet aber jedenfalls dann ihre Grenzen, wenn dem Verteidiger selbst schwere Verletzungen drohen; der körperlich überlegene M wollte F äußerst brutal misshandeln; es drohten schwere Verletzungen

d. subjektives Rechtfertigungselement ?
= Kenntnis von der Notwehrlage und Verteidigungswille

HIER (−) → F hatte den Angriff des M nicht als solchen erkannt, sondern ging irrig von einer harmlosen Annäherung aus

***e. <u>also</u>: Rechtfertigung gemäß § 32* (−)**

***2. <u>also</u>: Rechtswidrigkeit* (+)**

III. Sonderprüfung:

Schließt das Vorliegen sämtlicher Voraussetzungen eines Rechtfertigungsgrundes mit Ausnahme des subjektiven Rechtfertigungselements die Vollendungsstrafbarkeit aus? (+) / a.A. gut vertretbar

→ es besteht eine strukturelle Parallele zum Versuch; schon das Vorliegen der objektiven Voraussetzungen eines Rechtfertigungsgrundes beseitigt den Erfolgsunwert; wegen der fehlenden subjektiven Komponente verbleibt es – wie beim Versuch – beim bloßen Handlungsunwert; ob der Erfolg tatsächlich ausbleibt (Versuch) oder aber nicht als Unrecht bewertet wird, kann im Ergebnis keinen Unterschied machen; es entstehen auch keine ungewollten Strafbarkeitslücken bei Straflosigkeit des Versuchs im Einzelfall; diese Straflosigkeit ist dann nämlich vom Gesetzgeber gewollt

IV. Ergebnis:

Strafbarkeit der F gemäß §§ 223 I, 224 I Nr. 2 (−)

Formulierungsvorschlag Fall 15

- Strafbarkeit der F gemäß §§ 223 I, 224 I Nr. 2

F könnte sich durch den Schnitt mit dem Messer wegen vollendeter gefährlicher Körperverletzung gemäß §§ 223 I, 224 I Nr. 2 strafbar gemacht haben.

I. Sie hat durch diese Handlung eine andere Person – nämlich M – vorsätzlich körperlich misshandelt und an der Gesundheit geschädigt.

Die Körperverletzung wurde mittels eines Messers, also eines gefährlichen Werkzeugs im Sinne des § 224 I Nr. 2 begangen.

Der Vorsatz erstreckte sich auch auf diese Begehungsweise.

II. Die Tat müsste rechtswidrig geschehen sein.

Möglicherweise liegt Notwehr gemäß § 32 als Rechtfertigungsgrund vor.

Objektiv wurde F angesichts der unmittelbar bevorstehenden Schläge gegenwärtig und rechtswidrig angegriffen.

Der Schnitt mit dem Messer müsste eine erforderliche Verteidigung gewesen sein.

Es handelte sich um ein zur Abwehr des Angriffs geeignetes Mittel.

Weitere Voraussetzung für die Erforderlichkeit ist, dass kein gleich geeignetes milderes Mittel zur Verfügung stand.

Wegen der körperlichen Überlegenheit des M wären denkbare mildere Alternativmittel wie etwa die bloße Drohung mit dem Messer mit weitaus größerem Risiko verbunden und damit nicht gleich effektiv gewesen.

Die Tathandlung war eine erforderliche Verteidigung.

Sie müsste auch geboten sein. Eine Verteidigungshandlung ist ausnahmsweise nicht geboten, wenn eine Notwehrbeschränkung unter Wertungsgesichtspunkten vorzunehmen ist.

Im Verhältnis von Eheleuten zueinander kommen solche Einschränkungen in gewissen Grenzen in Betracht, weil der Verteidiger für die Unversehrtheit des Angreifers garantenpflichtig ist. Dies kann aber keinesfalls so weit gehen, dass der Verteidiger einen Angriff hinzunehmen hat oder sich weniger effektiver Abwehrmittel bedienen muss, wenn schwere Verletzungen drohen.

Der körperlich überlegene M wollte F die Knochen brechen und sie damit äußerst brutal misshandeln. Objektiv drohten schwere Verletzungen. Eine Einschränkung des Notwehrrechts scheidet damit trotz der engen Lebensbeziehung im Ergebnis aus.

Die Tathandlung war somit auch geboten.

Schließlich müsste das sogenannte subjektive Rechtfertigungselement erfüllt sein.

F müsste dazu in Kenntnis der Notwehrlage und mit Verteidigungswillen gehandelt haben.

Sie hatte den Angriff aber gerade nicht als solchen erkannt, sondern ging irrig von einer harmlosen Annäherung des M aus.

Es fehlt damit am sogenannten subjektiven Rechtfertigungselement.

Der Erlaubnistatbestand der Notwehr nach § 32 ist damit nicht erfüllt.

Die Tat geschah folglich rechtswidrig.

III. Trotz Rechtswidrigkeit könnte die Erfüllung der objektiven Voraussetzungen des § 32 eine Vollendungsstrafbarkeit ausschließen und lediglich zur Versuchsstrafbarkeit führen.

Die strukturelle Parallele zum Versuch drängt sich deshalb auf, weil in der hier relevanten Konstellation der Erfolgsunwert durch Vorliegen des objektiven Erlaubnistatbestands beseitigt ist, während (nur) der Handlungsunwert mangels subjektiven Rechtfertigungselements gegeben ist. Insofern stellt sich die Lage wie beim Versuch dar, den ebenfalls Handlungsunwert bei fehlendem Erfolgsunwert kennzeichnet.

Objektiv handelt der Täter – wie beim untauglichen Versuch – im Einklang mit der Rechtsordnung. Der Handlungsunwert allein kann eine Bestrafung wegen vollendeten Erfolgsdelikts nicht begründen.

Der Vorwurf erstreckt sich – der Struktur des Versuchs vergleichbar – lediglich darauf, dass der Täter sich in Unkenntnis des Erlaubnistatbestands gegen die Rechtsordnung aufgelehnt hat.

Ob der Erfolg tatsächlich ausbleibt oder aber wie hier nicht als Unrecht bewertet wird, kann im Ergebnis keinen Unterschied machen.

Dem kann man auch nicht überzeugend entgegenhalten, es entstünden unerwünschte Strafbarkeitslücken durch im Einzelfall fehlende Versuchsstrafbarkeit. Soweit der Gesetzgeber von der Strafbarkeit des Versuchs abgesehen hat, entspricht dies einer gezielten Wertung, die wegen der genannten Parallele ohne Weiteres auf Fälle des fehlenden subjektiven Rechtfertigungselements übertragbar ist.

Danach schließt das Vorliegen der objektiven Voraussetzungen des Rechtfertigungsgrundes trotz fehlender subjektiver Komponente die Vollendungsstrafbarkeit aus.

IV. F hat sich nicht wegen vollendeter gefährlicher Körperverletzung gemäß §§ 223 I, 224 I Nr. 2 strafbar gemacht.

Fazit

1. Zugegeben: Es bedarf schon einiger juristischer Phantasie, um auf das Problem des Falls zu kommen, wenn man zuvor noch nie etwas davon gehört hat. Wir konnten euch die Angelegenheit aber nicht guten Gewissens ersparen, dafür ist sie dann doch zu prüfungsrelevant.

Wir haben die Fallfrage gezielt auf das vollendete Delikt beschränkt, um die Aufmerksamkeit so gut es geht auf das Kernproblem zu lenken.

2. Es könnte euch gewundert haben, dass wir bei § 224 I Nr. 2 das „gefährliche Werkzeug" (und nicht die „Waffe") geprüft haben. Das hängt in erster Linie damit zusammen, dass das „gefährliche Werkzeug" der Oberbegriff und damit das eigentliche Merkmal ist, während die „Waffe" nur ein Beispiel bildet (vgl. Die Fälle – Strafrecht BT 1, Fall 10, Fazit 4.). Im Übrigen wird man das Brotmesser nicht als „Waffe" ansehen können, weil damit nur Waffen im technischen Sinne gemeint sind. Darauf kommt es aber wie dargestellt auch gar nicht an.

Auf die Diskussion eines hinterlistigen Überfalls (§ 224 I Nr. 3) oder einer das Leben gefährdenden Behandlung (§ 224 I Nr. 5) wollten wir nicht hinaus. Zur Klarstellung war deshalb die Fallfrage auf § 224 I Nr. 2 beschränkt. Abgesehen davon liefert der Sachverhalt auch keine konkreten Anhaltspunkte für Nr. 3 bzw. Nr. 5.

3. Weil es sich bei Angreifer und Verteidigerin um Eheleute handelte, war die schon oben (Fall 10, Fazit 4.) erwähnte mögliche Einschränkung des Notwehrrechts über das Merkmal der ***Gebotenheit*** anzusprechen. Bei der konkreten Fallgestaltung schied eine solche Beschränkung aber wie gezeigt im Ergebnis aus.

4. Kommen wir nun zum eigentlichen Knackpunkt. Die eher exotische Ansicht, derzufolge ein ***subjektives Rechtfertigungselement*** (hier bei § 32) erst gar nicht erforderlich ist, könnt ihr jedenfalls in der Klausur getrost vernachlässigen. Ernsthaft streitig ist aber die ***Folge der fehlenden subjektiven Komponente*** (vgl. schon Fall 6, Fazit 7.). Genau darauf kam es im Ausgangsfall an.

Es spricht vieles für die vielleicht auf den ersten Blick etwas abgedreht wirkende Lösung, wegen der geschilderten Parallele (nur) ***Versuchsstrafbarkeit*** anzunehmen.

Die ***Gegenansicht (Vollendungsstrafbarkeit)*** ist aber selbstverständlich gut vertretbar, sie wird immerhin in einer (wenn auch älteren) BGH-Entscheidung favorisiert. Wichtig ist dann aber, dass man sich mit den Argumenten für die „Versuchslösung" fundiert auseinandersetzt.

Hätte sich die Fallfrage nicht konkret auf Vollendungsstrafbarkeit bezogen, hätte man nach unserer Argumentation konsequenterweise im Schlusssatz die Versuchsstrafbarkeit (vgl. §§ 223 II, 224 II) feststellen müssen. Damit weicht dann zwar der Schlusssatz inhaltlich vom Obersatz ab, das ist aber mitunter unvermeidlich (so etwa auch bei der Tatbestandsverschiebung nach § 28).

5. Zum Abschluss der Ausführungen zur Rechtswidrigkeit möchten wir zwei weitere ungeschriebene Rechtfertigungsgründe kurz ansprechen, die bisher noch nicht angeklungen sind.

Ein alter Zopf ist das sogenannte ***Züchtigungsrecht***. Spätestens nach der im Jahr 2000 in Kraft getretenen Änderung des § 1631 II BGB wird man davon ausgehen können, dass die Annahme eines solchen Rechtfertigungsgrundes zumindest in seiner „klassischen Form" nicht mehr vertretbar ist.

Es war früher zwischen dem Züchtigungsrecht der Eltern und dem der Lehrer zu unterscheiden. Jedenfalls bei Lehrern wurde das Züchtigungsrecht schon seit langer Zeit allgemein als indiskutabel angesehen. Bei Eltern wurde es überwiegend immer noch in engen Grenzen akzeptiert. Dabei musste ein konkreter Anlass bestehen, das Züchtigungsrecht musste verhältnismäßig und getragen von einem Erziehungsgedanken (!) ausgeübt werden.

Nun lautet aber die aktuelle Fassung des § 1631 II BGB: „Kinder haben ein Recht auf gewaltfreie Erziehung. Körperliche Bestrafungen, seelische Verletzungen und andere entwürdigende Maßnahmen sind unzulässig." Nach dem Wortlaut der Norm ist also die „entwürdigende Maßnahme" der Oberbegriff. Die beispielhaft aufgeführte „körperliche Bestrafung" soll als schlechthin entwürdigend gelten.

Damit sollte dem ehemals gewohnheitsrechtlich hergeleiteten „Züchtigungsrecht" als Rechtfertigungsgrund im Grundsatz der Boden entzogen sein, wenn man mit der deutlich h.M. der zivilrechtlichen Regelung auch im Strafrecht Bedeutung beimisst. Man wird in einschlägigen Fällen kurz unter Hinweis auf § 1631 II BGB etwas dazu sagen müssen.

Natürlich muss es nach wie vor erlaubt sein, dass Eltern ihr Kind etwa spontan mit Gewalt von einer viel befahrenen Straße zurückholen. Eine solche „Rettungsaktion" ist weder eine körperliche Bestrafung noch eine sonstige „entwürdigende Maßnahme" i.S.d. § 1631 II 2 BGB.

Nun aber genug zum Züchtigungsrecht. Wir gehen noch kurz auf einen anderen ungeschriebenen Rechtfertigungsgrund ein.

Die (rechtfertigende) ***Pflichtenkollision*** bei Unterlassungsdelikten ist eine sehr spezielle Geschichte. Schon streitig ist, ob es sich überhaupt um einen Rechtfertigungsgrund handelt. Die Grundsituation besteht darin, dass der Unterlassungstäter eine Handlungspflicht nur auf Kosten der anderen Handlungspflicht erfüllen kann. Schulbeispiel: „Vater V kann nur eines seiner Kinder vor dem Ertrinken retten."

6. Auch ***Fahrlässigkeitsdelikte*** können gerechtfertigt sein. So sind etwa fahrlässige Sportverletzungen (§ 229) unter dem Gesichtspunkt der Einwilligung in die Gefährdung nicht rechtswidrig, wenn sie im Rahmen des Üblichen ablaufen („Fußball ist kein Nonnenhockey!"). Etwas anderes gilt natürlich bei besonderer Brutalität („Blutgrätsche").

Kommt man mit der Einwilligung nicht weiter, ist an Rechtfertigung unter dem Gesichtspunkt des erlaubten Risikos bzw. des Handelns auf eigene Gefahr zu denken.

Merkt euch jedenfalls folgenden Grundsatz: Wäre die entsprechende vorsätzliche Tatbegehung gerechtfertigt, dann ist es auch die fahrlässige.

Nach bestrittener aber wohl richtiger Auffassung ist beim fahrlässigen Erfolgsdelikt kein subjektives Rechtfertigungselement zu verlangen.

Schuld

Fall 16

Der von Natur aus kräftig gebaute aber eher zurückhaltende Z will seinen zierlichen Nebenbuhler N, mit dem er sich zu einem bestimmten Zeitpunkt unter einem Vorwand verabredet hat, verprügeln. Weil er so etwas aber im nüchternen Zustand nie „bringt", trinkt er sich heftig Mut an. Der nicht trinkgewohnte Z schüttet einen Korn nach dem anderen in sich hinein und erreicht so nach einiger Zeit die stattliche Blutalkoholkonzentration (BAK) von 3,3 ‰ (Promille). Er torkelt zwar mühsam zum vereinbarten Treffpunkt, schafft es aber noch, dem körperlich stark unterlegenen N einige schlecht koordinierte Faustschläge zu verpassen. Die BAK beträgt zu diesem Zeitpunkt immerhin noch 3,2 ‰.

Frage: Hat sich Z gemäß § 223 I strafbar gemacht ?

Lösungsskizze Fall 16

- Strafbarkeit des Z gemäß § 223 I ?

I. Tatbestand

1. Objektiver Tatbestand

a. eine andere Person ? **(+)**

b. körperliche Misshandlung, § 223 I Var. 1 ? **(+)**

c. also: objektiver Tatbestand **(+)**

2. Subjektiver Tatbestand

- Vorsatz ? **(+)**

3. also: Tatbestand **(+)**

II. Rechtswidrigkeit **(+)**

III. Schuld

1. Schuldfähigkeit

a. Schuldunfähigkeit nach § 20 ?

aa. Schuldunfähigkeit zum Zeitpunkt der unmittelbaren Tatausführung ?

HIER (+) → mit einer BAK von 3,2 ‰ befand sich der nicht trinkgewohnte Z angesichts grob motorischer Auffälligkeiten (Torkeln, schlecht koordinierte Schläge) im Zustand einer krankhaften seelischen Störung oder tief greifenden Bewusstseinsstörung i.S.d. § 20

bb. Schuldunfähigkeit zum vorverlagerten Zeitpunkt des Tatvorwurfs (Berauschung) nach den Grundsätzen der actio libera in causa (a.l.i.c.) ?

HIER (–) → zum Zeitpunkt der Berauschung war Z noch schuldfähig; er handelte hinsichtlich der Berauschung wie auch der späteren Rauschtat vorsätzlich; damit liegen nach den Grundsätzen der a.l.i.c. die Voraussetzungen für eine Bestrafung wegen vorsätzlicher Begehung vor

cc. Anwendbarkeit der Rechtsfigur der a.l.i.c. ?

HIER (+) → jedenfalls bei Erfolgsdelikten (also nicht reinen Tätigkeitsdelikten) liegt nur scheinbar ein Verstoß gegen den Wortlaut des § 20 „bei Begehung der Tat" (sogenanntes Koinzidenzprinzip) vor (a.A. gut vertretbar); der Tatvorwurf wird nämlich auf die den Defekt herbeiführende im Zustand der Schuldfähigkeit begangene Handlung (Berauschung) vorverlagert (a.A. gut vertretbar)

dd. also: Schuldunfähigkeit nach § 20 zum nach den Grundsätzen der a.l.i.c. entscheidenden Zeitpunkt **(–)**

b. also: Schuldfähigkeit zum nach den Grundsätzen der a.l.i.c. entscheidenden Zeitpunkt **(+)**

2. Unrechtsbewusstsein **(+)**

3. Fehlen von Entschuldigungsgründen **(+)**

4. also: Schuld **(+)**

IV. Ergebnis:

Strafbarkeit des Z gemäß § 223 I nach den Grundsätzen der a.l.i.c. (+); Verfolgung aber gemäß § 230 I 1 nur auf Antrag, wenn nicht die Staatsanwaltschaft ein besonderes öffentliches Interesse bejaht

Formulierungsvorschlag Fall 16

- Strafbarkeit des Z gemäß § 223 I

Z könnte sich durch die Faustschläge gemäß § 223 I strafbar gemacht haben.

I. Er hat durch diese Handlung eine andere Person – nämlich N – vorsätzlich körperlich misshandelt.

II. Die Tat geschah rechtswidrig.

III. Z müsste schuldhaft gehandelt haben.

Schuldhaftes Handeln setzt Schuldfähigkeit voraus.

Z könnte angesichts des alkoholbedingten Rauschzustands nach Maßgabe des § 20 bei Begehung der Tat schuldunfähig gewesen sein.

Sein Zustand müsste dazu als krankhafte seelische Störung oder tief greifende Bewusstseinsstörung einzuordnen sein.

Bei einer BAK ab 3 ‰ ist davon jedenfalls bei nicht trinkgewohnten Personen auszugehen, sofern psychodiagnostische Kriterien erfüllt sind.

Zum Tatzeitpunkt hatte der nicht trinkgewohnte Z eine BAK von 3,2 ‰. Mit dem mühsamen Torkeln und den schlecht koordinierten Schlägen hat Z zudem grob motorische Ausfallerscheinungen gezeigt. Damit hat er ein für § 20 typisches psychodiagnostisches Kriterium erfüllt.

Z befand sich damit bei Tatbegehung in einem Zustand der krankhaften seelischen Störung oder zumindest der tief greifenden Bewusstseinsstörung.

Er war nach § 20 schuldunfähig.

Gleichwohl könnte sich die Strafbarkeit aus der Rechtsfigur der sogenannten actio libera in causa (a.l.i.c.) ergeben.

Danach soll eine Bestrafung wegen vorsätzlicher Begehung trotz Schuldunfähigkeit zum unmittelbaren Tatzeitpunkt jedenfalls dann stattfinden können, wenn der Täter zum Zeitpunkt der Herbeiführung des Defektzustands in doppelter Hinsicht Vorsatz hatte. Dieser zweifache Vorsatz muss sich zum einen auf die Herbeiführung des Defektzustands selbst, zum anderen auf die spätere unmittelbare Begehung der Tat beziehen.

Z hat sich gezielt und damit vorsätzlich berauscht, er hat den Defektzustand vorsätzlich herbeigeführt. Diese Berauschung diente aus Sicht des Z auch gerade dazu, die Körperverletzung begehen zu können. Zugleich hatte er damit bei der Berauschung Vorsatz hinsichtlich der späteren unmittelbaren Begehung der Tat.

Somit liegen die Voraussetzungen einer Strafbarkeit wegen vorsätzlicher Begehung nach den Grundsätzen der a.l.i.c. vor.

Bedenken gegen die Anwendung dieser Rechtsfigur ergeben sich allerdings aus dem Wortlaut des § 20, der Schuldfähigkeit gerade „bei Begehung der Tat“ voraussetzt und damit das sogenannte Koinzidenzprinzip statuiert. Insoweit erscheint es nachvollziehbar, in den Grundsätzen der a.l.i.c. einen Verstoß gegen Art. 103 II GG zu sehen. Nach Art. 103 II GG ist strafbegründendes Gewohnheitsrecht nämlich unzulässig.

Dieser Argumentation ist aber entgegenzuhalten, dass bei der Figur der a.l.i.c. nach dem vorzugswürdigen Begründungsansatz gerade nicht die im schuldunfähigen Zustand begangene unmittelbare Tatausführung als strafrechtlich relevante Handlung angesehen wird. Vielmehr wird die Rechtsfigur der a.l.i.c. überzeugend damit begründet, dass der strafrechtliche Vorwurf auf die im schuldfähigen Zustand begangene Herbeiführung des Defektzustands vorverlagert wird. Damit liegt nur scheinbar ein Widerspruch zum in § 20 verankerten Koinzidenzprinzip vor.

Die Vorverlagerung begegnet freilich bei reinen Tätigkeitsdelikten wie zum Beispiel § 316 oder § 153 erheblichen Bedenken. Geht es etwa bei § 316 I um die Tätigkeit des „Führens“ eines Kraftfahrzeugs, kann man diesen konkreten Tatvorwurf schwerlich auf die Herbeiführung des Rauschzustands vorverlagern.

Bei Erfolgsdelikten wie der Körperverletzung berühren diese spezifischen Bedenken allerdings die Konstruktion der a.l.i.c. nicht.

Zusammenfassend ist festzuhalten, dass jedenfalls bei Erfolgsdelikten die Schuldunfähigkeit zum Zeitpunkt der unmittelbaren Tatausführung einer Bestrafung wegen vorsätzlicher Begehung nicht zwingend entgegensteht. Vielmehr kann es dann zu einer Vorverlagerung des Tatvorwurfs auf die Berauschung nach den Grundsätzen der a.l.i.c. kommen.

Z hatte Unrechtsbewusstsein, Entschuldigungsgründe liegen nicht vor.

Er hat zwar bei der unmittelbaren Tatausführung nicht schuldhaft gehandelt, wohl aber zum nach der Rechtsfigur der a.l.i.c. maßgeblichen Zeitpunkt der Berauschung.

IV. Z hat sich durch die Schläge selbst nicht gemäß § 223 I strafbar gemacht. Die Strafbarkeit nach § 223 I ergibt sich aber unter Anwendung der Rechtsfigur der a.l.i.c. aus der vorsätzlichen Berauschung zur gezielten Ermöglichung der Rauschtat. Die Tat wird allerdings gemäß § 230 I 1 nur auf Antrag verfolgt, wenn nicht die Staatsanwaltschaft ein besonderes öffentliches Interesse bejaht.

Fazit

1. Gleich der erste Fall im Bereich der Schuld ist – unvermeidlich – ein ziemlicher Brocken.

Während bei Tatbestand und Rechtswidrigkeit die Tat unabhängig vom individuellen Täter im Mittelpunkt steht, geht es bei der ***Schuld*** um die ***persönliche Vorwerfbarkeit*** dieser Tat. Der Blick wendet sich also dem Täter zu (siehe schon Seite 23).

Merkt euch als ***Elemente der Schuld:*** Schuldfähigkeit / Unrechtsbewusstsein / Fehlen von Entschuldigungsgründen

2. Die ***Schuldfähigkeit*** kann unter verschiedenen Gesichtspunkten zweifelhaft sein.

Weniger prüfungsrelevant sind Abstufungen nach dem Alter des Täters. Lest dazu § 19 (StGB), §§ 1 II, 3 S. 1, 105 JGG (Jugendgerichtsgesetz) und macht euch die Altersgrenzen klar.

Wenn in der Klausur die Schuldfähigkeit zum Problem wird, geht es meist um § 20 im Zusammenhang mit Alkohol. Lest zunächst nochmals die Ausführungen auf den Seiten 23 f.

Ob der ***Alkoholrausch*** in der Begriffswelt des § 20 (noch) als ***tief greifende Bewusstseinsstörung*** oder (schon) als ***krankhafte seelische Störung*** anzusehen ist, wird unterschiedlich beantwortet. Für die Klausurlösung spielt diese Frage aber letztlich auch keine Rolle und kann daher wie gezeigt offenbleiben.

BAK-Angaben über 3 ‰ deuten auf Schuldunfähigkeit nach § 20 hin. Es wird dabei immer wieder betont, dass dieser „Grenzwert" nicht etwa schematisch anzuwenden ist. Zeigt ein nicht trinkgewohnter Täter typische Ausfallerscheinungen, ist in der Klausur bei Werten über 3 ‰ wie im Formulierungsvorschlag demonstriert Schuldunfähigkeit zu bejahen.

Steht im Sachverhalt hingegen ausdrücklich, dass sich die BAK nicht (mehr) genau feststellen lässt, kann es ausnahmsweise auch im Studium einmal auf den Grundsatz ***„in dubio pro reo"*** (im Zweifel für den Angeklagten / siehe dazu unbedingt Seite 269) ankommen. Es schließen sich dann meist Probleme der sogenannten ***Wahlfeststellung*** an. Weitere Einzelheiten führten an dieser Stelle zu weit.

Ab etwa 2 ‰ ist – je nach Verhalten des Täters – an verminderte Schuldfähigkeit nach § 21 (lesen!) zu denken. § 21 führt aber nur fakultativ („kann") zur Strafmilderung und spielt deswegen bis zum ersten Examen einschließlich in der Regel keine nennenswerte Rolle.

Zu den für den Komplex „Alkohol und Straßenverkehr" relevanten Werten (Fahruntüchtigkeit) verweisen wir auf Die Fälle – Strafrecht BT 1, Fall 43, Fazit 1.

3. Kommt ihr wie im Ausgangsfall zur Schuldunfähigkeit nach § 20, ist an eine Strafbarkeit nach den Grundsätzen der umstrittenen ***actio libera in causa*** (kurz „a.l.i.c." / übersetzt „freie ursächliche Handlung") zu denken.

Zu untersuchen ist die (subjektive) ***Einstellung des Täters zum Zeitpunkt der Herbeiführung des Defektzustands*** (meist „Berauschung"). Der spätere Zeitpunkt der Tatbegehung spielt an dieser Stelle keine Rolle! ***Unterscheidet folgende Konstellationen:***

Handelt der Täter vorsätzlich hinsichtlich der Berauschung und der späteren Rauschtat (so im Ausgangsfall), führt die a.l.i.c. zur Bestrafung nach dem jeweiligen Vorsatzdelikt.

Liegt unter beiden Aspekten lediglich Fahrlässigkeit vor, kommt folgerichtig nur eine Bestrafung wegen fahrlässiger Begehung (vgl. § 15) in Betracht.

Bei Fahrlässigkeit hinsichtlich der späteren Rauschtat und Vorsatz hinsichtlich der Berauschung kommt es ebenfalls allenfalls zur Bestrafung wegen fahrlässiger Begehung.

Nach ganz h.M. ist das auch das Ergebnis in der umgekehrten Konstellation (Vorsatz hinsichtlich der Rauschtat / Fahrlässigkeit hinsichtlich der Berauschung).

Das bedeutet zusammengefasst: Nur bei „Doppelvorsatz" kann es zur Bestrafung wegen vorsätzlicher Begehung kommen.

Liegt zwar Vorsatz oder Fahrlässigkeit hinsichtlich der Berauschung vor, aber ***nicht einmal Fahrlässigkeit bezüglich der späteren Rauschtat***, ist ***nur § 323a*** (lesen!) einschlägig. Eine Zurechnung nach der Figur der a.l.i.c scheidet dann aus.

Handelt der Täter schließlich auch hinsichtlich der Berauschung nicht einmal fahrlässig, ist Straflosigkeit die Folge.

4. Wie gesagt ist die Figur der a.l.i.c. sehr umstritten. Es gibt noch andere dogmatische Herleitungen als die von uns in Lösungsskizze und Formulierungsvorschlag präsentierte wohl herrschende Variante (sogenanntes Vorverlagerungsmodell oder auch Tatbestandsmodell / im Gegensatz dazu vor allem das Ausnahmemodell). Darauf wird man aber zumindest in der Klausur nicht eingehen müssen. Die ganze Kiste ist auch so wahrlich kompliziert genug.

Früher wurde die a.l.i.c. in der Rechtsprechung wie auch im überwiegenden Teil der Literatur mehr oder weniger uneingeschränkt akzeptiert.

Das hat sich durch eine wichtige BGH-Entscheidung geändert (BGH NJW 1997, 139 ff). Der BGH hat durchaus überzeugend die a.l.i.c. speziell für reine Tätigkeitsdelikte (also nicht erfolgsorientierte Delikte) abgelehnt, was in unserem Lösungsvorschlag auch anklingt. Die Diskussion ist dadurch aus ihrem Dornröschenschlaf erwacht.

Wer jedoch in der genannten BGH-Entscheidung pauschal den „Anfang vom Ende der a.l.i.c." gesehen hatte, sah sich getäuscht. Mehrere Strafsenate des BGH haben inzwischen klargestellt, dass im Grundsatz durchaus an dieser Rechtsfigur festzuhalten sei. Demgegenüber sind allerdings in der Literatur verstärkt Stimmen laut geworden, die insbesondere mit Blick auf Art. 103 II GG die a.l.i.c. gänzlich ablehnen (siehe dazu näher unseren Formulierungsvorschlag).

5. Wegen der Komplexität wollen wir abschließend nochmals den sinnvollen ***Aufbau*** verdeutlichen:

Bei Verneinung der Schuldfähigkeit (siehe dieses Fazit 2.) wird zunächst geprüft, ob man nach den Grundsätzen der a.l.i.c. zu einer Bestrafung aus dem im Obersatz genannten Delikt käme (siehe dieses Fazit 3.). Nur wenn das der Fall ist, stellt sich die Frage, ob die a.l.i.c. dogmatisch haltbar ist oder nicht (siehe oben 4.). Auch hier gilt der Grundsatz, dass kein „Meinungsstreit" zu entscheiden ist, wenn es für das Ergebnis nicht darauf ankommt (siehe Seite 27). Leider wird das in einigen „Kochbüchern“ immer wieder missachtet.

Kommt nach den Grundsätzen der a.l.i.c. im Ergebnis nur eine Bestrafung wegen fahrlässiger Begehung in Betracht, muss bei einschlägiger Strafbarkeit (etwa gemäß § 229 oder § 222) nach Verneinung des Vorsatzdeliktes das entsprechende Fahrlässigkeitsdelikt geprüft werden.

Übrigens kann man sich im Bereich der ***Fahrlässigkeitsdelikte*** auch berechtigt fragen, ob es eines Rückgriffs auf die a.l.i.c. überhaupt bedarf. Dagegen spricht die Überlegung, dass beim fahrlässigen Erfolgsdelikt ohnehin jedes einschlägige sorgfaltswidrige Verhalten Gegenstand des strafrechtlichen Vorwurfs sein kann.

Möglicherweise läuft es im Einzelfall schließlich auch (nur) auf eine Bestrafung nach § 323a oder gar auf Straflosigkeit hinaus (siehe dieses Fazit 3.).

Fall 17

Der mitteilungsbedürftige S erzählt Kumpel K am Stammtisch ausführlich von seinem bereits konkret geplanten Vorhaben, in wenigen Tagen eine bestimmte Kaufhausfiliale während der Öffnungszeiten mit einer großen Ladung Dynamit in die Luft zu sprengen. K hält das für keine gute Idee und versucht, S die Aktion auszureden. Der lässt sich davon jedoch nicht beeindrucken und teilt K zum Abschluss des Gesprächs auch ausdrücklich mit, an der Ausführung des Plans festhalten zu wollen. K bleibt daraufhin untätig und denkt sich, da könne man wohl nichts machen. Er überlegt kurz, ob er zur Anzeige verpflichtet ist, kommt aber zu dem Ergebnis, mehr als seine Überredungsversuche könnten nicht verlangt werden. S lässt die Sprengladung wie geplant hochgehen. Dabei entsteht großer Sachschaden. Außerdem werden diverse Passanten verletzt. Nur einem glücklichen Zufall ist es zu verdanken, dass niemand zu Tode kommt.

Frage: Hat sich K gemäß § 138 I Nr. 8 strafbar gemacht ?

Lösungsskizze Fall 17

- Strafbarkeit des K gemäß § 138 I Nr. 8 ?

I. Tatbestand

1. Objektiver Tatbestand

a. (hier) Vorhaben einer gemeingefährlichen Straftat nach § 308 I ?

HIER (+) → S hatte die Herbeiführung einer Sprengstoffexplosion unter Gefährdung von Leib und Leben anderer Menschen sowie fremder Sachen von bedeutendem Wert konkret geplant

b. glaubhaft davon erfahren ? **(+)**

c. zu einer Zeit, zu der die Ausführung oder der Erfolg noch abgewendet werden kann ? **(+)**

d. Nichtanzeige ? **(+)**

e. Möglichkeit der Anzeige ? **(+)**

f. Zumutbarkeit der Anzeige ? **(+)**

g. <u>also</u>: objektiver Tatbestand **(+)**

2. Subjektiver Tatbestand

- Vorsatz ? **(+)**

3. <u>also</u>: Tatbestand **(+)**

II. Rechtswidrigkeit **(+)**

III. Schuld

***1. Schuldfähigkeit* (+)**

2. Unrechtsbewusstsein

a. unvermeidbarer Verbotsirrtum nach § 17 S. 1 ?

aa. Verbotsirrtum ?
= fehlende Einsicht, Unrecht zu tun

HIER (+) → K ging davon aus, nicht zur Anzeige verpflichtet zu sein (direkter Verbotsirrtum / hier in Form des sogenannten Gebotsirrtums)

bb. Unvermeidbarkeit ?
= Unrecht auch bei gehöriger Gewissensanspannung nicht erkennbar

HIER (–) → K hatte zunächst Zweifel an der Verpflichtung zur Anzeige; insbesondere angesichts der Schwere der von S geplanten Tat wäre aber zu erwarten gewesen, dass er sich kompetent rechtlich beraten lässt

***cc. <u>also</u>: unvermeidbarer Verbotsirrtum nach § 17 S. 1* (–)**

b. <u>also</u>: aktuelles Unrechtsbewusstsein zwar* (–)*; aber kein Schuldausschluss nach § 17 S. 1

***3. Fehlen von Entschuldigungsgründen* (+)**

***4. <u>also</u>: Schuld* (+)**

IV. Ergebnis:

Strafbarkeit des K gemäß § 138 I Nr. 8 (+); aber Möglichkeit der Strafmilderung nach § 17 S. 2

Formulierungsvorschlag Fall 17

- Strafbarkeit des K gemäß § 138 I Nr. 8

Möglicherweise hat sich K durch seine Untätigkeit gemäß § 138 I Nr. 8 strafbar gemacht.

I. Dazu müsste eine der in § 138 I Nr. 8 genannten gemeingefährlichen Straftaten geplant worden sein.

In Betracht kommt eine Straftat gemäß § 308 I.

S hatte die Herbeiführung einer Sprengstoffexplosion unter Gefährdung von Leib und Leben anderer sowie fremder Sachen von bedeutendem Wert konkret ins Auge gefasst.

Dabei handelt es sich um eine von § 138 I Nr. 8 erfasste gemeingefährliche Straftat nach § 308 I.

Von diesem Vorhaben hat K zu einer Zeit, zu der die Ausführung und der Erfolg noch abgewendet werden konnte, glaubhaft erfahren.

Er hat die geplante Tat nicht angezeigt, obwohl ihm eine rechtzeitige Anzeige möglich und zumutbar gewesen wäre.

K hat die bevorstehende Tat vorsätzlich nicht angezeigt.

II. Die Nichtanzeige war auch rechtswidrig.

III. K müsste die Anzeige schuldhaft unterlassen haben.

Er war schuldfähig.

K könnte aber die Anzeige ohne Unrechtsbewusstsein unterlassen haben.

In Betracht kommt ein Schuldausschluss wegen unvermeidbaren Verbotsirrtums gemäß § 17 S. 1.

K war sich nicht bewusst, zur Anzeige verpflichtet zu sein. Er ging vielmehr irrig davon aus, mit seinen Überredungsversuchen alles rechtlich Erforderliche getan zu haben. Das rechtliche Gebot der Anzeige war K nicht bekannt.

Ihm fehlte damit die Einsicht, Unrecht zu tun. Es liegt ein direkter Verbotsirrtum – hier genauer ein Gebotsirrtum – im Sinne des § 17 S. 1 vor.

Vermeidbar ist ein Verbotsirrtum immer dann, wenn der Täter bei gehöriger Anspannung seines Gewissens das Unrecht der Tat hätte erkennen können. Dabei sind hohe Anforderungen zu stellen. Die Tatbestandsmäßigkeit seines Verhaltens ist dem Täter bekannt. Daher kann eine besonders sorgfältige Prüfung erwartet werden. Etwaige Zweifel müssen durch Einholung von sachverständigem Rechtsrat beseitigt werden.

K hat eine mögliche Verpflichtung zur Anzeige in Erwägung gezogen und ist dann zu einem rechtlich falschen Ergebnis gekommen. Insbesondere angesichts der offensichtlichen Schwere der von S geplanten Tat wäre zu verlangen gewesen, dass K seine Zweifel ausräumt, indem er sich kompetent rechtlich beraten lässt. Bei gehöriger Anspannung seines Gewissens hätte K somit das Unrecht der Tat erkennen können.

Der Verbotsirrtum war vermeidbar.

K hat die Anzeige trotz fehlenden aktuellen Unrechtsbewusstseins nicht gemäß § 17 S. 1 ohne Schuld unterlassen.

Entschuldigungsgründe liegen nicht vor.

K hat sich schuldhaft verhalten.

IV. K hat sich durch seine Untätigkeit gemäß § 138 I Nr. 8 strafbar gemacht. Es kommt jedoch wegen des vermeidbaren Verbotsirrtums eine Strafmilderung nach § 17 S. 2 in Betracht.

Fazit

1. Euch ist bestimmt aufgefallen, dass mit § 138 ein ***echtes Unterlassungsdelikt*** zu prüfen war. Die Unterlassung ist bei dieser Deliktsform unmittelbar tatbestandsmäßig, während beim unechten Unterlassungsdelikt über § 13 I vom Begehungsdelikt ausgegangen wird.

Neben § 138 sind als wichtige echte Unterlassungsdelikte § 123 I Var. 2 (Nichtentfernen, vgl. Die Fälle – Strafrecht BT 1, Fall 22, Fazit 5, Fall 23, Fazit 4.) und § 323c I zu nennen.

Bei sämtlichen Unterlassungsdelikten ist Tatbestandsvoraussetzung die (in § 323c I ausdrücklich normierte) ***Möglichkeit und Zumutbarkeit des gebotenen Tuns***.

Kurz noch zu § 138, dessen Straftatenkatalog im Jahr 2005 neu nummeriert worden ist: Wie sich an § 139 I (lesen!) zeigt, muss für § 138 die geplante Tat weder begonnen noch versucht werden. Lest im Übrigen § 139 II, III, IV. Nach h.M. sind in § 139 II und III 2 Rechtfertigungsgründe geregelt, während es sich bei § 139 III 1 und IV um sogenannte persönliche Strafaufhebungsgründe handeln soll.

2. Das ***Unrechtsbewusstsein*** besteht – wie der Name schon sagt – darin, dass der Täter sich durch sein Verhalten bewusst in Widerspruch zu geltendem Recht setzt. Der Täter muss dabei selbstverständlich nicht den konkreten Tatbestand vor Augen haben. Erforderlich ist nur, dass er die vom jeweiligen Tatbestand erfasste spezifische Rechtsgutverletzung als Unrecht erkennt. Davon wird man in Ermangelung besonderer Anhaltspunkte im Sachverhalt immer ausgehen können.

Im unproblematischen Normalfall ist daher nicht näher auf das Unrechtsbewusstsein einzugehen. Häufig wird nur ein Satz wie „T handelte schuldhaft." angebracht sein (vgl. Seite 18). Bei Unterlassungsdelikten liegt allerdings das Unrechtsbewusstsein nicht ohne Weiteres auf der Hand. Im Grundsatz ist bloßes Nichtstun schließlich nicht strafbar.

3. Wir hatten es mit einem sogenannten ***direkten Verbotsirrtum*** zu tun. Dieser Irrtum besteht im unmittelbar fehlenden Unrechtsbewusstsein. Der Täter weiß einfach nicht, dass er sich durch sein Verhalten in Widerspruch zum Recht setzt.

Speziell bei Unterlassungsdelikten wird dieser Verbotsirrtum auch ***Gebotsirrtum*** genannt. Dies deshalb, weil der Täter die rechtliche Verpflichtung (das „Gebot") zu einer bestimmten Handlung nicht kennt.

Der Verbotsirrtum führt aber wie gezeigt nicht etwa zwangsläufig zur Schuldlosigkeit. Vielmehr ist von den Rechtsfolgen her zwischen ***vermeidbarem*** (§ 17 S. 1) und ***unvermeidbarem*** (§ 17 S. 2) ***Verbotsirrtum*** streng zu unterscheiden.

Die Folge des vermeidbaren Verbotsirrtums (man kann insoweit auch von potenziellem Unrechtsbewusstsein sprechen) ist nur die Möglichkeit der Strafmilderung, von der in der Praxis regelmäßig Gebrauch gemacht wird. Damit müsst ihr euch aber streng genommen nicht beschäftigen, weil nur die Strafbarkeit als solche zu prüfen ist. Dennoch ist es in der Konstellation des Ausgangsfalls angebracht, beim Ergebnis kurz auf § 17 S. 2 hinzuweisen. Das kann jedenfalls nicht schaden und zeigt Systemverständnis.

Wichtig ist also für die Prüfung des § 17 vor allem, die in unserer Fallbearbeitung aufgezeigten Kriterien der Unvermeidbarkeit bzw. Vermeidbarkeit zu kennen.

Die Anforderungen sind tendenziell streng. ***Unvermeidbare Verbotsirrtümer sind selten***. In den ziemlich exotischen Schulbeispielen geht es meist um erst kürzlich in Deutschland eingetroffene Ausländer, die dann eine strafbare Handlung begehen, die im Kulturkreis ihrer Heimat nicht strafbar wäre.

Fall 18

Der pensionierte Oberstudienrat O ist ein Pädagoge der alten Schule. Für die laxen Erziehungsmethoden der Nachbarn hat er keinerlei Verständnis. Eines Morgens tritt der siebenjährige Nachbarjunge N fröhlich pfeifend seinen Schulweg an. Über so viel Unbeschwertheit regt sich O auf. Er verlässt sein Haus und gibt N eine heftige Ohrfeige, um ihm solche Ungezogenheiten auszutreiben. Dabei ist O der festen Überzeugung, ihm stünde aus gegebenem Anlass ein Züchtigungsrecht zu.

Frage: Hat sich O gemäß § 223 I strafbar gemacht ?

Lösungsskizze Fall 18

- Strafbarkeit des O gemäß § 223 I ?

I. Tatbestand

1. Objektiver Tatbestand

a. eine andere Person ? **(+)**

b. körperliche Misshandlung, § 223 I Var. 1 ? **(+)**

c. also: objektiver Tatbestand **(+)**

2. Subjektiver Tatbestand

- Vorsatz ? **(+)**

3. also: Tatbestand **(+)**

II. Rechtswidrigkeit

1. Rechtfertigung unter dem Gesichtspunkt eines Züchtigungsrechts
(grundsätzlich zumindest sehr zweifelhaft wegen § 1631 II BGB)

a. Ausübung durch Personensorgeberechtigte (i.d.R. Eltern) ? **(–)**

b. also: Rechtfertigung unter dem Gesichtspunkt eines Züchtigungsrechts **(–)**

2. also: Rechtswidrigkeit **(+)**

III. Schuld

1. Schuldfähigkeit **(+)**

2. Unrechtsbewusstsein

a. unvermeidbarer Verbotsirrtum nach § 17 S. 1 ?

aa. Verbotsirrtum ?
= fehlende Einsicht, Unrecht zu tun

HIER (+) → O glaubte, ihm stünde ein Züchtigungsrecht zu; er irrte über die Existenz oder zumindest über die rechtlichen Grenzen eines Rechtfertigungsgrundes (indirekter Verbotsirrtum / Erlaubnisirrtum)

bb. Unvermeidbarkeit ?

= Unrecht auch bei gehöriger Gewissensanspannung nicht erkennbar

HIER (–) → der Irrtum war völlig unverständlich; O hätte bei gehöriger Gewissensanspannung schon erkennen müssen, dass ein etwaiges Züchtigungsrecht keinesfalls jedermann zustehen kann; im Übrigen hätte er auch den nichtigen Anlass und erst recht die offensichtliche Unverhältnismäßigkeit der heftigen Ohrfeige rechtlich zutreffend einordnen müssen

cc. <u>also</u>: unvermeidbarer Verbotsirrtum nach § 17 S. 1 (–)

b. <u>also</u>: aktuelles Unrechtsbewusstsein zwar (–); aber kein Schuldausschluss nach § 17 S. 1

3. Fehlen von Entschuldigungsgründen (+)

4. <u>also</u>: Schuld (+)

IV. Ergebnis:

Strafbarkeit des O gemäß § 223 I (+); aber Strafmilderung nach § 17 S. 2 denkbar; Verfolgung aber gemäß § 230 I 1 nur auf Antrag, wenn nicht die Staatsanwaltschaft ein besonderes öffentliches Interesse bejaht

Formulierungsvorschlag Fall 18

- Strafbarkeit des O gemäß § 223 I

O könnte sich durch die Ohrfeige gemäß § 223 I strafbar gemacht haben.

I. Er hat durch diese Handlung eine andere Person – nämlich N – vorsätzlich körperlich misshandelt.

II. Die Tat müsste rechtswidrig geschehen sein.

Eine Rechtfertigung kommt allenfalls unter dem Gesichtspunkt eines etwaigen Züchtigungsrechts in Betracht.

Angesichts der aktuellen Fassung des § 1631 II BGB bestehen mehr denn je Bedenken, einen solchen Rechtfertigungsgrund überhaupt zu akzeptieren.

Selbst bei grundsätzlicher Anerkennung eines Züchtigungsrechts ist jedoch jedenfalls Voraussetzung, dass dieses von Personensorgeberechtigten, also in der Regel von den Eltern ausgeübt wird.

O war für N nicht personensorgeberechtigt.

Schon aus diesem Grund scheidet eine Rechtfertigung unter dem Gesichtspunkt eines Züchtigungsrechts aus.

O handelte rechtswidrig.

III. Er müsste auch schuldhaft gehandelt haben.

O war zwar schuldfähig, Zweifel bestehen aber am Unrechtsbewusstsein.

Möglicherweise befand sich O in einem unvermeidbaren Verbotsirrtum, der nach § 17 S. 1 zum Schuldausschluss führte.

O war fest davon überzeugt, ihm stünde in der konkreten Situation ein Züchtigungsrecht zu. Er irrte über die Existenz oder zumindest über die rechtlichen Grenzen eines Rechtfertigungsgrundes.

Es fehlte damit die Einsicht des Täters, Unrecht zu tun. Es liegt ein indirekter Verbotsirrtum im Sinne des § 17 S. 1 in Form des sogenannten Erlaubnisirrtums vor.

Unvermeidbar ist ein Irrtum indessen nur, wenn das Unrecht auch bei gehöriger Gewissensanspannung für den Täter nicht erkennbar gewesen wäre.

Eine Rechtfertigung war in der konkreten Situation aus mehreren sich jeweils förmlich aufdrängenden Gründen nicht gegeben. Abgesehen von der offensichtlich schon fehlenden grundsätzlichen Berechtigung des O zur Ausübung eines etwaigen Züchtigungsrechts bestand nämlich auch ersichtlich kein vernünftiger Anlass zur Züchtigung, von Unverhältnismäßigkeit einmal ganz zu schweigen.

Bei gehöriger Anspannung seines Gewissens hätte O daher nicht von einer Rechtfertigung ausgehen dürfen und das Unrecht seiner Tat erkennen müssen.

Der Irrtum war vermeidbar.

Ein Entfallen der Schuld nach § 17 S. 1 scheidet trotz fehlenden aktuellen Unrechtsbewusstseins aus.

Entschuldigungsgründe liegen nicht vor.

O handelte schuldhaft.

IV. Er hat sich durch die Ohrfeige gemäß § 223 I strafbar gemacht. Denkbar ist jedoch angesichts des vermeidbaren Verbotsirrtums eine Strafmilderung gemäß § 17 S. 2. Die Tat wird allerdings gemäß § 230 I 1 nur auf Antrag verfolgt, wenn nicht die Staatsanwaltschaft ein besonderes öffentliches Interesse bejaht.

Fazit

1. Hier hattet ihr es mit einem sogenannten ***Erlaubnisirrtum (indirekter Verbotsirrtum)*** zu tun. Anders als in Fall 17 wusste der Täter natürlich sinngemäß, dass sein Verhalten einen Straftatbestand erfüllt, glaubte sich aber irrig gerechtfertigt.

   Der Erlaubnisirrtum kommt in ***zwei Varianten*** vor: Entweder glaubt der Täter an einen in Wahrheit rechtlich nicht anerkannten Rechtfertigungsgrund oder er verkennt die rechtlichen Grenzen eines anerkannten Rechtfertigungsgrunds. Der Erlaubnisirrtum ist ein Rechtsirrtum. Er ist daher strukturell streng vom Erlaubnistatbestandsirrtum (Tatsachenirrtum) zu unterscheiden.

2. Ein etwaiges ***Züchtigungsrecht*** war selbstverständlich (objektiv) nicht gegeben. Selbst wenn man trotz der Änderung des § 1631 II BGB annehmen sollte, dass es diesen Rechtfertigungsgrund immer noch in seiner „klassischen Form“ gibt (siehe Fall 15, Fazit 5.), lägen dessen Voraussetzungen nicht vor.

   Selbst die Befürworter eines solchen Rechtfertigungsgrundes kämen (auch nach alter Rechtslage) nicht zur Rechtfertigung.

3. Der ***Verbotsirrtum*** hätte ***vermeidbar***er kaum sein können. Wir haben euch einen Fall präsentiert, in dem das Gericht vermutlich sogar ausnahmsweise von einer Strafmilderung nach § 17 S. 2 absähe, weil der Irrtum schon auf Rechtsblindheit beruhen dürfte (siehe Fall 17, Fazit 3.). Wir haben das durch die zurückhaltende Formulierung „Strafmilderung nach § 17 S. 2 denkbar“ angedeutet.

Fall 19

Der naturverbundene und zugleich etwas weltfremde N macht am Rosenmontag einen gemütlichen Spaziergang im Wald. Nach einiger Zeit kommt ihm eine Gruppe unterschiedlich verkleideter Personen entgegen. Darunter ist eine „Hexe“, ein „Indianer“ und ein „Clown“. B hingegen ist mit einer Strumpfmaske als Bankräuber verkleidet. Er kommt auf N zu, um ihn um Feuer zu bitten. N missversteht jedoch die Situation und glaubt an einen Überfall. Er gerät in Panik und tritt B daraufhin gezielt, kräftig und schmerzhaft gegen das Schienbein, um sich des scheinbaren Angriffs zu erwehren.

Frage: Hat sich N gemäß § 223 I strafbar gemacht ?

Lösungsskizze Fall 19

- Strafbarkeit des N gemäß § 223 I ?

I. Tatbestand

1. Objektiver Tatbestand

a. eine andere Person ? (+)

b. körperliche Misshandlung, § 223 I Var. 1 ? (+)

c. <u>also</u>: objektiver Tatbestand (+)

2. Subjektiver Tatbestand

- Vorsatz ? (+)

3. <u>also</u>: Tatbestand (+)

II. Rechtswidrigkeit

1. Rechtfertigung gemäß § 32

a. gegenwärtiger rechtswidriger Angriff ?

aa. Angriff ?

= jede von einem Menschen ausgehende Bedrohung rechtlich geschützter Interessen

HIER (−) → N ging lediglich irrig von einer Bedrohung aus; tatsächlich näherte sich B in harmloser Absicht

bb. <u>also</u>: gegenwärtiger rechtswidriger Angriff (−)

b. <u>also</u>: Rechtfertigung gemäß § 32 (−)

2. <u>also</u>: Rechtswidrigkeit (+)

III. Schuld

1. Schuldfähigkeit (+)

2. Unrechtsbewusstsein

a. unvermeidbarer Verbotsirrtum gemäß § 17 S. 1 ?

HIER (–) → es liegt ein Erlaubnistatbestandsirrtum vor; wäre die auf Tatsachen bezogene Fehlvorstellung des N zutreffend, wäre die Tat nach § 32 gerechtfertigt gewesen; das Verhalten des B hätte sich als gegenwärtiger rechtswidriger Angriff dargestellt; die Tathandlung wäre zur Verteidigung erforderlich und geboten gewesen; N handelte schließlich mit Verteidigungswillen; der Erlaubnistatbestandsirrtum ist aber jedenfalls im Ergebnis nicht nach § 17, sondern nach § 16 I 1 (analog) zu behandeln; dies ist das übereinstimmende Resultat der eingeschränkten Schuldtheorie, der herrschenden rechtsfolgenverweisenden Schuldtheorie, der Lehre von den negativen Tatbestandsmerkmalen wie auch der modifizierten Vorsatztheorie; lediglich die strenge Schuldtheorie kommt zur Anwendung des § 17; konkret wäre der Verbotsirrtum vermeidbar gewesen, sodass man auf Basis der strengen Schuldtheorie (aber eben auch nur auf Basis dieser Theorie) zu einer Bestrafung gemäß § 223 I käme;

die strenge Schuldtheorie ist jedoch abzulehnen (a.A. vertretbar); maßgeblich gegen diese Ansicht spricht, dass sie den Erlaubnistatbestandsirrtum dem Erlaubnisirrtum gleichstellt und ihn damit wie einen Fehler in der rechtlichen Bewertung behandelt; es handelt sich aber um einen reinen Wahrnehmungsmangel; der Täter befindet sich mit der gesetzgeberischen Wertung über Recht und Unrecht im Einklang; er handelt „an sich rechtstreu"; von daher sind auch Lücken im Bereich fehlender Fahrlässigkeitsstrafbarkeit (§§ 16 I 2, 15) gerade nicht unerwünscht

b. also: unvermeidbarer Verbotsirrtum gemäß § 17 S. 1 zwar (–); aber gleichwohl keine Strafbarkeit gemäß § 223 I wegen zumindest analogen Rückgriffs auf § 16 I 1

(3. also: wegen zumindest analogen Rückgriffs auf § 16 I 1 entfällt ein Zwischenergebnis zur Schuld (Ebene III.), siehe b.*)*

IV. Ergebnis:

Strafbarkeit des N gemäß § 223 I (–)

Formulierungsvorschlag Fall 19

- Strafbarkeit des N gemäß § 223 I

N könnte sich durch den Tritt gemäß § 223 I strafbar gemacht haben.

I. Er hat durch diese Handlung eine andere Person – nämlich B – vorsätzlich körperlich misshandelt.

II. Die Tat müsste rechtswidrig geschehen sein.

Zu denken ist an eine Rechtfertigung gemäß § 32.

Dazu müsste im Verhalten des B ein gegenwärtiger rechtswidriger Angriff liegen.

Angriff ist jede von einem Menschen ausgehende Bedrohung rechtlich geschützter Interessen.

Die Bedrohung bestand lediglich in der Vorstellung des N. Objektiv näherte sich B in harmloser Absicht.

Von B ging keine Bedrohung rechtlich geschützter Interessen aus.

Sein Verhalten war schon kein Angriff.

Die Tathandlung war mithin nicht gemäß § 32 gerechtfertigt.

Die Tat geschah rechtswidrig.

III. N war schuldfähig.

Möglicherweise handelte er aber angesichts seiner Fehlvorstellung ohne Unrechtsbewusstsein.

Er könnte sich in einem Erlaubnistatbestandsirrtum befunden haben, wenn nämlich bei tatsächlichem Vorliegen der irrig angenommenen Lage die Voraussetzungen eines Rechtfertigungsgrundes erfüllt gewesen wären.

N ging irrig von Umständen aus, bei deren tatsächlichem Vorliegen das Merkmal des gegenwärtigen rechtswidrigen Angriffs im Sinne des § 32 erfüllt gewesen wäre. Zudem wäre die Tathandlung dann auch zur Verteidigung erforderlich und geboten gewesen. Schließlich handelte N gerade wegen seiner Fehlvorstellung mit dem Willen zur Verteidigung.

Die Fehlvorstellung als zutreffend vorausgesetzt, wäre die Tat damit gemäß § 32 gerechtfertigt gewesen.

N befand sich in einem sogenannten Erlaubnistatbestandsirrtum.

Es erscheint zweifelhaft, ob und gegebenenfalls wie sich ein solcher Irrtum auf der Ebene fehlenden Unrechtsbewusstseins auswirkt.

Die dogmatische Einordnung des Erlaubnistatbestandsirrtums ist umstritten.

Die strenge Schuldtheorie sieht den Erlaubnistatbestandsirrtum wie den Erlaubnisirrtum als reinen Verbotsirrtum an. Folgerichtig soll er nach § 17 zu behandeln sein, sodass gemäß § 17 S. 1 nur bei Unvermeidbarkeit des Irrtums eine Bestrafung wegen vorsätzlicher Begehung im Ergebnis ausscheidet.

Auch nach der eingeschränkten Schuldtheorie handelt es sich zwar grundsätzlich um einen Verbotsirrtum, auf den aber § 16 I 1 analog angewandt werden soll. Begründet wird diese Abkehr vom Kriterium der Vermeidbarkeit damit, dass der Täter sich schließlich – anders als beim Erlaubnisirrtum – nicht von einer rechtlichen Fehlvorstellung hat leiten lassen. Er hat vielmehr nur so gehandelt, wie er es bei Zutreffen seiner Vorstellung auch hätte tun dürfen.

Zum selben Ergebnis kommt die rechtsfolgenverweisende eingeschränkte Schuldtheorie. Sie betont, dass nicht der Tatbestandsvorsatz entfalle, sondern lediglich die Vorsatzschuld. Diese Ansicht vermeidet eine systemwidrige Einwirkung nachfolgender Deliktsstufen auf den strukturell vorrangigen subjektiven Tatbestand.

Unmittelbar zur Anwendung des § 16 I 1 kommt die sogenannte Lehre von den negativen Tatbestandsmerkmalen. Sie sieht auch das Fehlen von Rechtfertigungsgründen als Bezugspunkt des Vorsatzes an.

Ebenfalls zum Vorsatzausschluss und nicht zur Anwendung von § 17 gelangt die in modifizierter Form nach wie vor vereinzelt vertretene Vorsatztheorie.

Nach der strengen Schuldtheorie kommt es wie gesagt nach § 17 auf Vermeidbarkeit des Irrtums an. Angesichts der besonderen Umstände, namentlich der Besonderheit des Karnevals, war der Irrtum bei Berücksichtigung der tendenziell strengen Maßstäbe vermeidbar. Auf Basis der strengen Schuldtheorie käme man damit zur Strafbarkeit gemäß § 223 I. Es bestünde lediglich die Möglichkeit der Strafmilderung nach § 17 S. 2.

Sämtliche übrigen Ansichten haben dagegen übereinstimmend zur Folge, dass eine Strafbarkeit wegen vorsätzlicher Begehung – unabhängig von der Frage der Vermeidbarkeit des Irrtums – ausscheidet.

Die strenge Schuldtheorie vermag nicht zu überzeugen. Sie behandelt den Erlaubnistatbestandsirrtum wie einen Fehler in der rechtlichen Bewertung, obwohl es sich doch um einen reinen Wahrnehmungsmangel handelt. Der Täter befindet sich beim Erlaubnistatbestandsirrtum mit der gesetzgeberischen Wertung über Recht und Unrecht im Einklang, er handelt – wenn man so will – an sich rechtstreu.

Vor diesem Hintergrund überzeugt auch das von den Vertretern der strengen Schuldtheorie ins Feld geführte Argument nicht, es entstünden bei fehlender Strafbarkeit der fahrlässigen Begehung (§§ 16 I 2, 15) unerwünschte Strafbarkeitslücken. Wegen des geschilderten entscheidenden Unterschieds zwischen Erlaubnisirrtum und Erlaubnistatbestandsirrtum handelt es sich insoweit gerade nicht um eine ungewollte oder gar unerträgliche Strafbarkeitslücke.

Eine Entscheidung zwischen den nach Ablehnung der strengen Schuldtheorie verbleibenden Theorien erübrigt sich, weil sie übereinstimmend – sei es auch nur unter analoger Anwendung des § 16 I 1 – zur Ablehnung einer Strafbarkeit nach § 223 I führen.

IV. N hat sich nicht gemäß § 223 I strafbar gemacht.

Fazit

1. Nun endlich der legendäre ***Erlaubnistatbestandsirrtum***. Seine Behandlung ist einer der absoluten Oberklassiker des Strafrechts. Es handelt sich um eine der wenigen Meinungsstreitigkeiten, bei denen wir eine Benennung der einzelnen „Theorien“ für ratsam halten (vgl. Seite 29).

Die Konstellation des Ausgangsfalls wird übrigens auch als ***Putativnotwehr***, bezeichnet, was in etwa „vermeintliche Notwehr“ bedeutet.

2. Der Erlaubnistatbestandsirrtum stellt euch zunächst einmal vor erhebliche ***Aufbauprobleme***. Je nach Ansicht wird er an unterschiedlichen Stellen geprüft.

Man kann auf die Idee kommen, die ganze Geschichte schon im subjektiven Tatbestand aufzurollen. Das hat aber den entscheidenden Nachteil, dass die Prüfung der Rechtswidrigkeit (hypothetisch) vorgezogen werden muss, was dem System der ganz h.M. völlig widerspricht. Auf der Ebene der Rechtswidrigkeit (wenn man so weit kommt) muss dann nach oben verwiesen werden, um schließlich bis zur Schuld vorzudringen.

Unsere Aufbauvariante ist zwar auch nicht frei von Widersprüchen, hat aber mehr für sich.

Fangen wir mit dem Problematischen an: Unsere knappe Bejahung des Vorsatzes im subjektiven Tatbestand ist nach der ***Lehre von den negativen Tatbestandsmerkmalen*** und der ***modifizierte***n ***Vorsatztheorie*** nicht korrekt. Damit deuten wir an, dass wir diese Theorien ablehnen würden, käme es auf eine Entscheidung an.

Und schon sind wir beim entscheidenden Vorzug des von uns vorgeschlagenen Aufbaus. Wie hoffentlich in der Fall-Lösung deutlich geworden ist, kommt letztlich – wenn überhaupt (Vermeidbarkeit!) – nur die ***strenge Schuldtheorie*** zur Bestrafung wegen vorsätzlicher Begehung. Nach allen anderen Theorien (insbesondere auch den beiden Varianten der eingeschränkten Schuldtheorie) bleibt es allenfalls bei einer Bestrafung wegen fahrlässiger Begehung (vgl. §§ 16 I 2, 15).

Wer aber die Prüfung schon im subjektiven Tatbestand bringt, muss sich dort zwangsläufig für oder gegen die Lehre von den negativen Tatbestandsmerkmalen bzw. die Vorsatztheorie entscheiden. Diese Entscheidung ist aber für das Endergebnis gerade nicht nötig. Man verstößt damit also gegen das Prinzip, nie mehr zu entscheiden als unbedingt nötig (vgl. abermals Seite 27).

Diesen Verstoß könnt ihr euch vor allem deshalb verkneifen, weil die Lehre von den negativen Tatbestandsmerkmalen und erst recht die modifizierte Vorsatztheorie nur sehr vereinzelt vertreten werden. Die eigentliche Musik spielt klar bei den Schuldtheorien.

3. Nochmals zur Verdeutlichung des Aufbaus und der ***Entscheidungsrelevanz***:

Nur wenn der Erlaubnistatbestandsirrtum vermeidbar war, muss man sich wegen unterschiedlicher Ergebnisse für oder gegen die strenge Schuldtheorie (Anwendung des § 17) entscheiden. War der Irrtum hingegen unvermeidbar, kommt selbst die strenge Schuldtheorie über § 17 S. 1 zur Verneinung der Strafbarkeit. Ein Beispiel für einen unvermeidbaren Irrtum bietet Fall 43 in Die Fälle – Schuldrecht BT 2.

Alle anderen Theorien unterscheiden sich im Ergebnis ohnehin nicht. Unserer Ansicht nach sprechen deutlich bessere Argumente gegen die strenge Schuldtheorie (siehe Lösungsskizze und Formulierungsvorschlag).

Fall 20

Der schreckhafte S wird auf der Straße von T durch Schläge attackiert. Zu seiner eigenen Verwunderung gelingt es S jedoch, T mit einem Verzweiflungsschlag an die Schläfe niederzustrecken. T liegt bewusstlos am Boden, was S auch erkennt. Trotzdem tritt er in Panik unablässig auf den regungslosen T ein.

Frage: Hat sich S durch die Tritte gemäß § 223 I strafbar gemacht ?

Lösungsskizze Fall 20

- Strafbarkeit des S durch die Tritte gemäß § 223 I ?

I. Tatbestand

1. Objektiver Tatbestand

a. eine andere Person ? (+)

b. körperliche Misshandlung, § 223 I Var. 1 ? (+)

c. also: objektiver Tatbestand (+)

2. Subjektiver Tatbestand

- Vorsatz ? (+)

3. also: Tatbestand (+)

II. Rechtswidrigkeit

1. Rechtfertigung gemäß § 32

a. gegenwärtiger rechtswidriger Angriff ?

aa. Angriff ?

= jede von einem Menschen ausgehende Bedrohung rechtlich geschützter Interessen

HIER (+) → von T ging zumindest ursprünglich eine Bedrohung der körperlichen Unversehrtheit aus

bb. gegenwärtig ?

= Beeinträchtigung des Rechtsguts unmittelbar bevorstehend, gerade stattfindend oder noch fortdauernd

HIER (–) → der Angriff dauerte nicht mehr fort; die mit dem Angriff verbundene Gefahr war angesichts der Bewusstlosigkeit des T bereits endgültig beseitigt

cc. also: gegenwärtiger rechtswidriger Angriff (–)

b. also: Rechtfertigung gemäß § 32 (–)

2. <u>also</u>: Rechtswidrigkeit **(+)**

III. Schuld

1. Schuldfähigkeit **(+)**

2. Unrechtsbewusstsein **(+)**

3. Fehlen von Entschuldigungsgründen

a. Entschuldigung gemäß § 33 ?

aa. Überschreiten der Grenzen der Notwehr ?

= Überschreiten des Maßes der erforderlichen Verteidigung bei bestehender Notwehrlage (nur sogenannter intensiver Notwehrexzess / a.A. gut vertretbar)

HIER (–) → es bestand keine Notwehrlage mehr; S hat getreten, obwohl der Angriff nicht mehr gegenwärtig war; er hat die zeitlichen Grenzen der Notwehr überschritten (sogenannter extensiver Notwehrexzess); von § 33 ist aber nur der intensive Notwehrexzess (siehe Definition / a.A. gut vertretbar) erfasst; dies legt schon der Wortlaut nahe; die Grenzen des Notwehrrechts können nicht überschritten werden, wenn dieses Recht schon im Ansatz nicht mehr besteht; die Anwendung des § 33 auf den extensiven Notwehrexzess liefe darauf hinaus, dass bereits Verwirrung, Furcht oder Schrecken für sich genommen zur Straffreiheit führten; das aber widerspricht der Entscheidung des Gesetzgebers, mag auch der extensive Notwehrexzess genauso naheliegend und verzeihlich sein, wie der intensive Notwehrexzess, der im Einzelfall sogar weitreichendere Folgen haben kann

bb. <u>also</u>: Entschuldigung gemäß § 33 **(–)**

b. <u>also</u>: Fehlen von Entschuldigungsgründen **(+)**

4. <u>also</u>: Schuld **(+)**

IV. Ergebnis:

Strafbarkeit des S durch die Tritte gemäß § 223 I (+); Verfolgung aber gemäß § 230 I 1 nur auf Antrag, wenn nicht die Staatsanwaltschaft ein besonderes öffentliches Interesse bejaht

Formulierungsvorschlag Fall 20

- Strafbarkeit des S durch die Tritte gemäß § 223 I

S könnte sich durch die Tritte gemäß § 223 I strafbar gemacht haben.

I. Er hat durch diese Handlung eine andere Person – nämlich T – vorsätzlich zumindest körperlich misshandelt.

II. Die Tat müsste rechtswidrig geschehen sein.

Möglicherweise war sie gemäß § 32 gerechtfertigt.

Dazu müsste ein zum Tatzeitpunkt gegenwärtiger rechtswidriger Angriff vorgelegen haben.

Ein Angriff ist jede von einem Menschen ausgehende Bedrohung rechtlich geschützter Interessen.

Zumindest ursprünglich ging von T eine Bedrohung der körperlichen Unversehrtheit des S aus.

Ein Angriff lag vor.

Er müsste zum Tatzeitpunkt noch gegenwärtig gewesen sein.

Gegenwärtigkeit bedeutet, dass die Beeinträchtigung des Rechtsguts unmittelbar bevorsteht, gerade stattfindet oder noch fortdauert.

Die mit dem Angriff verbundene Gefahr für S war aber angesichts der Bewusstlosigkeit des T bereits vor den Tritten endgültig beseitigt.

Der Angriff war zum Tatzeitpunkt nicht mehr gegenwärtig.

Die Tat war damit nicht gemäß § 32 gerechtfertigt.

Sie geschah rechtswidrig.

III. S müsste schuldhaft gehandelt haben.

Er war schuldfähig und hatte Unrechtsbewusstsein.

S könnte aber gemäß § 33 entschuldigt sein.

Möglicherweise hat er die Grenzen der Notwehr im Sinne dieser Norm überschritten.

Eine Überschreitung der Grenzen der Notwehr liegt jedenfalls beim sogenannten intensiven Notwehrexzess vor, wenn nämlich der Täter bei bestehender Notwehrlage das Maß der Erforderlichkeit überschreitet.

Zum Tatzeitpunkt bestand jedoch wie gezeigt gerade keine Notwehrlage mehr. S hat die zeitlichen Grenzen der Notwehr überschritten und befand sich damit im sogenannten extensiven Notwehrexzess.

Für die Anwendbarkeit des § 33 auf den extensiven Notwehrexzess mögen Wertungsgesichtspunkte sprechen. Der extensive Notwehrexzess kann durchaus ähnlich naheliegend und verzeihlich sein wie der intensive Notwehrexzess. Es ist auch nicht von der Hand zu weisen, dass der intensive Notwehrexzess im Einzelfall sogar die weitreichenderen Folgen für das Opfer haben kann.

Gleichwohl sprechen die besseren Argumente für eine Beschränkung des § 33 auf den intensiven Notwehrexzess.

Dies legt bereits der Wortlaut der Vorschrift nahe. Die Grenzen des Notwehrrechts können schon begrifflich nicht überschritten werden, wenn dieses Recht schon vom Ansatz her nicht mehr besteht.

Auch liefe die Anwendung des § 33 auf den extensiven Notwehrexzess darauf hinaus, dass bereits Verwirrung, Furcht oder Schrecken für sich genommen zur Straffreiheit führten. Das aber widerspricht der Entscheidung des Gesetzgebers, der gezielt zusätzlich das Erfordernis einer Überschreitung der Grenzen der Notwehr in § 33 festgelegt hat.

Der extensive Notwehrexzess ist danach nicht von § 33 erfasst.

S war nicht gemäß § 33 entschuldigt.

Er handelte schuldhaft.

IV. S hat sich durch die Tritte gemäß § 223 I strafbar gemacht. Die Tat wird allerdings gemäß § 230 I 1 nur auf Antrag verfolgt, wenn nicht die Staatsanwaltschaft ein besonderes öffentliches Interesse bejaht.

Fazit

1. ***§ 32*** war natürlich kurz anzuprüfen, ein ***gegenwärtiger*** (rechtswidriger) Angriff und damit eine Notwehrlage war aber im Ergebnis eindeutig nicht gegeben.

2. Auf der Schuldebene war das ***Unrechtsbewusstsein*** hier sinnvollerweise nur kurz festzustellen. S hatte die Bewusstlosigkeit des T und damit den definitiv zur Beendigung der Notwehrlage führenden Umstand erkannt. Damit war ein Erlaubnistatbestandsirrtum ausgeschlossen. Ein indirekter Verbotsirrtum in Form des Erlaubnisirrtums (§ 17) war zwar von der Situation her nicht unbedingt fernliegend, der Sachverhalt enthielt dazu aber keinerlei Anhaltspunkte. Jegliche Ausführungen dazu wären also spekulativ gewesen.

3. Es kam allein auf ***§ 33*** an. Der darin geregelte ***Notwehrexzess*** ist nach ganz h.M. (von der ihr getrost ausgehen könnt) ein Entschuldigungsgrund.

   Fallentscheidend war, ob § 33 neben dem ***intensiven Notwehrexzess*** auch den ***extensiven*** erfasst. Insbesondere die Rechtsprechung lehnt dies mit der von uns in den Vordergrund gestellten Begründung ab. Wer die Gegenansicht vertreten möchte, sollte die angesprochenen Wertungsgesichtspunkte noch weiter hervorheben und die Rechtsprechungsansicht als zu formalistisch „entlarven".

   Die allgemeine Relevanz des Problems wird dadurch abgeschwächt, dass vor allem die Rechtsprechung die Gegenwärtigkeit des Angriffs sehr weit ausdehnt. Der Angriff soll erst dann nicht mehr gegenwärtig sein, wenn – wie im Ausgangsfall – die damit verbundene Gefahr endgültig beseitigt ist.

   Es gibt eine differenzierende Auffassung, derzufolge zwar der nachzeitige extensive Notwehrexzess unter § 33 fallen soll, nicht aber der vorzeitige. Auch das kann man als überzeugend ansehen. Sicher spricht bei Taten, die begangen werden, bevor es mit der Notwehrlage überhaupt losgeht, deutlich mehr gegen § 33.

4. Der Täter muss die Grenzen der Notwehr aus Verwirrung, Furcht oder Schrecken überschreiten. Damit beschreibt § 33 die sogenannten ***asthenische*n *Affekte*** (Panik!). Im Gegensatz dazu stehen folgerichtig die sogenannten ***sthenische*n *Affekte*** der Stärke wie Wut oder gar Hass. Sie führen nicht zur Entschuldigung nach § 33.

Nach h.M. gilt § 33 auch bei ***bewusste*r *Notwehrüberschreitung***.

Wie schon an anderer Stelle erwähnt, ist schließlich noch streitig und problematisch, ob dem Täter auch im Fall der ***Notwehrprovokation*** § 33 zugute kommen kann. Das wird zu bejahen sein, wenn sich der Täter nicht planmäßig auf die Auseinandersetzung eingelassen hat.

5. Sagt euch der Begriff ***Putativnotwehrexzess*** etwas? Nun, was Putativnotwehr ist, haben wir schon in Fall 19 demonstriert (siehe dort auch Fazit 1. a.E.). Bei der Putativnotwehr handelt es sich um einen Erlaubnistatbestandsirrtum. Beim Putativnotwehrexzess wird nun noch einer draufgesetzt: Der Täter irrt sich nicht nur im Tatsächlichen über das Vorliegen der Voraussetzungen der Notwehrlage, er irrt sich zudem noch in rechtlicher Hinsicht über die Grenzen des Erlaubten. Wir haben es dann also mit einer ***Kombination aus Erlaubnistatbestandsirrtum und indirektem Verbotsirrtum*** in Form des Erlaubnisirrtums zu tun.

Wie geht man damit um? Jedenfalls im Prinzip wird man die Sache wie einen Erlaubnisirrtum zu behandeln haben und damit § 17 anwenden müssen. Es kommt dann nach § 17 S. 1 wieder auf die Vermeidbarkeit des Irrtums an. Grund: Der Täter darf nicht besser stehen, als er stünde, wenn seine Fehlvorstellung im Tatsachenbereich zuträfe. Dann nämlich wäre es ein reiner Erlaubnisirrtum, der routinemäßig über § 17 läuft.

Es kann aber auch beim Putativnotwehrexzess durchaus sein, dass der Täter sich aus Furcht, Verwirrung oder Schrecken irrt. Für diesen Fall wird die Ansicht vertreten, § 33 sei analog anzuwenden. Dabei wird argumentativ auf die wiederum analoge Anwendung des § 35 II 1 abgestellt. Die h.M. hält dagegen wie beim Problem unseres Ausgangsfalls gnadenlos daran fest, dass § 33 zwingend eine objektive Notwehrlage voraussetzt, an der es ja gerade fehlt.

Das alles ist zugegebenermaßen ziemlich spitzfindig. Aber so ist es eben, das Strafrecht. Deswegen wird es geliebt oder gehasst.

Fall 21

Die Holzsegelyacht „Schnarchtaube“ stößt nachts in deutschen Küstengewässern mit einem verirrten Wal zusammen und sinkt in so kurzer Zeit, dass die Besatzung die Rettungsinsel nicht mehr aktivieren kann. T und O gelingt es jedoch, sich an eine zerborstene Schiffsplanke zu klammern, die auf der Wasseroberfläche treibt. Schnell stellt sich heraus, dass die Planke nur eine Person tragen kann. Der körperlich überlegene T sieht daher die einzige Chance zum Überleben darin, O von der Planke in den sicheren Tod zu stoßen. So geschieht es. O ertrinkt, T wird nach einigen Tagen vom spanischen Frachter „Esperanza“ aufgefischt und überlebt.

Frage: Hat sich T gemäß § 212 I strafbar gemacht ?
Von der Geltung deutschen Strafrechts ist auszugehen.

Lösungsskizze Fall 21

- Strafbarkeit des T gemäß § 212 I ?

I. Tatbestand

1. Objektiver Tatbestand

a. ein anderer Mensch ? **(+)**

b. Töten ? **(+)**

c. also: objektiver Tatbestand **(+)**

2. Subjektiver Tatbestand

- Vorsatz ? **(+)**

3. also: Tatbestand **(+)**

II. Rechtswidrigkeit

1. Rechtfertigung gemäß § 34

a. gegenwärtige Gefahr für ein (beliebiges) Rechtsgut ? **(+)**

b. erforderliche Beeinträchtigung eines anderen Rechtsguts ?

aa. Beeinträchtigung eines anderen Rechtsguts ? **(+)**

bb. Erforderlichkeit ?
= kein milderes und gleich geeignetes Mittel

HIER (+) → ein milderes und gleich geeignetes Mittel stand T zur Rettung seines eigenen Lebens nicht zur Verfügung

cc. also: erforderliche Beeinträchtigung eines anderen Rechtsguts **(+)**

c. wesentliches Überwiegen des geschützten Interesses ?
= eindeutiges Überwiegen des geschützten Interesses gegenüber dem beeinträchtigten als Ergebnis einer Gesamtabwägung

HIER (–) → wegen des absoluten Schutzes des höchstrangigen Rechtsguts „Leben" kann das geschützte Interesse das beeinträchtigte bei einer Tötung nicht (eindeutig) überwiegen

***d. also: Rechtfertigung gemäß § 34* (–)**

***2. also: Rechtswidrigkeit* (+)**

III. Schuld

***1. Schuldfähigkeit* (+)**

***2. Unrechtsbewusstsein* (+)**

3. Fehlen von Entschuldigungsgründen

a. Entschuldigung gemäß § 35 I 1 ?

***aa. gegenwärtige Gefahr für (hier) das Leben (hier) des Täters ?* (+)**

bb. erforderliche Beeinträchtigung eines anderen Rechtsguts ?

***- Beeinträchtigung eines anderen Rechtsguts ?* (+)**

- Erforderlichkeit ?
= das mildeste aller geeigneten Mitteln

HIER (+) → zur Rettung seines eigenen Lebens stand T ausschließlich die Tathandlung zur Verfügung; ein anderes geeignetes Mittel kam nicht in Betracht

***- also: erforderliche Beeinträchtigung eines anderen Rechtsguts* (+)**

cc. subjektives Entschuldigungselement ?
= Kenntnis der Notstandslage und Wille zur Gefahrabwehr

HIER (+) → T handelte gezielt zur Rettung seines Lebens und in Kenntnis der Notstandslage

***dd. Hinnahme der Gefahr nicht gemäß § 35 I 2 den Umständen nach zumutbar ?* (+)**

***ee. also: Entschuldigung gemäß § 35 I 1* (+)**

***b. also: Fehlen von Entschuldigungsgründen* (–)**

***4. also: Schuld* (–)**

IV. Ergebnis:

Strafbarkeit des T gemäß § 212 I (–)

Formulierungsvorschlag Fall 21

- Strafbarkeit des T gemäß § 212 I

T könnte sich dadurch, dass er O von der Planke gestoßen hat, gemäß § 212 I strafbar gemacht haben.

I. Er hat durch diese Handlung einen anderen Menschen – nämlich O – vorsätzlich getötet.

II. Die Tat müsste rechtswidrig geschehen sein.

Es könnte eine Rechtfertigung gemäß § 34 gegeben sein.

Es bestand eine gegenwärtige Gefahr für das Leben des T.

Die Beeinträchtigung des anderen Rechtsguts, also die Tathandlung, müsste erforderlich gewesen sein.

Erforderlich ist die Tathandlung bei § 34, wenn kein milderes und gleich geeignetes Mittel zur Verfügung steht, um die Gefahr abzuwenden.

T konnte sein Leben nur dadurch retten, dass er O von der Planke stieß. Ein milderes und gleich geeignetes Mittel stand dafür nicht zur Verfügung.

Mithin war die Tathandlung erforderlich.

Das geschützte Interesse müsste das beeinträchtigte wesentlich überwiegen.

Das ist nur der Fall, wenn das geschützte Interesse das beeinträchtigte als Ergebnis einer Gesamtabwägung eindeutig überwiegt. Ein quantitativ großes Wertgefälle ist aber nicht notwendig.

Allerdings genießt das Leben als höchstrangiges Rechtsgut absoluten Schutz. Bei einer Tötung kann deshalb das geschützte Interesse das beeinträchtigte nicht eindeutig und damit wesentlich überwiegen.

Das für § 34 notwendige wesentliche Überwiegen des geschützten Interesses liegt also nicht vor.

Die Tat war nicht gemäß § 34 gerechtfertigt.

Sie geschah rechtswidrig.

III. T müsste schuldhaft gehandelt haben.

Er war schuldfähig und hatte Unrechtsbewusstsein.

Er könnte aber gemäß § 35 I 1 entschuldigt sein.

Es bestand eine gegenwärtige Gefahr für das Leben des T.

Die mit der Tathandlung verbundene Beeinträchtigung des anderen Rechtsguts müsste wiederum erforderlich gewesen sein.

Damit ist bei § 35 I 1 in gradueller Abweichung vom entsprechenden Merkmal des § 34 gemeint, dass der Täter das mildeste aller geeigneten Mittel einsetzen muss.

Ein geeignetes Alternativmittel stand T zur Rettung seines Lebens nicht zur Verfügung.

Die Tathandlung war also auch im Sinne des § 35 I 1 erforderlich.

Es müsste weiter das sogenannte subjektive Entschuldigungselement gegeben sein.

T müsste in Kenntnis der Notstandslage und mit dem Willen zur Gefahrabwehr gehandelt haben.

Er hat bewusst und gezielt zur Rettung seines eigenen Lebens in Kenntnis der Situation gehandelt.

Das subjektive Entschuldigungselement ist folglich ebenfalls gegeben.

Die Hinnahme der Gefahr war T auch nicht ausnahmsweise nach Maßgabe des § 35 I 2 zumutbar.

T war nach § 35 I 1 entschuldigt.

Er handelte nicht schuldhaft.

IV. T hat sich dadurch, dass er O von der Planke gestoßen hat, nicht gemäß § 212 I strafbar gemacht.

Fazit

1. Ein Fall des ***entschuldigenden Notstands***, den ähnlich schon der griechische Philosoph Karneades gebildet hatte. Deswegen trägt die Fallgestaltung auch das Etikett „Brett des Karneades". Etwaige Zweifel an der Geltung deutschen Strafrechts (vgl. §§ 3 ff) haben wir durch die Zusatzanmerkung im Keim erstickt. Zumindest die Dreimeilenzone im Küstenbereich zählt noch zum Inland.

2. ***Rechtfertigender Notstand*** nach ***§ 34*** und ***entschuldigender Notstand*** nach ***§ 35 I 1*** haben als Rechtsfolge gemeinsam, dass der Täter straflos ausgeht. Es ergeben sich aber auch wichtige systematische Unterschiede: Der (nur) entschuldigte Täter greift rechtswidrig an, sodass Notwehr gegen seine Tathandlung geübt werden kann. Die (nur) entschuldigte Tat bleibt auch teilnahmefähig (§§ 26, 27), es handelt sich schließlich für den Teilnehmer um eine vorsätzliche rechtswidrige Haupttat.

§ 35 I 1 soll ***existenzbedrohende besondere Konfliktsituationen*** erfassen. Er ist teils wesentlich enger, teils aber auch deutlich weiter formuliert als § 34. Es sind nämlich einerseits nur bestimmte elementare Rechtsgüter bestimmter Rechtsgutsträger erfasst, andererseits treten im Vergleich zu § 34 Verhältnismäßigkeitserwägungen sehr stark in den Hintergrund.

3. Zu den nach § 35 I 1 notstandsfähigen Rechtsgütern: Mit „***Leben***" ist nach h.M. auch das ungeborene Leben gemeint. Beim Rechtsgut „***Leib***" ist dem geschilderten Normzweck entsprechend die Gefahr erheblicher Verletzungen erforderlich. Mit „***Freiheit***" ist jedenfalls die körperliche Bewegungsfreiheit (§ 239 I) gemeint, auf keinen Fall die bloße allgemeine Handlungs- und Entscheidungsfreiheit (§ 240 I). Streitig ist, ob auch die Freiheit zur sexuellen Selbstbestimmung unter § 35 I 1 fällt.

4. Als ***Rechtsgutsträger*** kommen neben dem Täter selbst dessen Angehörige oder andere ihm nahestehende Personen in Betracht. Wisst ihr, wer Angehöriger ist? Das Gesetz gibt in § 11 I Nr. 1 die Antwort! Andere Personen müssen dermaßen nahestehen, dass die Zwangslage des Täters mit der bei Bedrohung von Angehörigen vergleichbar ist.

5. Ihr habt hoffentlich gemerkt, dass das Merkmal der ***Erforderlichkeit*** (Gesetzesformulierung: „nicht anders abwendbar") bei § 35 I 1 enger ausgelegt wird als bei § 34. Beim entschuldigenden Notstand geht es nicht nur um das relativ mildeste Mittel. Vielmehr muss der Täter unter mehreren (überhaupt) geeigneten Mitteln das (absolut) mildeste auswählen.

6. Parallel zu den Rechtfertigungsgründen muss auch bei § 35 I 1 das ***subjektive Entschuldigungselement*** gegeben sein, wie sich schon aus dem Wortlaut ergibt („um").

7. Ausnahmsweise kann der Täter die Gefahr nach ***§ 35 I 2*** als zumutbar hinzunehmen haben. Beispielhaft werden die beiden wesentlichen Fallgruppen in § 35 I 2 genannt. Als zumutbar wird die Hinnahme der Gefahr darüber hinaus auch bei einem außergewöhnlichen Missverhältnis zwischen der Schwere der Gefahr und der rechtswidrigen Notstandstat angesehen.

   Für all dieses gab der Sachverhalt keine Anhaltspunkte. Deshalb war § 35 I 2 in einem feststellenden Satz abzuhandeln.

8. Achtet auf die ***besondere Irrtumsregelung*** in ***§ 35 II 1***. Erfasst ist die Fehlvorstellung über Tatsachen, bei deren Vorliegen eine Entschuldigung gegeben wäre. Dann kommt es auf Vermeidbarkeit an. Die h.M. sieht in § 35 II eine allgemein auch auf andere rechtlich anerkannte Entschuldigungsgründe entsprechend anzuwendende Vorschrift (siehe aber zum Putativnotwehrexzess Fall 20, Fazit 5.).

   Ein Irrtum über die rechtliche Tragweite eines anerkannten Entschuldigungsgrundes ist ebenso unbeachtlich wie der rechtsirrige Glaube an einen nicht anerkannten Entschuldigungsgrund.

Täterschaft und Teilnahme

Fall 22

Bei der Bundeswehr vertreibt man sich die Zeit mit lustigen Spielchen. A überredet B dazu, dem allgemein unbeliebten Spieß S zum Schein in den Fuß zu schießen. A gibt B ein Gewehr und sagt augenzwinkernd: „Das Ding ist natürlich nicht geladen!" In Wahrheit handelt es sich um eine scharfe Waffe, was A bewusst ist. Der gutgläubige B setzt den Plan in die Tat um und ist erschreckt, als sich beim Betätigen des Abzugs ein Schuss löst und S in den Fuß trifft.

Frage: Haben sich B und/oder A gemäß §§ 223 I, 224 I Nr. 2 strafbar gemacht ?

Lösungsskizze Fall 22

- Strafbarkeit des B gemäß §§ 223 I, 224 I Nr. 2 ?

I. Tatbestand

1. Tatbestand § 223 I

a. Objektiver Tatbestand

aa. eine andere Person ? (+)

bb. körperliche Misshandlung, § 223 I Var. 1 ? (+)

cc. Gesundheitsschädigung, § 223 I Var. 2 ? (+)

dd. also: objektiver Tatbestand (+)

b. Subjektiver Tatbestand

- Vorsatz ?

= Wissen und Wollen der Tatbestandsverwirklichung

HIER (–) → B ging irrig davon aus, das Gewehr sei nicht geladen; er wusste nicht, dass sich tatsächlich ein Schuss löst; B handelte nicht vorsätzlich, § 16 I 1

c. also: Tatbestand § 223 I (–)

2. also: Tatbestand (–)

II. Ergebnis:

Strafbarkeit des B gemäß §§ 223 I, 224 I Nr. 2 (–)

- Strafbarkeit des A gemäß §§ 223 I, 224 I Nr. 2, 25 I Alt. 2 ?

I. Tatbestand

1. Tatbestand §§ 223 I, 25 I Alt. 2

a. Objektiver Tatbestand
= Körperverletzung durch einen anderen

aa. eine andere Person ? (+)

bb. körperliche Misshandlung, § 223 I Var. 1, durch einen anderen ?

HIER (+) → nicht A selbst, sondern B hat S körperlich misshandelt (s.o.); A hatte aber den tatbestandsmäßigen Geschehensablauf in Händen; er hatte Tatherrschaft kraft überlegenen Wissens und Wollens

cc. Gesundheitsschädigung, § 223 I Var. 2, durch einen anderen ? (+) → s.o.

dd. <u>also</u>: objektiver Tatbestand (+)

b. Subjektiver Tatbestand

- Vorsatz ?
= Wissen und Wollen der Tatbestandsverwirklichung

HIER (+) → das Wissen und Wollen des A erstreckte sich sowohl auf die Verwirklichung des objektiven Tatbestands durch B als auch auf die eigene Tatherrschaft (Werkzeugqualität des B)

c. <u>also</u>: Tatbestand §§ 223 I, 25 I Alt. 2 (+)

2. Tatbestand §§ 224 I Nr. 2, 25 I Alt. 2

a. Objektiver Tatbestand

aa. Körperverletzung durch einen anderen mittels eines gefährlichen Werkzeugs ? (+)

bb. <u>also</u>: objektiver Tatbestand (+)

b. Subjektiver Tatbestand

- Vorsatz ? (+) → s.o.

c. <u>also</u>: Tatbestand §§ 224 I Nr. 2, 25 I Alt. 2 (+)

3. <u>also</u>: Tatbestand (+)

II. Rechtswidrigkeit (+)

III. Schuld (+)

IV. Ergebnis:

Strafbarkeit des A gemäß §§ 223 I, 224 I Nr. 2, 25 I Alt. 2 (+)

- Gesamtergebnis:

Strafbarkeit des B gemäß §§ 223 I, 224 I Nr. 2 (–); Strafbarkeit des A gemäß §§ 223 I, 224 I Nr. 2, 25 I Alt. 2 (+)

Formulierungsvorschlag Fall 22

- Strafbarkeit des B gemäß §§ 223 I, 224 I Nr. 2

B könnte sich durch den Schuss gemäß §§ 223 I, 224 I Nr. 2 strafbar gemacht haben.

I. Er hat durch diese Handlung eine andere Person – nämlich S – körperlich misshandelt und an der Gesundheit geschädigt.

B müsste vorsätzlich gehandelt haben.

Vorsatz bedeutet Wissen und Wollen der Tatbestandsverwirklichung.

B könnte sich in einem vorsatzausschließenden Tatbestandsirrtum nach § 16 I 1 befunden haben.

Er wusste nicht, dass die Waffe geladen war. Er ging vielmehr entsprechend den Angaben des A irrig vom Gegenteil aus. B war insoweit gutgläubig.

Er wusste nichts von der Tatbestandsverwirklichung und befand sich damit in einem vorsatzausschließenden Tatbestandsirrtum nach § 16 I 1.

B handelte nicht vorsätzlich.

II. Er hat sich durch den Schuss folglich nicht gemäß §§ 223 I, 224 I Nr. 2 strafbar gemacht.

- Strafbarkeit des A gemäß §§ 223 I, 224 I Nr. 2, 25 I Alt. 2

Möglicherweise hat sich A kraft überlegenen Wissens und Wollens gemäß §§ 223 I, 224 I Nr. 2, 25 I Alt. 2 strafbar gemacht.

I. Er müsste dazu die Tat durch B begangen haben.

Für die Begehung in mittelbarer Täterschaft ist Tatherrschaft erforderlich. A müsste den tatbestandsmäßigen Geschehensablauf in Händen gehalten haben.

B hat die Körperverletzung objektiv tatbestandsmäßig im Sinne des § 223 I begangen. Ihm fehlte aber wie gezeigt der entsprechende Vorsatz.

Diesen Irrtum hat A aber absichtlich erzeugt. A hatte überlegenes Wissen und darauf basierendes Wollen. Er hielt von daher den tatbestandsmäßigen Geschehensablauf in Händen und hatte mithin Tatherrschaft.

A hat die Tat durch B begangen.

Er handelte vorsätzlich sowohl hinsichtlich der Tatausführung des B als auch hinsichtlich seiner eigenen Tatherrschaft.

Die Körperverletzung hat B mittels einer Waffe, also mittels eines in § 224 I Nr. 2 beispielhaft aufgeführten gefährlichen Werkzeugs, ausgeführt.

Auch darauf bezog sich der Vorsatz des A.

II. Die Tat geschah rechtswidrig.

III. A handelte schuldhaft.

IV. Er hat sich kraft überlegenen Wissens und Wollens gemäß §§ 223 I, 224 I Nr. 2, 25 I Alt. 2 strafbar gemacht.

- Gesamtergebnis

B hat sich durch den Schuss nicht gemäß §§ 223 I, 224 I Nr. 2 strafbar gemacht.

A hat sich jedoch gemäß §§ 223 I, 224 I Nr. 2, 25 I Alt. 2 strafbar gemacht.

Fazit

1. Das war der Einstieg zu Täterschaft und Teilnahme (Oberbegriff: Beteiligung, vgl. § 28 II).

Bislang hattet ihr es immer mit ***unmittelbare***r ***Alleintäterschaft*** (§ 25 I Alt. 1 / Handlungsherrschaft) zu tun. Diese unmittelbare Alleintäterschaft ist der Normalfall, weswegen § 25 I Alt. 1 üblicherweise nicht zitiert wird.

Nun sieht § 25 aber bekanntlich auch nicht ganz so selbstverständliche Formen der Täterschaft vor, nämlich die ***mittelbare Täterschaft*** (§ 25 I Alt. 2) und die ***Mittäterschaft*** (§ 25 II).

Nicht gesetzlich geregelt ist die sogenannte ***Nebentäterschaft***, die wir hier zunächst nur der Vollständigkeit halber erwähnen wollen.

Als ***Teilnehmer*** an einer (fremden) Tat ist beteiligt, wer ***Anstifter*** (§ 26) oder ***Gehilfe*** (§ 27) ist.

2. Zur ***Abgrenzung von Täterschaft und Teilnahme*** gibt es immer noch ***verschiedene Ansätze***, die sich jedoch im Ergebnis so gut wie nie unterscheiden. Es ist ein häufiger Fehler in Klausuren und vor allem in Hausarbeiten, dass die „Theorien“ – möglichst noch einschließlich längst nicht mehr ernsthaft vertretener Extremvarianten – ausgiebig und ohne Fallbezug breitgewalzt werden. Leider muss man feststellen, dass dazu einige missverständliche Publikationen verleiten.

Die Rechtsprechung geht rein methodisch nach wie vor von einem subjektiv orientierten Standpunkt aus und fragt, ob jemand die Tat als eigene will (sogenannter ***animus auctoris*** → Täter) oder ob jemand sich an einer für ihn fremden Tat beteiligen will (sogenannter ***animus socii*** → Teilnehmer).

Dagegen geht die in der Literatur ganz überwiegend vertretene ***Tatherrschaftslehre*** mehr von objektiven Kriterien aus und sieht als Täter denjenigen an, der das Geschehen steuernd beherrscht und damit die Zentralgestalt ist.

Die Tatherrschaftslehre hat die exakteren Maßstäbe für sich, kommt aber vor allem im Bereich der Mittäterschaft nicht um die entscheidende Einbeziehung subjektiver Gesichtspunkte herum.

Ganz wichtig ist, dass die ***Rechtsprechung*** seit geraumer Zeit faktisch eine fast vollständige Annäherung an die Tatherrschaftslehre vollzogen hat. Man nennt dies ***normative Kombinationslehre***.

Wir empfehlen euch für die Klausurpraxis, zumindest im unproblematischen Regelfall wie selbstverständlich von den Kriterien der Tatherrschaftslehre auszugehen.

Die gedachten Linien zwischen Täterschaft und Teilnahme verlaufen so, dass typischerweise einerseits die mittelbare Täterschaft von der Anstiftung, andererseits die Mittäterschaft von der Beihilfe abzugrenzen ist.

3. Bei bestimmten Tatbeständen kann schon wegen der Besonderheit des Delikts die Tätereigenschaft ausgeschlossen sein.

Bei sogenannten ***Sonderdelikte***n gehört zum Tatbestand die Sondereigenschaft des Täters. So kann sich nach § 203 I Nr. 1 (lesen!) nur jemand (als Täter) strafbar machen, der zum genannten Personenkreis zählt. Jeder andere kann von vornherein allenfalls Teilnehmer sein.

Ähnlich sieht es bei ***Pflichtdelikte***n aus. So kann etwa bei § 142 nur der Unfallbeteiligte Täter sein (vgl. § 142 V).

Schließlich gibt es noch sogenannte ***eigenhändige Delikte***. Auch hier kommt nicht jedermann als Täter infrage. Bei § 153 beispielsweise sind es nur Zeugen und Sachverständige.

4. Nun aber endlich konkret zur ***mittelbare***n ***Täterschaft***:

Charakteristisch ist, dass der Täter die Tat zwar nicht unmittelbar selbst ausführt, den ***Vordermann*** (Tatmittler) aber als eine Art ***Werkzeug*** benutzt. Der Tatmittler ist dabei tatsächlich oder rechtlich unterlegen. Die Tat stellt sich als „Werk“ des Hintermanns dar.

Sinnvollerweise prüft man die Strafbarkeit des (tatnäheren) Vordermanns zuerst. Er macht sich zumindest typischerweise nicht strafbar (zu Ausnahmen später). Wenn man sich über die Defizite des Vordermanns im Klaren ist, kann dann die mögliche mittelbare Täterschaft des Hintermanns ins Auge gefasst werden.

Die ***Unterlegenheit des Tatmittlers*** kann sich aus verschiedenen Gesichtspunkten ergeben.

Im Ausgangsfall handelte das Werkzeug (B) ***nicht tatbestandsmäßig***, weil nicht vorsätzlich (§ 16 I 1 → siehe schon Fall 3). Es ist übrigens nicht zwingende Voraussetzung, dass der Hintermann den Tatbestandsirrtum absichtlich herbeiführt. Schon die gezielte Ausnutzung eines vorhandenen Irrtums genügt.

Wie muss ein Fall aussehen, in dem die mittelbare Täterschaft darauf beruht, dass der Tatmittler schon den objektiven Tatbestand nicht erfüllt?

Ein Schulbeispiel: „T bringt den naiven O durch Täuschung dazu, eine Hochspannungsleitung anzufassen. O segnet das Zeitliche.“ Die Selbsttötung ist nicht strafbar, § 212 erfordert die Tötung eines anderen Menschen. Deswegen erfüllt O in unserem Beispiel schon nicht den objektiven Straftatbestand.

Das Werkzeug kann auch ***rechtmäßig*** (also nicht rechtswidrig) oder ***schuldlos*** handeln.

Worauf die Unterlegenheit des Tatmittlers auch immer beruht, beim Hintermann müssen alle Strafbarkeitsvoraussetzungen vorliegen.

Sein Vorsatz muss sich – wie in der Fallbearbeitung dargestellt – auch auf die Umstände beziehen, die zur Stellung als mittelbarer Täter führen. Mit anderen Worten: Dem mittelbaren Täter muss das Defizit des Tatmittlers bewusst sein. Überlegt euch schon jetzt einmal, wie Konstellationen zu behandeln sind, in denen das nicht der Fall ist.

5. Wer sich übrigens noch immer gefragt hat, weshalb wir bei § 224 I Nr. 2 nicht direkt unter „Waffe“ subsumiert haben, sollte einen Blick in Ziffer 2. des Fazits zu Fall 15 werfen.

Fall 23

Der miese M erfreut sich gerne am Leid anderer. Er begibt sich mit einer Schrotflinte zum friedliebenden F. M richtet die Flinte auf F und sagt: „Wenn du nicht deiner Oma (O) eine kräftige Ohrfeige verpasst, durchsiebe ich dich!" Dem verzweifelten F bleibt daher nichts anderes übrig, als dem Wunsch des M nachzukommen und O zu schlagen.

Frage: Haben sich F und/oder M gemäß § 223 I strafbar gemacht ?

Lösungsskizze Fall 23

- Strafbarkeit des F gemäß § 223 I ?

I. Tatbestand

1. Objektiver Tatbestand

a. eine andere Person ? (+)

b. körperliche Misshandlung, § 223 I Var. 1 ? (+)

c. <u>also</u>: objektiver Tatbestand (+)

2. Subjektiver Tatbestand

- Vorsatz ? (+)

3. <u>also</u>: Tatbestand (+)

II. Rechtswidrigkeit

1. Rechtfertigung gemäß § 34

a. gegenwärtige Gefahr für ein (beliebiges) Rechtsgut ?

HIER (+) → körperliche Unversehrtheit und Leben des F

b. erforderliche Beeinträchtigung eines anderen Rechtsguts ?

HIER (+) → körperliche Unversehrtheit der O

c. wesentliches Überwiegen des geschützten Interesses ?

= eindeutiges Überwiegen des geschützten Interesses gegenüber dem beeinträchtigten als Ergebnis einer Gesamtabwägung

HIER (−) → zwar spricht das Rangverhältnis der kollidierenden Rechtsgüter für ein Überwiegen des geschützten Interesses; der Täter begibt sich aber beim Nötigungsnotstand – wenn auch gezwungenermaßen – auf die Seite des Unrechts; er lässt sich zum „verlängerten Arm" des Nötigenden machen; nähme man ein wesentliches Überwiegen des beeinträchtigten Interesses an und käme so zu einer Rechtfertigung nach § 34, wäre dem

Angegriffenen gegenüber dem Genötigten eine nach § 32 rechtmäßige Verteidigung verwehrt; das aber kann selbst bei Bedrohung höchstpersönlicher Rechtsgüter des Genötigten nicht sachgerecht sein; die Fälle des Nötigungsnotstands sind damit im Ergebnis nur von § 35 I 1 erfasst (a.A. gut vertretbar)

d. also: Rechtfertigung gemäß § 34 **(–)**

2. also: Rechtswidrigkeit **(+)**

III. Schuld

1. Schuldfähigkeit **(+)**

2. Unrechtsbewusstsein **(+)**

3. Fehlen von Entschuldigungsgründen

a. Entschuldigung gemäß § 35 I 1 ?

aa. gegenwärtige Gefahr für (hier) Leib und Leben des (hier) Täters ? **(+)**

bb. erforderliche Beeinträchtigung eines anderen Rechtsguts ? **(+)**

cc. subjektives Entschuldigungselement ? **(+)**

dd. Hinnahme der Gefahr nicht gemäß § 35 I 2 den Umständen nach zumutbar ? **(+)**

ee. also: Entschuldigung gemäß § 35 I 1 **(+)**

b. also: Fehlen von Entschuldigungsgründen **(–)**

4. also: Schuld **(–)**

IV. Ergebnis:

Strafbarkeit des F gemäß § 223 I (–)

- Strafbarkeit des M gemäß §§ 223 I, 25 I Alt. 2 ?

I. Tatbestand

1. Objektiver Tatbestand

= Körperverletzung durch einen anderen

a. eine andere Person ? **(+)**

b. körperliche Misshandlung, § 223 I Var. 1, durch einen anderen ?

HIER (+) → F handelte zwar voll tatbestandsmäßig und auch rechtswidrig (a.A. vertretbar / s.o.); er handelte aber nicht schuldhaft; F war ein unfreies Werkzeug; er konnte sich aus der Notstandslage nur durch die von M bezweckte Tat befreien; M war die eigentliche Zentralgestalt des Geschehens und hatte damit Tatherrschaft

c. also: objektiver Tatbestand **(+)**

2. Subjektiver Tatbestand

- Vorsatz ?

= Wissen und Wollen der Tatbestandsverwirklichung

HIER (+) → das Wissen und Wollen des M erstreckte sich sowohl auf die unmittelbare Tatausführung durch F als auch auf die eigenen Tatherrschaft (Werkzeugqualität des F)

***3. <u>also</u>: Tatbestand* (+)**

***II. Rechtswidrigkeit* (+)**

***III. Schuld* (+)**

IV. Ergebnis:

Strafbarkeit des M gemäß §§ 223 I, 25 I Alt. 2 (+); Verfolgung aber gemäß § 230 I 1 nur auf Antrag, wenn nicht die Staatsanwaltschaft ein besonderes öffentliches Interesse bejaht

- Gesamtergebnis:

Strafbarkeit des F gemäß § 223 I (–); Strafbarkeit des M gemäß §§ 223 I, 25 I Alt. 2 (+); Verfolgung aber gemäß § 230 I 1 nur auf Antrag, wenn nicht die Staatsanwaltschaft ein besonderes öffentliches Interesse bejaht

Formulierungsvorschlag Fall 23

- Strafbarkeit des F gemäß § 223 I

F könnte sich durch den Schlag gemäß § 223 I strafbar gemacht haben.

I. Er hat durch diese Handlung eine andere Person – nämlich O – vorsätzlich körperlich misshandelt.

II. Die Tat müsste rechtswidrig geschehen sein.

In Betracht kommt eine Rechtfertigung gemäß § 34.

Angesichts der Drohung des M bestand eine gegenwärtige Gefahr für die körperliche Unversehrtheit und das Leben des F.

Die körperliche Beeinträchtigung der O durch die Ohrfeige war zur Abwendung dieser Gefahr erforderlich.

Das geschützte Interesse müsste gegenüber dem beeinträchtigten wesentlich überwiegen.

Damit ist ein eindeutiges, nicht notwendig quantitativ großes Wertgefälle als Ergebnis einer Gesamtabwägung gemeint.

Dabei spielt der Vergleich von beeinträchtigtem und gefährdetem Rechtsgut eine Rolle, muss aber nicht stets entscheidend sein.

Gegenüber der Lebensgefahr des F war die Ohrfeige eine relativ geringfügige Beeinträchtigung.

Trotz dieses Rangverhältnisses der kollidierenden Rechtsgüter bestehen Zweifel am wesentlichen Überwiegen des geschützten Interesses unter dem Gesichtspunkt, dass sich F durch die Tat – wenn auch gezwungenermaßen – auf die Seite des Unrechts begeben hat. Er hat sich notgedrungen zum „verlängerten Arm“ des M machen lassen.

Eine Rechtfertigung nach § 34 in dieser Konstellation des sogenannten Nötigungsnotstands hätte zur Folge, dass sich der Angegriffene nicht rechtmäßig nach § 32 gegenüber dem Genötigten verteidigen kann. Wäre die Tat des Genötigten gerechtfertigt, läge darin folgerichtig kein rechtswidriger Angriff im Sinne des § 32.

Dieses Ergebnis erschütterte aber das Vertrauen in die Geltungskraft der Rechtsordnung erheblich und wäre daher selbst bei Bedrohung höchstpersönlicher Rechtsgüter des Genötigten nicht sachgerecht. Zur erwünschten Straflosigkeit des Genötigten führt hingegen auch die Entschuldigung nach § 35 I 1, wobei dann das Notwehrrecht des Angegriffenen gewahrt bleibt.

Damit tritt in der Sondersituation des Nötigungsnotstands das Rangverhältnis der kollidierenden Rechtsgüter in den Hintergrund.

Das geschützte Interesse überwiegt das beeinträchtigte nicht erheblich und damit nicht wesentlich im Sinne des § 34.

Die Tat war nicht gemäß § 34 gerechtfertigt.

Sie geschah rechtswidrig.

III. F müsste schuldhaft gehandelt haben.

Er war schuldfähig und hatte Unrechtsbewusstsein.

Er könnte aber gemäß § 35 I 1 entschuldigt gewesen sein.

Es lag eine gegenwärtige Gefahr für Leib und Leben des F vor, zu deren Abwendung die Tat erforderlich war.

F handelte in Kenntnis der Notstandslage und mit dem Willen zur Gefahrabwehr.

Schließlich war die Hinnahme der Gefahr auch nicht ausnahmsweise nach Maßgabe des § 35 I 2 zumutbar.

F war somit gemäß § 35 I 1 entschuldigt.

Er handelte nicht schuldhaft.

IV. F hat sich durch den Schlag nicht gemäß § 223 I strafbar gemacht.

- Strafbarkeit des M gemäß §§ 223 I, 25 I Alt. 2

M könnte sich angesichts der gezielt herbeigeführten Zwangslage des F gemäß §§ 223 I, 25 I Alt. 2 strafbar gemacht haben.

I. Er müsste dazu die Tat durch F begangen haben.

Für die Begehung in mittelbarer Täterschaft ist Tatherrschaft erforderlich. M müsste den Geschehensablauf in Händen gehalten haben. Er müsste die Zentralgestalt des Geschehens gewesen sein.

F hat zwar voll tatbestandsmäßig und rechtswidrig, nicht jedoch schuldhaft gehandelt. Er konnte sich aus der von M herbeigeführten Notstandslage nur befreien, indem er die bezweckte Tat beging.

F war damit lediglich ein unfrei handelndes Werkzeug, während M das Geschehen in Händen hielt und die eigentliche Zentralgestalt war.

M hatte damit Tatherrschaft und hat die Tat durch F begangen.

Sein Vorsatz erstreckte sich auf die Tatausführung des F wie auch auf die eigene Tatherrschaft.

II. Die Tat geschah rechtswidrig.

III. M handelte schuldhaft.

IV. Er hat sich angesichts der von ihm absichtlich herbeigeführten Zwangslage des F gemäß §§ 223 I, 25 I Alt. 2 strafbar gemacht. Die Tat wird aber gemäß § 230 I 1 nur auf Antrag verfolgt, wenn nicht die Staatsanwaltschaft ein besonderes öffentliches Interesse bejaht.

- Gesamtergebnis

F hat sich nicht gemäß § 223 I strafbar gemacht.

M hat sich gemäß §§ 223 I, 25 I Alt. 2 strafbar gemacht. Die Tat wird gemäß § 230 I 1 nur auf Antrag verfolgt, wenn nicht die Staatsanwaltschaft ein besonderes öffentliches Interesse bejaht.

Fazit

1. Ihr merkt sicher, wie die Dinge miteinander zusammenhängen.

Wir haben hier den bereits oben (Fall 11, Fazit 6.) angesprochenen ***Nötigungsnotstand*** aufgegriffen. Die Straflosigkeit des bedauernswerten F lag auf der Hand. Die Frage war nur, ob die Tat (schon) nach § 34 gerechtfertigt war. Wer das wie wir mit der wohl h.M. verneint, kommt (nur) zur Entschuldigung nach § 35 I 1.

Es gibt zur Behandlung des Nötigungsnotstands wie angedeutet auch noch eine vermittelnde Auffassung, die eine Rechtfertigung nach § 34 bei Bedrohung höchstpersönlicher Güter des Genötigten akzeptiert. Solche höchstpersönlichen Rechtsgüter sind insbesondere Leib und Leben und insbesondere nicht materielle Güter wie Eigentum und Vermögen.

2. So oder so stand die mittelbare Täterschaft des M im Ergebnis außer Frage. F war ein ***unfrei handelndes Werkzeug***. Für die Situation des Ausgangsfalls ist die mittelbare Täterschaft anerkannt.

3. Macht euch unbedingt klar, dass im Falle eines nur nicht schuldhaft handelnden Werkzeugs strukturell auch Teilnahme in Betracht kommt, weil dann ja eine vorsätzliche rechtswidrige Haupttat vorliegt. Das genügt für §§ 26, 27. Eine schuldhaft begangene Haupttat ist nicht erforderlich (vgl. auch § 29).

Nun wird aber ganz überwiegend auch bei einem schuldunfähigen Vordermann (vgl. §§ 19, 20) mittelbare Täterschaft angenommen, weil die Tatherrschaft eben auch in ***rechtliche***r ***Überlegenheit*** bestehen kann.

4. Die Fallfrage beschränkte unsere Prüfung auf § 223 I. Wer will, kann ja einmal checken, wie sich M darüber hinaus strafbar gemacht hat. Wendet dabei die auf den Seiten 15 f beschriebene Methode zur Suche nach den Tatbeständen an.

Fall 24

Sektenführer S möchte den Kritiker K um die Ecke bringen, will sich dabei aber die Hände nicht schmutzig machen. Er beschwatzt seine naive Anhängerin A, der er von einer großen Bedrohung erzählt. Millionen unbescholtener Menschen kämen ums Leben, wenn nicht K dem launigen Gott „Sheba" geopfert werde. A sei deshalb berufen, K zu töten. A hat zunächst große Skrupel und auch Angst, sich strafbar zu machen. Nach weiterem Zureden des S denkt sie sich aber schließlich, die Tötung eines Einzelnen müsse zur Rettung so vieler dann doch ausnahmsweise erlaubt sein. A tötet K daher wunschgemäß.

Frage: Haben sich A und/oder S gemäß § 212 I strafbar gemacht ?

Lösungsskizze Fall 24

- Strafbarkeit der A gemäß § 212 I ?

I. Tatbestand

1. Objektiver Tatbestand

a. ein anderer Mensch ? **(+)**

b. Töten ? **(+)**

c. also: objektiver Tatbestand **(+)**

2. Subjektiver Tatbestand

- Vorsatz ? **(+)**

3. also: Tatbestand **(+)**

II. Rechtswidrigkeit

1. Rechtfertigung gemäß § 34

a. gegenwärtige Gefahr für ein (beliebiges) Rechtsgut ?

HIER (–) → objektiv bestand keine Gefahr

b. also: Rechtfertigung gemäß § 34 **(–)**

2. also: Rechtswidrigkeit **(+)**

III. Schuld

1. Schuldfähigkeit **(+)**

2. Unrechtsbewusstsein

a. unvermeidbarer Verbotsirrtum nach § 17 S. 1 ?

aa. Verbotsirrtum ?
= fehlende Einsicht, Unrecht zu tun

HIER (+) → A glaubte zum einen, es bestünde tatsächlich eine Gefahr für das Leben vieler Menschen; zum anderen dachte sie irrig, die Tötung eines Menschen sei zur Rettung vieler erlaubt; eine Tötung kann jedoch wegen des absoluten Schutzes des Lebens nie nach § 34 gerechtfertigt sein; es handelt sich also um einen Irrtum im tatsächlichen wie im rechtlichen Bereich; ein solcher Irrtum ist als indirekter Verbotsirrtum in Form des Erlaubnisirrtums nach § 17 zu behandeln; der Täter darf nicht besser stehen, als er bei Zutreffen seiner Fehlvorstellung im Tatsachenbereich stünde; dann nämlich läge ein lupenreiner Erlaubnisirrtum vor

bb. Unvermeidbarkeit ?
= Unrecht auch bei gehöriger Gewissensanspannung nicht erkennbar

HIER (–) → A hatte zunächst Zweifel an der Rechtmäßigkeit der Tat; auch für den Laien ist der absolute Schutz des menschlichen Lebens sinngemäß erkennbar; es wäre insbesondere angesichts der Schwere der Tat zumindest zu erwarten gewesen, dass A wegen ihrer Zweifel Rechtsrat einholt

cc. also: unvermeidbarer Verbotsirrtum nach § 17 S. 1 **(–)**

b. also: aktuelles Unrechtsbewusstsein zwar **(–)*****; aber kein Schuldausschluss nach § 17 S. 1***

3. Fehlen von Entschuldigungsgründen **(+)**

4. also: Schuld **(+)**

IV. Ergebnis:

Strafbarkeit der A gemäß § 212 I (+); aber Möglichkeit der Strafmilderung nach § 17 S. 2

- Strafbarkeit des S gemäß §§ 212 I, 25 I Alt. 2 ?

I. Tatbestand

1. Objektiver Tatbestand
= Totschlag durch einen anderen

a. ein anderer Mensch ? **(+)**

b. Töten durch einen anderen ?

HIER (+) → Tatherrschaft und damit mittelbare Täterschaft kann auch gegeben sein, wenn der Vordermann volldeliktisch, also tatbestandsmäßig, rechtswidrig und schuldhaft handelt (a.A. gut vertretbar); dem steht konkret beim vermeidbaren Verbotsirrtum nicht entgegen, dass das Recht die Tat als vom Irrenden zu verantworten wertet; auch hier kann es nämlich dem Hintermann gelingen, den Tatausführenden seiner Herrschaft zu unterwerfen; der Irrende handelt eben nicht mit aktuellem, sondern nur mit potenziellem Unrechtsbewusstsein; dieses nur potenzielle Unrechtsbewusstsein nimmt ihm nicht die Werkzeugeigenschaft und hindert nicht die Tatherrschaft des Hintermanns; der Hintermann kann unabhängig von der Vermeidbarkeit des Verbotsirrtums den Vordermann steuern und damit seine Tatherrschaft ausüben; so lag es auch hier

***c. also: objektiver Tatbestand* (+)**

2. Subjektiver Tatbestand

- Vorsatz ?

= Wissen und Wollen der Tatbestandsverwirklichung

HIER (+) → der Vorsatz erstreckte sich sowohl auf die Tatausführung durch A als auch auf die eigene Tatherrschaft

***3. also: Tatbestand* (+)**

***II. Rechtswidrigkeit* (+)**

***III. Schuld* (+)**

IV. Ergebnis:

Strafbarkeit des S gemäß §§ 212 I, 25 I Alt. 2 (+)

- Gesamtergebnis:

Strafbarkeit der A gemäß § 212 I (+); aber Strafmilderung nach § 17 S. 2 möglich; Strafbarkeit des S gemäß §§ 212 I, 25 I Alt. 2 (+)

Formulierungsvorschlag Fall 24

- Strafbarkeit der A gemäß § 212 I

A könnte sich durch die Tötung des K gemäß § 212 I strafbar gemacht haben.

I. Sie hat einen anderen Menschen – nämlich K – vorsätzlich getötet.

II. Die Tat müsste rechtswidrig geschehen sein.

In Betracht kommt allenfalls eine Rechtfertigung gemäß § 34.

Es lag aber objektiv schon keine Gefahr für ein Rechtsgut vor.

Rechtfertigender Notstand nach § 34 scheidet deswegen aus.

Die Tat geschah mithin rechtswidrig.

III. A müsste schuldhaft gehandelt haben.

Sie war schuldfähig.

Es könnte jedoch am Unrechtsbewusstsein fehlen. A könnte sich in einem unvermeidbaren Verbotsirrtum nach § 17 S. 1 befunden haben.

Sie irrte sich zum einen im Tatsächlichen, indem sie irrig von der von S vorgespielten Gefahr für das Leben vieler Menschen ausging.

Zudem dachte sie, die Tötung eines Einzelnen sei zur Rettung vieler erlaubt.

Bei einer Tötung kann jedoch wegen des absoluten Schutzes des menschlichen Lebens das geschützte Interesse das beeinträchtigte nie im Sinne des § 34 überwiegen.

Damit irrte sich A auch über die rechtlichen Grenzen der Rechtfertigung.

Wenn die Fehlvorstellung im Tatsachenbereich also zuträfe, läge ein klassischer indirekter Verbotsirrtum in Form des Erlaubnisirrtums vor, der nach § 17 zu behandeln wäre.

Der Täter darf bei diesem Doppelirrtum nicht besser stehen, als er stünde, träfe seine Fehlvorstellung im Tatsachenbereich zu. Von daher muss der Sachverhaltsirrtum gegenüber dem Erlaubnisirrtum in den Hintergrund treten.

Der Doppelirrtum ist als indirekter Verbotsirrtum in Form des Erlaubnisirrtums nach § 17 zu behandeln.

Unvermeidbar ist ein Verbotsirrtum jedoch nur dann, wenn das Unrecht auch bei gehöriger Gewissensanspannung nicht erkennbar gewesen wäre. An die Vermeidbarkeit sind gerade bei schweren Straftaten hohe Anforderungen zu stellen.

Auch für Laien ist der absolute Schutz des menschlichen Lebens sinngemäß erkennbar. Daher hatte A auch zunächst Zweifel an der Rechtmäßigkeit der Tat. Gerade bei einer ins Auge gefassten Tötung wäre zumindest zu erwarten gewesen, dass sich die zweifelnde A hätte kompetent rechtlich beraten lassen.

Bei gehöriger Anspannung des Gewissens wäre das Unrecht erkennbar gewesen.

Der Verbotsirrtum war damit vermeidbar.

A befand sich nicht in einem unvermeidbaren Verbotsirrtum.

Sie handelte zwar ohne aktuelles Unrechtsbewusstsein, nicht aber schuldlos nach § 17 S. 1.

Entschuldigungsgründe liegen nicht vor.

A handelte schuldhaft.

IV. Sie hat sich durch die Tötung des K gemäß § 212 I strafbar gemacht. Angesichts des vermeidbaren Verbotsirrtums ist jedoch eine Strafmilderung gemäß § 17 S. 2 möglich.

- Strafbarkeit des S gemäß §§ 212 I, 25 I Alt. 2

S hat sich durch sein Verhalten angesichts überlegenen Wissens möglicherweise gemäß §§ 212 I, 25 I Alt. 2 strafbar gemacht.

I. Er müsste die Tat durch A begangen haben.

Für die Begehung in mittelbarer Täterschaft bedarf es der Tatherrschaft. S müsste den Geschehensablauf in Händen gehalten haben. Er müsste die eigentliche Zentralfigur gewesen sein.

Eine Abweichung vom Normalfall der mittelbaren Täterschaft liegt darin, dass sich A als potenzielle Tatmittlerin selbst strafbar gemacht hat. Sie hat volldeliktisch, also tatbestandsmäßig, rechtswidrig und schuldhaft gehandelt. Es liegt lediglich ein vermeidbarer Verbotsirrtum vor, der sich allein auf der Strafzumessungsebene auswirken kann.

Gegen mittelbare Täterschaft spricht daher beim vermeidbaren Verbotsirrtum des Vordermanns zumindest auf den ersten Blick, dass das Recht die Tat als vom Irrenden zu verantworten wertet.

Auch in dieser Situation kann es aber dem Hintermann durchaus gelingen, den Tatausführenden seiner Herrschaft zu unterwerfen. Dem Irrenden fehlt gerade das beim Hintermann vorhandene aktuelle Unrechtsbewusstsein. Der Vordermann wird für die Tat nur wegen des potenziellen Unrechtsbewusstseins verantwortlich gemacht.

Allein das potenzielle Unrechtsbewusstsein vermag aber weder die Werkzeugeigenschaft des Tatmittlers noch die Tatherrschaft des Hintermanns auszuschließen.

Unabhängig von der Vermeidbarkeit des Verbotsirrtums kann die für die mittelbare Täterschaft charakteristische Steuerung und damit die Ausübung der Tatherrschaft gegeben sein. Die Tat kann sich genau wie bei den klassischen Fällen des § 25 I Alt. 2 als „Werk“ des Hintermanns darstellen.

Nach alledem kommt Tatherrschaft und damit mittelbare Täterschaft auch bei vermeidbarem Verbotsirrtum des Vordermanns in Betracht.

S steuerte kraft überlegenen Wissens das Tatgeschehen. Er war die eigentliche Zentralfigur. Die Tat stellt sich als das „Werk“ des S dar.

Er hat die Tat durch A begangen.

Der Vorsatz des S erstreckte sich auf die Tatausführung durch A wie auch auf die eigene Tatherrschaft.

II. Die Tat geschah rechtswidrig.

III. S handelte schuldhaft.

IV. Er hat sich durch sein Verhalten kraft überlegenen Wissens gemäß §§ 212 I, 25 I Alt. 2 strafbar gemacht.

- Gesamtergebnis

A hat sich gemäß § 212 I strafbar gemacht. Nach § 17 S. 2 kommt aber eine Strafmilderung in Betracht.

S hat sich gemäß §§ 212 I, 25 I Alt. 2 strafbar gemacht.

Fazit

1. Insider werden es sofort erkannt haben: Der Fall ist dem berühmten ***„Katzenkönig-Fall“*** (BGHSt 35, 347 = NJW 1989, 912) nachgebildet. Gerade in diesem Fall hat der BGH übrigens ausdrücklich auf ***Tatherrschaft*** abgestellt (vgl. Fall 22, Fazit 2.)

2. Der Fall ist so abgedreht, dass man sich sogar über die ***Schuldfähigkeit*** der A (§ 20) Gedanken machen könnte. Der Sachverhalt enthält dazu aber bewusst keine konkreten Anhaltspunkte. Jedes über die kurze Feststellung der Schuldfähigkeit hinausgehende Wort oder gar die Annahme von Schuldunfähigkeit wäre daher rein spekulativ. In der Praxis müsste sicher ein Gutachten über den psychischen Zustand eingeholt werden.

3. A irrte sich gleich in zweifacher Hinsicht, nämlich im tatsächlichen und im rechtlichen Bereich. Ähnlich wie beim Putativnotwehrexzess (siehe Fall 20, Fazit 5.) läuft dieser ***Doppelirrtum*** letztlich über § 17. Das musste kurz herausgearbeitet werden.

Im Anschluss war die Vermeidbarkeit des Verbotsirrtums zu prüfen und im Ergebnis zu bejahen.

4. Beim (seltenen) unvermeidbaren Verbotsirrtum (§ 17 S. 1) begegnet die Annahme mittelbarer Täterschaft keinen grundsätzlichen Bedenken.

Ganz anders hingegen beim vermeidbaren Verbotsirrtum. Überhaupt ***muss mittelbare Täterschaft immer dann besonders begründet werden, wenn sich der Vordermann strafbar macht***. Zumindest im Normalfall der mittelbaren Täterschaft liegt der Gag ja gerade darin, dass der Tatmittler nicht volldeliktisch handelt.

Der vermeidbare Verbotsirrtum lässt die Strafbarkeit aber unberührt und wirkt sich nach § 17 S. 2 lediglich auf der Rechtsfolgenebene aus.

Das Problem ist damit eingekreist. Wir halten es aus den geschilderten Gründen für überzeugender, auch im Falle eines vermeidbaren Verbotsirrtums des Vordermanns die mittelbare Täterschaft nicht als per se ausgeschlossen anzusehen. Dass der BGH und mit ihm die wohl h.M. das auch so macht, ist ja für sich genommen noch kein Gegenargument.

Die davon abweichende Ansicht, die man als strenge Verantwortungstheorie bezeichnen kann, ist aber selbstverständlich ebenfalls gut vertretbar. Sie käme im Ausgangsfall zur Anstiftung.

5. Je nach Geschmack kann man unseren Ausgangsfall im weiteren Sinne der Kategorie ***„Täter hinter dem Täter"*** zuordnen.

Im engeren Sinne sind damit nur die Fälle gemeint, in denen das potenzielle Werkzeug uneingeschränkt schuldhaft, also defektfrei handelt. Ob dann überhaupt (ausnahmsweise in eng begrenzten Fällen) mittelbare Täterschaft in Betracht kommt, ist aus guten Gründen sehr umstritten. Das Ganze entfernt sich noch weiter vom Normalfall als beim vermeidbaren Verbotsirrtum.

Ernsthaft über den Täter hinter dem Täter nachdenken sollte man vor allem bei den sogenannten ***Schreibtischtäter***n, die durch Macht- und Organisationsstrukturen bestimmte Rahmenbedingungen (insb. Befehlshierarchien) ausnutzen. Beispiel: Befehlsgeber der Mauerschützen.

6. Für besonders Interessierte: Vor der Änderung des StGB im Jahr 1998 tauchte als beliebte Pointe die Figur der sogenannten normativen (= wertenden) Tatherrschaft des Hintermanns im Zusammenhang mit dem „absichtslos-dolosen Werkzeug" als Vordermann auf. Seit aber die einschlägigen Tatbestände (vor allem § 242 I) nun auch die Drittzueignungsabsicht umfassen, kommt man in aller Regel zwanglos mit der Anstiftung hin (vgl. Die Fälle – Strafrecht BT 2, Fall 12). Der Vollständigkeit halber darf allerdings nicht unerwähnt bleiben, dass in zugespitzten Konstellationen das alte Problem noch auftauchen kann. Einzelheiten dazu führten aber hier zu weit.

Fall 25

A und B haben sich von seriöser Arbeit verabschiedet und erschließen neue Einnahmequellen. Die aus der Fernsehsendung „Nepper, Schlepper, Bauernfänger" abgeschaute Masche sieht so aus: B spricht in der Fußgängerzone Passanten unter dem Vorwand einer Umfrage nach dem Motto „Angst vor Kriminalität – leider kein Einzelfall" an. A nähert sich unterdessen den abgelenkten Opfern von der Seite und durchsucht die Manteltaschen nach Geldbörsen und anderen wertvollen Gegenständen, die er dann unbemerkt entwendet. Anschließend wird die Beute gleichmäßig zwischen A und B aufgeteilt. Auf diese Weise gelangt man unter anderem an die fette Brieftasche des Unternehmers U.

Frage: Haben sich A und/oder B gemäß § 242 I strafbar gemacht ?

Lösungsskizze Fall 25

- Strafbarkeit des A gemäß § 242 I ?

I. Tatbestand

1. Objektiver Tatbestand

a. fremde bewegliche Sache ? **(+)**

b. Wegnahme ? **(+)**

c. also: objektiver Tatbestand **(+)**

2. Subjektiver Tatbestand

a. Vorsatz ? **(+)**

b. Absicht der rechtswidrigen Zueignung ? **(+)**

c. also: subjektiver Tatbestand **(+)**

3. also: Tatbestand **(+)**

II. Rechtswidrigkeit **(+)**

III. Schuld **(+)**

IV. Ergebnis:

Strafbarkeit des A gemäß § 242 I (+)

- Strafbarkeit des B gemäß §§ 242 I, 25 II ?

I. Tatbestand

1. Subjektiver Tatbestand

a. gemeinsamer Tatplan / Täterwille ?

HIER (+) → die Beute sollte geteilt werden; die Tatausführung wurde gemeinsam vorbereitet und festgelegt

b. Vorsatz bezüglich der Verwirklichung des objektiven Tatbestands durch A ? (+)

c. Absicht der rechtswidrigen Zueignung ? (+)

d. also: subjektiver Tatbestand (+)

2. Objektiver Tatbestand / funktionale Tatherrschaft

HIER (+) → arbeitsteiliges Vorgehen; Ablenkung des Opfers durch B

3. also: Tatbestand (+)

II. Rechtswidrigkeit (+)

III. Schuld (+)

IV. Ergebnis:

Strafbarkeit des B gemäß §§ 242 I, 25 II (+)

- Gesamtergebnis:

Strafbarkeit des A gemäß § 242 I (+); Strafbarkeit des B gemäß §§ 242 I, 25 II (+)

Formulierungsvorschlag Fall 25

- Strafbarkeit des A gemäß § 242 I

A könnte sich durch das Entwenden der Brieftasche des U gemäß § 242 I strafbar gemacht haben.

I. Mit der Brieftasche hat A eine für ihn fremde bewegliche Sache weggenommen.

Er handelte vorsätzlich und in der Absicht, sich das Tatobjekt rechtswidrig zuzueignen.

II. Die Tat geschah rechtswidrig.

III. A handelte schuldhaft.

IV. Er hat sich somit durch das Entwenden der Brieftasche gemäß § 242 I strafbar gemacht.

- Strafbarkeit des B gemäß §§ 242 I, 25 II

Durch das Ablenken des U könnte sich B gemäß §§ 242 I, 25 II strafbar gemacht haben.

I. B selbst hat die Brieftasche nicht weggenommen. Der Diebstahl des A müsste ihm nach den Regeln der Mittäterschaft gemäß § 25 II zuzurechnen sein.

In subjektiver Hinsicht ist für diese Zurechnung ein gemeinsamer Tatplan und der Täterwille des potenziellen Mittäters erforderlich.

Die Tatausführung des A beruht auf einem gemeinsam mit B gefassten Tatplan. Die Beute sollte gleichmäßig geteilt werden. Es war nicht etwa so, dass B lediglich ein vereinbartes Entgelt erhalten sollte. Das spricht maßgeblich für einen täterschaftlichen Willen des B, der sich von Anfang an in der Rolle des gleichberechtigten Partners befand.

In subjektiver Hinsicht ist B die Tatausführung des A damit zuzurechnen.

B handelte vorsätzlich bezüglich der Verwirklichung des objektiven Tatbestands durch A.

Auch B handelte angesichts der geplanten Beuteteilung in der Absicht, sich das Tatobjekt rechtswidrig zuzueignen.

In objektiver Hinsicht müsste B funktionale Tatherrschaft gehabt haben, die sich typischerweise durch ein arbeitsteiliges Zusammenwirken mit dem Partner auszeichnet.

B hat durch sein Ablenkungsmanöver die Tathandlung des A erst ermöglicht oder zumindest stark erleichtert.

Er hat ihn arbeitsteilig unterstützt. B hatte folglich funktionale Tatherrschaft.

II. Die Tat geschah rechtswidrig.

III. B handelte schuldhaft.

IV. Er hat sich durch das Ablenken des U gemäß §§ 242 I, 25 II strafbar gemacht.

- Gesamtergebnis

A hat sich durch das Entwenden der Brieftasche gemäß § 242 I strafbar gemacht.

B hat sich durch das Ablenken des U gemäß §§ 242 I, 25 II strafbar gemacht.

Fazit

1. Ein recht einfacher Fall zur ***Mittäterschaft*** (§ 25 II). Charakteristisch ist das ***arbeitsteilige Zusammenwirken weitgehend gleichberechtigter Personen***.

Wie wird das Ganze aufgebaut?

Es kann sein, dass keiner der potenziellen Mittäter den Tatbestand allein erfüllt hat. Beispiel: „A schlägt auf das Opfer ein, während B ihm die Brieftasche entwendet.“ Für § 249 I reicht es für sich genommen bei keinem von beiden. In einer solchen Konstellation müssen die Mittäter (hier des Raubes) zwangsläufig zusammen geprüft werden. Das hat dann auch zur Folge, dass man in der Klausur einen nach Personen getrennten Aufbau nicht konsequent durchhalten kann (vgl. Seite 17).

Häufig wird es aber so wie im Ausgangsfall liegen: Ein Täter verwirklicht den kompletten Tatbestand. § 25 II muss nur herangezogen werden, um diese Tatausführung dem oder den anderen als Mittäter zuzurechnen.

Wir haben bei der Prüfung der §§ 242 I, 25 II den subjektiven vor dem objektiven Tatbestand geprüft. Das mag auf den ersten Blick merkwürdig erscheinen, hat aber einiges für sich.

Anknüpfungspunkt für die Zurechnung ist nämlich vorrangig der subjektive Tatbestand, der objektive ist ja gerade nicht vom Mittäter erfüllt. Insofern ist die Situation vergleichbar mit der des Versuchs.

Wie beim Versuch ist es daher auch bei der Mittäterschaft schlicht zweckmäßig, mit der Prüfung des subjektiven Tatbestands zu beginnen. Zwingend ist das aber nicht. Anders als beim Versuch kann man bei § 25 II durchaus auch mit dem objektiven Tatbestand loslegen (vgl. Die Fälle – Strafrecht BT 2, Fall 22, Fazit 4.).

2. Lasst uns zu den inhaltlichen Aspekten übergehen.

Subjektiv ist ein ***gemeinsamer Tatplan*** erforderlich. Dieser Tatplan muss so gestaltet sein, dass der ***Mittäter*** gegenüber dem oder den anderen Mittätern als ***gleichberechtigter Partner*** erscheint. Nur dann trägt er nämlich die Verantwortung mit. Wir beziehen in diesem Zusammenhang auch den Täterwillen in die Prüfung ein. Das ist ein Begriff, der der reinen Tatherrschaftslehre an sich fremd ist (vgl. aber in diesem Buch Fall 22, Fazit 2.).

Aus dem Sachverhalt wird sich – wenn überhaupt – nur selten unmittelbar etwas zur (subjektiven) Einstellung des potenziellen Mittäters ergeben. Die Aufgabe besteht fast immer darin, aus Indizien (Hilfstatsachen) auf Mittäterschaft oder je nachdem auch lediglich auf Teilnahme zu schließen.

Klassisches Indiz ist im Bereich der Vermögensdelikte die ***geplante Aufteilung der Beute***. Soll ein beachtlicher Teil oder gar die Hälfte an den Mitwirkenden gehen, spricht vieles für Mittäterschaft. Soll der Betreffende dagegen gar nichts oder nur einen zuvor unabhängig vom Erlös der Tat festgelegten und vergleichsweise popeligen Pauschalbetrag erhalten, wendet sich das Blatt in Richtung bloßer Beihilfe (§ 27 I).

Das ***objektive Element*** spiegelt den Tatplan wider. Hier ist ***funktionale Tatherrschaft*** zu prüfen. Der Beitrag des Mittäters muss die Tat überhaupt erst möglich machen, erleichtern oder zumindest das Tatrisiko wesentlich herabsetzen. Die Aufgabe eines jeden Mittäters muss ein wesentliches Teilstück der Verwirklichung des Gesamtplans sein. Typischerweise eben so wie im Ausgangsfall.

Nur um Missverständnissen vorzubeugen: Über § 25 II lassen sich nur objektive Merkmale gegenseitig zurechnen. So musste im Ausgangsfall die Zueignungsabsicht als subjektives Merkmal für jeden Mittäter gesondert geprüft werden.

3. In Abgrenzung zur Mittäterschaft noch etwas zur oben nur stichwortartig angesprochenen ***Nebentäterschaft:*** Sie zeichnet sich dadurch aus, dass mehrere Täter unabhängig voneinander das Rechtsgut verletzen. Entscheidender Unterschied zur Mittäterschaft ist das Fehlen des für § 25 II typischen bewussten und gewollten Zusammenwirkens. Die Nebentäterschaft kann euch vornehmlich bei ***Fahrlässigkeitsdelikte***n und ***Unterlassungsdelikte***n über den Weg laufen.

4. Wäre nicht gezielt nur nach § 242 I gefragt gewesen, hätte man sich mit weiteren wichtigen Vorschriften und entsprechenden Problemen des BT auseinandersetzen müssen. Prüft den Fall wenn ihr wollt doch einfach mit unbeschränkter Fallfrage („Wie haben sich A und B strafbar gemacht?"). Zum Vergleich könnt ihr anschließend Die Fälle – Strafrecht BT 2, Fall 22 lesen.

Fall 26

B arbeitet in einer Bank und hat aufgrund seiner besonderen Kenntnisse detailliert ausgearbeitet, wie man nach Geschäftsschluss unbemerkt in die Räumlichkeiten und an das dort befindliche Geld gelangen kann. B will sich aber nicht selbst zum Tatort begeben, sondern weiht A und C ein. Der so gemeinsam gefasste Plan wird nach den exakten Vorstellungen des B ausgeführt. C öffnet den Tresor, A sackt die Geldscheine ein und transportiert die Beute ab. Anschließend wird das Geld wie von vornherein vorgesehen gleichmäßig zwischen A, B und C aufgeteilt.

Frage: Haben sich A und/oder B und/oder C gemäß § 242 I strafbar gemacht ?

Lösungsskizze Fall 26

- Strafbarkeit des A gemäß § 242 I ?

I. Tatbestand

1. Objektiver Tatbestand

a. fremde bewegliche Sache ? (+)

b. Wegnahme ? (+)

c. also: objektiver Tatbestand (+)

2. Subjektiver Tatbestand

a. Vorsatz ? (+)

b. Absicht der rechtswidrigen Zueignung ? (+)

c. also: subjektiver Tatbestand (+)

3. also: Tatbestand (+)

II. Rechtswidrigkeit (+)

III. Schuld (+)

IV. Ergebnis:

Strafbarkeit des A gemäß § 242 I (+)

- Strafbarkeit des C gemäß §§ 242 I, 25 II ?

I. Tatbestand

1. Subjektiver Tatbestand

a. gemeinsamer Tatplan / Täterwille ?

HIER (+) → die Beute sollte geteilt werden; die Ausführung wurde zwar zunächst von B geplant, dann aber gemeinsam festgelegt

b. Vorsatz bezüglich der Verwirklichung des objektiven Tatbestands durch A ? **(+)**

c. Absicht der rechtswidrigen Zueignung ? **(+)**

d. also: subjektiver Tatbestand **(+)**

2. Objektiver Tatbestand / funktionale Tatherrschaft

HIER (+) → arbeitsteiliges Vorgehen; Öffnen des Tresors

3. also: Tatbestand **(+)**

II. Rechtswidrigkeit **(+)**

III. Schuld **(+)**

IV. Ergebnis:

Strafbarkeit des C gemäß §§ 242 I, 25 II (+)

- Strafbarkeit des B gemäß §§ 242 I, 25 II ?

I. Tatbestand

1. Subjektiver Tatbestand

a. gemeinsamer Tatplan / Täterwille ?

HIER (+) → die Beute sollte geteilt werden; der Tatplan wurde von B entworfen, die Tatausführung letztlich gemeinsam endgültig festgelegt

b. Vorsatz bezüglich der Verwirklichung des objektiven Tatbestands durch A ? **(+)**

c. Absicht der rechtswidrigen Zueignung ? **(+)**

d. also: subjektiver Tatbestand **(+)**

2. Objektiver Tatbestand / funktionale Tatherrschaft

HIER (+) → arbeitsteiliges Vorgehen liegt insoweit vor, als B zwar nicht unmittelbar an der Tatausführung beteiligt war, aber den exakten Plan entworfen hat; das „Minus" bei der Ausführung wird durch das „Plus" bei der Planung kompensiert; ein Mitwirken im Versuchs- oder Vollendungsstadium ist nicht zwingende Voraussetzung für eine Zurechnung nach § 25 II, für die spätere Ausführung wichtige Aktivitäten im Vorfeld können genügen (a.A. vertretbar)

3. also: Tatbestand **(+)**

II. Rechtswidrigkeit (+)

III. Schuld (+)

IV. Ergebnis:

Strafbarkeit des B gemäß §§ 242 I, 25 II (+)

- Gesamtergebnis:

Strafbarkeit des A gemäß § 242 I (+); Strafbarkeit des C gemäß §§ 242 I, 25 II (+); Strafbarkeit des B gemäß §§ 242 I, 25 II (+)

Formulierungsvorschlag Fall 26

- Strafbarkeit des A gemäß § 242 I

A könnte sich durch das Entwenden der Geldscheine gemäß § 242 I strafbar gemacht haben.

I. Die Scheine waren für ihn fremde bewegliche Sachen, die er spätestens mit Verlassen der Bank weggenommen hat.

A handelte vorsätzlich und in der Absicht, sich das Geld rechtswidrig zuzueignen.

II. Die Tat geschah rechtswidrig.

III. A handelte schuldhaft.

IV. Er hat sich somit durch das Entwenden der Geldscheine gemäß § 242 I strafbar gemacht.

- Strafbarkeit des C gemäß §§ 242 I, 25 II

Durch das Öffnen des Tresors könnte sich C gemäß §§ 242 I, 25 II strafbar gemacht haben.

I. C selbst hat die Scheine nicht weggenommen. Der Diebstahl des A müsste ihm nach den Regeln der Mittäterschaft gemäß § 25 II zuzurechnen sein.

In subjektiver Hinsicht ist für diese Zurechnung ein gemeinsamer Tatplan und der Täterwille des potenziellen Mittäters erforderlich.

Die Tatausführung des A beruht auf einem zwar von B entworfenen aber gemeinsam mit C und A endgültig gefassten Tatplan. Die Beute sollte zwischen den Beteiligten gleichmäßig aufgeteilt werden. Es war nicht etwa so, dass C lediglich ein vereinbartes Entgelt erhalten sollte. Das spricht maßgeblich für einen täterschaftlichen Willen des C, der sich von Anfang an in der Rolle des gleichberechtigten Partners befand.

In subjektiver Hinsicht ist C die Tatausführung des A damit zuzurechnen.

C handelte mit Blick auf die Verwirklichung des objektiven Tatbestands durch A vorsätzlich.

Auch C handelte angesichts der geplanten Beuteteilung in der Absicht, sich die Geldscheine rechtswidrig zuzueignen.

In objektiver Hinsicht müsste C funktionale Tatherrschaft gehabt haben, die sich typischerweise durch ein arbeitsteiliges Zusammenwirken mit den Partnern auszeichnet.

C hat durch das Öffnen des Tresors die Tathandlung des A erst ermöglicht oder zumindest stark erleichtert.

Er hat ihn arbeitsteilig unterstützt. C hatte folglich funktionale Tatherrschaft.

II. Die Tat geschah rechtswidrig.

III. C handelte schuldhaft.

IV. Er hat sich durch das Öffnen des Tresors gemäß §§ 242 I, 25 II strafbar gemacht.

- Strafbarkeit des B gemäß §§ 242 I, 25 II

Möglicherweise hat sich auch B durch seine Planung im Vorfeld der Tatausführung gemäß §§ 242 I, 25 II strafbar gemacht.

I. Der Diebstahl müsste auch ihm nach den Regeln der Mittäterschaft gemäß § 25 II zuzurechnen sein.

In subjektiver Hinsicht ist für diese Zurechnung ein gemeinsamer Tatplan und der Täterwille des potenziellen Mittäters erforderlich.

Die Tatausführung des A beruht auf einem zwar von B entworfenen aber gemeinsam mit C und A endgültig gefassten Tatplan. Die Beute sollte zwischen den Beteiligten gleichmäßig aufgeteilt werden. Obwohl B an der Tatausführung nicht beteiligt war, sollte er für seine Planungsleistung nicht etwa nur ein vereinbartes Entgelt erhalten. Das spricht maßgeblich für einen täterschaftlichen Willen des B, der sich als „Kopf" der Gruppe von Anfang an in der Rolle des mindestens gleichberechtigten Partners befand.

In subjektiver Hinsicht ist B die Tatausführung des A folglich zuzurechnen.

Die Verwirklichung des objektiven Tatbestands durch A ist vom Vorsatz des B erfasst.

Obwohl B nicht unmittelbar an der Tatausführung beteiligt war, handelte er angesichts der geplanten Beuteteilung in der Absicht, sich die Beute rechtswidrig zuzueignen.

In objektiver Hinsicht müsste B funktionale Tatherrschaft gehabt haben. Diese Form der Tatherrschaft drückt sich typischerweise in einem arbeitsteiligen Zusammenwirken mit den Partnern aus.

B war nicht unmittelbar an der Tatausführung beteiligt, was gegen funktionale Tatherrschaft zu sprechen scheint.

Er hat aber den später gemeinsam gefassten detaillierten Tatplan aufgrund seiner besonderen Kenntnisse allein entworfen. B ist wenn man so will der „Kopf“ der Gruppe.

Ließe man eine Zurechnung über § 25 II nur bei Mitwirkung im Versuchs- oder Vollendungsstadium zu, könnte trotz möglicherweise überragender Bedeutung des Tatplans der eigentliche „Chef“ nur Teilnehmer an einer für ihn fremden Tat sein. Das aber ist nicht sachgerecht.

Somit steht der Mittäterschaft nicht zwingend entgegen, dass B nicht unmittelbar bei der Tatausführung mitgewirkt hat.

Allerdings kann in dieser Konstellation nur dann von arbeitsteiligem Zusammenwirken die Rede sein, wenn das Fehlen der Mitwirkung bei der Ausführung durch eine Dominanz im Vorfeld ausgeglichen wird und der vorher geleistete Beitrag während des Tatgeschehens fortwirkt.

In der Vorbereitungsphase dominierte B stark. Erst aufgrund des allein von ihm entworfenen Tatplans wurde die Tat ins Auge gefasst und entsprechend umgesetzt. Die Planung des B wirkte sich im daran orientierten Tatgeschehen aus.

Das Fehlen der Mitwirkung bei der Ausführung wird kompensiert.

B hat arbeitsteilig mit A und C zusammengewirkt.

Er hatte funktionale Tatherrschaft.

II. Die Tat geschah rechtswidrig.

III. B handelte schuldhaft.

IV. Er hat sich durch seine Planung im Vorfeld der Tatausführung gemäß §§ 242 I, 25 II strafbar gemacht.

- Gesamtergebnis

A hat sich durch das Entwenden der Geldscheine gemäß § 242 I strafbar gemacht.

C hat sich durch das Öffnen des Tresors gemäß §§ 242 I, 25 II strafbar gemacht.

Auch B hat sich durch seine Planung im Vorfeld der Tatausführung gemäß §§ 242 I, 25 II strafbar gemacht.

Fazit

1. Zuerst war die Strafbarkeit des A zu prüfen. Er hat den Tatbestand des § 242 I bereits für sich genommen erfüllt (vgl. Fall 25, Fazit 1.). Zur Formulierung bei der Wegnahme („spätestens ...") verweisen wir auf Die Fälle – Strafrecht BT 2, Fall 1, Fazit 3. und Fall 7.

2. Die Mittäterschaft des C war ähnlich unproblematisch wie die des B in Fall 25.

3. Schwieriger wurde es bei B. Allgemein gilt bei der ***funktionale***n ***Tatherrschaft*** die in der Lösungsskizze hervorgehobene Faustregel: Ein ***„Plus" in der Vorbereitung gleicht*** ein ***„Minus" in der Tatausführung aus***.

   Wirklich problematisch wird es erst, wenn der potenzielle Mittäter wie im Ausgangsfall überhaupt nicht an der Tatausführung mitwirkt. Klassisches Beispiel ist der ***Bandenchef***, der dezent im Hintergrund bleibt.

   Aber Vorsicht: Hätte B etwa mit einem Handy Kontakt zu A und C gehalten und Anweisungen erteilt, wäre er unstreitig Mittäter. Achtet immer genau auf die Einzelheiten des Sachverhalts! Dieser Hinweis ist und bleibt zwar eine Binsenweisheit. Er wird aber häufig genug nicht beachtet.

   In unserem Ausgangsfall war es aber vertretbar, die Zurechnung über § 25 II mit einer Mindermeinung zu verneinen. Dann kommt man – bei uneingeschränkter Fallfrage – zur Teilnahme.

4. Natürlich deckte die Frage auch hier nicht alles ab, was der BT für einen solchen Fall zu bieten hat. An welche weiteren Vorschriften ist zu denken?

5. Normalerweise wird der ***gemeinsame Tatentschluss*** der Mittäter vor der Tat entstehen. Er kann aber ausdrücklich oder stillschweigend auch noch ***während der Tatausführung*** hergestellt werden. Dann spricht man von ***sukzessive***r ***Mittäterschaft***. Im Grundsatz ist das anerkannt.

   Kann man aber über § 25 II auch Tatbeiträge des anderen zurechnen, die beim Hinzutreten bereits abgeschlossen waren? Klingt kompliziert, oder? Ein typisches Beispiel: „T hat O bis zur Bewusstlosigkeit zusammengeschlagen, um ihm Wertgegenstände zu entwenden. Nun kommt Freund F hinzu und macht im Einverständnis des T bei der Wegnahmehandlung mit."

   Zur Gewaltanwendung konnte F keinen Kausalbeitrag mehr leisten. Deshalb spricht vieles dafür, eine Strafbarkeit nach §§ 249 I, 25 II zu verneinen. Es bleibt dann bei mittäterschaftlicher Beteiligung an dem im Raub enthaltenen Diebstahl. Was die Gewaltanwendung angeht, fehlte es an einem finalen Verwirklichungswillen. Auf in sich abgeschlossene Umstände hat und hatte der Hinzutretende keinen Einfluss. Den fehlenden Verwirklichungswillen kann man daher nicht durch nachträgliche Kenntnis und Billigung dieser Umstände ersetzen (streitig).

Fall 27

M und F haben ein intimes Verhältnis, dem aber E, der eifersüchtige Ehemann der F, im Wege steht. Eines Tages kommt F auf die Idee, das Problem radikal zu lösen. Sie überredet M dazu, E ins Jenseits zu befördern. Der wäre zwar von sich aus nicht darauf gekommen, lässt sich aber nicht lumpen und bringt E um.

Frage: Wie haben sich M und F strafbar gemacht ?
Die Strafbarkeit gemäß § 211 ist nicht zu prüfen.

Lösungsskizze Fall 27

- Strafbarkeit des M gemäß § 212 I ?

I. Tatbestand

1. Objektiver Tatbestand

***a. ein anderer Mensch ?* (+)**

***b. Töten ?* (+)**

***c. <u>also</u>: objektiver Tatbestand* (+)**

2. Subjektiver Tatbestand

***- Vorsatz ?* (+)**

***3. <u>also</u>: Tatbestand* (+)**

***II. Rechtswidrigkeit* (+)**

***III. Schuld* (+)**

IV. Ergebnis:
Strafbarkeit des M gemäß § 212 I (+)

- Strafbarkeit der F gemäß §§ 212 I, 26 ?

I. Tatbestand

1. Objektiver Tatbestand

***a. vorsätzliche rechtswidrige Haupttat ?* (+)**

b. Bestimmen zur Tat ?
= Hervorrufen des Tatentschlusses

HIER (+) → M wurde von F zur Tat überredet; zuvor hatte er nicht einmal an eine Tötung gedacht *c. <u>also</u>: objektiver Tatbestand* (+)

2. Subjektiver Tatbestand

a. Vorsatz bezüglich der Vollendung der Haupttat ? (+)

b. Vorsatz bezüglich der Anstifterhandlung ? (+)

c. <u>also</u>: subjektiver Tatbestand (+)

3. <u>also</u>: Tatbestand (+)

II. Rechtswidrigkeit (+)

III. Schuld (+)

IV. Ergebnis:

Strafbarkeit der F gemäß §§ 212 I, 26 (+)

- Gesamtergebnis:

Strafbarkeit des M gemäß § 212 I (+); Strafbarkeit der F gemäß §§ 212 I, 26 (+)

Formulierungsvorschlag Fall 27

- Strafbarkeit des M gemäß § 212 I

M könnte sich dadurch, dass er E umgebracht hat, gemäß § 212 I strafbar gemacht haben.

I. Er hat einen anderen Menschen – nämlich E – vorsätzlich getötet.

II. Die Tat geschah rechtswidrig.

III. M handelte schuldhaft.

IV. Er hat sich folglich dadurch, dass er E umgebracht hat, gemäß § 212 I strafbar gemacht hat.

- Strafbarkeit der F gemäß §§ 212 I, 26

F könnte sich durch das Überreden des M gemäß §§ 212 I, 26 strafbar gemacht haben.

I. M hat mit dem Totschlag eine vorsätzliche rechtswidrige Tat begangen.

F müsste ihn dazu bestimmt haben.

Bestimmen zur Tat bedeutet Hervorrufen des Tatentschlusses.

F hat M, der die Tötung zuvor nicht einmal in Erwägung gezogen hatte, zur Tat überredet.

Sie hat dadurch den Tatentschluss des M hervorgerufen.

F hat M zur Tat bestimmt.

Sie handelte dabei vorsätzlich bezüglich der Vollendung der fremden Haupttat wie auch hinsichtlich der eigenen Anstifterhandlung.

II. Die Tat geschah rechtswidrig.

III. F handelte schuldhaft.

IV. Sie hat sich durch das Überreden des M gemäß §§ 212 I, 26 strafbar gemacht.

- Gesamtergebnis

M hat sich gemäß § 212 I strafbar gemacht.

F hat sich gemäß §§ 212 I, 26 strafbar gemacht.

Fazit

1. Ein einfacher Normalfall der Anstiftung zum warm werden und zur Verdeutlichung des Aufbaus.

   Weil Teilnahme (also Anstiftung und Beihilfe, §§ 26, 27 I) eine vorsätzliche und rechtswidrige Haupttat voraussetzt, gilt als stets zu beachtende Prüfungsreihenfolge: ***Täter vor Teilnehmer***. Nur wenn nach der Strafbarkeit des Täters gar nicht gefragt ist, muss davon eine Ausnahme gemacht und die Haupttat im Rahmen der Teilnahmeprüfung herausgearbeitet werden (so liegt es etwa bei Die Fälle – Strafrecht BT 2, Fall 49, vgl. dort Fazit 1.)

2. Es gibt ein paar Tatbestände, die schon begrifflich die Beteiligung mehrerer Personen voraussetzen (z.B. § 216, § 174, § 283c). Das nennt man dann etwas schief ***notwendige Teilnahme***. Jedenfalls wer sich auf das Maß der notwendigen Teilnahme beschränkt, macht sich natürlich nicht (als Teilnehmer) strafbar. Geht jemand dagegen über die für den Tatbestand notwendige Rolle hinaus, wird es schon schwieriger. Dann kommt (strafbare) Teilnahme in Betracht, wenn nicht die Norm nur den Schutz des Betreffenden bezweckt. Die aus vielen schlechten Filmen bekannte Schülerin, die den Lehrer zu sexuellen Handlungen mit ihr selbst (§ 174 I Nr. 1) anstiftet, verlässt zwar den Rahmen der notwendigen Teilnahme, macht sich aber wegen des Schutzzwecks der Norm nicht strafbar.

3. Es dürfte klar sein, dass bei F Täterschaft so fernliegend war, dass man sofort mit der Prüfung der Anstiftung beginnen sollte. Vordermann M handelte schließlich tatbestandsmäßig, rechtswidrig und uneingeschränkt schuldhaft, sodass mittelbare Täterschaft nicht in Betracht kommt (vgl. Fall 24, Fazit 4. und 5.). Auch für besondere Planungsdominanz, die im Extremfall auf Mittäter-

schaft schließen lassen könnte, gab der Sachverhalt anders als bei Fall 26 keine Anhaltspunkte.

4. § 26 und § 27 I haben gemeinsam, dass im objektiven Tatbestand eine ***vorsätzliche rechtswidrige Haupttat*** (vgl. § 11 I Nr. 5) erforderlich ist. Wie schon an anderer Stelle erwähnt, muss die Haupttat nicht schuldhaft begangen worden sein (vgl. auch § 29).

5. Bei der Teilnahmehandlung unterscheiden sich dann Anstiftung und Beihilfe naturgemäß. § 26 fordert ein Bestimmen zur Haupttat, der Anstifter muss den Tatentschluss des Haupttäters hervorgerufen haben. Im Ausgangsfall war das nicht wirklich problematisch.

An den Teilnahmehandlungen ist übrigens wiederum Teilnahme möglich. Anstifter zur Haupttat ist auch, wer eine Zwischenperson zur Anstiftung anstiftet (sogenannte ***Kettenanstiftung***). Mittelbare Beihilfe (sogenannte ***Kettenbeihilfe***) liegt vor, sobald in der Kette zur Haupttat irgendwo Beihilfe auftaucht. Das ist der Fall bei Beihilfe zur Beihilfe, Anstiftung zur Beihilfe und Beihilfe zur Anstiftung.

6. Im subjektiven Tatbestand der Teilnahmeprüfung ist dann der ***Vorsatz*** zu untersuchen (im Ausgangsfall völlig unproblematisch). Der Vorsatz muss sich wie üblich auf den objektiven Tatbestand beziehen. Man kann daher zwei Komponenten unterscheiden: Zum einen Vorsatz ***bezüglich*** der Vollendung der (fremden) ***Haupttat***, zum anderen Vorsatz ***bezüglich*** der (eigenen) ***Teilnahmehandlung***.

In diesem Zusammenhang fällt gerne das Stichwort ***„Doppelvorsatz"*** oder „doppelter Vorsatz". Das ist ganz plastisch und kann euch vielleicht als Gedankenstütze dienen. In Klausuren oder Hausarbeiten sollte das genannte Schlagwort aber besser vermieden werden. „Doppelvorsatz" ist genau genommen etwas schief. Es ist ein Vorsatz, der nur unterschiedliche Bezugspunkte hat.

7. Eines ist noch wichtig: Dass sich der Vorsatz auf die Vollendung der Haupttat beziehen muss, schließt eine (nur) ***versuchte Tat als Haupttat*** nicht aus. Die Haupttat bleibt dann eben im Versuchsstadium stecken. Kommt es aber nicht einmal zum Versuch der Haupttat, hat die Anstiftung keinen strafrechtlich „zählbaren" Erfolg. Dann ist an versuchte Anstiftung nach § 30 I 1 (lesen!) zu denken. Wir werden darauf zurückkommen.

8. Mord war ausdrücklich von der Prüfung ausgenommen. Siehe zum Verhältnis von § 211 zu § 212 und zu den entsprechenden Konsequenzen für den Aufbau Die Fälle – Strafrecht BT 1, Fall 2, Fazit 1.

Fall 28

Boxer B will seinen Konkurrenten K vorübergehend kampfunfähig machen und ihn zu diesem Zweck mit bloßen Fäusten verprügeln. Von diesem Vorhaben erzählt B seinem Freund F. Der weist darauf hin, dass K ein zumindest gleichwertiger Gegner sein dürfte und rät B, seiner Boxerehre zum Trotz sicherheitshalber mit einem Baseballschläger auf K einzudreschen. B greift die Anregung dankbar auf und setzt K durch einen kräftigen Schlag mit der Baseballkeule vorläufig außer Gefecht.

Frage: Wie haben sich B und F strafbar gemacht ?

Lösungsskizze Fall 28

- Strafbarkeit des B gemäß §§ 223 I, 224 I ?

I. Tatbestand

1. Tatbestand § 223 I

a. Objektiver Tatbestand

aa. eine andere Person ? (+)

bb. körperliche Misshandlung, § 223 I Var. 1 ? (+)

cc. Gesundheitsschädigung, § 223 I Var. 2 ? (+)

dd. <u>also</u>: objektiver Tatbestand (+)

b. Subjektiver Tatbestand

- Vorsatz ? (+)

c. <u>also</u>: Tatbestand § 223 I (+)

2. Tatbestand § 224 I

a. Objektiver Tatbestand

aa. (hier) mittels eines gefährlichen Werkzeugs, § 224 I Nr. 2 ? (+)

bb. <u>also</u>: objektiver Tatbestand (+)

b. Subjektiver Tatbestand

- Vorsatz ? (+)

c. <u>also</u>: Tatbestand § 224 I Nr. 2 (+)

3. <u>also</u>: Tatbestand (+)

II. Rechtswidrigkeit (+)

III. Schuld (+)

IV. Ergebnis:

Strafbarkeit des B gemäß §§ 223 I, 224 I Nr. 2 (+)

- Strafbarkeit des F gemäß §§ 223 I, 224 I Nr. 2, 26 ?

I. Tatbestand

1. Objektiver Tatbestand

***a. vorsätzliche rechtswidrige Haupttat ?* (+)**

b. Bestimmen zur Tat ?

= Hervorrufen des Tatentschlusses

HIER (+) → F hat den konkreten Tatentschluss hervorgerufen; B war zwar schon vor der Einflussnahme des F fest zur (einfachen) Körperverletzung entschlossen, nicht aber zur gefährlichen Körperverletzung nach § 224 I Nr. 2; durch seinen Vorschlag hat F den Unwertgehalt der Haupttat konkret gesteigert („Aufstiftung“); wenn die Tat wegen der Qualifizierung eine andere rechtliche Bewertung erfährt, ist trotz vorheriger Entschlossenheit des Haupttäters zur Begehung des Grunddelikts von einer Anstiftung zum übersteigerten Tatganzen als selbstständiger Unrechtseinheit auszugehen (a.A. gut vertretbar); käme man im Wege einer isolierenden Betrachtung zur Verneinung der Anstiftung, weil der Hintermann das Grunddelikt nicht veranlasst hat, bliebe nur (psychische) Beihilfe zum qualifizierten Delikt; das aber würde dem entscheidenden Beitrag des Teilnehmers zum erhöhten Unwertgehalt nicht gerecht

***c. also: objektiver Tatbestand* (+)**

2. Subjektiver Tatbestand

***a. Vorsatz bezüglich der Vollendung der Haupttat ?* (+)**

***b. Vorsatz bezüglich der Anstifterhandlung ?* (+)**

***c. also: subjektiver Tatbestand* (+)**

***3. also: Tatbestand* (+)**

***II. Rechtswidrigkeit* (+)**

***III. Schuld* (+)**

IV. Ergebnis:

Strafbarkeit des F gemäß §§ 223 I, 224 I Nr. 2, 26 (+)

- Gesamtergebnis:

Strafbarkeit des B gemäß §§ 223 I, 224 I Nr. 2 (+); Strafbarkeit des F gemäß §§ 223 I, 224 I Nr. 2, 26 (+)

Formulierungsvorschlag Fall 28

- Strafbarkeit des B gemäß §§ 223 I, 224 I

B könnte sich durch den Schlag mit dem Baseballschläger gemäß §§ 223 I, 224 I strafbar gemacht haben.

I. Er hat durch diese Handlung eine andere Person – nämlich K – vorsätzlich körperlich misshandelt und an der Gesundheit geschädigt.

Diese Körperverletzung hat B mittels eines gefährlichen Werkzeugs begangen, § 224 I Nr. 2.

Auch darauf bezog sich der Vorsatz des B.

II. Die Tat geschah rechtswidrig.

III. B handelte schuldhaft.

IV. Durch den Schlag mit dem Baseballschläger hat sich B gemäß §§ 223 I, 224 I Nr. 2 strafbar gemacht.

- Strafbarkeit des F gemäß §§ 223 I, 224 I Nr. 2, 26

Möglicherweise hat sich F durch seine Empfehlung gemäß §§ 223 I, 224 I Nr. 2, 26 strafbar gemacht.

I. Mit der Tat des B liegt eine entsprechende vorsätzliche rechtswidrige Haupttat vor.

F müsste B zur Tat bestimmt haben.

Zur Tat bestimmt, wer den Tatentschluss des Haupttäters hervorruft.

B war schon vor der Einflussnahme des F dazu entschlossen, K zu verprügeln. Die zur gefährlichen Körperverletzung nach § 224 I Nr. 2 führende konkrete Begehung mit dem Baseballschläger ist hingegen allein auf die Empfehlung des F zurückzuführen.

Es scheint, als hätte F die Verwirklichung des § 223 I als Grundtatbestand nicht zu verantworten. Dazu wäre es auch ohne seine Teilnahme gekommen.

In einer solchen Konstellation muss aber hinreichend Berücksichtigung finden, dass der Teilnehmer den Unwertgehalt der Haupttat konkret gesteigert hat.

Käme man im Wege einer isolierenden Betrachtung nicht zur Anstiftung zum qualifizierten Delikt, bliebe insoweit nur (psychische) Beihilfe. Darin schlägt sich aber der entscheidende Beitrag zum erhöhten Unwertgehalt der Tat nicht ausreichend nieder.

Somit ist, wenn die Tat wegen der Qualifizierung eine andere rechtliche Bewertung erfährt, trotz vorheriger Entschlossenheit des Haupttäters zur Begehung des Grunddelikts von einer Anstiftung zum übersteigerten Tatganzen als selbstständiger Unrechtseinheit auszugehen.

F hat diesen Tatentschluss zum Tatganzen hervorgerufen.

Er hat B zur Tat bestimmt.

F handelte dabei vorsätzlich bezüglich der Vollendung der Haupttat wie auch hinsichtlich seiner Anstifterhandlung.

II. Die Tat geschah rechtswidrig.

III. F handelte schuldhaft.

IV. Durch seine Empfehlung hat sich F gemäß §§ 223 I, 224 I Nr. 2, 26 strafbar gemacht.

- Gesamtergebnis

B hat sich gemäß §§ 223 I, 224 I Nr. 2 strafbar gemacht.

F hat sich gemäß §§ 223 I, 224 I Nr. 2, 26 strafbar gemacht.

Fazit

1. Zur ***Haupttat***: Auf § 224 I Nr. 5 (das Leben gefährdende Behandlung) und § 224 I Nr. 3 (hinterlistiger Überfall) war der Sachverhalt nicht zugeschnitten. Jedes Wort dazu wäre spekulativ gewesen. Verkneift euch bitte überflüssige Bemerkungen wie "Es ist an ... zu denken, dafür liegen aber keine Anhaltspunkte vor" (vgl. schon Fall 15, Fazit 2.).

2. Bei der ***Anstiftung*** gilt zunächst einmal folgender Grundsatz: Ist der Anzustiftende zu einer konkreten Tat schon fest entschlossen, kann er dazu logischerweise nicht mehr bestimmt werden. Einen Toten kann man schließlich auch nicht mehr töten.

   Mit dem für uns Juristen typischen Hang zur Bildung möglichst unverständlicher Begriffe wird dieser zur Tat fest Entschlossene als ***omnimodo facturus*** bezeichnet. Möglich ist bei ihm grundsätzlich nur versuchte Anstiftung (§ 30 I 1) und/oder psychische Beihilfe (§ 27 I).

3. Ganz so einfach lag es aber im Ausgangsfall nicht. Er beschreibt die Situation der sogenannten ***Aufstiftung*** (teilweise auch ***Überstiftung*** oder ***Hochstiftung*** genannt).

   Wir haben uns der in der Rechtsprechung und einem Teil der Lehre vertretenen Auffassung angeschlossen und F im Ergebnis eine Anstiftung zum Tatganzen angehängt.

   Das ist aber alles andere als zwingend, weil unser Hintermann ja in einem Aufwasch für das Grunddelikt gleich mitverantwortlich gemacht wird, obwohl das auch ohne sein Zutun begangen worden wäre. Deswegen lehnt ein nicht unbeachtlicher Teil der Lehre auch die Anstiftung zum Tatganzen ab und kommt diesbezüglich nur zur (psychischen) Beihilfe.

Diese Literaturansicht muss allerdings noch lange nicht dazu führen, dass bei der Aufstiftung eine Strafbarkeit nach § 26 völlig unter den Tisch fällt. Wer zum Beispiel den bereits zum Diebstahl entschlossenen Täter zusätzlich zu einer Gewaltanwendung und damit zum Raub bestimmt, dürfte zumindest wegen Anstiftung zur Nötigung und/oder Körperverletzung zu bestrafen sein, die dann in Tateinheit (§ 52) mit der psychischen Beihilfe zum Raub steht. Selbst das ist aber nicht ganz unstreitig.

4. Das strukturelle Gegenstück zur Aufstiftung ist – wie könnte es anders sein – die sogenannte ***Abstiftung***: Der Täter ist zunächst zur Begehung der qualifizierten Tat entschlossen, folgt dann aber dem Rat des anderen und begeht nur das Grunddelikt.

Dass hier kein Bestimmen zur Tat i.S.d. § 26 gegeben sein kann, liegt eigentlich auf der Hand. Auch hinsichtlich des in der Qualifikation enthaltenen Grunddelikts war der Täter schon zur Tat entschlossen (siehe dieses Fazit 2.).

Problematisch ist bei der Abstiftung nur, ob man dem „Wohltäter“ eine psychische Beihilfe nach § 27 I ans Bein binden kann. Dagegen spricht, dass die Abstiftung das Risiko für das geschützte Rechtsgut verringert hat. Die geplante Tat wird teilweise verhindert oder abgeschwächt. Eigentlich kann man dem Mitwisser nur den Vorwurf machen, dass er die fremde Tat nicht ganz verhindert hat. Dieses Unterlassen ist aber in der Regel nicht strafbar (vgl. jedoch Fall 17).

5. Im weiteren Zusammenhang mit der Auf- und Abstiftung ist die sogenannte ***Umstiftung*** zu erwähnen (auch das noch!).

Der Vordermann ist zu einer bestimmten Tat entschlossen, wird aber vom Hintermann so beeinflusst, dass er eine völlig andere Tat begeht (z.B. Körperverletzung statt Betrug). Das ist bei näherem Hinsehen keine relevante Abweichung vom Normalfall des § 26. In der Umstiftung ist eine gewöhnliche Anstiftung enthalten.

6. Zweifelhaft und umstritten ist schließlich, ob das Bestimmen zur Tat i.S.d. § 26 die ***kommunikative Beeinflussung*** des Haupttäters durch den Anstifter voraussetzt, oder ob auch das Schaffen einer tatanreizenden Situation genügen kann.

Unserer Ansicht nach wird man kommunikativen (geistigen) Kontakt zwischen Anstifter und Haupttäter fordern müssen, sonst ufert der Anwendungsbereich des § 26 (Bestrafung „gleich einem Täter“!) zu sehr aus. Andererseits dürfte es zu weit gehen, für die Anstiftung eine Art Pakt mit dem Täter zu fordern. Das alles ist sehr streitig!

Fall 29

In einem Nobelviertel finden in letzter Zeit immer wieder Wohnungseinbrüche statt. Enttäuscht über ausbleibende Ermittlungserfolge der Polizei gründet Anwohner A zusammen mit anderen die Bürgerinitiative „Jetzt helfen wir uns selbst!" A hat den zwielichtigen Z in Verdacht und startet einen Alleingang. Er informiert Z darüber, dass in der Villa des O eine wertvolle Statue zu holen ist und in einer bestimmten Nacht dort niemand zu Hause sein wird. Er solle doch sein Glück versuchen. Sehr zur Freude des A beißt Z an und begibt sich in der fraglichen Nacht zur Villa. A macht sich wie geplant sofort auf den Weg zur nahe gelegenen Polizeiwache und meldet das Geschehen. Als die Polizei schließlich eintrifft, hat sich der flinke Z jedoch bereits mit der Statue aus dem Staub gemacht. Im Vorfeld hatte A zwar in Erwägung gezogen, dass es zeitlich knapp werden könnte, vertraute aber fest darauf, dass die Polizei Z noch in der Wohnung antreffen werde. Das hätte auch funktioniert, hätten die Beamten nicht trotz Hinweises des A auf die Dringlichkeit der Sache erst einmal ihre Skatrunde beendet.

Frage: Wie haben sich Z und A strafbar gemacht ?
§§ 123, 243, 244 sind nicht zu prüfen.

Lösungsskizze Fall 29

- Strafbarkeit des Z gemäß § 242 I ?

I. Tatbestand

1. Objektiver Tatbestand

a. fremde bewegliche Sache ? **(+)**

b. Wegnahme ? **(+)**

c. also: objektiver Tatbestand **(+)**

2. Subjektiver Tatbestand

a. Vorsatz ? **(+)**

b. Absicht der rechtswidrigen Zueignung ? **(+)**

c. also: subjektiver Tatbestand **(+)**

3. also: Tatbestand **(+)**

II. Rechtswidrigkeit **(+)**

III. Schuld **(+)**

IV. Ergebnis:

Strafbarkeit des Z gemäß § 242 I (+)

- Strafbarkeit des A gemäß §§ 242 I, 26 ?

I. Tatbestand

1. Objektiver Tatbestand

a. vorsätzliche rechtswidrige Haupttat ? **(+)**

b. Bestimmen zur Tat ?
= Hervorrufen des Tatentschlusses

HIER (+) → jedenfalls zu dieser konkreten Tat war Z zunächst nicht entschlossen; der Tatentschluss resultiert aus der Einflussnahme des A

c. also: objektiver Tatbestand **(+)**

2. Subjektiver Tatbestand

a. Vorsatz bezüglich der Vollendung der Haupttat ?
= Wissen und Wollen der Tatbestandsverwirklichung (hier) durch den Haupttäter

HIER (–) → A ist ein sogenannter agent provocateur; er hat die (vollendete) Wegnahme nicht gewollt und auch nicht im Sinne eines Eventualvorsatzes billigend in Kauf genommen; er vertraute vielmehr ernsthaft und nicht nur vage darauf, dass die Polizei rechtzeitig einschreitet; auch beim Eventualvorsatz ist eine gewisse Wollenskomponente erforderlich, um eine brauchbare Unterscheidung von dolus eventualis und bewusster Fahrlässigkeit zu ermöglichen (a.A. vertretbar); speziell der Anstiftervorsatz liegt nicht schon dann vor, wenn – wie hier – der Hintermann das Tatobjekt bewusst einer Gefährdung durch den Haupttäter aussetzt und sich mit dieser Gefahr abfindet (a.A. vertretbar); das führte nämlich dazu, dass letztlich fahrlässiges Unrecht zu vorsätzlichem Unrecht erhoben würde; bezüglich der Erfolgsherbeiführung (nur die kann entscheidend sein) fehlt es ja gerade am Vorsatz

b. also: subjektiver Tatbestand **(–)**

3. also: Tatbestand **(–)**

II. Ergebnis:

Strafbarkeit des A gemäß §§ 242 I, 26 (–)

- Gesamtergebnis:

Strafbarkeit des Z gemäß § 242 I (+); Strafbarkeit des A (–)

Formulierungsvorschlag Fall 29

- Strafbarkeit des Z gemäß § 242 I

Z könnte sich durch das Entwenden der Statue gemäß § 242 I strafbar gemacht haben.

I. Er hat mit der Statue eine für ihn fremde bewegliche Sache weggenommen.

Z handelte vorsätzlich und in der Absicht, sich die Statue rechtswidrig zuzueignen.

II. Die Tat geschah rechtswidrig.

III. Z handelte schuldhaft.

IV. Er hat sich durch das Entwenden der Statue gemäß § 242 I strafbar gemacht.

- Strafbarkeit des A gemäß §§ 242 I, 26

Möglicherweise hat sich A durch seine Einflussnahme auf Z gemäß §§ 242 I, 26 strafbar gemacht.

I. Mit dem Diebstahl des Z liegt eine vorsätzliche rechtswidrige Haupttat vor.

A müsste Z zu dieser Tat bestimmt haben, also dessen Tatentschluss hervorgerufen haben.

Jedenfalls zu dieser konkreten Tat war Z ursprünglich nicht entschlossen. Der Entschluss dazu beruht vielmehr auf der Einflussnahme des A.

A hat den Tatentschluss hervorgerufen und damit Z zur Tat bestimmt.

A müsste aber auch vorsätzlich hinsichtlich der Vollendung der Haupttat gehandelt haben.

Vorsatz bedeutet in diesem Zusammenhang Wissen und Wollen der Tatbestandsverwirklichung durch den Haupttäter.

A hat Z zur Tatbegehung provoziert, ohne die Vollendung der Wegnahme zu wollen oder auch nur billigend in Kauf zu nehmen. Von der Funktion her ist er ein sogenannter agent provocateur. A vertraute ernsthaft darauf, dass die Polizei rechtzeitig einschreitet. Er erkannte aber die Gefährdung und damit die Möglichkeit des Taterfolgs.

Zum Vorsatz nach allgemeinen Regeln kommt man daher nur, wenn man für den Eventualvorsatz die bloße Möglichkeitsvorstellung genügen lässt und auf jegliches Wollenselement verzichtet.

Mit dem Wissenselement ist aber lediglich eine Mindestanforderung beschrieben, die ebenso für die bewusste Fahrlässigkeit charakteristisch ist. Für den bedingten Vorsatz ist daher, entsprechend der allen Vorsatzformen gemeinsamen Grundstruktur, ein gewisses voluntatives Element zu fordern, das den entscheidenden Unterschied zur bewussten Fahrlässigkeit ausmacht.

Dieses Wollenselement ist nicht gegeben, wenn wie hier nicht nur vage sondern ernsthaft auf das Ausbleiben des Erfolgs vertraut wird.

Zumindest nach allgemeinen Regeln fehlt es damit am Vorsatz des A hinsichtlich der Vollendung der Haupttat.

Immerhin setzte A aber das Tatobjekt bewusst einer Gefährdung aus und fand sich zwar nicht mit dem Erfolgseintritt ab, aber mit der Gefährdung als solcher. Möglicherweise liegt unter diesen Voraussetzungen speziell der Anstiftervorsatz schon vor.

Das aber liefe auf eine Erhebung fahrlässigen Unrechts zu vorsätzlichem Unrecht hinaus. Entscheidender Anknüpfungspunkt auch für den Anstiftervorsatz muss die Erfolgsherbeiführung, nicht die bloße Gefährdung sein.

Nach alledem handelte A hinsichtlich der Vollendung der Haupttat nicht vorsätzlich.

II. Er hat sich durch seine Einflussnahme nicht gemäß §§ 242 I, 26 strafbar gemacht.

- Gesamtergebnis

Z hat sich gemäß § 242 I strafbar gemacht.

A hat sich nicht strafbar gemacht.

Fazit

1. Vielleicht habt ihr bei der ***Wegnahme*** – genauer beim Gewahrsamsbruch – Schwierigkeiten gesehen. Dazu bestand allerdings kein Anlass. Zum einen war A mit dem (vollendeten) Gewahrsamswechsel nicht einverstanden. Darauf kommt es hier aber auch gar nicht an, weil A nicht der bisherige Gewahrsamsinhaber war (vgl. aber Die Fälle – Strafrecht BT 2, Fall 8).

2. Der Fall betrifft den sogenannten ***agent provocateur***. Dieser Fachbegriff kommt zur Abwechslung einmal aus der französischen Sprache und bedeutet frei übersetzt etwa „Lockspitzel“.

Der agent provocateur macht sich jedenfalls dann nicht strafbar, wenn der Vorsatz zur Vollendung der Haupttat fehlt. Das ist im Grundsatz allgemein anerkannt, aber keineswegs selbstverständlich.

Zum Hintergrundverständnis: Nach der Regel der ***Akzessorietät*** (= Zusammenhang) von Haupttat und Teilnahme muss man nüchtern feststellen, dass der agent provocateur bewusst die Verwirklichung der (versuchten oder vollendeten) Haupttat herbeiführt. Lest zur Haupttat noch einmal Fall 27, Fazit 7.

3. Jede Art von Vorsatz bezüglich der Vollendung der Haupttat genügt. Wer also für den ***Eventualvorsatz*** schon die bloße Vorstellung von der Möglichkeit des

Erfolgseintritts genügen lässt (vgl. schon Fall 2) konnte im Ausgangsfall auch den Anstiftervorsatz bejahen (siehe aber dieses Fazit 4.)

Wer aber mit der h.M. allgemein auch beim dolus eventualis ein gewisses Wollenselement für erforderlich hält (Stichwort: billigend in Kauf nehmen), scheint klar zur Verneinung des Anstiftervorsatzes zu kommen.

Nun gibt es aber eine vereinzelt vertretene Ansicht, die speziell beim ***Anstiftervorsatz*** zur Vollendung der Haupttat schon genügen lässt, dass der Hintermann sich mit einer ***Gefährdung des Tatobjekts*** abfindet. Zugegeben: Ohne Vorkenntnisse wird man auf dieses Detail kaum kommen können. Zum Trost weisen wir darauf hin, dass schon die saubere (allgemeine) Prüfung des Eventualvorsatzes einen guten Eindruck hinterlassen wird.

Nicht differenzierend genug wäre dagegen eine Fallbearbeitung nach dem Motto „agent provocateur – kein Vorsatz zur Vollendung der Haupttat – Straflosigkeit – basta!" Da fehlt es dann doch deutlich am Problembewusstsein.

4. Vielfach wird vorsätzliche (und damit strafbare) Anstiftung sogar dann verneint, wenn der Vorsatz des agent provocateur auch die Vollendung umfasst, der Teilnehmer aber die endgültige und irreparable Verletzung des Rechtsguts verhindern will. Mit dieser Meinungsvariante hat aber im Ausgangsfall derjenige nichts am Hut, der schon den Vollendungsvorsatz verneint.

5. Einen besonderen Kick bekommt die Diskussion bei staatlichen Lockspitzeln, typischerweise bei ***verdeckte***n ***Ermittler***n. Die Grenzen zulässiger Tatprovokation werden vor allem von der Rechtsprechung in diesem Bereich teilweise sehr weit gezogen.

6. Wer übrigens beim agent provocateur den Anstiftervorsatz bejaht, muss auf der Rechtswidrigkeitsebene immer § 34 in Erwägung ziehen.

7. Völlig unabhängig vom agent provocateur noch ein paar Worte zur ***Bestimmtheit des Anstiftervorsatzes*** und zum sogenannten ***Exzess des Haupttäters***:

Die genauen Einzelheiten der Haupttat müssen zum Zeitpunkt der Anstiftung noch nicht endgültig festgelegt sein. Der ***Vorsatz*** muss sich aber auf eine ***in*** ihren ***wesentlichen Merkmalen*** (Grundzügen) ***konkretisierte Tat*** beziehen. In Grenzfällen ist Argumentation am Sachverhalt angesagt. Wenn es nicht für eine Anstiftung reicht, ist an den Auffangtatbestand § 111 (lesen!) zu denken.

Macht der Haupttäter mehr, als der Anstifter will (***Exzess***), ist der Anstifter nur in den Grenzen seines Vorsatzes verantwortlich. Er kann schließlich nichts dafür, wenn der Haupttäter ausrastet. Der Anstifter muss sich in dieser Situation aber oft mehr zurechnen lassen als der Mittäter oder mittelbare Täter, weil er ja dem Vordermann die Details überlässt. Ist doch klar, oder?

Fall 30

Bei der Bundeswehr wird weiter Schabernack getrieben (siehe schon Fall 22). Spieß S ist in der Beliebtheitsskala nicht gerade gestiegen. A überredet nunmehr C, dem S nach dem Muster der in Fall 22 geschilderten Geschehnisse eine weitere Abreibung zu verpassen. A drückt dem C dazu ohne nähere Erläuterung ein geladenes Gewehr in die Hand. C glaubt aber, dass sich damals der Schuss des B auch aus Sicht des A als Versehen dargestellt hat. Er geht daher wie selbstverständlich davon aus, dass A aus Erfahrung klug geworden ist und ihm jetzt ein ungeladenes Gewehr gegeben hat. A hingegen denkt, dass C sich über seine wahren Absichten im Klaren ist. C zielt auf den Fuß des S und drückt ab. Erst als sich tatsächlich ein Schuss löst und S trifft, merkt C, dass es A nicht nur darum ging, S einen Schrecken einzujagen.

Frage: Haben sich C und A wegen vorsätzlicher Begehung strafbar gemacht ?
(Die Strafbarkeit nach § 229 ist also nicht zu prüfen.)

Lösungsskizze Fall 30

- Strafbarkeit des C gemäß §§ 223 I, 224 I ?

I. Tatbestand

1. Tatbestand § 223 I

a. Objektiver Tatbestand

aa. eine andere Person ? **(+)**

bb. körperliche Misshandlung, § 223 I Var. 1 ? **(+)**

cc. Gesundheitsschädigung, § 223 I Var. 2 ? **(+)**

dd. also: objektiver Tatbestand **(+)**

b. Subjektiver Tatbestand

- Vorsatz ?

= Wissen und Wollen der Tatbestandsverwirklichung

HIER (–) → C ging irrig davon aus, das Gewehr sei nicht geladen; er wusste nicht, dass sich tatsächlich ein Schuss löst; C handelte nicht vorsätzlich, § 16 I 1

c. also: Tatbestand § 223 I **(–)**

2. also: Tatbestand **(–)**

II. Ergebnis:

Strafbarkeit des C gemäß §§ 223 I, 224 I (–)

- Strafbarkeit des A gemäß §§ 223 I, 224 I, 25 I Alt. 2 ?

I. Tatbestand

1. Tatbestand §§ 223 I, 25 I Alt. 2

a. Objektiver Tatbestand
= Körperverletzung durch einen anderen

aa. eine andere Person ? **(+)**

bb. körperliche Misshandlung, § 223 I Var. 1, durch einen anderen ?

HIER (+) → nicht A selbst, sondern C hat den S körperlich misshandelt (s.o.); A hatte aber den tatbestandsmäßigen Geschehensablauf in Händen; er hatte Tatherrschaft kraft überlegenen Wissens und Wollens

cc. Gesundheitsschädigung, § 223 I Var. 2, durch einen anderen ?

HIER (+) → s.o.

dd. also: objektiver Tatbestand **(+)**

b. Subjektiver Tatbestand

- Vorsatz ?
= Wissen und Wollen der Tatbestandsverwirklichung

HIER (–) → A war sich über seine Tatherrschaft nicht im Klaren; er ging irrig davon aus, dass C sich bewusst war, den objektiven Tatbestand zu erfüllen; von seinem gegenüber C überlegenen Wissen wusste A nichts; er hatte lediglich Anstiftervorsatz

c. also: Tatbestand §§ 223 I, 25 I Alt. 2 **(–)**

2. also: Tatbestand **(–)**

II. Ergebnis:
Strafbarkeit des A gemäß §§ 223 I, 224 I, 25 I Alt. 2 (–)

- Strafbarkeit des A gemäß §§ 223 I, 224 I, 26 ?

I. Tatbestand

1. Objektiver Tatbestand

a. vorsätzliche rechtswidrige Haupttat ?

HIER (–) → C handelte nicht vorsätzlich

b. also: objektiver Tatbestand **(–)**

2. also: Tatbestand **(–)**

II. Ergebnis:
Strafbarkeit des A gemäß §§ 223 I, 224 I, 26 (–)

- Strafbarkeit des A gemäß §§ 223 I, 224 I, 30 I 1 Var. 1 ?

(- Vorprüfung)

1. Nichtvollendung der Tat (hier der Anstiftung!) ? **(+)** → s.o.

2. Strafbarkeit des Versuchs ?

HIER (–) → die gefährliche Körperverletzung (§§ 223 I, 224 I) ist kein Verbrechen, § 12

- Ergebnis:

Strafbarkeit des A gemäß §§ 223 I, 224 I, 30 I 1 Var. 1 (–)

- Gesamtergebnis:

Strafbarkeit des C wegen vorsätzlicher Begehung (–); Strafbarkeit des A wegen vorsätzlicher Begehung (–)

Formulierungsvorschlag Fall 30

- Strafbarkeit des C gemäß §§ 223 I, 224 I

C könnte sich durch den Schuss gemäß §§ 223 I, 224 I strafbar gemacht haben.

I. Er hat durch diese Handlung eine andere Person – nämlich S – körperlich misshandelt und an der Gesundheit geschädigt.

C müsste vorsätzlich gehandelt haben.

Vorsatz bedeutet Wissen und Wollen der Tatbestandsverwirklichung.

C könnte sich in einem vorsatzausschließenden Tatbestandsirrtum nach § 16 I 1 befunden haben.

Er wusste nicht, dass die Waffe geladen war. Er ging vielmehr aufgrund des Missverständnisses irrig vom Gegenteil aus. C war insoweit gutgläubig.

Er wusste nichts von der Tatbestandsverwirklichung und befand sich damit in einem vorsatzausschließenden Tatbestandsirrtum nach § 16 I 1.

C handelte nicht vorsätzlich.

II. Er hat sich somit durch den Schuss nicht gemäß §§ 223 I, 224 I strafbar gemacht.

- Strafbarkeit des A gemäß §§ 223 I, 224 I, 25 I Alt. 2

Möglicherweise hat sich A kraft überlegenen Wissens und Wollens gemäß §§ 223 I, 224 I, 25 I Alt. 2 strafbar gemacht.

I. Er müsste dazu die Tat durch C begangen haben.

Für die Begehung in mittelbarer Täterschaft ist Tatherrschaft erforderlich. A müsste den tatbestandsmäßigen Geschehensablauf in Händen gehalten haben.

C hat die Körperverletzung objektiv tatbestandsmäßig im Sinne des § 223 I begangen. Ihm fehlte aber wie gezeigt der entsprechende Vorsatz.

A wusste hingegen, dass die Waffe geladen war. Er hatte überlegenes Wissen. Faktisch hielt A deshalb den tatbestandsmäßigen Geschehensablauf in Händen und hatte Tatherrschaft.

A hat die Tat objektiv durch C begangen.

Er müsste vorsätzlich gehandelt haben. Vorsatz bedeutet Wissen und Wollen der Tatbestandsverwirklichung.

A wusste und wollte, dass C den Schuss abgibt und S trifft. Sein Vorsatz umfasste die Tatausführung.

Der Vorsatz müsste sich aber auch auf die eigene Tatherrschaft beziehen. Insoweit könnte A sich in einem vorsatzausschließenden Tatbestandsirrtum nach § 16 I 1 befunden haben.

Über sein die Tatherrschaft objektiv begründendes überlegenes Wissen war sich A nicht im Klaren. Irrig ging er davon aus, dass C die Sachlage und damit die Auswirkung seines Handelns richtig erkannt hat. A wollte daher die Tat nicht beherrschen, sondern ging von einer eigenverantwortlichen Tat des C aus. A hatte lediglich Anstiftervorsatz. Was die zur mittelbaren Täterschaft führende Tatherrschaft betrifft, befand er sich in einem vorsatzausschließenden Tatbestandsirrtum nach § 16 I 1.

A handelte nicht vorsätzlich.

II. Er hat sich daher nicht kraft überlegenen Wissens und Wollens gemäß §§ 223 I, 224 I, 25 I Alt. 2 strafbar gemacht.

- Strafbarkeit des A gemäß §§ 223 I, 224 I, 26

Angesichts des bereits festgestellten Anstiftervorsatzes des A ist an eine Strafbarkeit gemäß §§ 223 I, 224 I, 26 zu denken.

I. Dazu müsste allerdings eine vorsätzliche rechtswidrige Haupttat gegeben sein.

C handelte bei der Körperverletzung gerade nicht vorsätzlich.

Es liegt keine zur Anstiftung taugliche Haupttat vor.

II. A hat sich nicht gemäß §§ 223 I, 224 I, 26 strafbar gemacht.

- Strafbarkeit des A gemäß §§ 223 I, 224 I, 30 I 1 Var. 1

Zu denken ist weiter an versuchte Anstiftung nach §§ 223 I, 224 I, 30 I 1 Var. 1.

Die Anstiftung ist wie gezeigt mangels vorsätzlicher Haupttat nicht vollendet.

Die versuchte Anstiftung ist aber nach § 30 I 1 nur strafbar, wenn es sich bei der Haupttat, die der Vordermann hätte begehen sollen, um ein Verbrechen handelt.

Nach § 12 I ist ein Verbrechen eine Tat, die im Mindestmaß mit Freiheitsstrafe von einem Jahr oder darüber bedroht ist. Die gefährliche Körperverletzung gemäß §§ 223 I, 224 I ist indessen im Mindestmaß lediglich mit Freiheitsstrafe unter einem Jahr bedroht. Sie ist daher nach § 12 II lediglich ein Vergehen und kein Verbrechen.

Die versuchte Anstiftung zur gefährlichen Körperverletzung ist nicht strafbar.

A hat sich nicht wegen versuchter Anstiftung zur gefährlichen Körperverletzung nach §§ 223 I, 224 I, 30 I 1 Var. 1 strafbar gemacht.

- Gesamtergebnis

C und A haben sich nicht wegen vorsätzlicher Begehung strafbar gemacht.

Fazit

1. Wir hatten bereits darauf hingewiesen, dass der mittelbare Täter sich über die Tatherrschaft bewusst sein muss und dass Irrtümer denkbar sind (Fall 22, Fazit 4. a.E.).

Hier fehlte es an diesem Bewusstsein, weshalb die mittelbare Täterschaft des A im subjektiven Tatbestand kippte. Selbst die antiquierte rein subjektive Theorie käme nicht zur Täterschaft, weil A ja die Tat nicht als eigene wollte. Er hatte vielmehr typischen ***Anstiftervorsatz***. Nun dürft ihr nicht den Fehler machen, aus der Kombination aus objektiver Tatherrschaft und Anstiftervorsatz Täterschaft zu konstruieren.

2. Wenn jemand also (nur) Anstiftervorsatz hat, muss nach Verneinung der Täterschaft die Anstiftung geprüft werden, auch wenn man dabei nicht weit kommt.

Vollendete Anstiftung (§ 26) scheitert am Fehlen einer rechtswidrigen Haupttat.

Damit bleibt versuchte Anstiftung (§ 30 I 1). Wie bei jedem Versuch (dazu später mehr) ist hier in einer Vorprüfung zweierlei zu checken. Die Tat (hier also die Anstiftung!) darf nicht vollendet sein. Das hatten wir ja schon geprüft.

Dann aber muss der Versuch auch strafbar sein. Die versuchte Anstiftung ist nach § 30 I 1 nur strafbar, wenn die Haupttat, die der Vordermann hätte begehen sollen, ein Verbrechen (Gegenbegriff: Vergehen) ist. Da braucht ihr nicht lange zu rätseln, ein Blick in § 12 genügt. Hier ging es eben nicht um ein Verbrechen, sodass die versuchte Anstiftung nicht strafbar war.

Für die Kenner ist natürlich glasklar, dass hier weder Anstiftung noch (strafbare) versuchte Anstiftung gegeben ist. Deswegen wird man sich in der Klausur – vor allem wenn sonst noch eine Menge zu prüfen ist – auch guten Gewissens auf eine kurze Feststellung beschränken können. Etwa so: „Eine Anstiftung gemäß §§ 223 I, 224 I, 26 kommt mangels vorsätzlicher Haupttat nicht näher in Betracht. Die versuchte Anstiftung ist nach §§ 30 I 1, 12, 224 I nicht strafbar."

3. Fahrlässige Körperverletzung nach § 229 war nicht zu prüfen. Denkt aber an § 16 I 2 (lesen!), der an sich nur eine Selbstverständlichkeit klarstellt.

4. Irrtumskonstellationen lassen sich umkehren. Eine solche ***Umkehrung*** ist immer eine gute und für das Strukturverständnis hilfreiche Übung. ***Im Ausgangsfall*** hatte A keine Kenntnis der objektiv gegebenen Tatherrschaft. ***Im umgekehrten Fall*** hat er objektiv keine Tatherrschaft, geht aber irrig davon aus. Bezogen auf den Ausgangsfall: „C weiß, dass das Gewehr geladen ist. A denkt aber, er wisse es nicht." Haltet kurz inne und überlegt euch die Lösung.

Beim Vordermann (C) hat man keine Probleme mit der unmittelbaren Alleintäterschaft. Im Gegensatz zur Fehlvorstellung des Hintermanns (A) ist Vorsatz gegeben.

Vollendete mittelbare Täterschaft des Hintermanns (A) scheidet aus, weil es objektiv an der Tatherrschaft fehlt. Entgegen seiner Vorstellung hat der Hintermann faktisch (nur) eine Anstiftung begangen. Nur wer auf das Kriterium der Tatherrschaft ganz verzichtet (siehe aber Fall 22, Fazit 2.), kann zu einem anderen Ergebnis gelangen.

Wegen der Fehlvorstellung liegt aber versuchte mittelbare Täterschaft des Hintermanns (A) vor.

Bei der Anstiftung des Hintermanns (A) taucht das Problem im subjektiven Tatbestand auf. Sein Vorsatz war auf Tatherrschaft, nicht bloß auf das Hervorrufen des fremden Tatentschlusses gerichtet. Die vorsätzliche Haupttat hat der Hintermann nicht auf der Rechnung gehabt. Zur Strafbarkeit nach § 26 kommt man aber mit der Überlegung, dass der Anstiftervorsatz als „Minus" im Täterschaftsbewusstsein enthalten ist. Die h.M. folgt diesem Gedanken und nimmt (vollendete) Anstiftung an.

Fall 31

Arzt A und seine Ehefrau E haben sich auseinandergelebt. Dann hat A ein Verhältnis mit Krankenschwester K begonnen. Es ergibt sich, dass sich E stationär als Patientin im Krankenhaus aufhält. A bittet K darum, E eine Spritze mit tödlich wirkendem Gift zu geben. K hält das angesichts des geplanten unbeschwerten Zusammenlebens mit A für eine sehr gute Idee, die sie bei nächster Gelegenheit in die Tat umsetzen möchte. Dummerweise verwechselt K, die E noch nie gesehen hat, die Zimmernummern und geht mit der Spritze zu Patientin P. K verabreicht P die Injektion. Kurz darauf stirbt P an der Wirkung des Gifts.

Frage: Wie haben sich K und A strafbar gemacht ?
Die Strafbarkeit nach §§ 211, 224, 222 ist nicht zu prüfen.

Lösungsskizze Fall 31

- Strafbarkeit der K gemäß § 212 I ?

I. Tatbestand

1. Objektiver Tatbestand

a. ein anderer Mensch ? (+)

b. Töten ? (+)

c. also: objektiver Tatbestand (+)

2. Subjektiver Tatbestand

- Vorsatz ?
= Wissen und Wollen der Tatbestandsverwirklichung

HIER (+) → K hat mit P die Person getroffen, auf die sie die Spritze angesetzt hatte; es liegt lediglich ein Irrtum über das Tatobjekt (hier: error in persona) vor; wegen der Gleichwertigkeit von getroffenem und vorgestelltem Tatobjekt führt ein solcher Irrtum nicht zur Anwendung des § 16 I 1

3. also: Tatbestand (+)

II. Rechtswidrigkeit (+)

III. Schuld (+)

IV. Ergebnis:

Strafbarkeit der K gemäß § 212 I (+)

- Strafbarkeit des A gemäß §§ 212, 26 ?

I. Tatbestand

1. Objektiver Tatbestand

a. vorsätzliche rechtswidrige Haupttat ? (+)

b. Bestimmen zur Tat ?
= Hervorrufen des Tatentschlusses

HIER (+) → K wurde von A zur Tat angeregt; von sich aus ist sie nicht darauf gekommen

c. also: objektiver Tatbestand (+)

2. Subjektiver Tatbestand

a. Vorsatz bezüglich der Vollendung der Haupttat ?
= entsprechendes Wissen und Wollen

HIER (−) → der error in persona des Vordermanns könnte sich für den Anstifter als Fehlgehen der Tat (aberratio ictus) auswirken; darauf käme es aber nur an, wenn nicht auch eine aberratio ictus im Ergebnis unbeachtlich wäre;

die aberratio ictus führt aber anders als ein error in persona auch bei Gleichwertigkeit von angestrebtem und getroffenem Objekt zur Verneinung des Vorsatzes hinsichtlich des getroffenen Objekts (a.A. vertretbar); die mangelnde Beherrschung, also die Zielverfehlung lässt die Annahme des Vorsatzes nicht zu; ließe man den Willen genügen, irgendeinen beliebigen Menschen zu töten, wäre dies eine Missachtung der Tatsache, dass der Vorsatz auf ein bestimmtes Tatobjekt konkretisiert ist; die aberratio ictus ist beachtlich;

der error in persona des Vordermanns wirkt sich auch für den Anstifter als Fehlgehen der Tat (aberratio ictus) aus; der Rechtsgutsangriff des Anstifters verfehlt infolge der Objektsverwechslung des Haupttäters sein Ziel; die Vorstellung des Anstifters geht ins Leere, wenn der Vordermann eine andere Person als die ihm vom Anstifter benannte angegriffen hat; der Anstiftervorsatz erfasst in dieser Situation den Erfolg der Haupttat nicht; mithin weist die Fehlvorstellung des Vordermanns entscheidende Unterschiede zu der des Hintermanns auf; die Argumentation, ein für den Täter unbeachtlicher Irrtum könne auch beim Anstifter keine Rolle spielen, überzeugt daher nicht

b. also: subjektiver Tatbestand (−)

3. also: Tatbestand (−)

II. Ergebnis:

Strafbarkeit des A gemäß §§ 212 I, 26 (−)

- Strafbarkeit des A gemäß §§ 212 I, 30 I 1 Var. 1 ?

(- Vorprüfung)

*1. **Nichtvollendung der Tat (hier der Anstiftung!) ?*** **(+)**

*2. **Strafbarkeit des Versuchs ?*** **(+)** → §§ 30 I 1, 12 I, 212 I

I. Tatbestand

*1. **Subjektiver Tatbestand = Tatentschluss*** **(+)**

*2. **Objektiver Tatbestand = unmittelbares Ansetzen*** **(+)**

*3. <u>also</u>: **Tatbestand*** **(+)**

II. Rechtswidrigkeit **(+)**

III. Schuld **(+)**

IV. Ergebnis:

Strafbarkeit des A gemäß §§ 212 I, 30 I 1 Var. 1 (+)

- Gesamtergebnis:

Strafbarkeit der K gemäß § 212 I (+); Strafbarkeit des A gemäß §§ 212 I, 30 I 1 Var. 1 (+)

Formulierungsvorschlag Fall 31

- Strafbarkeit der K gemäß § 212 I

K könnte sich durch die Injektion gemäß § 212 I strafbar gemacht haben.

I. Sie hat einen anderen Menschen – nämlich P – getötet.

K müsste vorsätzlich gehandelt haben. Vorsatz bedeutet Wissen und Wollen der Tatbestandsverwirklichung.

K könnte sich dadurch, dass sie P mit E verwechselt hat, in einem vorsatzausschließenden Tatbestandsirrtum nach § 16 I 1 befunden haben.

Sie hat zwar das Tatobjekt verwechselt, zugleich aber mit P die Person getroffen, auf die sie die Spritze angesetzt hatte. Kennzeichnend für einen solchen error in persona ist, dass die durchgeführte und die irrtümlich vorgestellte Tat gleichwertig sind. Wäre die Vorstellung der K zutreffend, änderte sich nichts an der rechtlichen Bewertung, dass sie nämlich einen Menschen getötet hat. Wegen dieser Gleichwertigkeit der Tatobjekte liegt ein bloßer Motivirrtum vor, der nicht zur Anwendung des § 16 I 1 führt und den Vorsatz daher unberührt lässt.

K handelte vorsätzlich.

II. Die Tat geschah rechtswidrig.

III. K handelte schuldhaft.

IV. Sie hat sich durch die Injektion gemäß § 212 I strafbar gemacht.

- Strafbarkeit des A gemäß §§ 212 I, 26

Möglicherweise hat sich A dadurch, dass er K um die Tötung der E gebeten hat, gemäß §§ 212 I, 26 strafbar gemacht.

I. K hat mit dem Totschlag eine vorsätzliche rechtswidrige Haupttat begangen.

A müsste sie dazu bestimmt haben, also den Tatentschluss hervorgerufen haben.

K wurde von A zur Tat angeregt. Von sich aus ist sie nicht darauf gekommen, jemanden mit der Spritze zu töten.

Durch die Bitte hat A den Tatentschluss der K hervorgerufen.

Er müsste vorsätzlich gehandelt haben. Vorsatz bedeutet Wissen und Wollen der Tatbestandsverwirklichung, wobei sich der Anstiftervorsatz zunächst auf die Vollendung der Haupttat beziehen muss.

A wollte, dass K gerade E tötet und nicht etwa eine beliebige andere Person. Die Tötung der P hat A nicht einmal im Sinne eines Eventualvorsatzes billigend in Kauf genommen.

Gleichwohl hat K die Tat aus dem von A hervorgerufenen Vorsatz heraus begangen. Sie handelte wie gezeigt lediglich in einem unbeachtlichen Irrtum über das gleichwertige Tatobjekt (error in persona). Auf den ersten Blick erscheint konsequent, dass auch A als Hintermann dadurch nicht entlastet sein kann.

Dieser Gedanke überzeugte aber nur, wenn die Irrtümer der Beteiligten identisch oder zumindest gleich zu behandeln wären. K irrte über die Person des Opfers, während A die Entwicklung der in Gang gesetzten Kausalreihe falsch einschätzte. Die Irrtümer unterscheiden sich insofern deutlich.

Für A könnte sich der error in persona der K als Fehlgehen der Tat (aberratio ictus) ausgewirkt haben. Darauf käme es aber nur an, wenn nicht ohnehin die aberratio ictus dem error in persona rechtlich gleichzustellen wäre.

Das Fehlgehen der Tat zeichnet mangelnde Beherrschung und daraus resultierende Zielverfehlung aus.

Zur Bejahung des Vorsatzes käme man bei der aberratio ictus bezogen auf ein Tötungsdelikt somit nur, wenn man den Willen genügen ließe, dass überhaupt ein Mensch zu Tode kommt. Die Konstruktion eines solchen generellen Willens, ein beliebiges Objekt gleicher Gattung zu verletzen, wäre aber eine reine Unterstellung, die der Wirklichkeit nicht gerecht würde.

Die aberratio ictus führt wegen des konkretisierten Vorsatzes folglich anders als der error in persona auch bei Gleichwertigkeit von angestrebtem und getroffenem Objekt zur Verneinung des Vorsatzes bezüglich des getroffenen Objekts.

Es kommt deswegen darauf an, ob sich der error in persona der K als aberratio ictus des A darstellt.

K hat nicht die von A konkret benannte E getötet, sondern P. Damit geht die Anstiftervorstellung des A ins Leere. Der mit der Bestimmung zur Tat verbundene Rechtsgutsangriff verfehlt sein Ziel.

Der error in persona des Vordermanns wirkt sich daher für den Anstifter als vorsatzausschließendes Fehlgehen der Tat (aberratio ictus) aus.

A handelte nicht vorsätzlich bezüglich der Vollendung der von K verwirklichten Haupttat.

II. Er hat sich durch seine Bitte nicht gemäß §§ 212 I, 26 strafbar gemacht.

- Strafbarkeit des A gemäß §§ 212 I, 30 I 1 Var. 1

A könnte sich aber durch die an K gerichtete Bitte zur Tötung der E gemäß §§ 212 I, 30 I 1 Var. 1 strafbar gemacht haben.

Die Anstiftung ist nicht vollendet.

Die versuchte Anstiftung ist wegen des Verbrechenscharakters des Totschlags gemäß §§ 30 I 1, 12 I, 212 I strafbar.

I. A hatte Tatentschluss, die K zur Tötung der E anzustiften.

Mit der Bitte hat er auch unmittelbar zu dieser Anstiftung angesetzt.

II. Die Tat geschah rechtswidrig.

III. A handelte schuldhaft.

IV. Er hat sich durch die an K gerichtete Bitte zur Tötung der E gemäß §§ 212 I, 30 I 1 Var. 1 strafbar gemacht.

- Gesamtergebnis

K hat sich gemäß § 212 I strafbar gemacht.

A hat sich gemäß §§ 212 I, 30 I 1 Var. 1 strafbar gemacht.

Fazit

1. Na, haben wir euch bei Fall 4 im Fazit 4. zu viel versprochen?

Der Ansatzpunkt: Der ***error in persona des Vordermanns*** könnte sich als ***aberratio ictus des Hintermanns*** auswirken. Darauf kommt es aber nur an, wenn man mit der h.M. die aberratio ictus anders als den error in persona auch bei Gleichwertigkeit der Tatobjekte für beachtlich hält.

Wer mit der Mindermeinung den error und die aberratio sowieso gleichstellt (vgl. Fall 5, Fazit 2.), kommt schon damit zum Vorsatz. Er braucht sich nicht weiter mit dem spezifischen Teilnahmeproblem zu beschäftigen und darf dies streng gutachtentechnisch auch gar nicht tun. Mit anderen Worten: Es ist vorsichtig ausgedrückt nicht optimal und eigentlich sogar falsch, zunächst festzustellen, dass der error des Vordermanns eine aberratio des Hintermanns ist, um erst dann die rechtlichen Folgen der aberratio ictus zu erörtern.

2. Wir haben uns der h.L. angeschlossen, sodass vollendete Anstiftung zur (vollendeten) Haupttat ausscheidet.

Insbesondere in der Rechtsprechung wird das anders gesehen, zumindest wenn nicht gerade ausnahmsweise die Verwechslung des Vordermanns ganz außerhalb des nach der Lebenserfahrung Vorhersehbaren liegt. Die im Formulierungsvorschlag angedeutete Argumentation lautet dabei im Wesentlichen: Ein Irrtum, aus dem der Vordermann keinen Honig saugen kann, darf auch dem Hintermann nichts nützen. Dahinter steht wohl in erster Linie die Befürchtung (im Zweifel unerträglicher!) Strafbarkeitslücken in den Fällen, in denen die versuchte Anstiftung nach § 30 I 1 nicht strafbar ist.

3. Im Ausgangsfall kam es aber zur Bestrafung wegen versuchter Anstiftung. Noch einmal zur Klarstellung: Die Prüfung der vollendeten Anstiftung bezieht sich auf die tatsächlich begangene Haupttat. Die Prüfung der versuchten Anstiftung setzt bei der geplanten – und so nicht verwirklichten – Haupttat an.

Nun wird allerdings vereinzelt noch ein weiterer Gedanke gesponnen: Kann aus der Perspektive des Hintermanns in der Tatausführung am falschen Objekt zugleich auch ein Versuch des Vordermanns am richtigen Objekt liegen? Käme man dann zu einer vollendeten Anstiftung zum versuchten Delikt? Im Prinzip schon. Die Sache hat aber zumindest einen entscheidenden Haken: Gegenüber dem richtigen Tatobjekt setzt der Haupttäter nicht unmittelbar an (vgl. § 22), aus Sicht des Anstifters schon gar nicht.

4. Das ***Problem*** kann sich mit geringfügig anderen Nuancen ***auch bei der mittelbaren Täterschaft*** stellen. Im Prinzip ist es dann das gleiche Ding wie im Ausgangsfall. Wie müsste der Fall abgewandelt werden, damit man im Rahmen einer Prüfung der mittelbaren Täterschaft auf die Frage nach der Auswirkung des error in persona der K stößt? Denkt bitte darüber nach, bevor ihr weiterlest (Stichwort: aktives Lernen).

Die naheliegendste Variante ist folgende: „A täuscht der gutgläubigen K vor, die Spritze sei mit einem harmlosen Medikament gefüllt.“

Bei der mittelbaren Täterschaft kommt ein spezifisches Argument für die Annahme einer aberratio ictus des Hintermanns hinzu: Es kann letztlich keinen Unterschied machen, ob ein mechanisches Werkzeug (Waffe) sein Ziel verfehlt oder ein menschliches Werkzeug.

Fall 32

Die Tresorknacker A und B gehen nachts auf Beutezug. Beide sind mit geladenen Pistolen bewaffnet, über deren möglichen Einsatz man sich bei der Planung verständigt hatte. Es soll der Vereinbarung nach auch auf Verfolger geschossen werden, wenn eine Festnahme zu befürchten ist. Als A und B den Geldschrank fast aufgeschweißt haben, werden sie vom aufmerksamen Polizeiobermeister P entdeckt. A schaltet sofort und tritt die Flucht an. Der etwas langsamere B läuft hinterher. A denkt jedoch, B habe sich in eine andere Richtung aus dem Staub gemacht. Als A die Schritte hinter sich hört, dreht er sich um. Er erkennt in der Dunkelheit schemenhaft eine Person, die er für einen Polizisten hält. A gibt einen Schuss ab, um den lästigen Verfolger außer Gefecht zu setzen. In Wahrheit handelt es sich aber um B, der am rechten Oberarm getroffen wird.

Frage: Haben sich A und/oder B gemäß §§ 223 I, 224 I Nr. 2 strafbar gemacht ?

Lösungsskizze Fall 32

- Strafbarkeit des A gemäß §§ 223 I, 224 I Nr. 2 ?

I. Tatbestand

1. Tatbestand § 223 I

a. Objektiver Tatbestand

aa. eine andere Person ? (+)

bb. körperliche Misshandlung, § 223 I Var. 1 ? (+)

cc. Gesundheitsschädigung, § 223 I Var. 2 ? (+)

dd. also: objektiver Tatbestand (+)

b. Subjektiver Tatbestand

- Vorsatz ?

= Wissen und Wollen der Tatbestandsverwirklichung

HIER (+) → A hat mit B die Person getroffen, auf die er gezielt hatte; es liegt lediglich ein Irrtum über das Tatobjekt (hier: error in persona) vor; wegen der Gleichwertigkeit von getroffenem und vorgestelltem Tatobjekt führt ein solcher Irrtum nicht zur Anwendung des § 16 I 1

c. also: Tatbestand § 223 I (+)

2. Tatbestand § 224 I Nr. 2

a. Objektiver Tatbestand

aa. mittels eines gefährlichen Werkzeugs ? (+)

bb. <u>also</u>: objektiver Tatbestand (+)

b. Subjektiver Tatbestand

- Vorsatz ? (+)

c. <u>also</u>: Tatbestand § 224 I Nr. 2 (+)

3. <u>also</u>: Tatbestand (+)

II. Rechtswidrigkeit (+)

III. Schuld (+)

IV. Ergebnis:

Strafbarkeit des A gemäß §§ 223 I, 224 I Nr. 2 (+)

- Strafbarkeit des B gemäß §§ 223 I, 224 I Nr. 2, 25 II ?

I. Tatbestand

1. Subjektiver Tatbestand

a. gemeinsamer Tatplan / Täterwille ?

HIER (–) → es liegt zwar grundsätzlich ein gemeinsamer Tatplan vor, der erstreckte sich aber nicht zurechenbar auf die Verletzung des B; aus Sicht des B könnte sich der für A unbeachtliche error in persona als Fehlgehen der Tat (aberratio ictus) darstellen; eine Zurechnung der (vollendeten) Körperverletzung über § 25 II scheitert aber schon daran, dass B selbst verletzt wurde und daher aus seiner Sicht nicht eine andere Person; B hätte als Alleintäter den Tatbestand nicht durch Selbstverletzung begehen können; er selbst ist für B kein taugliches Tatobjekt; dies muss auch im Rahmen der Mittäterschaft berücksichtigt werden

b. <u>also</u>: subjektiver Tatbestand (–)

2. <u>also</u>: Tatbestand (–)

II. Ergebnis:

Strafbarkeit des B gemäß §§ 223 I, 224 I Nr. 2, 25 II (–)

- Gesamtergebnis:

Strafbarkeit des A gemäß §§ 223 I, 224 I Nr. 2 (+); Strafbarkeit des B gemäß §§ 223 I, 224 I Nr. 2, 25 II (–)

Formulierungsvorschlag Fall 32

- Strafbarkeit des A gemäß §§ 223 I, 224 I Nr. 2

A könnte sich durch den Schuss gemäß §§ 223 I, 224 I Nr. 2 strafbar gemacht haben.

I. Er hat durch diese Handlung eine andere Person – nämlich B – körperlich misshandelt und an der Gesundheit geschädigt.

A müsste vorsätzlich gehandelt haben. Vorsatz bedeutet Wissen und Wollen der Tatbestandsverwirklichung.

A könnte sich dadurch, dass er B mit einem vermeintlichen Verfolger verwechselt hat, in einem vorsatzausschließenden Tatbestandsirrtum nach § 16 I 1 befunden haben.

Er hat zwar das Tatobjekt verwechselt, zugleich aber mit B die Person getroffen, auf die er gezielt hatte. Kennzeichnend für einen solchen error in persona ist, dass die durchgeführte und die irrtümlich vorgestellte Tat gleichwertig sind. Wäre die Vorstellung des A zutreffend, änderte sich nichts an der rechtlichen Bewertung, dass er nämlich einen Menschen verletzt hat. Wegen dieser Gleichwertigkeit der Tatobjekte liegt ein bloßer Motivirrtum vor, der nicht zur Anwendung des § 16 I 1 führt und den Vorsatz daher unberührt lässt.

A handelte vorsätzlich.

Die Körperverletzung hat er mittels einer Waffe, also mittels eines in § 224 I Nr. 2 beispielhaft aufgeführten gefährlichen Werkzeugs begangen.

Auch darauf erstreckte sich der Vorsatz des A.

II. Die Tat geschah rechtswidrig.

III. A handelte schuldhaft.

IV. Er hat sich folglich durch den Schuss gemäß §§ 223 I, 224 I Nr. 2 strafbar gemacht.

- Strafbarkeit des B gemäß §§ 223 I, 224 I Nr. 2, 25 II

Möglicherweise ist B die Tat des A gemäß § 25 II zuzurechnen, sodass er sich nach §§ 223 I, 224 I Nr. 2, 25 II strafbar gemacht hätte.

I. Grundsätzlich wurde ein gemeinsamer Tatplan gefasst. Dieser Tatplan müsste aber auch zurechenbar die Verletzung des B erfasst haben.

Denkbar ist, dass sich der error in persona des A für B als potenziellen Mittäter als Fehlgehen der Tat (aberratio ictus) dargestellt hat.

Eine Zurechnung nach § 25 II könnte jedoch bereits an fehlender Tauglichkeit des Tatobjekts scheitern.

§ 223 I setzt die Verletzung einer anderen Person voraus. B selbst ist aus seiner Sicht keine andere Person. Er hätte den Tatbestand als Alleintäter mangels Tauglichkeit des Tatobjekts nicht durch Selbstverletzung begehen können.

Somit scheidet schon unter diesem Gesichtspunkt eine Zurechnung der vollendeten Körperverletzung des A nach § 25 II aus.

II. B hat sich nicht gemäß §§ 223 I, 224 I Nr. 2, 25 II strafbar gemacht.

- Gesamtergebnis

A hat sich gemäß §§ 223 I, 224 I Nr. 2 strafbar gemacht.

B hat sich nicht gemäß §§ 223 I, 224 I Nr. 2, 25 II strafbar gemacht.

Fazit

1. Wer nun denkt, so ein Fall könne nur ein Hirngespinst kranker Theoretiker sein, irrt sich gewaltig. Die besten Geschichten schreibt immer noch das Leben selbst. Unser ***Verfolger-Fall*** basiert auf einer viel diskutierten BGH-Entscheidung (BGHSt 11, 268). Dort hatte allerdings der Schütze nicht getroffen.

2. Für Entgleisungen des Tatausführenden (Exzesse) kann man Mittäter grundsätzlich nicht nach § 25 II verantwortlich machen (vgl. Fall 29, Fazit 7.)

   Ihr habt sicher die Parallele zu Fall 31 erkannt. Auch hier handelte der Tatausführende (A) aufgrund einer für ihn unbeachtlichen Personenverwechslung, eines error in persona.

   Im Fall eines irrtümlichen Schusses auf einen ***Nichtverfolger*** stellt sich ***bei*** der ***Mittäterschaft ähnlich wie bei mittelbarer Täterschaft und Anstiftung*** (vgl. Fall 31) die Frage, ob sich dieser ***error in persona*** für den oder die anderen als ***aberratio ictus*** darstellt.

   Dies ist auch im Rahmen der Zurechnung nach § 25 II streitig, wobei hier tendenziell mehr dafür spricht, dass auch dem Tatgenossen der error in persona nichts nützt. Es lässt sich gut argumentieren, die Möglichkeit eines error in persona werde bei dem die Mittäterschaft kennzeichnenden gemeinsamen Tatplan und der damit verbundenen Rollenverteilung als Unsicherheitsfaktor in Kauf genommen. Die h.M. macht dann auch den oder die anderen Mittäter für den Irrtum des Ausführenden verantwortlich.

3. In unserem Ausgangsfall kam aber noch hinzu, dass ausgerechnet die ***Mittäterschaft desjenigen*** geprüft werden musste, ***der selbst Opfer*** der Körperverletzung des Ausführenden ***war***. Er kann nicht Täter sein, weil er für sich selbst kein taugliches Tatobjekt ist. Die Selbstverletzung ist ebenso wie die Selbsttötung nicht strafbar. Die Mittäterschaft scheidet damit aus. Für das vollendete Delikt ist das unstreitig!

   Der BGH hat aber über § 25 II ***Strafbarkeit wegen untauglichen Mordversuchs*** an sich selbst angenommen (Verdeckungsabsicht, vgl. Die Fälle – Strafrecht BT 1, Fall 5, Fazit 2. ff). Das ist ein sehr originelles aber zugleich mehr als zweifelhaftes Ergebnis. In der Literatur wird die BGH-Entscheidung unter verschiedenen Aspekten massiv kritisiert.

Es leuchtet ein, dass damit letztlich die Straflosigkeit der Selbstverletzung bzw. Selbsttötung unterlaufen wird. Wenn man den error in persona des Ausführenden als aberratio ictus des potenziellen Mittäters ansieht, ist schon deswegen nach h.M. Schluss mit dem Vorsatz (vgl. Fall 31).

Wer hingegen grundsätzlich den error in persona auch für den Tatgenossen als unbeachtlich ansieht, muss ***bei näherem Hinsehen*** erkennen, dass es sich in diesem zugespitzten Sonderfall um einen ***Irrtum über ungleichwertige Tatobjekte*** handelt. Zwischen einem anderen und einem selbst macht das Strafrecht wie gezeigt einen erheblichen Unterschied. Nur die körperliche Unversehrtheit und das Leben eines aus Sicht des Täters anderen ist vor Angriffen geschützt.

4. Wir haben oben betont, dass der BGH für den Mittäter Mordversuch an sich selbst angenommen hat. Nachdenken kann man weiter über eine Bestrafung wegen Versuchs an der gedachten Person, also an einem vermeintlichen Verfolger. Dazu verweisen wir auf die entsprechenden Ausführungen in Fazit 3. zu Fall 31.

5. Wer jetzt übrigens schlimmste Strafbarkeitslücken befürchtet, sei darauf hingewiesen, dass das Gesetz mehr zu bieten hat, als man vielleicht auf den ersten Blick vermutet. Unter anderem in den Verfolger-Fällen ist an § 30 II (lesen!) zu denken.

Fall 33

Anfänger A will endlich auf eigenen Füßen stehen. Er ist fest entschlossen, seinen ersten großen Bruch zu machen. Konkret hat er sich als Tatort einen Spielsalon ausgesucht, in den man nachts durch eine Dachluke gelangen kann. Um auf das Dach zu kommen, hat sich A eine Klappleiter gekauft. Den exakten Tatplan hat er allein ausgearbeitet. Der kollegiale K bietet A an, ihm die Leiter zu tragen. Dabei soll es sich um einen reinen Freundschaftsdienst handeln, ein Honorar oder gar eine Beteiligung an der Beute ist nicht vorgesehen. Tatsächlich trägt K die Leiter zum Spielsalon, ansonsten will er ihm nicht ins Handwerk pfuschen. A gelangt über das Dach ins Haus und erbeutet die Tageseinnahmen in Höhe von immerhin gut 5.000 €. Er war auf die Unterstützung des K nicht angewiesen. Vielmehr wäre er bereit und in der Lage gewesen, die Leiter selbst zu tragen.

Frage: Wie haben sich A und K strafbar gemacht ?
§§ 123, 243, 244 sind nicht zu prüfen.

Lösungsskizze Fall 33

- Strafbarkeit des A gemäß § 242 I ?

I. Tatbestand

1. Objektiver Tatbestand

a. fremde bewegliche Sache ? (+)

b. Wegnahme ? (+)

c. <u>also</u>: objektiver Tatbestand (+)

2. Subjektiver Tatbestand

a. Vorsatz ? (+)

b. Absicht der rechtswidrigen Zueignung ? (+)

c. <u>also</u>: subjektiver Tatbestand (+)

3. <u>also</u>: Tatbestand (+)

II. Rechtswidrigkeit (+)

III. Schuld (+)

IV. Ergebnis:

Strafbarkeit des A gemäß § 242 I (+)

- Strafbarkeit des K gemäß §§ 242 I, 27 I ?

I. Tatbestand

1. Objektiver Tatbestand

a. vorsätzliche rechtswidrige Haupttat ? **(+)**

b. Hilfe leisten ?
= (ursächliche) Förderung der Haupttat

HIER (+) → durch den Transport der Leiter hat K zur Tat des A beigetragen, er hat sie gefördert; diese Förderung war für den Erfolg der Haupttat auch ursächlich; daran ändert nichts, dass A die Leiter auch ohne die Mitwirkung des K zum Tatort getragen hätte; das ist nämlich lediglich eine hypothetische Reserveursache, die an der Kausalität nichts ändert

c. also: objektiver Tatbestand **(+)**

2. Subjektiver Tatbestand

a. Vorsatz bezüglich der Vollendung der Haupttat ? **(+)**

b. Vorsatz bezüglich der Gehilfenhandlung ? **(+)**

c. also: subjektiver Tatbestand **(+)**

3. also: Tatbestand **(+)**

II. Rechtswidrigkeit **(+)**

III. Schuld **(+)**

IV. Ergebnis:
Strafbarkeit des K gemäß §§ 242 I, 27 I (+)

- Gesamtergebnis:

Strafbarkeit des A gemäß § 242 I (+); Strafbarkeit des K gemäß §§ 242 I, 27 I (+)

Formulierungsvorschlag Fall 33

- Strafbarkeit des A gemäß § 242 I

A könnte sich durch das Entwenden des Geldes gemäß § 242 I strafbar gemacht haben.

I. Er hat mit dem Geld für ihn fremde bewegliche Sachen weggenommen.

A handelte vorsätzlich sowie in der Absicht, sich das Geld rechtswidrig zuzueignen.

II. Die Tat geschah rechtswidrig.

III. A handelte schuldhaft.

IV. Durch das Entwenden des Geldes hat er sich gemäß § 242 I strafbar gemacht.

- Strafbarkeit des K gemäß §§ 242 I, 27 I

Durch das Tragen der Leiter könnte sich K gemäß §§ 242 I, 27 I strafbar gemacht haben.

I. Der Diebstahl des A ist eine vorsätzliche rechtswidrige Haupttat.

Dazu müsste K Hilfe geleistet haben.

Dies setzt zumindest Förderung der Haupttat voraus.

K hat durch den Transport der Leiter zum Diebstahl beigetragen und damit die Haupttat gefördert.

Möglicherweise ist darüber hinaus notwendig, dass der Beitrag des Gehilfen für den vom Haupttäter bewirkten Erfolg ursächlich geworden ist. Über das Erfordernis dieser Kausalität müsste indessen nur entschieden werden, wenn sie nicht vorläge.

An der Ursächlichkeit für den Erfolg könnte man insofern zweifeln, als A die Leiter auch ohne die Mitwirkung des K zum Tatort befördert hätte. Das ist allerdings nur eine hypothetische Reserveursache. Die Kausalität ist nach dem wirklichen Geschehensablauf zu beurteilen. Hypothetische Verläufe sind folglich nicht zu berücksichtigen.

Mithin war der Beitrag des K auch kausal für den Erfolg der Haupttat, sodass über die Frage nach dem Erfordernis dieser Kausalität nicht zu entscheiden ist.

K hat zur Tat des A Hilfe geleistet.

Er handelte dabei vorsätzlich sowohl bezüglich der Vollendung der Haupttat wie auch der Gehilfenhandlung.

II. Die Tat geschah rechtswidrig.

III. K handelte schuldhaft.

IV. Er hat sich durch das Tragen der Leiter gemäß §§ 242 I, 27 I strafbar gemacht.

- Gesamtergebnis

A hat sich gemäß § 242 I strafbar gemacht.

K hat sich gemäß §§ 242 I, 27 I strafbar gemacht.

Fazit

1. Der Sachverhalt ist so gestrickt, dass Mittäterschaft (§ 25 II) ziemlich fernliegend war und daher nicht einmal angeprüft werden musste (vgl. Fall 25, Fazit 2. / Fall 26).

2. Der Gehilfe ermöglicht, erleichtert, beschleunigt oder intensiviert die Haupttat, ohne gleichberechtigt an der Tat beteiligt zu sein (Abgrenzung von der Mittäterschaft). Die ***Tathandlung der Beihilfe*** ist in § 27 I ziemlich abstrakt als ***„Hilfe leisten"*** beschrieben. Welche Anforderungen an dieses Merkmal zu stellen sind, ist Gegenstand eines theoretischen Meinungsstreits, dessen praktische Relevanz gegen Null geht.

   Die Rechtsprechung lässt es ausreichen, dass der Beitrag des Gehilfen die Haupttat (irgendwie) fördert. Die h.L. verlangt darüber hinaus ***Kausalität*** (= Ursächlichkeit) ***für den Erfolg der Haupttat***.

   Wenn man aber einerseits den Begriff des Förderns ernst nimmt und andererseits auch die Kausalität wie von uns demonstriert sauber prüft (hypothetische Reserveursachen ausklammert), läuft beides regelmäßig auf das Gleiche hinaus.

   Spielen wir die ***umgekehrte Konstellation*** durch: „K trägt die Leiter zum Tatort, die A aber gar nicht benutzt." Nun fehlt es – was den physischen Beitrag betrifft – nicht nur an der Ursächlichkeit für den Erfolg, sondern auch an der Förderung der konkret begangenen Tat. In diesem Zusammenhang: Die versuchte Beihilfe ist anders als die versuchte Anstiftung (§ 30 I 1) nie strafbar! In der geschilderten Abwandlung scheidet physische Beihilfe aus, je nachdem kann aber psychische Beihilfe vorliegen.

   Der beschriebene Streit dreht sich also anders lautenden Gerüchten zum Trotz bei näherer Betrachtung nur um Begriffe, nicht um die Sache.

3. Dass die Gehilfenhandlung äußerlich ***neutrales Alltagsverhalten*** ist (z.B. Verkauf eines Brecheisens), schließt nach ganz h.M. die Beihilfe nicht aus. Ein Verkäufer beispielsweise macht sich nach § 27 I strafbar, wenn er weiß, dass der Erwerb nur der Begehung einer Straftat mit diesem Gegenstand dient.

4. Auch die bereits eben angesprochene ***psychische*** (also nicht physische) ***Beihilfe*** ist möglich. Keine grundsätzlichen Probleme gibt es damit, wenn der Teilnehmer zwar nicht praktisch tätig wird, dem Haupttäter aber einen ***technischen Rat*** erteilt.

   Schlichtes Einverständnis mit der Tat genügt aber nicht für § 27 I. Auch allein die ***physische Anwesenheit*** am Tatort reicht nicht.

   Anderes sieht es beispielsweise aus, wenn der Teilnehmer den Haupttäter in seinem bereits gefassten Tatentschluss bestärkt. Zur Erinnerung: Ist der Täter noch nicht entschlossen, kommt Anstiftung in Betracht (vgl. Fall 28). Es kann auch Gehilfe sein, wer dem Haupttäter durch seine Anwesenheit am Tatort ein Gefühl der größeren Sicherheit vermittelt.

Wenn es auf psychische Beihilfe ankommt, muss der Sachverhalt (wie eigentlich immer) genau auf entsprechende Anhaltspunkte hin abgeklopft werden.

5. Der ***Zeitraum***, in dem Beihilfe begangen werden kann, ist größer als man vielleicht auf Anhieb denkt.

Schon ein ***Verhalten im Vorbereitungsstadium*** der Haupttat kann genügen, wenn es später zu der strafbar versuchten oder vollendeten Haupttat kommt (auch dazu sehr plastisch der Fall BGH NJW 2007, 384 ff: Beihilfe zu den Terroranschlägen vom 11. September 2001).

Nach ganz h.M. kann Beihilfe ***auch nach Vollendung der Tat noch bis zu deren Beendigung*** begangen werden (***sukzessive Beihilfe***). Ein Beispiel für diesen Zeitraum: „Der Dieb hat die Beute schon weggenommen (der Gewahrsamswechsel hat schon stattgefunden), ist mit dieser aber noch unterwegs nach Hause."

Nun kann aber ab Vollendung schon ***Begünstigung*** (§ 257 lesen!) begangen werden. Der Ahnungslose könnte jetzt sagen: „Na und, dann liegt eben u.U. Beihilfe und Begünstigung vor!" Ein Blick in § 257 III 1 zeigt das Gegenteil. Das Problem wird damit klar. Wann liegt in der zeitlichen Grauzone zwischen Vollendung und Beendigung Beihilfe, wann liegt Begünstigung vor?

Überwiegend wird auf die Willensrichtung abgestellt und danach unterschieden, ob der Beitrag zur Beendigung der Tat (meist Beutesicherung) geleistet wird. Dann soll Beihilfe einschlägig sein, sonst Begünstigung (vgl. Die Fälle – Strafrecht BT 1, Fall 28, Fazit 5.).

6. Es gibt auch an sich typische ***Beihilfehandlungen***, die von ***eigenständigen Straftatbeständen*** erfasst sind. Hierzu zählt traditionell die ***Gefangenenbefreiung nach § 120 I***. Das ist eine „Quasi-Teilnahme" an der (als solche straflosen) Selbstbefreiung des Gefangenen. Weil es keine Haupttat gibt, muss so etwas gesondert geregelt werden, wenn man es denn für strafwürdig hält. Das ist zuletzt mit Einführung des durchaus prüfungsrelevanten ***§ 217*** geschehen. Die Selbsttötung ist nicht strafbar, klassische Beihilfe scheidet deshalb aus (vgl. Die Fälle – Strafrecht BT 1, Fall 7 unmittelbar zu § 216, Fazit 5. zur Beihilfe). Seit Ende des Jahres 2015 ist aber die ***„Geschäftsmäßige Förderung der Selbsttötung"*** ein Straftatbestand, nämlich der besagte § 217

Fall 34

Der rachsüchtige R ist von O als „mieses Schwein" bezeichnet worden und hat Strafantrag gestellt. Der Zufall will es, dass der mit R befreundete Hauptkommissar H für die Beschuldigtenvernehmung des O zuständig ist. R bittet H darum, O während der Vernehmung etwas härter als üblich anzupacken und ihm eine Ohrfeige zu verpassen, die sich gewaschen hat. H, dem die gängigen und zulässigen Ermittlungsmethoden schon lange zu lasch sind, kommt dieser Bitte mit Vergnügen nach und schlägt O bei der Vernehmung unvermittelt ins Gesicht.

Frage: Wie haben sich H und R strafbar gemacht ?

Lösungsskizze Fall 34

- Strafbarkeit des H gemäß §§ 223 I, 340 I ?

I. Tatbestand

1. Tatbestand § 223 I

a. Objektiver Tatbestand

aa. eine andere Person ? (+)

bb. körperliche Misshandlung, § 223 I Var. 1 ? (+)

cc. also: objektiver Tatbestand (+)

b. Subjektiver Tatbestand

- Vorsatz ? (+)

c. also: Tatbestand § 223 I (+)

2. Tatbestand § 340 I

a. Objektiver Tatbestand

aa. (hier) Begehung als Amtsträger, § 11 I Nr. 2 ? (+)

bb. (hier) während der Ausübung des Dienstes ? (+)

cc. also: objektiver Tatbestand (+)

b. Subjektiver Tatbestand

- Vorsatz ? (+)

c. also: Tatbestand § 340 I (+)

3. also: Tatbestand (+)

II. Rechtswidrigkeit (+)

III. Schuld (+)

IV. Ergebnis:

Strafbarkeit des H gemäß §§ 223 I, 340 I (+)

- Strafbarkeit des R gemäß §§ 223 I, 340 I, 26 ?

I. Tatbestand

1. Objektiver Tatbestand

a. vorsätzliche rechtswidrige Haupttat ? (+)

b. Bestimmen zur Tat ? (+)

c. also: objektiver Tatbestand (+)

2. Subjektiver Tatbestand

a. Vorsatz bezüglich der Vollendung der Haupttat ? (+)

b. Vorsatz bezüglich der Anstifterhandlung ? (+)

c. also: subjektiver Tatbestand (+)

3. also: Tatbestand (+)

II. Rechtswidrigkeit (+)

III. Schuld (+)

IV. Tatbestandsverschiebung gemäß § 28 II

HIER (+) → R ist nicht Amtsträger; die Amtsträgereigenschaft ist ein besonderes persönliches Merkmal (§ 14 I); dieses Merkmal beschreibt ein persönliches Verhältnis, es ist täterbezogen (nicht tatbezogen); es handelt sich auch um ein strafschärfendes (nicht strafbegründendes) Merkmal

V. Ergebnis:

Strafbarkeit des R gemäß §§ 223 I, 26, 28 II (+); Verfolgung aber gemäß § 230 I 1 nur auf Antrag, wenn nicht die Staatsanwaltschaft ein besonderes öffentliches Interesse bejaht

- Gesamtergebnis:

Strafbarkeit des H gemäß §§ 223 I, 340 I (+); Strafbarkeit des R gemäß §§ 223 I, 26, 28 II (+); Verfolgung aber gemäß § 230 I 1 nur auf Antrag, wenn nicht die Staatsanwaltschaft ein besonderes öffentliches Interesse bejaht

Formulierungsvorschlag Fall 34

- Strafbarkeit des H gemäß §§ 223 I, 340 I

Möglicherweise hat sich H durch den Schlag gemäß §§ 223 I, 340 I strafbar gemacht.

I. Er hat durch diese Handlung eine andere Person – nämlich O – vorsätzlich körperlich misshandelt.

H ist als Hauptkommissar Polizeibeamter und damit nach § 11 I Nr. 2 Amtsträger. Er hat die Körperverletzung während der Ausübung seines Dienstes begangen.

Auch auf diese objektiven Merkmale des § 340 I bezog sich sein Vorsatz.

II. Die Tat geschah rechtswidrig.

III. H handelte schuldhaft.

IV. Er hat sich durch den Schlag gemäß §§ 223 I, 340 I strafbar gemacht.

- Strafbarkeit des R gemäß §§ 223 I, 340 I, 26

Durch seine Einflussnahme hat sich R möglicherweise gemäß §§ 223 I, 340 I, 26 strafbar gemacht.

I. Mit der von H begangenen Körperverletzung im Amt liegt eine vorsätzliche rechtswidrige Haupttat vor.

Zu dieser Tat ist H von R durch dessen Bitte bestimmt worden.

R handelte vorsätzlich bezüglich der Vollendung der Haupttat wie auch hinsichtlich seiner Anstifterhandlung.

II. Die Tat geschah rechtswidrig.

III. R handelte schuldhaft.

IV. Es könnte aber eine Tatbestandsverschiebung zugunsten des R gemäß § 28 II unter dem Gesichtspunkt stattfinden, dass er nicht Amtsträger ist.

Dazu müsste es sich bei der Amtsträgereigenschaft um ein strafschärfendes besonderes persönliches Merkmal handeln.

Das Merkmal beschreibt ein persönliches Verhältnis im Sinne des § 14 I. Es ist täterbezogen, nicht tatbezogen. Die Körperverletzung ist nach § 223 I auch für Nichtamtsträger strafbar, die Amtsträgereigenschaft wirkt in diesem Zusammenhang nicht strafbegründend, sondern strafschärfend.

Die Eigenschaft als Amtsträger ist ein strafschärfendes besonderes persönliches Merkmal.

Das Fehlen dieses Merkmals führt zur Tatbestandsverschiebung nach § 28 II zugunsten des R.

V. Somit hat sich R durch seine Einflussnahme gemäß §§ 223 I, 26, 28 II strafbar gemacht. Die Tat wird allerdings gemäß § 230 I 1 nur auf Antrag verfolgt, wenn nicht die Staatsanwaltschaft ein besonderes öffentliches Interesse bejaht.

- Gesamtergebnis

H hat sich gemäß §§ 223 I, 340 I strafbar gemacht.

Die Strafbarkeit des R ergibt sich aus §§ 223 I, 26, 28 II. Die Tat wird allerdings gemäß § 230 I 1 nur auf Antrag verfolgt, wenn nicht die Staatsanwaltschaft ein besonderes öffentliches Interesse bejaht.

Fazit

1. Habt ihr § 340 gesehen? Wenn nicht, seid ihr zwangsläufig auch nicht auf die kleine Pointe des Falls gekommen, die in der Anwendung des § 28 II bestand. Wir legen euch nochmals die auf Seite 15 beschriebene Methode zum Aufspüren der einschlägigen Tatbestände ans Herz.

2. Es wurde bereits angesprochen, dass die ***Teilnahme akzessorisch*** ist, also an der Haupttat hängt. Dieser Grundsatz gilt aber nicht uneingeschränkt. Zunächst zieht § 29 (lesen!) Grenzen, weswegen man von ***limitierte***r (= begrenzter) ***Akzessorietät*** spricht. Darüber hinaus kann die Akzessorietät nach § 28 I gelockert oder aber nach § 28 II durchbrochen sein.

Der schnell einmal übersehene § 28 ist auf ***besondere persönliche Merkmale*** (Definition in § 14 I) zugeschnitten. Diese Merkmale müssen ***täterbezogen*** sein, sie dürfen ***nicht tatbezogen*** sein. Tatbezogen ist zum Beispiel die Zueignungsabsicht bei § 242 I. Deswegen kommt § 28 hier nicht in Betracht. In der Klausur oder Hausarbeit ist darüber kein Wort zu verlieren.

Hat man festgestellt, dass es sich um ein (täterbezogenes) besonderes persönliches Merkmal handelt, stellt sich die Frage, ob es ***strafbegründend*** (§ 28 I) oder ***strafmodifizierend*** (§ 28 II) wirkt.

3. Machen wir es anhand von Beispielen plastisch:

§ 266 I setzt eine ***Vermögensbetreuungspflicht*** voraus (vgl. Die Fälle – Strafrecht BT 2, Fälle 44 bis 46). Sieht man mit der h.M. in dieser Pflicht ein täterbezogenes (nicht tatbezogenes) und damit besonderes persönliches Merkmal, kommt man beim Teilnehmer zur Anwendung des § 28 I und nicht zur Anwendung des § 28 II. Das Merkmal ist nämlich strafbegründend. Die Vermögensbetreuungspflicht ist Kernbestandteil der Untreue und löst nicht etwa nur eine Qualifizierung aus.

Bei der Unterschlagung gibt es den qualifizierten Fall der ***veruntreuende***n ***Unterschlagung*** (§ 246 II „anvertraut"). Auch das Anvertrautsein sieht die ganz h.M. als besonderes persönliches Merkmal an. Es ist aber strafmodifizierend (hier strafschärfend), weil die Unterschlagung (im Grundtatbestand, § 246 I) auch ohne das Merkmal strafbar ist. Damit kommt man beim Teilnehmer zur Anwendung des § 28 II.

So ebenfalls im Ausgangsfall. Die Körperverletzung ist auch ohne das besondere persönliche Merkmal der Amtsträgereigenschaft strafbar. § 340 I (***uneigentliches Amtsdelikt***) ist eine Qualifikation zu § 223 I. Die Eigenschaft als Amtsträger ist strafmodifizierend (hier strafschärfend). Weil Teilnehmer R nicht Amtsträger ist, kommt es zur Tatbestandsverschiebung nach § 28 II. Wie man das darstellt, haben wir in der Fallbearbeitung gezeigt. Der Natur einer solchen Tatbestandsverschiebung nach weichen zwangsläufig Obersatz und Schlusssatz voneinander ab.

Sucht bitte zur Übung im Bereich der Amtsdelikte eine Vorschrift, bei der für den Teilnehmer § 28 I Anwendung findet.

§ 28 II funktioniert nicht nur zugunsten des Teilnehmers, sondern sozusagen ***in beide Richtungen***. Zentrale Aussage des § 28 II ist: Für Beteiligte (Täter und Teilnehmer) zählt bei strafmodifizierenden besonderen persönlichen Merkmalen immer die Tat, die der Betreffende selbst als Täter begeht oder (aus Sicht des Teilnehmers) als Täter beginge.

4. Besonders klausurbeliebt ist § 28 bei ***Mordmerkmale***n der ersten und dritten Gruppe des § 211 II. Die bisherige Rechtsprechung sah § 212 und § 211 traditionell stets als voneinander unabhängige Tatbestände an. Der 5. Strafsenat des BGH hat in einem mittlerweile auch schon wieder ein paar Jahre alten Beschluss (BGH NJW 2006, 1008 ff, 1012 f) zwar eine recht klare Tendenz zur Abkehr von dieser traditionellen Linie erkennen lassen, hat sich damit aber bislang anscheinend nicht durchgesetzt. Unter der dargestellten Prämisse der bisherigen Rechtsprechung sind die besagten Mordmerkmale strafbegründend, was beim Teilnehmer zu § 28 I führt. In der Literatur wird § 211 so gut wie einhellig als Qualifikation des § 212 angesehen, sodass § 28 II beim Teilnehmer einschlägig sein soll.

Im Rahmen des § 28 wird der ansonsten nur theoretische Streit um das dogmatische Verhältnis von Mord und Totschlag damit plötzlich fallrelevant. Weil man also über einen AT-Aufhänger in ein BT-Problem einsteigt, haben wir die Sache ausführlich in Die Fälle – Strafrecht BT 1, Fall 6 gebracht (siehe dort auch näher zu dem zitierten BGH-Beschluss). Unser Rat: Zieht euch diesen komplexen aber wichtigen Stoff bei Gelegenheit rein und spielt die verschiedenen Konstellationen durch.

5. Das war's soweit zu Täterschaft und Teilnahme. Es gibt noch ein paar wichtige Besonderheiten, die speziell Versuch und Unterlassung betreffen. Wir werden an jeweils geeigneter Stelle darauf zurückkommen.

Versuch und Rücktritt

Fall 35

Der ungeduldige Sportschütze U will seinen Erbonkel E frühzeitig ins Jenseits befördern. Bei einem Familientreffen legt U mit seinem Gewehr auf E an und schießt. Die einzig vorhandene Kugel zischt jedoch haarscharf an E vorbei, der unverletzt bleibt.

Frage: Wie hat sich U strafbar gemacht ?
Die Strafbarkeit gemäß § 211 ist nicht zu prüfen.

Lösungsskizze Fall 35

- Strafbarkeit des U gemäß §§ 212 I, 22, 23 I

(- Vorprüfung)

1. Nichtvollendung der Tat ? **(+)**

2. Strafbarkeit des Versuchs ? **(+)** → §§ 212 I, 23 I, 12 I

I. Tatbestand

1. Subjektiver Tatbestand = Tatentschluss
= Vorsatz bezüglich der objektiven Merkmale

a. Vorsatz bezüglich des Tatobjekts anderer Mensch ? **(+)**

b. Vorsatz bezüglich des Tötens ? **(+)**

c. also: subjektiver Tatbestand **(+)**

2. Objektiver Tatbestand = unmittelbares Ansetzen
= Handlung, die nach dem Plan des Täters ohne wesentliche Zwischenschritte zur Tatbestandsverwirklichung führen soll

HIER (+) → der abgegebene Schuss sollte direkt zum Tod des E führen

3. also: Tatbestand **(+)**

II. Rechtswidrigkeit **(+)**

III. Schuld **(+)**

IV. Ergebnis:

Strafbarkeit des U gemäß §§ 212 I, 22, 23 I (+)

Formulierungsvorschlag Fall 35

- Strafbarkeit des U gemäß §§ 212 I, 22, 23 I

U könnte sich durch den Schuss gemäß §§ 212 I, 22, 23 I strafbar gemacht haben.

Die Tat ist nicht vollendet.

Der Versuch ist nach §§ 212 I, 23 I, 12 I strafbar.

I. U müsste den Tatentschluss zur Tötung eines anderen Menschen gefasst haben, also insoweit vorsätzlich gehandelt haben.

Er wollte einen anderen Menschen – nämlich E – töten. U hatte den Tatentschluss zum Totschlag gefasst.

Er müsste weiter nach seiner Vorstellung unmittelbar zur Tatbestandsverwirklichung angesetzt haben.

Unmittelbares Ansetzen ist die Aufnahme einer Handlung, die nach dem Plan des Täters ohne wesentliche Zwischenschritte zur Tatbestandsverwirklichung führen soll.

Der abgegebene Schuss sollte direkt zum Tod des E führen.

Somit hat U durch den Schuss unmittelbar zur Tatbestandsverwirklichung angesetzt.

II. Die Tat geschah rechtswidrig.

III. U handelte schuldhaft.

IV. Er hat sich durch den Schuss gemäß §§ 212 I, 22, 23 I strafbar gemacht.

Fazit

1. Zur Einführung wieder einmal ein unproblematischer Fall, den wir aber zu Demonstrationszwecken relativ ausführlich durchsubsumiert haben. Im Rahmen einer womöglich mit Problemen gespickten Klausur kann es durchaus angebracht sein, sich zur Schwerpunktsetzung bei einer so einfachen Versuchskonstellation auf die kurze Feststellung der Strafbarkeit zu beschränken.

2. Bevor man in die Tatbestandsprüfung einsteigt, ist beim Versuch zunächst eine ***Vorprüfung*** angesagt. Sie besteht aus zwei Punkten.

Die Tat darf ***nicht vollendet*** sein. Das war im Ausgangsfall so klar (E war nicht tot), dass es fast albern gewesen wäre, vor der Versuchsprüfung den vollendeten Totschlag zu prüfen. Es kommen aber auch weit weniger eindeutige Fälle vor, in denen alles andere als klar ist, ob das fragliche Delikt vollendet ist oder nicht. Dann beginnt ihr bei uneingeschränkter Fallfrage natürlich mit der Vollendungsprüfung. Erst wenn ihr dabei zu einem negativen Ergebnis kommt, müsst ihr zur Versuchsprüfung übergehen.

Der ***Versuch*** muss ***strafbar*** sein.

Nach § 23 I ist das bei Verbrechen immer der Fall. Was ein ***Verbrechen*** ist, steht in § 12 I (Gegenbegriff: Vergehen, § 12 II). Folgerichtig ergab sich im Ausgangsfall die Versuchsstrafbarkeit aus §§ 212 I, 23 I, 12 I. Durch schlichtes Zitieren dieser Paragrafenkette ist die Strafbarkeit des Versuchs festzustellen. Weitere Ausführungen sind überflüssig.

Handelt es sich nach § 12 II um ein ***Vergehen*** (beachte zur Unterscheidung auch § 12 III), muss nach § 23 I die Versuchsstrafbarkeit im jeweiligen Tatbestand ausdrücklich bestimmt sein. So ergibt sich beispielsweise beim Diebstahl die Strafbarkeit des Versuchs (unmittelbar) aus § 242 II, bei der vorsätzlichen Körperverletzung aus § 223 II und bei der Freiheitsberaubung aus § 239 II. Nach wie vor nicht strafbar ist etwa die versuchte Untreue (§ 266).

3. Nach der Vorprüfung geht es dann mit dem ***Tatbestand*** los. Der wird aber gegenüber dem (vorsätzlichen) Vollendungsdelikt in umgekehrter Reihenfolge (***subjektiv vor objektiv***) geprüft. Der Gag ist ja beim Versuch gerade, dass der objektive Tatbestand allenfalls teilweise erfüllt ist, oft sogar gar nicht. Deswegen ist der Anknüpfungspunkt beim Versuch die Vorstellung des Täters (§ 22) und damit der subjektive Tatbestand.

Der subjektive Tatbestand setzt beim Versuch den sogenannten ***Tatentschluss*** voraus.

Damit ist nichts anderes gemeint als Vorsatz hinsichtlich der objektiven Tatbestandsmerkmale. Wichtig: Es gibt keinen fahrlässigen Versuch.

Der Täter muss eine endgültige (positive) Entscheidung über das „Ob" der Tat getroffen haben. Das bloße Nachdenken über die Tat (***Tatgeneigtheit***) reicht nicht aus. Auch muss der Tatentschluss auf die Vollendung gerichtet sein. Wer von vornherein nur das Versuchsstadium erreichen will, ist nicht zur Tat entschlossen. Tatentschluss liegt dagegen nach h.M. vor, wenn der Täter lediglich die Möglichkeit eines Rücktritts in Erwägung zieht (***Tatentschluss mit Rücktrittsvorbehalt***). Tatentschluss nach h.M. auch, wenn der Entschluss als solcher endgültig gefasst ist, wobei nur die Durchführung von einer äußeren Bedingung abhängig sein soll (***Tatentschluss auf bewusst unsicherer Tatsachengrundlage***).

Verlangt eine Norm über den Vorsatz hinaus bestimmte ***Absichten*** (vgl. etwa § 242 I, § 263 I, § 253 I, § 267 I), müssen auch diese als Bestandteil des subjektiven Versuchstatbestands vorliegen. Teils werden solche Absichten dann systematisch dem Tatentschluss zugeordnet, teils werden sie als zusätzlicher Punkt des subjektiven Tatbestands hinter dem Tatentschluss geprüft. Wir bevorzugen die zweite Variante (vgl. etwa Die Fälle – Strafrecht BT 2, Fall 8). Der Sache nach hängt aber nichts an dieser rein begrifflichen Frage.

Der ***objektive Tatbestand*** besteht nach § 22 darin, dass der Täter nach seiner Vorstellung (!) ***unmittelbar zur Tatbestandsverwirklichung ansetzt***. Die geplante Tat muss das Versuchsstadium erreichen. Im vorgelagerten ***Entschluss-*** bzw. ***Vorbereitungsstadium*** kann man sich nur ausnahmsweise strafbar machen. Wichtig ist hier vor allem der bereits angesprochene § 30 II (lesen!). Daneben gibt es im Besonderen Teil einige weniger prüfungsrelevante Tatbestände, die auf das Vorbereitungsstadium abzielen (z.B. § 80, § 83, § 149 I, § 234a III, § 316c IV).

4. Bei ***Rechtswidrigkeit*** und ***Schuld*** gibt es gegenüber dem vollendeten (vorsätzlichen) Delikt keine Besonderheiten.

Nach der Schuld kann allerdings je nach Fallgestaltung ***Rücktritt*** nach § 24 zu prüfen sein (vgl. schon Seite 24). Für einen solchen Rücktritt gab der Ausgangsfall nichts her. Im Gegenteil sollte die Formulierung „einzig vorhandene Kugel" etwaigen Spekulationen in Richtung § 24 vorbeugen.

5. Es gibt sogenannte ***Unternehmensdelikte***, bei denen der Versuch der Vollendung gleichgestellt ist (§ 11 I Nr. 6). Von echten Unternehmensdelikten ist die Rede, wenn die Formulierung im Tatbestand „wer ... unternimmt" lautet. Das ist z.B. bei §§ 81 I, 82 I der Fall. Rücktritt nach § 24 ist bei Unternehmensdelikten nicht möglich, weil ja der Versuch schon mit der Vollendung zusammenfällt. Deshalb gibt es entsprechende Sonderregelungen unter dem Stichwort „tätige Reue" (vgl. § 83a). Ein unechtes Unternehmensdelikt ist zum Beispiel § 257 I.

Fall 36

U lässt sich von seinem Misserfolg (Fall 35) nicht beeindrucken und plant jetzt, den betagten Erbonkel E während der Nachtruhe ins Reich der Toten zu befördern. U legt auf den scheinbar schlafenden E an und feuert mehrere Schüsse auf ihn ab. Bevor U das Schlafzimmer betreten hatte, war E jedoch bereits an Altersschwäche gestorben.

Frage: Hat sich U gemäß §§ 212 I, 22, 23 I strafbar gemacht ?

Lösungsskizze Fall 36

- Strafbarkeit des U gemäß §§ 212 I, 22, 23 I ?

(- Vorprüfung)

1. Nichtvollendung der Tat ?

HIER (+) → E war bereits tot, konnte also nicht mehr getötet werden

2. Strafbarkeit des Versuchs ? (+) → §§ 212 I, 23 I, 12 I

I. Tatbestand

1. Subjektiver Tatbestand = Tatentschluss
= Vorsatz bezüglich der objektiven Merkmale

a. Vorsatz bezüglich des Tatobjekts anderer Mensch ?
= Wissen und Wollen der Tatbestandsverwirklichung

HIER (+) → E war bereits vor der Handlung tot; er war kein (lebender) Mensch und damit kein für § 212 I taugliches Tatobjekt mehr; U ging aber irrig davon aus, dass E noch lebt; sein Vorsatz bezog sich auf ein taugliches Tatobjekt; dass auch der untaugliche Versuch strafbar ist, ergibt sich aus § 22 („nach seiner Vorstellung") und aus einem Umkehrschluss aus § 23 III

b. Vorsatz bezüglich des Tötens ?
= Wissen und Wollen der Tatbestandsverwirklichung

HIER (+) → E konnte zwar nicht mehr getötet werden, U ging aber irrig davon aus und handelte bezüglich des Tötens vorsätzlich (s.o.)

c. <u>also</u>: subjektiver Tatbestand (+)

2. Objektiver Tatbestand = unmittelbares Ansetzen (+)

3. <u>also</u>: Tatbestand (+)

II. Rechtswidrigkeit (+)

III. Schuld (+)

IV. Ergebnis:

Strafbarkeit des U gemäß §§ 212 I, 22, 23 I (+)

Formulierungsvorschlag Fall 36

- Strafbarkeit des U gemäß §§ 212 I, 22, 23 I

Möglicherweise hat sich U durch die Schüsse gemäß §§ 212 I, 22, 23 I strafbar gemacht.

Die Tat dürfte nicht vollendet sein. E war schon vor den Schüssen des U tot. Er konnte nicht mehr getötet werden. Eine vollendete Tötung liegt damit nicht vor.

Der Versuch ist gemäß §§ 212 I, 23 I, 12 I strafbar.

I. U müsste den Tatentschluss zur Tötung eines anderen Menschen gefasst haben, also insoweit vorsätzlich gehandelt haben.

Vorsatz bedeutet Wissen und Wollen der Tatbestandsverwirklichung.

E war bereits ohne Einflussnahme des U gestorben. Als U das Schlafzimmer betrat, war E schon kein lebender Mensch und damit kein für § 212 I taugliches Tatobjekt mehr. U ging allerdings irrig davon aus, dass E noch lebte. Sein Vorsatz bezog sich mithin auf ein durchaus taugliches Tatobjekt.

Mangels objektiver Gefährdung des Rechtsguts könnten Zweifel an der Strafwürdigkeit und damit an der Strafbarkeit eines solchen untauglichen Versuchs bestehen. Das Gesetz stellt jedoch in § 22 ausdrücklich auf die Vorstellung des Täters ab. Zudem regelt § 23 III, unter welchen Umständen beim untauglichen Versuch ausnahmsweise von Strafe abgesehen werden kann bzw. die Strafe gemildert werden kann. Im Umkehrschluss kommt man zwingend zur grundsätzlichen Strafbarkeit des untauglichen Versuchs.

U wollte einen anderen Menschen – nämlich E – töten. Er hatte den Tatentschluss zum strafbaren untauglichen Versuch gefasst.

U hat durch die Schüsse nach seiner Vorstellung auch unmittelbar zur Tatbestandsverwirklichung angesetzt.

II. Die Tat geschah rechtswidrig.

III. U handelte schuldhaft.

IV. Durch die Schüsse hat er sich gemäß §§ 212 I, 22, 23 I strafbar gemacht.

Fazit

1. Während in Fall 35 der Erfolg hätte eintreten können, wenn U getroffen hätte, ist dies ein ***typischer Fall des untauglichen Versuchs***. Die Tat ging regelrecht ins Leere, weil E schon vorher das Zeitliche gesegnet hatte. Unter den gegebenen Umständen konnte die auf die Verwirklichung des Tatbestands abzielende Handlung des Täters gar nicht zum Erfolg führen.

   Strukturell ist der untaugliche Versuch ein ***umgekehrter Tatbestandsirrtum***. Beim Tatbestandsirrtum (§ 16 I 1) liegt der objektive Tatbestand vor, während der subjektive fehlt. Beim untauglichen Versuch ist es eben genau umgekehrt.

   Die grundsätzliche ***Strafbarkeit des untauglichen Versuchs*** ist allgemein anerkannt und muss daher auf keinen Fall breiter problematisiert werden, als wir es im Formulierungsvorschlag getan haben. Eine kürzere Variante wäre: „Dass auch der untauglicher Versuch strafbar ist, ergibt sich aus § 22 und einem Umkehrschluss aus § 23 III.“ Etwaige Zweifel lassen sich übrigens auch durch einen Blick auf den ***Strafgrund des Versuchs*** ausräumen. Der ist natürlich wieder in den Details umstritten. Die h.M. sieht den Grund für die Versuchsstrafbarkeit in dem betätigten rechtsfeindlichen Willen des Täters, dessen Eindruck auf die Allgemeinheit zur Erschütterung des Rechtsbewusstseins und damit zu einer Gefährdung des Rechtsfriedens führen kann.

2. Zu unterscheiden ist der (grundsätzlich strafbare) untaugliche Versuch vom (stets straflosen) ***Wahndelikt***.

   Das Wahndelikt ist ein ***umgekehrter Verbotsirrtum***. Der Täter stellt sich irrtümlich vor, sein Verhalten sei strafbar. Er kann sich dabei über die Existenz einer Verbotsnorm irren (z.B. durch die irrige Annahme, Ehebruch sei strafbar), eine existierende Strafnorm rechtlich überdehnen (z.B. durch die irrige Annahme, man mache sich auch als Angeklagter gemäß § 153 I strafbar) oder einen tatsächlich gegebenen Rechtfertigungsgrund rechtlich verkennen (***umgekehrter Erlaubnisirrtum*** / z.B. durch die irrige Annahme, Nothilfe sei nicht gerechtfertigt).

   Die Abgrenzung zwischen untauglichem Versuch und Wahndelikt kann im Einzelfall genau wie die Abgrenzung zwischen Tatbestandsirrtum und Verbotsirrtum schwierig sein. Es gilt das Baukastenprinzip.

3. Im Ausgangsfall beruhte die Untauglichkeit des Versuchs auf einem untauglichen ***Tatobjekt***. Es kann aber auch das ***Tatmittel*** untauglich sein (z.B. Platzpatronen). An der rechtlichen Wertung ändert sich dann nichts.

   Schwierig wird es, wenn ein Irrtum über die ***Tauglichkeit des Tatsubjekts*** vorliegt. Beispiel: „Die Ernennung eines Amtsträgers (A) ist wegen eines Formfehlers nichtig. A weiß davon nichts und lässt sich bestechen (§ 332).“ Die h.M. nimmt in einem solchen Fall einen untauglichen Versuch an, während eine Mindermeinung darin einen Unterfall des straflosen Wahndelikts sieht.

4. Oben haben wir gesagt, dass der untaugliche Versuch grundsätzlich strafbar ist. Wenn der Jurist „grundsätzlich“ sagt, gibt es Ausnahmen. Entsprechend dem geschilderten Strafgrund des Versuchs muss das Verhalten des Täters in

einem gewissen Mindestmaß zur Gefährdung des Rechtsfriedens geeignet sein.

Das kommt in § 23 III (lesen!) zum Ausdruck. Mit ***grobem Unverstand*** sind völlig abwegige Vorstellungen von allgemein bekannten Zusammenhängen gemeint (z.B. Abtreibungsversuch mit Kamillentee, Pistolenschuss auf Flugzeug in 10.000 m Höhe). Im Gegensatz zu den Fällen des § 23 III von vornherein straflos ist der sogenannte ***irreale*** oder ***abergläubische Versuch*** (z.B. „Tötungsversuch" durch Teufelsbeschwörung). Hier liegt schon kein (strafbarer) untauglicher Versuch vor, zu § 23 III gelangt man systematisch gar nicht erst.

5. Wie schon im vorangegangenen Fall war auch hier nicht nach § 211 gefragt. Es kann aber bestimmt nicht schaden, sich in beiden Fällen einmal über einschlägige Mordmerkmale Gedanken zu machen (aktives Lernen).

Fall 37

Autoknacker K interessiert sich für einen verschlossenen A-Klasse-Mercedes. K begutachtet den Wagen zunächst von außen. Nachdem er die individuelle Beschaffenheit des Tür- und des Zündschlosses ins Visier genommen hat, beginnt K damit, aus seinem Koffer routinemäßig das passende Werkzeug zusammenzustellen, um später im Schutz der bereits hereinbrechenden Dunkelheit in Ruhe zur Sache gehen zu können. Dieses Verhalten fällt dem aufmerksamen und rüstigen Rentner R auf, der K mit den Worten „Was soll das?" anspricht. K wird die Sache nun doch zu heiß. Er gibt sein Vorhaben auf, den Wagen aufzubrechen, zu entwenden und ihn zu verkaufen.

Frage: Hat sich K gemäß §§ 242, 22, 23 I strafbar gemacht ?
Die Strafzumessungsregel § 243 ist nicht zu prüfen.

Lösungsskizze Fall 37

- Strafbarkeit des K gemäß §§ 242, 22, 23 I ?

(- Vorprüfung)

1. Nichtvollendung der Tat ?

HIER (+) → K hat den Wagen nicht weggenommen

2. Strafbarkeit des Versuchs ? (+) → § 242 II

I. Tatbestand

1. Subjektiver Tatbestand

a. Tatentschluss ?
= Vorsatz bezüglich der objektiven Merkmale

aa. Vorsatz bezüglich der fremden beweglichen Sache ? (+)

bb. Vorsatz bezüglich der Wegnahme ? (+)

cc. also: Tatentschluss (+)

b. Absicht der rechtswidrigen Zueignung ? (+)

c. also: subjektiver Tatbestand (+)

2. Objektiver Tatbestand = unmittelbares Ansetzen
= Handlung, die nach dem Plan des Täters ohne wesentliche Zwischenschritte zur Tatbestandsverwirklichung führen soll

HIER (–) → die Begutachtung und das Zusammenstellen des Werkzeugs waren noch straflose Vorbereitungshandlung (a.A. vertretbar); zwar ist für das unmittelbare Ansetzen nicht notwendig erforderlich, dass mit der tatbestandlichen Ausführungshandlung selbst begonnen wurde; die Untersuchung des Tatobjekts ist jedoch ebenso wie das Herrichten der Tatmittel noch keine

Handlung, die nach den Vorstellungen des Täters unmittelbar in die Tatbestandsverwirklichung münden soll; die Schwelle zum „jetzt geht es los" ist dadurch noch nicht überschritten;

auch wenn die Ausführungshandlung aus Sicht des K relativ kurz bevorstand, war die Vorbereitung noch nicht so eng mit der Verwirklichung des Tatbestands verknüpft, dass bei ungestörtem Fortgang dessen Verwirklichung ohne Weiteres eintreten sollte; vielmehr waren für die Wegnahme noch wesentliche Zwischenschritte – wie das Aufbrechen der Tür und das Überwinden des Zündschlosses – erforderlich, die erst nach vollständigem Eintritt der Dunkelheit vorgesehen waren; aus Sicht des Täters war das Angriffsobjekt vor dem Einsatz des Werkzeugs noch nicht konkret gefährdet

***3. also: Tatbestand* (–)**

II. Ergebnis:

Strafbarkeit des K gemäß §§ 242, 22, 23 I (–)

Formulierungsvorschlag Fall 37

- Strafbarkeit des K gemäß §§ 242, 22, 23 I

K könnte sich durch die Begutachtung des Fahrzeugs und das Zusammenstellen des Werkzeugs gemäß §§ 242, 22, 23 I strafbar gemacht haben.

Er hat den Wagen nicht weggenommen, die Tat also nicht vollendet.

Die Strafbarkeit des Versuchs folgt aus § 242 II.

I. K müsste zur Tat entschlossen gewesen sein, er müsste hinsichtlich der Verwirklichung des objektiven Tatbestands Vorsatz gefasst haben.

Er hatte Vorsatz hinsichtlich der Eigenschaft des Mercedes als für ihn fremde bewegliche Sache.

Er wollte das Fahrzeug auch wegnehmen.

Mithin war K zur Verwirklichung des objektiven Diebstahlstatbestands entschlossen.

Zudem hatte er die Absicht, sich den Wagen rechtswidrig zuzueignen.

K müsste nach seiner Vorstellung unmittelbar zur Tatbestandsverwirklichung angesetzt haben.

Dies setzt eine Handlung voraus, die nach dem Plan des Täters ohne wesentliche Zwischenschritte zur Tatbestandsverwirklichung führen soll. Maßgeblich ist, ob der Täter aus seiner Sicht die Schwelle zum „jetzt geht es los" bereits überschritten hat. Dazu ist nicht zwingend erforderlich, dass mit der tatbestandlichen Ausführungshandlung bereits begonnen wurde.

Die Untersuchung des Tatobjekts ist ebenso wie das Zusammenstellen des nötigen Werkzeugs bezogen auf die ins Auge gefasste Wegnahme noch keine Ausführungshandlung. Die Ausführungshandlung stand zwar für K relativ kurz bevor, das Angriffsobjekt war aber aus seiner Sicht noch nicht konkret gefährdet. Die Schwelle zum „jetzt geht es los" wäre erst überschritten gewesen, wenn K das Werkzeug nach vollständigem Eintritt der Dunkelheit zum Einsatz gebracht hätte.

Die Begutachtung des Mercedes ist ebenso wie das Herrichten der Tatmittel noch keine Handlung, die unmittelbar in die Tatbestandsverwirklichung münden soll. Die Vorbereitung war den Umständen nach noch nicht so eng mit der geplanten Wegnahme verknüpft, dass die Tathandlung bei ungestörtem Fortgang ohne wesentliche Zwischenschritte erfolgen sollte. Die Geschehnisse waren der Verwirklichung eines Tatbestandsmerkmals noch nicht unmittelbar vorgelagert.

Vielmehr waren für die Wegnahme noch entscheidende Zwischenschritte wie das Aufbrechen der Tür und die Überwindung des Zündschlosses erforderlich, für die erst die komplette Dunkelheit abgewartet werden sollte.

Somit hat K durch die Untersuchung des Tatobjekts und die Zusammenstellung des Werkzeugs nach seiner Vorstellung noch nicht unmittelbar zur Tatbestandsverwirklichung angesetzt. Es handelte sich noch um eine straflose Vorbereitungshandlungen.

II. K hat sich durch die Begutachtung des Fahrzeugs und das Zusammenstellen des Werkzeugs nicht gemäß §§ 242, 22, 23 I strafbar gemacht.

Fazit

1. Das ***unmittelbare Ansetzen*** ist immer dann unproblematisch, wenn der Täter – wie in den beiden vorangegangenen Fällen – mit der (vorgestellten) tatbestandsmäßigen Ausführungshandlung begonnen hat. Schwierig wird es hingegen mit der ***Abgrenzung zur straflosen Vorbereitungshandlung***, wenn die Ausführungshandlung – wie im Ausgangsfall – noch nicht begonnen wurde.

2. § 22 kombiniert einen subjektiven Blickwinkel (Vorstellung des Täters) mit einem objektiven Merkmal (unmittelbares Ansetzen zur Verwirklichung des Tatbestands). In dieser Gesetzesfassung kommt die sogenannte individuell-objektive Theorie zum Ausdruck, die durch die in Lösungsskizze und Formulierungsvorschlag genannte Definition weiter konkretisiert wird.

   In Problemfällen ist natürlich die Preisfrage, ob die noch zur Tatbestandsverwirklichung erforderlichen ***Zwischenschritte „wesentlich"*** sind oder nicht. Brauchbare Ergebnisse erzielt man am ehesten, wenn man das ***„jetzt geht es los"-Kriterium*** lebensnah anwendet. Im Ausgangsfall sprach danach viel für eine straflose Vorbereitungshandlung. Unmittelbares Ansetzen zum Diebstahl wäre hingegen deutlich eher anzunehmen gewesen, hätte K mit dem Werkzeug bereits an der Autotür herumgemacht. Die Grenzen sind fließend.

3. Es kommt auch stark auf die Eigenarten des jeweiligen Tatbestands an. Wandelt doch zu Übungszwecken die Fälle 35 und 36 einmal so ab, dass das unmittelbare Ansetzen zweifelhaft bzw. zu verneinen wäre. Schließlich noch ein Tipp: Ein gutes Gespür für die einschlägigen Fallgestaltungen (Kausuistik) bekommt ihr, wenn ihr Kommentare (zu § 22) und Lehrbücher nach Beispielen durchforstet.

Heutzutage wird die Frage nach dem Versuchsbeginn häufig und gerne am Beispiel des sogenannten ***Skimming*** diskutiert:

Ein manipuliertes Kartenlesegerät wird an einem Geldautomaten angebracht, der Automat wird zudem mit einer versteckt angebrachten Videokamera gefilmt. Später werden die Apparate wieder abgebaut. Mit den Daten aus dem Lesegerät sollen Karten hergestellt werden, die zusammen mit den aus der Videoaufnahme ersichtlichen PIN-Codes das unbefugte Abheben von Geld ermöglichen sollen.

Das unmittelbare Ansetzen zur Fälschung von Zahlungskarten (§§ 152a I Nr. 1, 152b I) liegt in solchen Fällen jedenfalls nicht schon in der Montage der Skimming-Technik. Dies ist vielmehr – wie der BGH sicher richtig entschieden hat – noch eine Vorbereitungshandlung.

4. Wer übrigens im Ausgangsfall unmittelbares Ansetzen angenommen hatte (vertretbar unter Hervorhebung des räumlichen und zeitlichen Zusammenhangs zur geplanten Tat), musste sich im Anschluss an die Schuld mit Rücktritt (§ 24) auseinandersetzen. Mit welchem Ergebnis? Wir werden darauf zurückkommen.

5. Bei ***Qualifikationstatbestände***n ist zu beachten, dass sie an den Grundtatbestand anknüpfen. Wer also beispielsweise eine Waffe einsteckt, setzt allein dadurch noch nicht unmittelbar zu § 244 I Nr. 1 a) an. Es kommt vielmehr auf das unmittelbare Ansetzen zur Wegnahme (§ 242 I) an.

Daraus darf aber nicht geschlossen werden, dass stets das unmittelbare Ansetzen zum Grunddelikt entscheidend ist. So regelt etwa § 154 I eine durch Eid qualifizierte Falschaussage. Der Versuch beginnt beim in der Praxis üblichen Eid nach der Aussage (sogenannter Nacheid) nicht schon mit der Aussage, sondern erst mit dem Anfang der Eidesformel („Ich schwö..." / vgl. Die Fälle – Strafrecht BT 1, Fall 25).

6. Den Versuch eines Regelbeispiels (z.B. § 243 I) kann es begrifflich nicht geben. Bei Regelbeispielen handelt es sich nicht um Tatbestandsmerkmale, sondern um Strafzumessungsregeln. Deswegen ist es nicht ganz korrekt, von einem versuchten besonders schweren Fall zu sprechen. Möglich ist aber der ***Versuch <u>in</u> einem besonders schweren Fall*** (z.B. versuchter Diebstahl in einem besonders schweren Fall, §§ 242, 22, 23 I, 243 I). Streitig ist, ob ***Regelbeispiele*** ihre ***Indizwirkung*** nur bei tatsächlichem Vorliegen erfüllen (vgl. zum Ganzen ausführlich Die Fälle – Strafrecht BT 2, Fall 16).

Fall 38

T will Oma O aus dem Weg räumen. Es gelingt ihm, die etwas naive N unter Vorspiegelung großer Vermögenswerte zu einem „Überfall" auf O zu überreden. O soll dabei nach den Ausführungen des T durch ein angebliches Schlafmittel, das sich in einer von T an N übergebenen Flasche befindet, außer Gefecht gesetzt werden. In Wahrheit enthält die Flasche jedoch ein von T bewusst eingefülltes tödlich wirkendes Gift. So ausgestattet geht N nach Hause. Sie ist zunächst gutgläubig, öffnet die Flasche aber aus Neugier, noch bevor sie sich zu O begibt. Wegen des beißenden Geruchs schätzt N die Flüssigkeit zutreffend als äußerst gefährlich ein. Sie sieht daraufhin entsetzt von der Durchführung des von T empfohlenen Vorhabens ab. T war hingegen davon ausgegangen, dass N mit dem Gift unverändert gutgläubig den Tod der O herbeiführt.

Frage: Hat sich T gemäß §§ 212 I, 22, 23 I, 25 I Alt. 2 strafbar gemacht ?

Lösungsskizze Fall 38

- Strafbarkeit des T gemäß §§ 212 I, 22, 23 I, 25 I Alt. 2 ?

(- Vorprüfung)

1. Nichtvollendung der Tat ? (+)

2. Strafbarkeit des Versuchs ? (+) → §§ 212 I, 23 I, 12 I

I. Tatbestand

1. Subjektiver Tatbestand = Entschluss zur Tat (durch einen anderen)
= Vorsatz bezüglich der objektiven Merkmale

a. Vorsatz bezüglich des Tatobjekts anderer Mensch ? (+)

b. Vorsatz bezüglich des Tötens (durch einen anderen) ? (+)

c. <u>also</u>: subjektiver Tatbestand (+)

2. Objektiver Tatbestand = unmittelbares Ansetzen
= Handlung, die nach dem Plan des Täters ohne wesentliche Zwischenschritte zur Tatbestandsverwirklichung führen soll

HIER (+) → der mittelbare Täter setzt jedenfalls dann unmittelbar zur Tatbestandsverwirklichung an, wenn er – wie hier – auf das (zunächst) gutgläubige Werkzeug eingewirkt hat, das Geschehen aus der Hand gegeben hat und dadurch nach seiner Vorstellung das Rechtsgut unmittelbar gefährdet ist; ein unmittelbares Ansetzen des Tatmittlers ist zwar noch nicht erfolgt, aber auch nicht erforderlich (a.A. gut vertretbar);

zwar wird im Rahmen der mittelbaren Täterschaft das Verhalten des Vordermanns zugerechnet; entscheidend ist aber, dass der mittelbare Täter den

Tatentschluss bereits in dem Moment durchhält, in dem er das Geschehen aus der Hand gibt und den weiteren Verlauf damit allein dem Tatmittler überlässt; in diesem Moment überschreitet der mittelbare Täter sinngemäß die Schwelle zum „jetzt geht es los"; zumindest bei einem gutgläubigen Werkzeug ist im Übrigen die Einwirkung dem Ingangsetzen eines mechanischen Werkzeugs vergleichbar

3. <u>also</u>: Tatbestand **(+)**

II. Rechtswidrigkeit **(+)**

III. Schuld **(+)**

IV. Ergebnis:

Strafbarkeit des T gemäß §§ 212 I, 22, 23 I, 25 I Alt. 2 (+)

Formulierungsvorschlag Fall 38

- Strafbarkeit des T gemäß §§ 212 I, 22, 23 I, 25 I Alt. 2

T könnte sich durch seine Einflussnahme auf N und das Überreichen der Flasche gemäß §§ 212 I, 22, 23 I, 25 I Alt. 2 strafbar gemacht haben.

Die Tat ist nicht vollendet.

Der Versuch ist gemäß §§ 212 I, 23 I, 12 I strafbar.

I. T müsste zum Totschlag durch einen anderen entschlossen gewesen sein, er müsste insoweit vorsätzlich gehandelt haben.

Vorsatz bedeutet Wissen und Wollen der Tatbestandsverwirklichung.

T wollte, dass N einen anderen Menschen – nämlich O – tötet. N sollte dabei in Unkenntnis einer tödlichen Wirkung der in der Flasche enthaltenen Substanz handeln, also gutgläubig sein. Nach seiner Vorstellung hatte T somit Tatherrschaft kraft überlegenen Wissens, die zur mittelbaren Täterschaft führt.

T handelte folglich vorsätzlich bezogen auf die Tötung der O durch einen anderen. Er war zum Totschlag in mittelbarer Täterschaft entschlossen.

T müsste weiter nach seiner Vorstellung unmittelbar zur Tatbestandsverwirklichung angesetzt haben.

Nach allgemeinen Regeln liegt unmittelbares Ansetzen dann vor, wenn eine ausgeführte Handlung plangemäß ohne wesentliche Zwischenschritte zur Tatbestandsverwirklichung führen soll.

N als Tatmittlerin hatte sich noch nicht auf den Weg zu O gemacht, mithin selbst nicht unmittelbar zur Verwirklichung des Tatbestands angesetzt.

Gleichwohl könnte T als mittelbarer Täter bereits dadurch unmittelbar angesetzt haben, dass er auf N eingewirkt hat. Dies liegt jedenfalls dann nahe, wenn das Werkzeug einerseits gutgläubig ist, andererseits der Hintermann das Geschehen aus seinem Herrschaftsbereich entlässt und dadurch nach seiner Vorstellung das Rechtsgut unmittelbar gefährdet ist. Dann nämlich scheinen für den mittelbaren Täter keine wesentlichen Zwischenschritte mehr erforderlich zu sein, er hat sinngemäß die Schwelle zum „jetzt geht es los“ überschritten.

T hat auf die – zunächst auch objektiv – gutgläubige N eingewirkt und das Geschehen aus der Hand gegeben. Die Tatbestandsverwirklichung hing nunmehr aus Sicht des T allein vom Verhalten der gutgläubigen Tatmittlerin ab. Für ihn war das Leben der O unmittelbar gefährdet.

Danach wäre unmittelbares Ansetzen des T nur zu verneinen, hielte man wiederum ein unmittelbares Ansetzen der N als Tatmittlerin für erforderlich. Dafür kann angeführt werden, dass dem mittelbaren Täter das Verhalten des Tatmittlers zugerechnet wird, die Tat wird durch das Werkzeug ausgeführt. Auf den ersten Blick erscheint es daher folgerichtig, das unmittelbare Ansetzen des Tatmittlers auch für den Hintermann als maßgeblich anzusehen.

Diese Argumentation vermag jedoch letztlich nicht zu überzeugen. Entscheidend für den Übergang vom Vorbereitungs- zum Versuchsstadium ist, dass der Täter den Entschluss in dem für den weiteren Verlauf entscheidenden Moment durchhält. Dieser Moment kann aber bei der mittelbaren Täterschaft sinnvollerweise nur der sein, in dem der Hintermann das Geschehen aus der Hand gibt und den weiteren Verlauf allein dem Tatmittler überlässt. Dann nämlich ist aus seiner Sicht das Rechtsgut schon unmittelbar gefährdet, weil es an einer aktiven Kontrollmöglichkeit fehlt.

Bei einem gutgläubigen Werkzeug ist die Einwirkung auf den Tatmittler im Übrigen dem Ingangsetzen eines mechanischen Werkzeugs – etwa einer Schusswaffe – vergleichbar. Von daher kann das unmittelbare Ansetzen des Tatmittlers allenfalls bei einem von vornherein bösgläubigen Werkzeug der richtige Anknüpfungspunkt sein.

Nach alledem genügt für das unmittelbare Ansetzen des mittelbaren Täters jedenfalls bei einem – zumindest noch bei Abschluss der Einwirkung – gutgläubigen Tatmittler, dass der Hintermann das Geschehen aus seinem Herrschaftsbereich entlässt und dadurch für ihn das Rechtsgut unmittelbar gefährdet erscheint.

Für T waren keine von ihm zu beeinflussenden wesentlichen Zwischenschritte mehr zur Tatbestandsverwirklichung erforderlich.

Er hat als mittelbarer Täter nach seiner Vorstellung unmittelbar zur Tatbestandsverwirklichung angesetzt.

II. Die Tat geschah rechtswidrig.

III. T handelte schuldhaft.

IV. Er hat sich durch seine Einflussnahme auf N und das Überreichen der Flasche gemäß §§ 212 I, 22, 23 I, 25 I Alt. 2 strafbar gemacht.

Fazit

1. Hat man es wie in den vorangegangenen Fällen mit einem (vorsätzlichen) Begehungsdelikt und einem unmittelbaren Alleintäter zu tun, besteht über die für den objektiven Versuchstatbestand (unmittelbares Ansetzen) maßgeblichen Kriterien heutzutage im Großen und Ganzen Einigkeit.

   Nach wie vor sehr differenziert wird der ***Versuchsbeginn*** aber ***bei mittelbarer Täterschaft***, ***bei Mittäterschaft***, ***bei actio libera in causa*** und ***beim Unterlassungsdelikt*** gesehen.

2. Bei der ***mittelbaren Täterschaft*** verlangt die engste Auffassung für den Versuchsbeginn, dass das Werkzeug unmittelbar angesetzt hat. Das war in dem einer BGH-Entscheidung nachgebildeten Ausgangsfall nicht gegeben.

   Demgegenüber lässt die weiteste Ansicht bereits den Beginn der Einwirkung auf den Tatmittler als unmittelbares Ansetzen des mittelbaren Täters genügen. Danach lag im Ausgangsfall Versuchsbeginn vor.

   Die h.M. zieht im Grunde das allgemeine Kriterium (keine wesentlichen Zwischenschritte) heran und stellt dabei konsequent auf die Sicht des mittelbaren Täters ab. Auf Basis der h.M. setzt der Hintermann unmittelbar an, wenn er das Geschehen aus der Hand gibt und/oder für ihn mit seiner Einwirkung auf den Tatmittler das Rechtsgut unmittelbar gefährdet erscheint. Beides war bei T der Fall.

   Schließlich gibt es noch eine differenzierende Auffassung, die zwischen gutgläubigem und bösgläubigem Werkzeug unterscheidet. Beim gutgläubigen Werkzeug soll die Einwirkung genügen, beim bösgläubigen soll der Versuch des mittelbaren Täters erst beim unmittelbaren Ansetzen des Werkzeugs beginnen. Auch danach war Versuch zu bejahen, weil N bei Abschluss der Einwirkung durch T noch gutgläubig war.

   Zusammengefasst: Nur auf dem Boden der engsten Auffassung war das unmittelbare Ansetzen zu verneinen. Folgerichtig musste und sollte man sich in der konkreten Fallbearbeitung auch nur mit dieser Ansicht argumentativ auseinandersetzen. Eine Entscheidung zwischen den übrigen Ansichten war nicht fallrelevant. Vielmehr war insoweit die im Formulierungsvorschlag demonstrierte „jedenfalls-Technik" angesagt.

3. Bei der ***Mittäterschaft*** stellt sich der Meinungsstand etwas einfacher dar.

   Eine Mindermeinung (sogenannte ***Einzellösung***) stellt auf die Tatherrschaft durch das Verhalten des einzelnen Mittäters ab. Sie fragt individuell, ob der jeweilige (potenzielle) Mittäter bereits zu seinem eigenen über bloße Teilnahme hinausgehenden Tatbeitrag angesetzt hat.

   Nach ganz h.M. (sogenannte ***Gesamtlösung***) beginnt der Versuch für alle Mittäter, wenn auch nur einer von ihnen im Rahmen des gemeinsamen Plans unmittelbar zur Tatbestandsverwirklichung ansetzt. Ein unmittelbares Ansetzen zum individuellen Tatbeitrag ist also nicht erforderlich. Das erscheint konsequent, weil der Witz bei der Mittäterschaft ja gerade ist, dass sich jeder Mittäter wechselseitige Tatbeiträge zurechnen lassen muss.

Besondere Schwierigkeiten bei der Zurechnung kann es allerdings geben, wenn der Handelnde selbst gar kein Täter mehr sein will (nur vermeintliche Mittäterschaft) oder zum untauglichen Versuch ansetzt. Das aber ist so speziell, dass wir uns hier auf das Wecken des Problembewusstseins beschränken wollen. Gerade im Strafrecht kann man eigentlich immer weiter in die Verästelungen vordringen und auf spezielle Probleme stoßen. Irgendwo muss ein Schlussstrich gezogen werden, damit man nicht den Überblick verliert.

4. Bei der umstrittenen Rechtsfigur der (vorsätzlichen) ***actio libera in causa*** (vgl. Fall 16, Fazit 4.) ist die Frage nach dem Versuchsbeginn naturgemäß ebenfalls nicht ganz einfach zu beantworten. Teils wird schon auf das Herbeiführen der Schuldunfähigkeit (arg.: letzte vor Schuldunfähigkeit zurechenbare Handlung), teils erst auf die tatbestandsmäßige Handlung (arg.: erst dann unmittelbare Gefahr für das Rechtsgut) abgestellt.

5. Auf die Besonderheiten beim ***Unterlassungsdelikt*** werden wir unten noch kurz eingehen.

6. Und nun zu etwas völlig anderem: Wie sieht es beim Versuch im Zusammenhang mit sogenannten ***erfolgsqualifizierten Delikten*** aus (vgl. § 18)?

Ganz wichtig ist es, zwei Grundsituationen streng zu unterscheiden: Zum einen kann bereits der Versuch des Grunddelikts den Eintritt der schweren Folge herbeiführen (sogenannter ***erfolgsqualifizierter Versuch***). Zum anderen kann aber auch der Vorsatz den Eintritt der schweren Folge umfassen, die dann aber ausbleibt (sogenannte ***versuchte Erfolgsqualifikation***).

Die Annahme eines ***erfolgsqualifizierten Versuchs*** ist immer dann strukturell unproblematisch, wenn der Erfolg schon an die Handlung des Grunddelikts geknüpft ist, nicht erst an den Erfolg des Grunddelikts.

So ist beim Raub (§ 249 I) schon ein Handlungsbestandteil (genauer die Gewalt gegen eine Person) besonders gefährlich. Deswegen kann Raub mit Todesfolge (§ 251) auch in Form eines erfolgsqualifizierten Versuchs begangen werden.

Strukturell eher problematisch ist ein erfolgsqualifizierter Versuch aber bei § 226 I oder § 227 I. Ein Beispiel zur Körperverletzung mit Todesfolge (§ 227 I): „T holt zum Schlag gegen O aus. Der weicht zurück und stürzt tödlich.“

Die früher weit verbreitete Literaturmeinung, dass bei diesen Tatbeständen die Folge speziell an den Erfolg der Körperverletzung (und damit an die Vollendung) knüpfe und daher die bloße Verletzungshandlung als Ansatzpunkt von vornherein ungeeignet sei, wird heute nur noch vereinzelt vertreten. Diese Ansicht beruhte vor allem auf der alten Gesetzesfassung (vor dem 01.04.1998 / damals war die versuchte einfache Körperverletzung noch nicht strafbar). Nach inzwischen deutlich überwiegender Auffassung ist auch bei § 226 I oder § 227 I der erfolgsqualifizierte Versuch jedenfalls grundsätzlich möglich, wobei in den Details vieles streitig ist. Die zu § 227 I gefällte grundlegende BGH-Entscheidung aus dem Jahr 2002 (NJW 2003, 150 ff, 153 / Tod des Opfers infolge panikartigen Fluchtverhaltens) kann man als zu weitgehend ansehen, auch wenn man mit der h.M. prinzipiell den erfolgsqualifizierten Versuch in diesem

Bereich für möglich hält. Einzelheiten hierzu gingen über den Rahmen dieses Buchs hinaus.

Sinnvoller Prüfungsstandort für das Problem ist die Vorprüfung (Strafbarkeit des Versuchs).

Es sollte nicht übersehen werden, dass es durchaus Erfolgsqualifikationen gibt, bei denen der Versuch des Grundtatbestands nicht strafbar ist, sodass nach vorzugswürdiger Auffassung auch der erfolgsqualifizierte Versuch ausscheidet. Neben § 221 II Nr. 2 ist hier vor allem § 238 zu nennen („Nachstellung“ / vgl. Die Fälle – Strafrecht BT 1, Fall 19, Fazit 4.).

Gegen die Annahme einer ***versuchte***n ***Erfolgsqualifikation*** bestehen keine grundsätzlichen Bedenken. Durch die Formulierung „wenigstens Fahrlässigkeit“ (§ 18) bzw. „wenigstens leichtfertig“ (z.B. in § 251, § 239a III, § 178, § 306c, § 176b, § 316a III) kommt zum Ausdruck, dass Vorsatz auch nicht schadet.

Fall 39

Der arbeitslose A hadert mit seinem Schicksal, weil sein Fahrrad den Geist aufgegeben hat und er kein Geld hat, sich ein neues zu kaufen. Er beschließt, sich Ersatz auf illegalem Weg zu verschaffen. Eines Tages sieht A das neuwertige Fahrrad des O, das unverschlossen vor dessen Hauseingang steht. Als er sich schon auf das Rad geschwungen hat, um damit loszufahren, erinnert sich A an den sinnigen Spruch seiner weisen Großmutter: „Im Alter wie schon in der Jugend, wandle immer auf dem Pfad der Tugend!“ Noch bevor er sich mit dem Rad in Bewegung gesetzt hat, steigt A wieder ab, lässt das Objekt der Begierde an Ort und Stelle stehen und kommt für sich zu dem Schluss, jetzt und in Zukunft doch besser dem Rat der Großmutter zu folgen.

Frage: Hat sich A gemäß §§ 242, 22, 23 I strafbar gemacht ?

Lösungsskizze Fall 39

- Strafbarkeit des A gemäß §§ 242, 22, 23 I ?

(- Vorprüfung)

1. Nichtvollendung der Tat ?

HIER (+) → A hat das Fahrrad nicht weggenommen; fremder Gewahrsam (gelockerter Gewahrsam des O) wäre erst gebrochen gewesen, wenn er sich mit dem Tatobjekt entfernt hätte

***2. Strafbarkeit des Versuchs ?* (+)** → § 242 II

I. Tatbestand

1. Subjektiver Tatbestand

a. Tatentschluss ?
= Vorsatz bezüglich der objektiven Merkmale

***aa. Vorsatz bezüglich der fremden beweglichen Sache ?* (+)**

***bb. Vorsatz bezüglich der Wegnahme ?* (+)**

***cc. <u>also</u>: Tatentschluss* (+)**

***b. Absicht der rechtswidrigen Zueignung ?* (+)**

***c. <u>also</u>: subjektiver Tatbestand* (+)**

2. Objektiver Tatbestand = unmittelbares Ansetzen
= Handlung, die nach dem Plan des Täters ohne wesentliche Zwischenschritte zur Tatbestandsverwirklichung führen soll

HIER (+) → A befand sich bereits auf dem Fahrrad; er musste nur noch wegfahren, um die Wegnahme zu vollenden; nach seinem Plan waren für die

Tatbestandsverwirklichung keine wesentlichen Zwischenschritte mehr erforderlich

3. <u>also</u>: Tatbestand (+)

II. Rechtswidrigkeit (+)

III. Schuld (+)

IV. Rücktritt nach § 24 I 1 Var. 1

1. weitere Ausführung der Tat aufgegeben (unbeendeter Versuch) ?
= Entschluss, auf die Vollendung der konkreten Tat endgültig zu verzichten; Täter hat nach seiner Vorstellung noch nicht alles Erforderliche getan, um den Erfolg herbeizuführen (unbeendeter Versuch)

HIER (+) → der Versuch war unbeendet; A hat (nach seiner Vorstellung) noch nicht alles getan, um den Erfolg herbeizuführen; vielmehr wäre zum Gewahrsamsbruch und damit zur Wegnahme noch der entscheidende Schritt des Wegfahrens erforderlich gewesen; A hat auch auf die Vollendung der konkreten Tat endgültig verzichtet; er wollte das Fahrrad aufgrund seines Sinneswandels weder sofort noch später entwenden

2. freiwillig ?
= aus selbst gesetzten (autonomen) Motiven

HIER (+) → A hat die weitere Tatausführung aus Gewissensgründen aufgegeben, nicht etwa aufgrund äußerer Risikofaktoren

***3. <u>also</u>: Rücktritt nach § 24 I 1 Var. 1* (+)**

V. Ergebnis:

Strafbarkeit des A gemäß §§ 242, 22, 23 I (–)

Formulierungsvorschlag Fall 39

- Strafbarkeit des A gemäß §§ 242, 22, 23 I

Möglicherweise hat sich A durch das Aufsteigen gemäß §§ 242, 22, 23 I strafbar gemacht.

Dazu dürfte die Tat zunächst nicht vollendet sein. Der Diebstahl nach § 242 I wäre nur vollendet, wenn A das Tatobjekt weggenommen hätte.

Wegnahme bedeutet Bruch fremden und Begründung neuen Gewahrsams.

Gewahrsam ist die von einem Herrschaftswillen getragene Sachherrschaft. O hatte zwar keinen unmittelbaren Zugriff auf das abgestellte Fahrrad, nach der Auffassung des täglichen Lebens bleibt die Sachherrschaft aber trotz vorübergehender räumlicher Entfernung bestehen. O hatte gelockerten Gewahrsam.

Gewahrsamsbruch bedeutet die Aufhebung des Gewahrsams ohne oder gegen den Willen des bisherigen Inhabers. A hatte das Fahrrad zwar schon bestiegen, sich aber noch nicht damit entfernt. Das Rad blieb an Ort und Stelle. Der Gewahrsam des O war damit noch nicht aufgehoben.

A hat das Tatobjekt nicht weggenommen.

Die Tat ist nicht vollendet.

Der Versuch ist gemäß § 242 II strafbar.

I. A müsste zum Diebstahl entschlossen gewesen sein, er müsste bezüglich der objektiven Merkmale Vorsatz gefasst haben.

Der Vorsatz des A war ursprünglich darauf gerichtet, mit dem Fahrrad eine für ihn fremde bewegliche Sache wegzunehmen.

A hatte Tatentschluss.

Er hatte zudem die Absicht, sich das Fahrrad rechtswidrig zuzueignen.

Er müsste weiter nach seiner Vorstellung unmittelbar zur Tatbestandsverwirklichung angesetzt haben.

Unmittelbares Ansetzen ist die Vornahme einer Handlung, die nach dem Plan des Täters ohne wesentliche Zwischenschritte zur Tatbestandsverwirklichung führen soll.

A befand sich bereits auf dem Fahrrad. Er musste sich damit nur noch in Bewegung setzen, um die Wegnahme zu vollenden. Nach seiner Vorstellung waren für die unmittelbar bevorstehende Tatbestandsverwirklichung keine wesentlichen Zwischenschritte mehr erforderlich.

Er hat folglich unmittelbar zur Tatbestandsverwirklichung angesetzt.

II. Die Tat geschah rechtswidrig.

III. A handelte schuldhaft.

IV. Er könnte aber gemäß § 24 I 1 Var. 1 strafbefreiend vom Versuch zurückgetreten sein.

Rücktritt nach § 24 I 1 Var. 1 setzt zunächst einen unbeendeten Versuch voraus. A dürfte dazu nach seiner Vorstellung noch nicht alles Erforderliche getan haben, um den Erfolg herbeizuführen. Aus Sicht des A war zum Gewahrsamsbruch und damit zur Vollendung noch der entscheidende Schritt des Wegfahrens nötig. Er hatte von daher noch nicht alles Erforderliche zur Herbeiführung des Erfolgs getan. Der Versuch war unbeendet.

A müsste die weitere Tatausführung aufgegeben haben. Dazu bedarf es des Entschlusses, auf die Vollendung der konkreten Tat endgültig zu verzichten. Aufgrund seines Sinneswandels wollte A das Fahrrad weder sofort noch später entwenden. Er hat auf die Vollendung endgültig verzichtet und damit die weitere Tatausführung aufgegeben.

Dies müsste schließlich freiwillig, also aus selbst gesetzten, autonomen Motiven heraus geschehen sein. A hat die weitere Tatausführung aus Gewissensgründen und nicht etwa von äußeren Risikofaktoren beeinflusst aufgegeben.

Gewissensgründe sind ein autonomes Motiv. Die Aufgabe der weiteren Tatausführung geschah freiwillig.

Mithin ist A gemäß § 24 I 1 Var. 1 strafbefreiend vom Versuch zurückgetreten.

V. Er hat sich durch das Aufsteigen nicht gemäß §§ 242, 22, 23 I strafbar gemacht.

Fazit

1. Das war ein recht typischer Fall des ***Rücktritt****s* ***vom Versuch*** nach § 24 I 1 Var. 1.

§ 24 ist nach ganz h.M. ein ***persönlicher Strafaufhebungsgrund***, nach a.A. ein Entschuldigungsgrund. Wir empfehlen die Prüfung als Strafaufhebungsgrund unter „IV. Besonderheiten“ (vgl. schon Seite 24). Wer in § 24 allerdings einen Entschuldigungsgrund sieht, prüft unter „III. Schuld“. Rücktritt nach § 24 führt zur völligen Straflosigkeit.

Zur Begründung dieser „Großzügigkeit“ des Gesetzgebers gibt es verschiedene Ansätze. Nach einer älteren Theorie soll dem Täter eine „goldene Brücke“ zurück in die Legalität gebaut werden. Das klingt zwar gut, hat sich aber als wenig praxisgerecht erwiesen, weil die in Aussicht gestellte Strafbefreiung so gut wie nie Motiv für den Rücktritt ist. Deswegen wird der Rücktritt heute vielfach als eine Art Belohnung angesehen oder aber mit dem Wegfall des Strafzwecks begründet.

2. § 24 ist eine ziemlich komplizierte Norm. Betrachten wir zunächst den ***Rücktritt des Alleintäters*** (§ 24 I), auf den Rücktritt von Tatbeteiligten (§ 24 II) gehen wir später ein.

Rücktritt nach § 24 I setzt in zeitlicher Hinsicht zweierlei voraus. Zunächst muss das Versuchsstadium erreicht sein. Sonst gibt es ja gar keinen Versuch, von dem man zurücktreten könnte. Andererseits darf die Tat auch noch nicht vollendet sein. Ein Rücktritt vom vollendeten Delikt ist nach § 24 I nie möglich.

Rücktritt ist beim sogenannten ***fehlgeschlagenen Versuch*** ausgeschlossen. Fehlgeschlagen ist ein Versuch, wenn die Vollendung nach der Vorstellung des Täters (!) unmöglich geworden ist oder für ihn keinen Sinn mehr hat (Beispiel: „T wirft das einzig vorhandene Messer auf O, verfehlt ihn aber.“). Der Unterschied zum untauglichen Versuch liegt darin, dass die Handlung beim fehlgeschlagenen Versuch durchaus zum Erfolg hätte führen können. Beim untauglichen Versuch (vgl. Fall 36) ist Rücktritt übrigens so lange möglich, wie der Täter von der Tauglichkeit überzeugt ist.

Vielfach wird der fehlgeschlagene Versuch als eine dem Rücktritt von vornherein nicht zugängliche Konstellation eingestuft. Man kann aber auch guten Gewissens auf die eigenständige Figur ***„fehlgeschlagener Versuch“*** verzichten, weil der Rücktritt dann jedenfalls nie freiwillig ist.

3. Man muss unbedingt wissen, dass ***bloßes Aufhören*** (***§ 24 I 1 Var. 1***) nur reicht, wenn der ***Versuch unbeendet*** ist. Beim ***beendeten Versuch*** muss die ***Vollendung*** hingegen vom Täter ***verhindert*** werden (***§ 24 I 1 Var. 2***) oder aber zumindest ein ***ernsthaftes Bemühen*** dazu vorliegen (***§ 24 I 2***). Die Unterscheidung erfolgt ***nach einem subjektiven Maßstab:***

Beendet ist ein Versuch, wenn der Täter im Zeitpunkt der letzten Ausführungshandlung glaubt, alles Erforderliche für den Erfolgseintritt getan zu haben. Ein beendeter Versuch liegt schon dann vor, wenn der Täter mit der Möglichkeit des Erfolgseintritts rechnet.

Unbeendet ist ein Versuch hingegen, wenn der Täter nach der letzten Ausführungshandlung glaubt, der Erfolg werde nur eintreten, wenn er weitere Maßnahmen ergreife. Beim unbeendeten Versuch ist der Täter also (wie im Ausgangsfall) davon überzeugt, noch nicht alles zum Erfolgseintritt Erforderliche getan zu haben.

Die Unterscheidung hört sich allerdings – wie wir noch sehen werden – einfacher an als sie in zugespitzten Grenzfällen ist.

4. Der ***Verzicht auf die weitere Tatausführung*** (§ 24 I 1 / Aufgeben) muss nach h.M. ***endgültig*** (bzw. ernsthaft) sein. Problematisch wird dieser Punkt, wenn der Täter nur die konkrete Ausführungshandlung abbricht, sich aber weiteres Handeln vorbehält. Das kann nach einer Auffassung schon genügen, wenn nicht gerade der bereits begangene Versuch und die vorbehaltenen Aktionen eine natürliche Handlungseinheit bilden. Diese Ansicht mag vielleicht zu großzügig sein. Zumindest aber spricht vieles dafür, dass umgekehrt der bloße innere Vorbehalt, die Tat irgendwann bei passender Gelegenheit erneut zu versuchen oder an ihrer Stelle eine vergleichbare andere Straftat zu begehen, dem (konkreten) Aufgeben i.S.d. § 24 I 1 Var. 1 nicht entgegensteht.

Im insoweit unproblematischen Ausgangsfall gab es keine wie auch immer gearteten Vorbehalte, der Verzicht war endgültig.

5. Jegliche Form des Rücktritts setzt ***Freiwilligkeit*** voraus. Der Rücktritt muss selbst gesetzten (***autonome***n) ***Motive***n entspringen und darf daher nicht durch zwingende Hinderungsgründe (***heteronome Motive***) veranlasst sein.

Als Faustregel kann man die nach ihrem Erfinder sogenannte ***Frank'sche Formel*** anwenden. Sagt sich der Täter „Ich will nicht, obwohl ich könnte", liegt Freiwilligkeit vor, nicht hingegen bei der entgegengesetzten Haltung „Ich kann nicht, obwohl ich wollte." Über eines müsst ihr euch dabei aber klar sein: Die Einstellung „Ich kann nicht, obwohl ich wollte." beschreibt letztlich nichts anderes als den fehlgeschlagenen Versuch (s.o. dieses Fazit 2.).

Freiwillig ist z.B. der Rücktritt aus Gewissensgründen, aus Schamgefühl, aus Mitleid, aus Furcht vor Strafe. ***Unfreiwillig***keit liegt dagegen z.B. vor, wenn Furcht vor bevorstehender Entdeckung das Motiv ist. Spätestens jetzt wird auch klar, dass und warum in Fall 37 ein Rücktritt (§ 24 I 1 Var. 1) zu verneinen war, sofern man – anders als wir – das unmittelbare Ansetzen bejaht hatte (siehe Fall 37, Fazit 2. und 4.).

Freiwilligkeit darf nicht mit ethisch hoch stehender oder auch nur billigenswerter Motivation verwechselt werden. So kann jemand etwa auch (freiwillig) zurücktreten, wenn er von einem Opfer ablässt, um dann munter auf ein anderes einzudreschen.

Abschließend soll nicht unerwähnt bleiben, dass vereinzelt auch noch ein gänzlich anderer Ansatz zur Frage der Freiwilligkeit vertreten wird. Freiwillig soll danach derjenige zurücktreten, der sich dazu entgegen der „Verbrechervernunft“ entscheidet und sich somit auf den „Weg der Legalität“ zurückbegibt. Dieses stark wertende Kriterium hat sich nicht recht durchgesetzt, führt aber abgesehen davon in der Regel im Vergleich zur h.M. ohnehin nicht zu abweichenden Ergebnissen (so auch im Ausgangsfall).

6. Streitig ist, ob auch ein sogenannter ***Teilrücktritt*** möglich ist. Dazu ein Beispiel: „T wirft die mitgeführte Waffe (§ 244 I Nr. 1 a) nach Versuchsbeginn, aber noch vor Wegnahme des Tatobjekts weg.“ Akzeptiert man mit der h.L. die Figur des Teilrücktritts, verbleibt es beim Grundtatbestand (hier § 242 I; vgl. schon Fall 37, Fazit 5.).

Fall 40

Messerwerfer M will seine langjährige Assistentin A erstechen. Er geht dabei davon aus, dass ein einziger gezielter Stich mit dem Messer in den Bauch der A genügt, um sie tödlich zu verletzen. M setzt seinen konkret an dieser Vorstellung orientierten Plan in die Tat um und sticht zu. Wider Erwarten bleibt A aber gemessen an den Umständen ziemlich unbeeindruckt stehen und fängt mit M eine lebhafte Diskussion über den Sinn und Zweck seines Verhaltens an. Der Stichkanal verläuft zufällig so, dass weder lebenswichtige Organe verletzt sind, noch größerer Blutverlust eintritt. M erkennt schnell und zutreffend, dass der Stich entgegen seiner ursprünglichen Annahme nur vergleichsweise leichte Verletzungen hervorgerufen hat, die keineswegs lebensbedrohlich sind. M hält es für ausgeschlossen, dass A an der zugefügten Verletzung stirbt. Er ist sich zwar darüber im Klaren, dass weitere Stiche tödlich wirken können und ihm auch ohne Weiteres möglich sind, er sieht davon aber aus Reue auch für die Zukunft ab.

Frage: Hat sich M gemäß §§ 212 I, 22, 23 I strafbar gemacht ?

Lösungsskizze Fall 40

- Strafbarkeit des M gemäß §§ 212 I, 22, 23 I ?

(- Vorprüfung)

1. Nichtvollendung der Tat ? **(+)**

2. Strafbarkeit des Versuchs ? **(+)** → §§ 212 I, 23 I, 12 I

I. Tatbestand

1. Subjektiver Tatbestand = Tatentschluss
= Vorsatz bezüglich der objektiven Merkmale

a. Vorsatz bezüglich des Tatobjekts anderer Mensch ? **(+)**

b. Vorsatz bezüglich des Tötens ? **(+)**

c. also: subjektiver Tatbestand **(+)**

2. Objektiver Tatbestand = unmittelbares Ansetzen **(+)**

3. also: Tatbestand **(+)**

II. Rechtswidrigkeit **(+)**

III. Schuld **(+)**

IV. Rücktritt gemäß § 24 I 1 Var. 1

1. weitere Ausführung der Tat aufgegeben (unbeendeter Versuch) ?

= Entschluss, auf die Vollendung der konkreten Tat endgültig zu verzichten; Täter hat nach seiner Vorstellung noch nicht alles Erforderliche getan, um den Erfolg herbeizuführen (unbeendeter Versuch)

HIER (+) → der Versuch war unbeendet (a.A. gut vertretbar); entscheidend ist nicht, dass bereits die durchgeführte Tathandlung nach dem ursprünglichen Täterplan als zur Erfolgsherbeiführung geeignet angesehen wurde; dies spricht nur vordergründig für die Annahme eines beendeten (selbstständigen) Versuchs, der dann konsequenterweise als fehlgeschlagen anzusehen wäre; das Unterlassen eines weiteren Akts wäre danach kein Rücktritt, sondern nur die Nichtwiederholung des Versuchs;

maßgeblich ist aber nicht der Blick auf den ursprünglichen Tatplan, sondern die Vorstellung des Täters nach der letzten Ausführungshandlung (sogenannter Rücktrittshorizont); ein unbeendeter Versuch liegt danach vor, wenn der Täter – wie hier – zu diesem Zeitpunkt den Eintritt des Erfolgs für ausgeschlossen hält; eine solche Gesamtbetrachtung erscheint sachgerecht, weil nur sie dem Geschehen als einheitlichem Lebensvorgang gerecht wird; auch wenn der Täter ursprünglich die erste Handlung als Erfolg versprechend ansah, verzichtet er letztlich bewusst auf die Verwirklichung und stellt daher seine Rechtstreue unter Beweis; im Übrigen wird die Frage nach dem Rücktritt ja auch erst nach der (letzten) Ausführungshandlung relevant; bis zu dieser Handlung einschließlich will der Täter ja die Vollendung; vor allem aber wäre bei einem Abstellen auf den Tatplan zur Unterscheidung von unbeendetem und beendetem Versuch der weit gefährlichere Täter potenziell bevorzugt, der sich von vornherein mehrere Handlungen vorgenommen hat; ihm stünde die Rücktrittsmöglichkeit nach § 24 I 1 Var. 1 zur Verfügung, während dem weniger gefährlichen Täter, dessen Tatplan sich auf nur eine Handlung beschränkt, der strafbefreiende Rücktritt abgeschnitten wäre;

M hat sich entschlossen, auf die Vollendung der (konkreten) Tat endgültig zu verzichten;

2. freiwillig ?

= aus selbst gesetzten (autonomen) Motiven

HIER (+) → M hat die weitere Tatausführung – obwohl für möglich gehalten – aus Reue aufgegeben

3. <u>also</u>: Rücktritt nach § 24 I 1 Var. 1 (+)

V. Ergebnis:

Strafbarkeit des M gemäß §§ 212 I, 22, 23 I (–)

Formulierungsvorschlag Fall 40

- Strafbarkeit des M gemäß §§ 212 I, 22, 23 I

M könnte sich durch den Messerstich gemäß §§ 212 I, 22, 23 I strafbar gemacht haben.

Die Tat ist nicht vollendet.

Die Strafbarkeit des Versuchs ergibt sich aus §§ 212 I, 23 I, 12 I.

I. M hatte zum maßgeblichen Zeitpunkt des Stichs den Tatentschluss, einen anderen Menschen – nämlich A – zu töten.

Er hat auch nach seiner Vorstellung unmittelbar zur Tatbestandsverwirklichung angesetzt.

II. Die Tat geschah rechtswidrig.

III. M handelte schuldhaft.

IV. Er könnte aber gemäß § 24 I 1 Var. 1 strafbefreiend vom Versuch zurückgetreten sein.

Dazu müsste es sich um einen unbeendeten Versuch gehandelt haben.

Für einen unbeendeten Versuch dürfte M nach seiner Vorstellung noch nicht alles Erforderliche getan haben, um den Tötungserfolg herbeizuführen.

M ging ursprünglich davon aus, dass der ausgeführte einzelne Stich genügt, um den Tod der A herbeizuführen. Stellte man also auf den Tatplan ab, läge ein beendeter selbstständiger Versuch vor, der dann konsequenterweise als fehlgeschlagen einzustufen wäre. Das Unterlassen weiterer Akte wäre nach dem ursprünglichen Plan nicht die Aufgabe der weiteren Tatausführung, sondern nur die Nichtwiederholung des Versuchs.

Diese Sichtweise lässt aber unberücksichtigt, dass M nach der Ausführungshandlung den Eintritt des Erfolgs für ausgeschlossen gehalten hat. Schon formal erscheint es sachgerecht, für die Unterscheidung zwischen unbeendetem und beendetem Versuch im Rahmen einer Gesamtbetrachtung an den sogenannten Rücktrittshorizont anzuknüpfen und als entscheidenden Zeitpunkt denjenigen nach Abschluss der letzten Ausführungshandlung heranzuziehen. Erst dann nämlich stellt sich die Frage nach dem Rücktritt. Zum Zeitpunkt der Ausführungshandlung will der Täter ja noch die Vollendung.

Nur die Gesamtbetrachtung wird dem Geschehen als einheitlichem Lebensvorgang gerecht. Auch wenn M ursprünglich schon die erste Handlung als Erfolg versprechend angesehen hat, verzichtet er doch letztlich bewusst auf die durchaus als möglich erkannte Verwirklichung durch weitere Handlungen. Ein sich so verhaltender Täter stellt seine Rechtstreue unter Beweis.

Entscheidend kommt hinzu, dass bei einem Anknüpfen an den Tatplan zur Unterscheidung von unbeendetem und beendetem Versuch der weit gefährlichere Täter, der sich von vornherein mehrere Handlungen vorgenommen hat, potenziell bevorzugt würde. Ihm stünde die Rücktrittsmöglichkeit nach § 24 I 1 Var. 1

zur Verfügung, während dem weniger gefährlichen Täter, dessen Tatplan auf nur eine Handlung beschränkt ist, der strafbefreiende Rücktritt abgeschnitten wäre.

Somit ist im Rahmen einer Gesamtbetrachtung unter Berücksichtigung des Rücktrittshorizonts auf den Zeitpunkt nach Abschluss der letzten Ausführungshandlung abzustellen. Zu diesem Zeitpunkt glaubte M nicht mehr, alles Erforderliche getan zu haben, um den Tod der A herbeizuführen. Er ging im Gegenteil davon aus, der Erfolgseintritt sei ausgeschlossen.

Mithin handelte es sich um einen unbeendeten Versuch.

M hat sich entschlossen, auf die Tatvollendung endgültig zu verzichten, also die weitere Tatausführung aufgegeben.

Dies müsste schließlich freiwillig, also aus selbst gesetzten, autonomen Motiven geschehen sein. M hat die weitere Tatausführung aus Reue aufgegeben, obwohl er sie für möglich gehalten hat. Dies ist ein autonomes Motiv. Die Aufgabe der weiteren Tatausführung geschah freiwillig.

M ist gemäß § 24 I 1 Var. 1 strafbefreiend vom Versuch zurückgetreten.

V. Er hat sich nicht gemäß §§ 212 I, 22, 23 I strafbar gemacht.

Fazit

1. Der Fall betrifft das wohl meistdiskutierte und bedeutendste Problem im Bereich des Rücktritts.

Früher ging die ständige Rechtsprechung vom ***Tatplanhorizont*** aus. Seit mittlerweile auch schon vielen Jahren hat sich allerdings beim BGH ein klarer Schwenk hin zur Gesamtbetrachtung (***Rücktrittshorizont***) abgespielt. Diese Gesamtbetrachtung kann inzwischen als gefestigte Rechtsprechung und ganz h.M. bezeichnet werden. Für sie sprechen die besseren Argumente. Die Sache wird aber mit vielen Nuancen in den Details nach wie vor heiß erörtert, weil es im Ergebnis um alles oder nichts gehen kann.

Im Ausgangsfall etwa waren die Alternativen schlicht Versuchsstrafbarkeit nach der Tatplantheorie (fehlgeschlagener beendeter Versuch → keine Rücktrittsmöglichkeit) oder Straffreiheit nach der Lehre vom Rücktrittshorizont (unbeendeter Versuch → Rücktritt nach § 24 I 1 Var. 1 möglich und einschlägig).

Ihr müsst aber wie immer genau auf die Gestaltung des Einzelfalls achten. Entscheidend für den Rücktritt nach § 24 I 1 Var. 1 ist (auch) nach h.M. zweierlei: Einerseits darf der Täter den Eintritt des Erfolgs nach der ersten Ausführungshandlung nicht für möglich halten (sonst beendeter Versuch), andererseits muss er weitere für die Herbeiführung des Erfolgs geeignete Handlungen für möglich halten (sonst Fehlschlag bzw. keine Freiwilligkeit).

Zu allem Überfluss gibt es in manchen Fällen eine zusätzliche Tücke: Der Rücktrittshorizont muss sich nicht unbedingt auf einen starren Zeitpunkt beziehen. Es ist anerkannt und auch sachgerecht, dass sich bei entsprechenden Änderungen in der Vorstellung des Täters im Rahmen des einheitlichen Geschehens ein beendeter Versuch in einen unbeendeten Versuch zurückverwandeln kann und umgekehrt. Einen solchen Wandel bezeichnet man als ***korrigierten Rücktrittshorizont***.

2. Wie versprochen noch ein paar Worte zu § 24 II, der Spezialregelung beim ***Rücktritt mehrerer Beteiligter***. Die Vorschrift wird verständlich, wenn man sich verdeutlicht, dass der Rücktritt als persönlicher Strafaufhebungsgrund gemäß § 28 II nur dem Tatbeteiligten zugute kommt, der selbst zurücktritt. Mittäter, Anstifter und Gehilfen müssen also selbstständig zurücktreten, wollen sie straffrei ausgehen.

Drei Fallkonstellationen sind zu unterscheiden: Rücktritt durch Vollendungsverhinderung (§ 24 II 1), Rücktritt durch Verhinderungsbemühungen bei Nichtvollendung (§ 24 II 2 Var. 1) und schließlich Rücktritt durch Verhinderungsbemühungen bei beteiligungsunabhängiger Vollendung (§ 24 II 2 Var. 2).

Ihr habt richtig gelesen! Unter den engen Voraussetzungen des § 24 II 2 Var. 2 kann es ausnahmsweise einen Rücktritt geben, obwohl die Tat vollendet wurde. Zusätzlich zum freiwilligen und ernsthaften Bemühen, die Vollendung zu verhindern, muss aber für § 24 II 2 Var. 2 kommen, dass mit dem Tatbeitrag zwar das Versuchsstadium erreicht worden ist (sonst schon kein Rücktritt nötig), der Beitrag aber für die Vollendung nicht kausal geworden ist.

Ihr seht abermals: § 24 ist keine einfache Vorschrift.

3. Beim Versuch der Beteiligung ist § 31 (lesen!) zu beachten. Zur Erinnerung: Versuchte Beihilfe ist nie strafbar, versuchte Anstiftung ist strafbar nur zu Verbrechen (§ 30 I, vgl. Fall 30, Fazit 2.).

Fahrlässigkeitsdelikt

Fall 41

Der neureiche N ist morgens mit seinem Ferrari unterwegs. Innerhalb einer geschlossenen Ortschaft fährt er 60 km/h. Zur selben Zeit schlingert Skater S unkoordiniert auf der Hauptstraße herum. Er kommt gerade völlig bedröhnt von einer Techno-Party. N versucht noch auszuweichen, kann aber den Zusammenstoß beim besten Willen nicht mehr vermeiden. S wird vom Ferrari seitlich erfasst und leicht verletzt. Wahrscheinlich hätte der Zusammenstoß – mit denselben Folgen – auch bei Einhaltung der erlaubten Geschwindigkeit (50 km/h) stattgefunden. Sicher ist das aber nicht.

Frage: Hat sich N gemäß § 229 strafbar gemacht ?

Lösungsskizze Fall 41

- Strafbarkeit des N gemäß § 229 ?

I. Tatbestand

1. eine andere Person (Tatobjekt) ? **(+)**

2. Körperverletzung (Tathandlung und ursächlicher Taterfolg) ?

a. strafrechtlich relevante Handlung ? **(+)**

b. Körperverletzungserfolg ? **(+)**

c. Kausalität (Ursächlichkeit) zwischen Handlung und Erfolg ?
= jede Bedingung, die nicht hinweggedacht werden kann, ohne dass der konkrete Erfolg entfiele ("conditio-sine-qua-non-Formel")

HIER (+) → wäre N nicht zu diesem Zeitpunkt am Ort des Geschehens gefahren, wäre S nicht verletzt worden

d. <u>also</u>: Körperverletzung (Tathandlung und ursächlicher Erfolg) **(+)**

3. objektive Sorgfaltspflichtverletzung ?
= Außerachtlassung der Sorgfalt, zu deren Einhaltung der Täter objektiv in der konkreten Situation verpflichtet ist

HIER (+) → N war in der konkreten Situation objektiv zur Einhaltung der zulässigen Höchstgeschwindigkeit von 50 km/h (§ 3 III Nr. 1 StVO) verpflichtet, ist aber tatsächlich mit 60 km/h gefahren

4. objektiver Zurechnungszusammenhang (Pflichtwidrigkeitszusammenhang) ?

= Erfolg als Folge der Pflichtwidrigkeit des Täterverhaltens aufgrund eines tatbestandsadäquaten Kausalverlaufs

HIER (–) → es lässt sich zwar nicht zweifelsfrei beantworten, ob der Erfolg auch bei pflichtgemäßem Verhalten (Einhaltung der zulässigen Höchstgeschwindigkeit) eingetreten wäre, das ist aber immerhin wahrscheinlich; schon diese Wahrscheinlichkeit schließt den Zurechnungszusammenhang aus; die Zurechnung ist nicht nur dann zu verneinen, wenn der Erfolg bei pflichtgemäßem Verhalten mit Sicherheit ebenso eingetreten wäre (a.A. gut vertretbar); der Erfolg muss gerade auf der Sorgfaltspflichtverletzung beruhen; dazu ist erforderlich, dass der Erfolg bei Beachtung der gebotenen Sorgfalt mit an Sicherheit grenzender Wahrscheinlichkeit ausgeblieben wäre; ließe man die bloße Erhöhung des Risikos des Erfolgseintritts durch die Pflichtwidrigkeit genügen (sogenannte Risikoerhöhungslehre), machte man über diesen Umweg letztlich aus fahrlässigen Verletzungsdelikten Gefährdungsdelikte; dann aber wäre schon der Nachweis der Gefahrerhöhung für die Erfolgszurechnung ausreichend

***5. also: Tatbestand* (–)**

II. Ergebnis:

Strafbarkeit des N gemäß § 229 (–)

Formulierungsvorschlag Fall 41

- Strafbarkeit des N gemäß § 229

N könnte sich durch seine Fahrt innerhalb der Ortschaft und den damit verbundenen Zusammenstoß mit S gemäß § 229 strafbar gemacht haben.

I. Mit S ist eine andere Person körperlich verletzt worden.

Dieser Taterfolg müsste seine Ursache in der Tathandlung gehabt haben, die Fahrt müsste kausal für die Körperverletzung geworden sein.

Ursächlich ist eine Bedingung nach der sogenannten conditio-sine-qua-non-Formel, wenn sie nicht hinweggedacht werden kann, ohne dass der konkrete Erfolg entfiele.

Wäre N nicht zum entscheidenden Zeitpunkt am Ort des Geschehens gefahren, wäre S nicht verletzt worden. Denkt man sich also die Fahrt hinweg, wäre die Körperverletzung nicht eingetreten.

Somit ist die Tathandlung für den konkreten Taterfolg kausal geworden.

Es müsste eine objektive Sorgfaltspflichtverletzung vorliegen.

N müsste dazu die Sorgfalt außer Acht gelassen haben, zu deren Einhaltung er objektiv in der konkreten Situation verpflichtet war.

Objektiv besteht für Kraftfahrer innerhalb geschlossener Ortschaften die Verpflichtung, die nach § 3 III Nr. 1 StVO zulässige Höchstgeschwindigkeit von 50 km/h einzuhalten.

N hingegen ist mit 60 km/h gefahren.

Er hat mithin die objektiv konkret gebotene Sorgfalt außer Acht gelassen. Eine objektive Sorgfaltspflichtverletzung liegt vor.

Diese Pflichtwidrigkeit müsste weiter mit dem Erfolg in einem objektiven Zurechnungszusammenhang stehen.

Der Taterfolg müsste sich als Folge gerade der Sorgfaltspflichtverletzung aufgrund eines tatbestandsadäquaten Kausalverlaufs darstellen.

Dies ist jedenfalls dann nicht der Fall, wenn sicher feststeht, dass der Erfolg auch bei pflichtgemäßem Verhalten eingetreten wäre.

Dass S auch dann verletzt worden wäre, wenn sich N an die zulässige Höchstgeschwindigkeit gehalten hätte, ist aber nicht sicher, sondern nur wahrscheinlich.

Diese Wahrscheinlichkeit könnte aber bereits genügen, um den Zurechnungszusammenhang auszuschließen.

Jedenfalls im engeren Sinne beruht der Erfolg nur dann zurechenbar auf der Sorgfaltspflichtverletzung, wenn er bei Beachtung der gebotenen Sorgfalt mit an Sicherheit grenzender Wahrscheinlichkeit ausgeblieben wäre.

Möglicherweise ist allerdings der erforderliche Zurechnungszusammenhang schon gegeben, wenn das Risiko des Erfolgseintritts durch das pflichtwidrige Verhalten erhöht wird. Diese Betrachtungsweise stößt insofern auf Bedenken, als dadurch der Charakter des fahrlässigen Verletzungsdelikts unterlaufen würde. Ließe man schon den Nachweis der Gefahrerhöhung genügen, machte man aus dem Verletzungsdelikt indirekt ein Gefährdungsdelikt. Das aber muss gerade unter Berücksichtigung des prozessualen Grundsatzes „in dubio pro reo“ als rechtsstaatlich unzulässig angesehen werden.

Danach ist das Merkmal des Zurechnungszusammenhangs nicht bereits erfüllt, wenn das Risiko des Erfolgseintritts durch das pflichtwidrige Verhalten erhöht wird.

Nach alledem steht der Erfolg mit der Pflichtverletzung schon dann nicht in einem ausreichenden Zusammenhang, wenn möglich oder – wie hier – wahrscheinlich ist, dass er auch bei sorgfaltsgemäßem Verhalten des Täters eingetreten wäre.

Die Verwirklichung des Taterfolgs stellt sich damit nicht als Folge gerade der Sorgfaltspflichtverletzung aufgrund eines tatbestandsadäquaten Kausalverlaufs dar.

Die Pflichtwidrigkeit steht mit dem Erfolg nicht im erforderlichen objektiven Zurechnungszusammenhang.

II. N hat sich folglich durch seine Fahrt innerhalb der Ortschaft und den damit verbundenen Zusammenstoß mit S nicht gemäß § 229 strafbar gemacht.

Fazit

1. Aus ***§ 15*** ergibt sich, dass nicht etwa jedes fahrlässige Handeln strafbar ist. Vielmehr muss es dafür ***spezielle Tatbestände*** geben. Es kann sich um ***erfolgsbezogene Begehungsdelikte*** (z.B. § 222, § 229), echte und unechte ***Unterlassungsdelikte*** (z.B. § 138 III / §§ 222, 13 I), ***Gefährdungsdelikte*** (z.B. § 306d) oder auch reine ***Tätigkeitsdelikte*** (z.B. § 161) handeln.

   Fahrlässigkeitstatbestände sind ***ergänzungsbedürftig***. Insbesondere der jeweilige Sorgfaltspflichtverstoß muss im konkreten Einzelfall herausgearbeitet werden.

   Ganz wichtig: Bei fahrlässigen Straftaten gibt es ***weder Versuch noch Teilnahme***. Auch Mittäterschaft kommt von vornherein nicht in Betracht, denkbar ist lediglich ***Nebentäterschaft*** (vgl. Fall 25, Fazit 3.)

   Es soll im Übrigen möglich sein, dass sich jemand durch fahrlässiges Verhalten strafbar macht, indem er dazu beiträgt, dass ein anderer eine vorsätzliche Straftat begehen kann (streitig).

2. Zwei Arten der Fahrlässigkeit einerseits und verschiedene Grade andererseits können unterschieden werden.

   Es gibt bewusste und unbewusste Fahrlässigkeit. Bei der ***unbewusste**n **Fahrlässigkeit*** denkt der Täter nicht an die Möglichkeit der Tatbestandsverwirklichung, bei der ***bewusste**n **Fahrlässigkeit*** erkennt der Täter die konkrete Gefahr für das geschützte Handlungsobjekt. Die Grenzlinie zwischen bewusster Fahrlässigkeit und bedingtem Vorsatz (dolus eventualis) wurde schon in Fall 2 näher beschrieben (vgl. aber dort Fazit 4. a.E.).

   In verschiedenen Tatbeständen (z.B. § 138 III, § 251) genügt nicht jedes Maß an Fahrlässigkeit, es wird vielmehr Leichtfertigkeit verlangt. ***Leichtfertigkeit*** ist ein erhöhter Grad von Fahrlässigkeit und entspricht der groben Fahrlässigkeit im Zivilrecht. Sie liegt vor, wenn die erforderliche Sorgfalt in besonders großem Maße verletzt wurde, weil der Täter nicht beachtet hat, was den Umständen nach jedem hätte einleuchten müssen. Bei leichtfertigem Verhalten möchte man sagen: „Welch ein Leichtsinn, das darf doch nicht wahr sein!"

   Nun mag das Missverständnis aufkommen, Leichtfertigkeit setze bewusste Fahrlässigkeit voraus. Dem ist nicht so! Bewusst / unbewusst einerseits und „normale" Fahrlässigkeit / Leichtfertigkeit andererseits sind strukturell voneinander unabhängige Kategorien. Sämtliche Kombinationsmöglichkeiten sind denkbar.

3. Der ***Aufbau des Fahrlässigkeitsdelikts*** wird sehr unterschiedlich gehandhabt. Es hat sich jedoch überwiegend durchgesetzt, einen doppelten Maßstab anzulegen, indem die Sorgfaltspflichtverletzung nicht allein und erst in der Schuld, sondern schon (objektiv) im Tatbestand geprüft wird.

Nach Tathandlung, Taterfolg und Kausalität (beim Erfolgsdelikt) ist demzufolge die ***objektive Sorgfaltspflichtverletzung*** zu prüfen.

Es kann bei atypischem Kausalverlauf ausnahmsweise an der ***objektive**n **Vorhersehbarkeit*** des Erfolgseintritts fehlen. Dieses Merkmal entspricht der objektiven Zurechnung beim Vorsatzdelikt (vgl. Fall 1).

Die objektive Vorhersehbarkeit darf nicht mit dem im Ausgangsfall problematischen ***objektiven Zurechnungszusammenhang*** verwechselt werden. Bei der Vorhersehbarkeit geht es nämlich um den Zusammenhang zwischen Handlung und Erfolg. Beim Zurechnungszusammenhang nimmt man hingegen die Verbindung von Pflichtverletzung und Erfolg ins Visier.

Wir wollen nicht unerwähnt lassen, dass vereinzelt auch beim Fahrlässigkeitsdelikt ein subjektiver Tatbestand geprüft wird. Unser Aufbau geht demgegenüber mit der ganz h.M. von einem allgemeinen Fahrlässigkeitstatbestand aus. Wer anders als wir den subjektiven Tatbestand prüft, kann nur kurz feststellen, ob bewusste oder unbewusste Fahrlässigkeit vorliegt. Es wird auch vertreten, die subjektive Sorgfaltspflichtverletzung bereits in einem subjektiven Tatbestand zu prüfen, nicht erst bei der Schuld.

Nach dem Tatbestand folgt – wie üblich – die Prüfung der ***Rechtswidrigkeit*** (vgl. allgemein zur Rechtfertigung von Fahrlässigkeitsdelikten Fall 15, Fazit 6.).

In der ***Schuld*** wendet man sich vom „Durchschnittsdritten“ ab und untersucht, ob der individuelle Täter (subjektiv) in der Lage war, die objektive Sorgfaltspflicht zu erfüllen (***subjektive Sorgfaltspflichtverletzung***). Entsprechend muss der ***Erfolgseintritt subjektiv vorhersehbar*** gewesen sein. In der Regel werden diese Merkmale keine nennenswerten Probleme bereiten. Lediglich bei unbewusster Fahrlässigkeit in komplexeren Situationen werden dazu u.U. längere Ausführungen angebracht sein.

Zu beachten ist noch die Figur der ***Unzumutbarkeit normgemäßen Verhaltens***. Deren dogmatische Einordnung ist streitig. Häufig wird eine Begrenzung auf Tatbestandsebene angenommen, vereinzelt auch eine Begrenzung im Bereich der Rechtswidrigkeit. Verbreitet wird die Unzumutbarkeit normgemäßen Verhaltens als „übergesetzlicher“ Entschuldigungsgrund angesehen. Folgerichtig ist auch der Prüfungsstandort uneinheitlich. Das sollte euch aber nicht beunruhigen. Bringt die Angelegenheit in einschlägigen Fällen ohne Kommentar zum Aufbau je nach Geschmack entweder (schon) im Tatbestand oder (erst) in der Schuld. Noch einmal: Der Aufbau spricht immer für sich.

Wann aber liegt Unzumutbarkeit normgemäßen Verhaltens vor? Klassisches Beispiel ist der vom Reichsgericht entschiedene sogenannte ***Leinenfänger-Fall:*** Einem Kutscher wurde massiv mit Entlassung gedroht, falls er ein immer wieder durchgehendes Pferd (einen sogenannten Leinenfänger) nicht einspannt. Hier hat das Reichsgericht die sorgfaltsgemäße Bespannung des Pferdefuhrwerks als ausnahmsweise unzumutbar angesehen. Am Rande bemerkt sei allerdings, dass der Fall heutzutage wegen des besseren Arbeitnehmerschutzes sicher anders zu entscheiden wäre.

4. Die ***objektive Sorgfaltspflichtverletzung*** war im Ausgangsfall nicht sonderlich problematisch, weil in § 3 III Nr. 1 StVO der einschlägige Sorgfaltsmaßstab klar geregelt ist. Schwierig kann es aber werden, wenn eine solche Regelung nicht existiert. Maßstab ist ein gewissenhafter (objektiver) Durchschnittsdritter aus dem sogenannten Verkehrskreis des Täters (z.B. Durchschnittskraftfahrer, Durchschnittsarzt etc.), der von Ausbildung, Erfahrung und Fähigkeit her mit dem Täter vergleichbar ist.

5. Der ***objektive Zurechnungszusammenhang oder auch Pflichtwidrigkeitszusammenhang*** ist (unstreitig) immer dann zu verneinen, wenn der Erfolg definitiv auch bei pflichtgemäßem Verhalten des Täters eingetreten wäre.

   Die h.M. lehnt den Zurechnungszusammenhang jedoch – wie gezeigt – schon dann ab, wenn sich dies nicht ausschließen lässt. Mit anderen Worten soll bereits die Möglichkeit und erst recht – wie im Ausgangsfall – die Wahrscheinlichkeit des Erfolgseintritts bei pflichtgemäßem Verhalten den Zurechnungszusammenhang kippen. In der Praxis läuft das auf die häufige Anwendung des Grundsatzes ***„in dubio pro reo“*** („im Zweifel für den Angeklagten“) hinaus, weil dem Täter nachgewiesen werden muss, dass der Erfolg bei Beachtung der gebotenen Sorgfalt nicht eingetreten wäre.

   Davon abweichend lässt die als Mindermeinung vertretene und von uns im Ausgangsfall abgelehnte sogenannte ***Risikoerhöhungslehre*** für den Pflichtwidrigkeitszusammenhang genügen, dass durch das sorgfaltswidrige Verhalten das Risiko für das geschützte Rechtsgut erhöht wurde. Danach muss der Erfolgseintritt durch das Täterverhalten im Vergleich zu pflichtgemäßem Verhalten lediglich wahrscheinlicher geworden sein. Nur wenn im Einzelfall auch das nicht nachweisbar ist, soll „in dubio pro reo“ zur Anwendung kommen.

   Systematisch dem fehlenden objektiven Zurechnungszusammenhang zuzuordnen sind wohl auch die Fälle, in denen der verursachte Erfolg außerhalb des ***Schutzbereich***s ***der verletzten Norm*** liegt. Ein Schulbeispiel: „Zwei Radfahrer fahren bei Dunkelheit hintereinander ohne Licht. Ein entgegenkommender Radfahrer stößt mit dem ersten zusammen.“ Hier hat der zweite Radfahrer gegen die bestehende Beleuchtungspflicht verstoßen, die aber nicht die Beleuchtung anderer Fahrzeuge zum Zweck hat. Deswegen ist der zweite Radfahrer für den Unfall unter dem Gesichtspunkt des Schutzzwecks der Norm wegen fehlenden Pflichtwidrigkeitszusammenhangs nicht verantwortlich.

6. ***Erfolgsqualifizierte Delikte*** (vgl. § 18) zeichnen sich dadurch aus, dass sich die Fahrlässigkeit auf eine bestimmte Folge des Grunddelikts beziehen muss. Wir sind darauf schon in Ziffer 6. des Fazits zu Fall 38 eingegangen.

Fall 42

Die lebensfrohen Freunde F und B sind leidenschaftliche und aktive Motorsportfans. Sie nehmen mit dem umgebauten VW Golf des F an sogenannten Beschleunigungsrennen teil. Diese Rennen laufen so ab, dass auf einer Bundesstraße mit zwei Fahrbahnen pro Richtung „hochgezüchtete" Fahrzeuge nebeneinander aus dem Stand heraus beschleunigen. Dabei wird die auf der Strecke zulässige Höchstgeschwindigkeit (120 km/h) drastisch überschritten. In jedem Auto sitzen ein Fahrer und ein Beifahrer. Die Beifahrer (im Auto des F ist dies B) leiten den Start ein, indem sie mit den Fingern einer Hand demonstrativ auf Null herunterzählen. Zudem halten die Beifahrer die Rennen mit einer Videokamera fest. Bei einem dieser Rennen überschätzt F seine Fähigkeiten als „Rennfahrer" und kommt bei einer Geschwindigkeit von über 200 km/h mit den Rädern auf den Seitenstreifen neben der Mittelleitplanke. Die Ausgleichslenkbewegung des F führt dazu, dass sein Fahrzeug ins Schleudern gerät und mit enormer Wucht gegen einen Baum prallt. B stirbt dadurch noch am Unfallort. F war sich darüber im Klaren, dass B auch bei diesem Rennen trotz grundsätzlichen Bewusstseins der Risiken nicht an die Möglichkeit eines tödlichen Ausgangs des Rennens gedacht hatte.

Frage: Hat sich F gemäß § 222 strafbar gemacht ?

Lösungsskizze Fall 42

- Strafbarkeit des F gemäß § 222 ?

I. Tatbestand

1. Tod eines Menschen verursacht ?

***a. strafrechtlich relevante Handlung ?* (+)**

***b. Tod eines Menschen (Taterfolg) ?* (+)**

c. Kausalität (Ursächlichkeit) zwischen Handlung und Erfolg ?

= jede Bedingung, die nicht hinweggedacht werden kann, ohne dass der konkrete Erfolg entfiele ("conditio-sine-qua-non-Formel")

HIER (+) → hätte F nicht die Kontrolle über das Fahrzeug verloren, wäre der Unfall ausgeblieben und B nicht zu Tode gekommen

***d. <u>also</u>: Tod eines Menschen verursacht (Tathandlung und ursächlicher Erfolg)* (+)**

2. objektive Sorgfaltspflichtverletzung ?

= Außerachtlassung der Sorgfalt, zu deren Einhaltung der Täter objektiv in der konkreten Situation verpflichtet ist

HIER (+) → F war in der konkreten Situation objektiv zur Einhaltung der zulässigen Höchstgeschwindigkeit von 120 km/h verpflichtet, ist aber tatsächlich mit über 200 km/h gefahren; den Seitenstreifen hätte er nicht befahren dürfen, § 2 I StVO; auch das Rennen an sich ist gemäß § 29 I StVO als „übermäßige Straßennutzung" verboten

3. objektiver Zurechnungszusammenhang (Pflichtwidrigkeitszusammenhang) ?

= Erfolg als Folge der Pflichtwidrigkeit des Täterverhaltens aufgrund eines tatbestandsadäquaten Kausalverlaufs

HIER (+) → B hat durch sein Verhalten den Tatbestandserfolg nicht eigenverantwortlich selbst bestimmt; es handelte sich aus Opfersicht weder um eine eigenverantwortliche Selbstgefährdung noch um eine dieser gleichstehende Fremdgefährdung; B hat sich nicht eigenverantwortlich selbst gefährdet; er war zwar mit gewissen Aufgaben Mitglied des „Rennteams" (Startkommando / Videokamera); allein F war es aber, der als Fahrer das Rennen unmittelbar beeinflussen konnte; es liegt ein Fall der aus Sicht des B einverständlichen Fremdgefährdung durch F vor; diese Fremdgefährdung steht auch nicht ausnahmsweise der Selbstgefährdung gleich; der Tatbestandserfolg ist nicht ausschließlich die Folge des von B eigenverantwortlich eingegangen Risikos; vielmehr haben die Fahrfehler des F den Unfall herbeigeführt

4. also: Tatbestand (+)

II. Rechtswidrigkeit

1. Rechtfertigung durch Einwilligung in den Tod oder in das Risiko des Todes ?

HIER (−) → nach BGH-Rechtsprechung (BGH NJW 2009, 1155 ff) im Ergebnis „Einwilligungssperre"; mit Blick auf die allerdings unmittelbar nur für Vorsatzdelikte geltenden §§ 216 I, 228 soll bei konkreter Todesgefahr Sittenwidrigkeit der Tat entsprechend § 228 angenommen werden; dagegen wird vor allem angeführt, dass auf diese Weise „durch die Hintertür" ein allgemeines Lebensgefährdungsdelikt geschaffen werde, was wegen Art. 103 II GG und § 1 StGB unzulässig sei;

unabhängig von diesen dogmatischen Überlegungen hat B ohnehin nicht in den möglichen Todeserfolg eingewilligt; er hat sich hierüber überhaupt keine Gedanken gemacht, seine Vorstellung beschränkte sich auf die allgemeinen Risiken des Rennens, nicht konkret auf die mögliche Todesfolge; dieser Tatbestandserfolg müsste aber konsequenterweise von einer auf § 222 bezogenen Einwilligung gedeckt sein (a.A. vertretbar); das wird regelmäßig schon deshalb nicht der Fall sein wird, weil selbst ein an das Todesrisiko denkender Mensch typischerweise darauf vertraut, dass das riskante Geschehen (hier das Rennen) nicht tödlich enden werde; anders mag es bei lebensmüden Personen sein, B war hingegen lebensfroh

2. also: Rechtswidrigkeit (+)

III. Schuld

***1. Schuldfähigkeit ?* (+)**

2. subjektive Fahrlässigkeit ?

= subjektive Sorgfaltspflichtverletzung bei subjektiver Voraussehbarkeit der Tatbestandsverwirklichung

HIER (+)

***3. Fehlen von Entschuldigungsgründen ?* (+)**

***4. also: Schuld* (+)**

IV. Ergebnis:

Strafbarkeit des F gemäß § 222 (+)

Formulierungsvorschlag Fall 42

- Strafbarkeit des F gemäß § 222

F könnte sich durch seine Fahrweise bei dem Rennen angesichts des für B tödlichen Unfalls gemäß § 222 strafbar gemacht haben.

I. Mit B ist ein Mensch zu Tode gekommen.

Dieser Taterfolg müsste seine Ursache in der Tathandlung gehabt haben, die Fahrweise des F müsste kausal für den Tod des B geworden sein.

Ursächlich ist eine Bedingung nach der sogenannten conditio-sine-qua-non-Formel, wenn sie nicht hinweggedacht werden kann, ohne dass der konkrete Erfolg entfiele.

Hätte F während des Rennens nicht die Kontrolle über das Fahrzeug verloren, wäre der Unfall ausgeblieben und B nicht zu Tode gekommen.

Somit ist die Tathandlung für den Taterfolg kausal geworden.

Es müsste eine objektive Sorgfaltspflichtverletzung vorliegen.

F müsste dazu die Sorgfalt außer Acht gelassen haben, zu deren Einhaltung er objektiv in der konkreten Situation verpflichtet war.

Für Kraftfahrer besteht die Verpflichtung, sich an die jeweils zulässige Höchstgeschwindigkeit zu halten (hier 120 km/h), den nicht zur Fahrbahn gehörenden Seitenstreifen nicht zu befahren (§ 2 I StVO) und die Straße generell nicht als „Rennstrecke“ zu nutzen (§ 29 I StVO).

F hat den Seitenstreifen befahren, die Straße als „Rennstrecke“ genutzt und die zulässige Höchstgeschwindigkeit mit über 200 km/h überaus deutlich überschritten.

Demnach hat F die objektiv gebotene Sorgfalt in mehrfacher Hinsicht erheblich außer Acht gelassen. Objektive Sorgfaltspflichtverletzungen liegen vor.

Diese Pflichtwidrigkeiten müssten darüber hinaus mit dem Tatbestandserfolg in einem objektiven Zurechnungszusammenhang stehen.

Der Taterfolg müsste die Folge der Sorgfaltspflichtverletzungen des F aufgrund eines tatbestandsadäquaten Kausalverlaufs gewesen sein.

Dies ist insbesondere dann nicht der Fall, wenn das Opfer durch sein Verhalten eigenverantwortlich den Erfolg bestimmt hat. Dann ist der Erfolg nicht mehr zurechenbares Resultat der Sorgfaltspflichtverletzung des Täters.

B als Opfer hätte seinen Tod jedenfalls dann eigenverantwortlich in dem genannten Sinne herbeigeführt, wenn er sich im Gegensatz zu der tatbestandstypischen Fremdgefährdung im eigenen Verantwortungsbereich selbst gefährdet hätte.

Als Beifahrer gehörte B zwar mit gewissen Aufgaben zum „Rennteam". Er hat das Startkommando gegeben und das Rennen mit der Videokamera festgehalten. Die eigentliche Herrschaft des Geschehens lag aber allein bei F als dem Fahrer des VW Golf. Nur F konnte das Rennen durch seine Fahrweise unmittelbar beeinflussen.

Demnach hat B sich nicht eigenverantwortlich selbst gefährdet. Es liegt vielmehr ein Fall der Fremdgefährdung durch F vor, wenn auch aus Sicht des B grundsätzlich einverständlich.

Der Zurechnungszusammenhang kann aber auch dann fehlen, wenn die einverständliche Fremdgefährdung unter allen relevanten Aspekten einer Selbstgefährdung gleichsteht und damit Ausdruck einer gleichrangigen Eigenverantwortlichkeit des Geschädigten ist. Davon wird man allerdings nur ausgehen können, wenn der Tatbestandserfolg ausschließlich die Folge des vom späteren Opfer eigenverantwortlich eingegangen Risikos ist. Die Gleichstellung mit der Selbstgefährdung scheidet also immer dann aus, wenn über das von dem Opfer eigenverantwortlich eingegangene Risiko hinaus andere Fehler maßgeblich hinzugekommen sind.

Die Fahrfehler des F haben den Unfall herbeigeführt. Seine Fehler sind auslösend zu dem von B eigenverantwortlich eingegangenen Risiko hinzugekommen.

Folglich steht die Fremdgefährdung des B jedenfalls nicht in allen relevanten Aspekten einer Selbstgefährdung gleich.

Es handelte sich damit aus Opfersicht weder um eine eigenverantwortliche Selbstgefährdung noch um eine dieser ausnahmsweise gleichstehende Fremdgefährdung.

B hat durch sein Verhalten den Tatbestandserfolg nicht eigenverantwortlich selbst bestimmt.

Der Taterfolg ist deshalb die Folge der Sorgfaltspflichtverletzungen des F aufgrund eines tatbestandsadäquaten Kausalverlaufs.

Die Pflichtwidrigkeiten stehen mit dem Erfolg in einem objektiven Zurechnungszusammenhang.

II. Die Tat müsste rechtswidrig geschehen sein.

B könnte in seinen Tod oder in das mit dem Rennen verbundene Risiko des Todes rechtfertigend eingewilligt haben.

Insoweit kann sich die Frage stellen, ob ein einwilligungsfähiges Rechtsgut vorliegt.

Grundsätzlich nicht verfügbar (disponibel) ist das absolut geschützte Rechtsgut „Leben". Dies ergibt sich aus § 216 I. Demgegenüber ist die Einwilligung in Körperverletzungen grundsätzlich bis zur Grenze der Sittenwidrigkeit rechtfertigend möglich (§ 228).

Dieses Gefüge betrifft aber jedenfalls unmittelbar nur vorsätzliche Delikte, während es hier um ein davon grundlegend zu unterscheidendes Fahrlässigkeitsdelikt geht.

Teilweise wird dennoch eine sogenannte Einwilligungssperre aus §§ 216 I, 228 auch für Fahrlässigkeitsdelikte abgeleitet, sofern und sobald konkrete Todesgefahr besteht.

Dem wird im Kern mit dem Argument widersprochen, dass über den Umweg einer solchen „Einwilligungssperre" ein allgemeines Lebensgefährdungsdelikt geschaffen werde. Das wäre mit Blick auf Art. 103 II GG und § 1 StGB zumindest bedenklich, weil dem StGB ein allgemeines Lebensgefährdungsdelikt fremd ist.

Unabhängig von diesen dogmatischen Überlegungen könnte es nur dann auf eine rechtfertigende Einwilligung des B hinauslaufen, wenn diese nicht nur allgemein auf die mit dem Rennen verbundenen Risiken beschränkt wäre. Die Einwilligung müsste sich vielmehr auch und konkret auf den möglichen Todeserfolg beziehen, der entscheidend zum Tatbestand des § 222 gehört.

B hatte aber nicht einmal an die Todesgefahr gedacht. Selbst wenn er aber über die Todesgefahr nachgedacht hätte, wäre sein Vertrauen lebensnah darauf gerichtet gewesen, dass „die Sache auch diesmal schon gut gehen" werde. B war nämlich lebensfroh und nicht etwa lebensmüde.

Es kann folglich selbst dann nicht von einer rechtfertigenden Einwilligung des B ausgegangen werden, wenn man diese nicht schon unter dem Gesichtspunkt der „Einwilligungssperre" für grundsätzlich ausgeschlossen hält.

B hat nach alledem weder in seinen Tod noch in das Risiko des Todes eingewilligt.

Die Tat geschah also rechtswidrig.

III. F müsste schuldhaft gehandelt haben.

Er war schuldfähig.

Die subjektive Sorgfaltspflichtverletzung liegt vor, wenn der Täter von seinen individuellen Fähigkeiten her in der Lage gewesen wäre, die objektiven Sorgfaltspflichten zu erfüllen.

F wäre ohne weiteres in der Lage gewesen, die Sorgfaltspflichten zu erfüllen, er hat subjektiv fahrlässig die auch subjektiv vorhersehbare Tatbestandsverwirklichung herbeigeführt.

Entschuldigungsgründe liegen nicht vor.

F hat damit schuldhaft gehandelt.

IV. F hat sich durch seine Fahrweise bei dem Rennen angesichts des für B tödlichen Unfalls gemäß § 222 strafbar gemacht.

Fazit

1. Der Fall orientiert sich an einer BGH-Entscheidung aus dem Jahr 2008 (u.a. NJW 2009, 1155 ff). Gegenüber dem BGH-Vorbild ist unser Fall deutlich vereinfacht und weicht in einigen Details aus didaktischen Gründen davon ab. Das Echo auf das genannte BGH-Urteil ist erwartungsgemäß groß, nicht nur weil der Fall so spektakulär war. Ganz überwiegend wird das Ergebnis des BGH befürwortet (Strafbarkeit des Fahrers wegen fahrlässiger Tötung), die Begründung aber kritisiert. Wir kommen darauf unten zurück ...

2. Die Kausalität zwischen Tathandlung und Taterfolg und die (objektiven) Sorgfaltspflichtverletzungen lagen hier jeweils auf der Hand. Dennoch haben wir sie sauber im Gutachtenstil herausgearbeitet. Bei noch deutlicherer Schwerpunktsetzung hätte man sich an diesen Stellen durchaus auch kürzer fassen können.

3. Der erste echte Prüfungsschwerpunkt tauchte auf der ***Tatbestand***sebene beim objektiven ***Zurechnungszusammenhang*** (Pflichtwidrigkeitszusammenhang) auf. Dieses Merkmal war – ihr könntet euch erinnern – schon bei Fall 41 problematisch, dort allerdings unter einem ganz anderen Aspekt.

Hier ging es um die ***Frage nach einer möglichen eigenverantwortlichen Selbstgefährdung*** des Opfers. B war ja Mitglied des „Rennteams" und insofern jedenfalls kein klassisches, ahnungsloses Opfer. Trotzdem war es nun einmal F und nicht B, der das Geschehen im Wortsinn in der Hand hatte. In dem BGH-Fall kam übrigens noch die Besonderheit hinzu, dass Fahrer und Beifahrer immer wieder gewechselt hatten. Dennoch ist auch der BGH für das konkrete „Todesrennen" von einer ***bloß einverständlichen Fremdgefährdung*** ausgegangen, die den Pflichtwidrigkeitszusammenhang im Gegensatz zur eigenverantwortlichen Selbstgefährdung nicht ausschließt.

Wahrscheinlich hattet ihr den möglichen ***Zurechnungsausschluss auch bei Fremdgefährdung*** nicht auf dem Schirm. Nun ja, die in der Literatur entwickelte Idee der ***Gleichstellung der Fremdgefährdung mit einer eigenverantwortlichen Selbstgefährdung*** ist zugegebenermaßen ziemlich speziell. Am Besten macht ihr euch klar, wozu dieses Kriterium dient. Wie also müssen Fälle aussehen, bei denen die Strafbarkeit (z.B. wegen fahrlässiger Tötung) beim Zurechnungszusammenhang trotz Fremdgefährdung scheitert?

Plastisch ist das ***Beispiel*** einer ungesicherten Mitfahrt des späteren Opfers auf der Ladefläche eines Transportfahrzeugs. Wenn der Mitfahrer aufgrund eines Verkehrsunfalls stirbt, den selbst der berühmt-berüchtigte Idealfahrer nicht hätte vermeiden können, wäre eine Bestrafung wegen fahrlässiger Tötung sicher nicht sachgerecht. Nun ist aber schon das ungesicherte Mitnehmen des späteren Opfers eine Sorgfaltspflichtverletzung des Fahrers. Der Ansatzpunkt für das passende Ergebnis ist der Pflichtwidrigkeitszusammenhang: Es liegt zwar eine einverständliche Fremdgefährdung vor, diese steht aber einer eigenverantwortlichen Selbstgefährdung gleich. Der Tatbestandserfolg ist ausschließlich Folge des von dem späteren Opfer eigenverantwortlich eingegangenen Risikos.

In unserem Fall kam man mit diesem Konstrukt allerdings nicht weiter, weil es gerade die Fahrfehler des F waren, die zu dem Unfall geführt haben.

4. Der zweite, besonders heiß diskutierte Problempunkt rankte sich auf der ***Rechtswidrigkeit***sebene um das vielschichtige Thema ***Einwilligung bei Gefährdungs- und Fahrlässigkeitsdelikten, hier speziell bei fahrlässiger Tötung***.

Der Ansatz des BGH auf diesem wichtigen Feld ist wegen der Formulierung in der oben genannten Entscheidung auf den ersten Blick etwas verwirrend. Im Text der Entscheidung wird nämlich die grundsätzliche Möglichkeit einer Einwilligung „angetäuscht“, um im nächsten Schritt durch entsprechende Anwendung des § 228 auch bei Fahrlässigkeitsdelikten immer dann zu einer „Einwilligungssperre“ zu kommen, wenn ***konkrete Todesgefahr*** bestanden hat. Eine solche Tat soll dann nämlich immer sittenwidrig sein. Nun muss rein logisch immer „konkrete Todesgefahr“ bestanden haben, wenn ein Mensch zu Tode gekommen ist. Die Kurzfassung der BGH-Linie kann also nur lauten: In fahrlässige Tötungen kann nicht wirksam eingewilligt werden.

Diese BGH-Argumentation wird mit guten Gründen in Frage gestellt (siehe Lösungsskizze und Formulierungsvorschlag).

Bei näherer Betrachtung löst sich das Problem allerdings weitgehend in Wohlgefallen auf. Es willigt nämlich kaum jemals ein Opfer wirklich sehenden Auges in den möglicherweise tödlichen Ausgang der betreffenden riskanten Aktion (hier des Rennens) ein. Falls jemand überhaupt über die Todesgefahr nachdenkt, wird er regelmäßig darauf vertrauen, dass es ihn schon nicht erwischen werde. Dann ist die Einwilligung ohne weiteres vom Tisch. Unser Sachverhalt bot sogar sachdienliche Angaben zu einer solchen lebensnahen Wertung. Es war wieder einmal ein wesentlicher Teil der Aufgabe, die einschlägigen Sachverhaltsangaben zu verwerten und nicht etwa ungenutzt verpuffen zu lassen.

Auf diese Weise konnte eine Streitentscheidung elegant vermieden werden.

5. Die ***Schuld***prüfung warf keine ernsthaften Probleme mehr auf. Immerhin gibt es beim Fahrlässigkeitsdelikt bei der Schuld potenziell etwas mehr zu prüfen als beim Vorsatzdelikt (vgl. schon Fall 41, Fazit 3.). Das kann man auch in unproblematischen Fällen durchaus zum Anlass nehmen, ein paar Worte über die sonst übliche kurze Feststellung hinaus zu verlieren. Zwingend ist das aber nicht. Wenn weit und breit keine Probleme in Sicht sind, ist auch beim Fahrlässigkeitsdelikt die absolute Kurzversion kaum zu beanstanden („F handelte schuldhaft.").

6. Die Fallfrage war auf § 222 beschränkt.

Bei offener Fallfrage wäre in erster Linie ***§ 315d*** zu prüfen gewesen (im Jahr 2017 eigens für „verbotene Kraftfahrzeugrennen" eingeführt), konkret die Erfolgsqualifikation in § 315 d I Nr. 2, II, V. Weiter wäre an ***§ 315c I Nr. 2, III Nr. 1*** zu denken gewesen. Die Prüfung dieser Tatbestände hätte an dieser Stelle zu weit geführt (vgl. zu § 315c Die Fälle – Strafrecht BT 1, insbesondere Fall 43).

§ 212 I oder gar ***§§ 212 I, 211*** hätte man bei offener Fallfrage kurz „anprüfen" können. Eine ***vorsätzliche Tötung*** wäre in unserem Fall aber klar ***zu verneinen***. F hat offenbar ***auf einen guten Ausgang vertraut*** und deshalb den Tod des B ***nicht billigend in Kauf genommen*** (siehe näher zur Frage nach dem Eventualvorsatz auch und gerade in „Raserfällen" Fall 2, Fazit 2).

Unterlassungsdelikt

Fall 43

Politiker P ist begeisterter Bergsteiger, neigt jedoch zur Selbstüberschätzung. Trotzdem heuert er vorsichtshalber den erfahrenen Profibergführer B für eine bekanntermaßen besonders schwierige und anstrengende Tour an. Die beiden erreichen den Gipfel bei widrigen Wetterbedingungen. Als es an den Abstieg geht, erleidet P einen Schwächeanfall und bricht zusammen. B, der schon die ganze Zeit über vom ununterbrochenen Geschwafel des P genervt war, lässt P erleichtert liegen und geht alleine ins Tal zurück. Wie von B erwartet, erfriert P im Schneesturm. B war sich zutreffend sicher, dass er P aufgrund seiner Ausrüstung und Erfahrung wieder auf die Beine stellen und in Sicherheit hätte bringen können, ohne dabei ein nennenswertes persönliches Risiko einzugehen.

Frage: Hat sich B gemäß § 212 I strafbar gemacht ?

Lösungsskizze Fall 43

- Strafbarkeit des B gemäß §§ 212 I, 13 I ?

I. Tatbestand

1. Objektiver Tatbestand

***a. ein anderer Mensch ?* (+)**

b. Töten durch Unterlassen ?

= Eintritt des Todes aufgrund der Nichtvornahme einer zu dessen Abwendung gebotenen Handlung bei Rechtspflicht zum Einschreiten durch Garantenstellung (§ 13 I)

HIER (+) → der Tod des P ist eingetreten; B hat keine Rettungsaktivitäten unternommen, was den Umständen nach aber geboten gewesen wäre; das Unterbleiben von Rettungsaktivitäten ist für den Erfolgseintritt auch im maßgeblichen Sinne „kausal" und zurechenbar; die gebotene Handlung – hypothetisch hinzugedacht – hätte mit an Sicherheit grenzender Wahrscheinlichkeit den Tod des P abgewendet;

B hatte auch rechtlich dafür einzustehen, dass der Erfolg nicht eintritt (Garantenstellung / § 13 I); er hat freiwillig gegenüber P eine besondere Schutzposition eingenommen; im Vertrauen auf die Einsatzbereitschaft des B hat sich P einer größeren Gefahr ausgesetzt, als er es sonst getan hätte

***c. Möglichkeit der gebotenen Handlung ?* (+)**

d. Zumutbarkeit der gebotenen Handlung ?

HIER (+) → B wäre bei Rettungsaktivitäten kein nennenswertes persönliches Risiko eingegangen

***e. also: objektiver Tatbestand* (+)**

2. Subjektiver Tatbestand

- *Vorsatz ?* (+)

***3. also: Tatbestand* (+)**

***II. Rechtswidrigkeit* (+)**

***III. Schuld* (+)**

IV. Ergebnis:

Strafbarkeit des B gemäß §§ 212 I, 13 I (+)

Formulierungsvorschlag Fall 43

- Strafbarkeit des B gemäß §§ 212 I, 13 I

B könnte sich dadurch, dass er Rettungsaktivitäten unterlassen hat, gemäß §§ 212 I, 13 I strafbar gemacht haben.

I. Mit P ist ein anderer Mensch gestorben.

B müsste ihn durch Unterlassen getötet haben.

Der Tod müsste aufgrund der Nichtvornahme einer zu dessen Abwendung gebotenen Handlung bei Rechtspflicht des B zum Einschreiten durch Garantenstellung (§ 13 I) eingetreten sein.

B hat keine Rettungsaktivitäten unternommen, obschon dies den Umständen nach geboten gewesen wäre.

Die unterlassene Handlung müsste mit dem Erfolg in dem zurechenbaren Zusammenhang stehen, der beim positiven Tun durch Kausalität gekennzeichnet ist.

Dieses Kriterium ist jedenfalls erfüllt, wenn die gebotene Handlung – hypothetisch hinzugedacht – mit an Sicherheit grenzender Wahrscheinlichkeit den Erfolg verhindert hätte.

Entsprechende Aktivitäten des B wären mit an Sicherheit grenzender Wahrscheinlichkeit zumindest insoweit erfolgreich verlaufen, als das Leben des P dadurch gerettet worden wäre.

Mithin liegt der erforderliche zurechenbare Zusammenhang zwischen unterlassener Handlung und Erfolg vor.

B müsste nach § 13 I rechtlich dafür einzustehen gehabt haben, dass der Erfolg nicht eintritt. Er müsste Garant für das Leben des P gewesen sein.

Gerade angesichts der mit der geplanten Tour verbundenen Schwierigkeiten ist B vom vergleichsweise unerfahrenen P als professioneller Bergführer beauftragt worden. B hat vor diesem Hintergrund gegenüber P eine besondere Schutzposition eingenommen. Im besonderen Vertrauen auf die Einsatzbereitschaft des B hat sich P einer größeren Gefahr ausgesetzt, als er es ohne die Führung des B getan hätte.

B war somit den Umständen nach Garant für das Leben des P. Er hatte im Sinne des § 13 I rechtlich dafür einzustehen, dass der Tatbestandserfolg des § 212 I nicht eintritt.

Die gebotene Handlung müsste B schließlich auch möglich und zumutbar gewesen sein.

Er hätte P retten können, die gebotenen Aktivitäten waren möglich.

Damit wäre für B auch kein nennenswertes persönliches Risiko verbunden gewesen. Die gebotene Handlung war folglich auch zumutbar.

Der Vorsatz des B erstreckte sich auf den Todeserfolg, die Möglichkeit der gebotenen Handlung sowie auf die Umstände, die zum Zurechnungszusammenhang, zur Garantenstellung und zur Zumutbarkeit der gebotenen Handlung führen.

II. Die Tat geschah rechtswidrig.

III. B hat die gebotene Handlung schuldhaft unterlassen.

IV. Er hat sich durch das Unterlassen von Rettungsaktivitäten gemäß §§ 212 I, 13 I strafbar gemacht.

Fazit

1. Es war § 212 I in Form eines ***unechten Unterlassungsdelikts*** – also in Verbindung mit § 13 I – zu prüfen. Lest zur Unterscheidung zwischen echtem und unechtem Unterlassungsdelikt Fall 17, Fazit 1.

2. Beim Begehungsdelikt wird gegen eine Verbotsnorm, beim Unterlassungsdelikt gegen Gebotsnormen verstoßen. Der Vorwurf liegt beim Unterlassungsdelikt in einer enttäuschten Erwartung („Da hättest du doch etwas tun müssen!“).

In der Regel (so auch im Ausgangsfall) wird sich zwanglos aus dem natürlichen Verständnis heraus ergeben, ob der Sachverhalt als ***Tun oder Unterlassen*** aufzufassen ist.

Mitunter kann die Abgrenzung aber schwierig werden. Das wird häufig bei Fahrlässigkeitsdelikten der Fall sein.

Schulbeispiel ist der vom Reichsgericht entschiedene sogenannte ***Ziegenhaar-Fall:*** „Ein Fabrikant lässt infizierte chinesische Ziegenhaare verarbeiten, was zum Tod von Arbeiterinnen durch Milzbrandbakterien führt". Hier muss fahrlässige Tötung nach § 222 geprüft werden. Es stellt sich die Frage, ob man auf die Weitergabe des infizierten Materials (positives Tun) oder auf die Nichtdesinfektion (Unterlassen) abstellt.

Die h.M. hält das Problem für empirisch nicht lösbar und grenzt wertend nach dem ***Schwerpunkt der Vorwerfbarkeit*** ab. Das ist natürlich ein absolut schwammiger, wenn nicht gar beliebiger Gesichtspunkt.

Die Gegenauffassungen neigen von vornherein tendenziell zu positivem Tun. Sie machen entweder (kausalen) Energieeinsatz zum Abgrenzungskriterium oder gehen schlicht vom Vorrang positiven Tuns aus. Häufig – aber keineswegs immer – kommen sämtliche Ansätze zu identischen Ergebnissen.

Merkt euch als ***Faustregel bei Fahrlässigkeitsdelikten***, dass im Zweifel positives Tun der strafrechtliche Anknüpfungspunkt ist. So lag es im oben beschriebenen Ziegenhaarfall (Ausgabe der infizierten Ziegenhaare = positives Tun) wie auch im „Hepatitisfall" (Chirurg steckt bei Herzoperationen Patienten mit Hepatitis B an / erst die Operationen bestimmen das vorwerfbare Geschehen = positives Tun).

Ein kontrovers diskutierter ***Grenzfall aus dem Bereich der Vorsatzdelikte*** liegt vor, wenn ein Arzt bei hoffnungslosem Gesundheitszustand des Patienten die Herz-Lungen-Maschine abstellt. Positives Tun oder Unterlassen der Weiterversorgung?

3. Unechte Unterlassungsdelikte setzen eine ***Garantenstellung*** voraus. Es muss besondere Gründe dafür geben, dass jemand ausnahmsweise für bloßes Nichtstun verantwortlich gemacht wird.

Nach der klassischen Einteilung ergibt sich die Garantenstellung je nach Entstehungsgrund entweder aus ***Gesetz*** (z.B. § 1626 BGB) oder aus ***Vertrag*** bzw. ***freiwillige***r ***Übernahme*** (vgl. Ausgangsfall) oder aus vorangegangenem gefährdendem Tun (sogenannte ***Ingerenz***). Diese Aufzählung wurde dann noch auf enge Gemeinschaftsbeziehungen erweitert.

Demgegenüber wird nach moderner Betrachtung je nach Funktion zwischen ***Überwachergarant***en und ***Beschützergarant***en unterschieden. Der Überwachergarant ist für eine bestimmte Gefahrenquelle verantwortlich. Der Beschützergarant muss umgekehrt darauf achten, dass ein bestimmtes Rechtsgut nicht beeinträchtigt wird.

Streitig ist in den Fällen der Ingerenz (nach der modernen Einteilung der Gruppe „Überwachergarant" zuzuordnen), ob das vorangegangene gefährliche Tun ***objektiv pflichtwidrig*** sein muss, um eine Garantenstellung zu begründen. Beispiel: Der Täter verletzt das Opfer in Notwehr und lässt es hilflos zurück, obwohl ihm Rettung möglich gewesen wäre. Das Opfer stirbt. Das Charakteristische daran ist, dass das gefährdende Vorverhalten rechtmäßig (gerechtfertigt) und damit nicht pflichtwidrig ist. Teils wird trotzdem eine Strafbarkeit (hier) nach §§ 212 I, 13 I angenommen. Lehnt man die Garantenstellung hingegen ab (letztlich wie so oft eine reine Wertungsfrage), bleibt nur § 323c I (lesen!).

4. Für jedes Unterlassungsdelikt (also auch das echte) ist die ***Möglichkeit und Zumutbarkeit der gebotenen Handlung*** erforderlich. Geschrieben tauchen diese Merkmale bei § 323c I auf. Die Zumutbarkeit wird teilweise erst auf der Rechtswidrigkeits- oder auf der Schuldebene angesiedelt und erörtert. Wir prüfen das Merkmal als Begrenzung der Handlungspflicht im objektiven Tatbestand (vgl. schon Fall 17). Wo auch immer ihr es bringt, solltet ihr kein Wort zum Prüfungsstandort fallen lassen. Der Aufbau spricht für sich.

   Wie sind Konstellationen zu behandeln, in denen sich der Täter durch schuldhaftes Vorverhalten selbst außerstande setzt, die gebotene Handlung vorzunehmen? Erinnert euch das an eine bekannte Rechtsfigur? Richtig, die Situation ist derjenigen der actio libera in causa (a.l.i.c.) vergleichbar (siehe dazu Fall 16). Die sich aus der Garantenstellung ergebende Handlungspflicht wird dahingehend ausgedehnt, dass sich der Garant auch nicht der Möglichkeit zur Erfüllung des Gebots entziehen darf. Man spricht hier von ***omissio libera in causa*** (o.l.i.c.).

5. Unterlassungsdelikte können insofern Schwierigkeiten bereiten, als die für die Begehungsdelikte entwickelten Regeln vielfach nicht unmittelbar passen.

   Das trifft insbesondere auf das Kriterium der ***Kausalität*** zu, das im technischen Sinne beim Unterlassungsdelikt gar nicht anwendbar ist. Wie im Ausgangsfall demonstriert muss man die klassische Formel abwandeln und ***hypothetisch*** prüfen, ob die gebotene Handlung den Erfolg mit an Sicherheit grenzender Wahrscheinlichkeit verhindert hätte.

   Von einer Mindermeinung wird das Unterlassen schon dann als zurechenbar angesehen, wenn die gebotene Handlung die Rettungschancen (nur) erhöht hätte. Das dürfte aber zu weit gehen (vgl. zur sogenannten Risikoerhöhungslehre schon Fall 41).

   Beim ***Versuch*** stößt man auf weitere Probleme:

   Wann beginnt beim Unterlassungstäter der Versuch? Von einem unmittelbaren Ansetzen (§ 22) zum Nichtstun (nach seiner Vorstellung) kann allenfalls sinngemäß die Rede sein.

   Die als Mindermeinung vertretenen Extrempositionen zielen für den Zeitpunkt des Versuchsbeginns auf den erstmöglichen oder auf den letztmöglichen Eingriff zur Verhinderung des Erfolgs ab.

   Die unseres Erachtens sachgerechte h.M. differenziert. Danach beginnt der Versuch des unechten Unterlassungsdelikts, wenn durch weitere Verzögerung der gebotenen Handlung eine unmittelbare Gefahr für das geschützte Handlungsobjekt entsteht und/oder der Täter den weiteren Verlauf aus der Hand gibt.

Schließlich kann auch § 24 auf den Unterlassungsversuch nur sinngemäß angewandt werden.

6. Wer § 13 I aufmerksam gelesen hat, wird auf die sogenannte ***Entsprechungsklausel*** gestoßen sein. Das Unterlassen muss der Tatbestandsverwirklichung durch ein (positives) Tun entsprechen. Dieses Gleichstellungskriterium ist allerdings ausschließlich auf Delikte zugeschnitten, bei denen die Herbeiführung des Erfolgs auf eine bestimmte Art und Weise erforderlich ist (z.B. § 263 I). Bei einem nicht verhaltensgebundenen und damit reinen Erfolgsdelikt (wie im Ausgangsfall § 212 I) ist die Klausel gegenstandslos. Man sollte dann auch besser gar nicht darauf eingehen, weil sonst der Eindruck fehlenden Verständnisses entsteht.

7. Auf die (nach h.M. rechtfertigende) Pflichtenkollision sind wir schon oben (Fall 15, Fazit Ziffer 5.) eingegangen.

8. Ihr solltet euch schließlich auch kurz Gedanken über den Themenkreis ***„Unterlassung und Teilnahme“*** machen.

Nach heute weitgehend unbestrittener Auffassung ist Teilnahme (Anstiftung und Beihilfe) an einem Unterlassungsdelikt durch positives Tun möglich.

Systematisch ist davon die Teilnahme durch Unterlassen an einem Begehungs- oder auch Unterlassungsdelikt zu unterscheiden.

Eine Beihilfe (§ 27 I) kann nach ganz h.M. auch durch Unterlassen begangen werden.

Eine Anstiftung (§ 26) durch Unterlassen ist denklogisch ebenfalls möglich, wenn auch nur in einer ganz speziellen Konstellation: Der Überwachergarant verhindert die Anstiftungshandlung einer ihm untergeordneten Person nicht. So könnte sich etwa ein Vater wegen Anstiftung durch Unterlassen strafbar machen, wenn er wahrnimmt, dass sein minderjähriger Sohn den späteren Täter zu einer Straftat überredet. Die Anstiftung durch Unterlassen setzt allerdings voraus, dass man für das Bestimmen zur Tat keine Kommunikation zwischen Anstifter und Haupttäter verlangt (vgl. dazu Fall 28, Fazit 6.).

Fall 44

V ist als Vorarbeiter einer Kolonne des städtischen Bauhofes beschäftigt. Dieser Baukolonne gehört unter anderem K an. In einer anderen, nicht von V beaufsichtigten Kolonne arbeitet E, aus persönlichen Gründen ein Erzfeind des K. K prahlt gegenüber V damit, E „zur Sau zu machen“. Tatsächlich kommt es in der Folgezeit im Abstand von wenigen Tagen zu Begegnungen zwischen K und E, bei denen K dem körperlich eher schwächlichen E jeweils mehrere heftige und schmerzhafte Faustschläge in die Magengrube versetzt. V war bei jeder dieser Begegnungen anwesend und erkannte das jeweilige Vorhaben des K. V verhinderte die Übergriffe nicht, obwohl er K körperlich überlegen war und damit – zumal als Vorgesetzter des K – ohne weiteres in der Lage gewesen wäre, die Angriffe des K gegen E zu unterbinden.

Frage: Hat sich (neben K) auch V gemäß § 223 I Var. 1 strafbar gemacht ?

Lösungsskizze Fall 44

- Strafbarkeit des V (neben K) gemäß §§ 223 I Var. 1, 13 I ?

I. Tatbestand

1. Objektiver Tatbestand

***a. eine andere Person ?* (+)**

b. körperliche Misshandlung durch Unterlassen ?

= üble, unangemessene Behandlung, durch die das Opfer in seinem körperlichen Wohlbefinden nicht nur unerheblich beeinträchtigt wird (§ 223 I Var. 1) aufgrund der Nichtvornahme einer zur Abwendung des Taterfolgs gebotenen Handlung bei Rechtspflicht zum Einschreiten durch Garantenstellung (§ 13 I)

HIER (–) → K hat E körperlich misshandelt; V kommt insoweit als Nebentäter durch Unterlassen in Betracht; er hatte aber nicht rechtlich dafür einzustehen, dass der von K aktiv verursachte Körperverletzungserfolg nicht eintritt (Garantenstellung / § 13 I); V war weder Beschützer- noch Überwachergarant; eine Beschützergarantenstellung (vgl. § 618 BGB) scheidet aus, weil der schutzbedürftige E in einer Kolonne tätig war, die nicht im Verantwortungsbereich des V liegt; E war V im Betriebsgefüge nicht nachgeordnet, V war nicht der Vorgesetzte des E; K hingegen war nachgeordnet im personellen Verantwortungsbereich des V tätig, nämlich in der von ihm beaufsichtigten Kolonne; gleichwohl hatte V auch keine Überwachergarantenstellung zur Verhinderung der einschlägigen Übergriffe des K; zwar kann sich eine solche „Geschäftsherrenhaftung“ auch als Garantenstellung für Vorgesetzte ergeben, diese bezieht sich jedoch nur auf die Verhinderung betriebsbezogener Straftaten; nicht von einer solchen Überwachergarantenstellung erfasst sind dagegen Taten, die der Mitarbeiter lediglich bei Gelegenheit seiner Tätigkeit im Betrieb begeht; um solche Taten „bei Gelegenheit“ geht es bei den Übergriffen des K auf E; wenngleich die vorsätzlichen Körperverletzungen wiederholt vorkamen und in das Muster des Mobbings fallen, liegt keine konkrete Betriebsbezogenheit vor; ein hinreichender Zusammenhang zum Betrieb des städtischen Bauhofs besteht nicht; es hat sich keine Gefahr verwirklicht, die den dortigen Tätigkeiten spezifisch anhaftet; vielmehr gibt es die Gefahr von Straftaten der einschlägigen Art grundsätzlich bei jedem Betrieb mit mehr als einem Mitarbeiter; eine Garantenstellung von Betriebsinhabern und Vorgesetzten für eine insgesamt straffreie Lebensführung der Mitarbeiter während der Arbeitszeit mit der daraus resultierenden besonderen strafrechtlichen Verantwortung (über § 323c I hinaus) ginge ersichtlich zu weit

***c. also: objektiver Tatbestand* (–)**

2. *also: Tatbestand* (–)

II. Ergebnis:

Strafbarkeit des V (neben K) gemäß §§ 223 I Var. 1, 13 I (–)

Formulierungsvorschlag Fall 44

- Strafbarkeit des V (neben K) gemäß §§ 223 I Var. 1, 13 I

V könnte sich als Nebentäter gemäß §§ 223 I Var. 1, 13 I strafbar gemacht haben, indem er die Übergriffe des K nicht verhindert hat.

I. Durch die Schläge des K ist mit E eine andere Person körperlich misshandelt worden.

V müsste nach § 13 I rechtlich dafür einzustehen gehabt haben, dass der Erfolg nicht eintritt. Er müsste eine Garantenstellung gehabt haben.

Zu denken ist insbesondere im Lichte des § 618 BGB an eine Beschützergarantenstellung des V. Diese setzt jedoch u.a. voraus, dass der hier schutzbedürftige E ein dem V nachgeordneter Mitarbeiter war. E war jedoch in einer anderen Kolonne als K tätig und gehörte im Gegensatz zu K nicht dem personellen Verantwortungsbereich des V an. E war als Mitarbeiter nicht dem V nachgeordnet. Eine Beschützergarantenstellung des V für E scheidet damit aus.

Weiterhin kommt eine Überwachergarantenstellung des V zur Verhinderung der einschlägigen Übergriffe des ihm nachgeordneten K in Betracht.

Aus der Stellung als Betriebsinhaber oder als Vorgesetzter kann sich je nach den Umständen des Falles eine Garantenstellung zur Verhinderung von Straftaten nachgeordneter Mitarbeiter ergeben (sogenannte Geschäftsherrenhaftung). Um eine uferlose Ausdehnung der Strafbarkeit bloßen Unterlassens zu vermeiden, beschränkt sich diese Garantenstellung jedoch vom Ansatz her auf die Verhinderung betriebsbezogener Straftaten. Die Garantenstellung erstreckt sich hingegen nicht auf solche Taten, die der Mitarbeiter lediglich bei Gelegenheit seiner Tätigkeit im Betrieb begeht.

Die Übergriffe des K stehen in keinem inneren Zusammenhang zu der Tätigkeit der Baukolonnen. Aus Sicht des E hat sich keine dem Betrieb spezifisch anhaftende Gefahr verwirklicht.

Derartige Serien von Übergriffen, die unter den modernen Sammelbegriff „Mobbing“ fallen, kommen zwar gehäuft am Arbeitsplatz vor. Daraus ergibt sich aber keine Betriebsbezogenheit in dem oben aufgezeigten Sinne. Die Gefahr wiederholter unter Kollegen begangener Körperverletzungen besteht grundsätzlich in jedem Unternehmen mit mehr als einem Mitarbeiter. Sie ist damit gerade keine dem konkreten Betrieb innewohnende Gefahr. Sähe man dies anders, wäre die eingrenzende Funktion des Merkmals in wesentlichen Bereichen aufgehoben. Das einschränkende Kriterium der Betriebsbezogenheit soll angemessenerweise verhindern, dass „Geschäftsherren“ als Garanten für eine insgesamt straffreie Lebensführung ihrer Mitarbeiter während der Arbeitszeit strafrechtlich besonders verantwortlich gemacht werden (über § 323c I hinaus).

Nach alledem sind vorsätzliche Körperverletzungshandlungen während der Arbeitszeit selbst dann nicht ohne Weiteres betriebsbezogene Strafttaten, wenn sie wiederholt vorkommen und sich in der Gesamtbetrachtung als Mobbing darstellen. Wenn nicht weitere Umstände den Betriebsbezug begründen, handelt es sich dabei vielmehr um Taten, die der Mitarbeiter „nur“ bei Gelegenheit seiner Tätigkeit im Betrieb begeht.

Auf diese Taten „bei Gelegenheit“ erstreckt sich die Überwachergarantenstellung des Vorgesetzten – hier des V – nicht.

Nach alledem ist V bezogen auf die in Rede stehenden körperlichen Übergriffe durch K auf E weder Beschützer- noch Überwachergarant.

V hatte nicht nach § 13 I dafür einzustehen, dass der Erfolg nicht eintritt.

II. V hat sich nicht als Nebentäter gemäß §§ 223 I Var. 1, 13 I strafbar gemacht.

Fazit

1. Der Fall ist einer BGH-Entscheidung aus dem Jahr 2011 nachgebildet (u.a. NJW 2012, 1237 ff). Wir haben den tatsächlich entschiedenen Fall für unsere und eure Zwecke vereinfacht und in einigen Details didaktisch sinnvoll ergänzt.

2. Ihr konntet hier sehr schön den Unterschied zwischen der Beschützer- und der Überwachergarantenstellung sehen und herausarbeiten:

Gegenüber E hätte V vom Ansatz her ***Beschützergarant*** sein können, wenn er denn für ihn „zuständig“ gewesen wäre. Da dies nicht der Fall war, war die Prüfung in diesem Bereich schnell zu Ende (Tätigkeit des E in einer anderen, nicht V unterstellten Kolonne).

Die Hauptmusik spielte dann bei der Frage nach der ***Überwachergarant***en-stellung für K und dessen „Unfug".

Wir sind der überzeugenden Argumentationslinie des BGH gefolgt. Hier eine Garantenstellung anzunehmen und zur sogenannten Geschäftsherrenhaftung zu kommen, ginge zu weit. Das Mobbing ist nun einmal ein allgemeines Phänomen und regelmäßig nicht betriebsbezogen.

Das ändert natürlich nichts daran, dass § 323c I als echtes Unterlassungsdelikt jenseits besonderer rechtlicher Stellungen in Betracht kommt (Jedermann-Delikt / vgl. zur Abgrenzung Fall 17, Fazit 1.).

3. Nach ***§ 323c I*** war nicht gefragt. Vergleicht einmal den Gesetzeswortlaut mit unseren Sachverhaltsangaben. Der körperlich dem K überlegene V könnte sich durchaus wegen unterlassener Hilfeleistung strafbar gemacht haben. Insbesondere dürfte die Schwelle zum „Unglücksfall" überschritten und die Hilfeleistung zumutbar gewesen sein.

4. Durch die beschränkte Fallfrage war auch § 357 nicht zu prüfen. Die Verleitung eines Untergebenen zu einer Straftat ist nicht ganz so abwegig, wie es vielleicht auf den ersten Blick erscheint. Allerdings sind hier nur Straftaten im Amt gemeint, nicht lediglich „bei Gelegenheit" (siehe oben die Argumentation im Zusammenhang mit der Überwachergarantenstellung).

5. Auf der Suche nach mehr oder weniger passenden Tatbeständen (bei offener Fallfrage) hätte man zudem auf § 238 I stoßen können (sogenannte Nachstellung). Hier wäre natürlich – wie bei § 223 I – in erster Linie K als aktiver Täter ein heißer Kandidat.

6. Apropos „Täter" ... Wir haben durch die Fallfrage die Prüfung der Strafbarkeit des V als Täter (hier neben K / vgl. zur Nebentäterschaft schon Fall 25, Fazit 3.) vorgegeben. Es wäre demgegenüber keineswegs abwegig gewesen, Beihilfe des V zu den vorsätzlichen Körperverletzungen (dann Haupttat des K) zu prüfen. Weil V aber nicht als Garant gemäß § 13 I verantwortlich ist, scheiden für § 223 I Täterschaft und Beihilfe durch Unterlassen im Ergebnis gleichermaßen aus.

Auch wenn es also hier darauf für die Fallbearbeitung nicht ankam: Wie ordnet man Situationen in das System von ***Täterschaft und Teilnahme*** ein, in denen ein ***Garant aktiv begangene Straftaten eines anderen nicht verhindert***?

Männermordend streitig! Hier wird so ziemlich alles strukturell Denkbare vertreten:

Die etwas holzschnittartig wirkenden Extremauffassungen (Garant immer Gehilfe / Garant immer Täter) sind einfach, werden aber als nicht sachgerecht kritisiert (Modewort „unterkomplex"). Eine andere Meinung stellt auf die Art der Garantenstellung ab (Beschützergarant grundsätzlich Täter / Überwachergarant grundsätzlich Gehilfe).

Die unseres Erachtens überzeugendste Meinung fragt danach, wie leicht oder wie schwer es dem Garanten möglich gewesen wäre, die Herrschaft über das Geschehen zu übernehmen und so die Tatbestandsverwirklichung zu verhindern (potenzielle Tatherrschaft des Garanten). Danach wäre unser V als dem

K körperlich überlegener Vorgesetzter wohl eher Täter als bloßer Gehilfe gewesen, wenn er denn Garant gewesen wäre.

Eine Garantenstellung aber – hier schließt sich der Kreis – war in unserem Fall aus guten Gründen abzulehnen.

7. Weitere Beispiele für die Prüfung unechter Unterlassungsdelikte bieten wir in Die Fälle – Strafrecht BT 1, Fall 23 und Fall 29 und in Die Fälle – Strafrecht BT 2, Fall 34 und Fall 35.

Mit Ausnahme von Fall 23 geht es auch dort jeweils um die Garantenstellung.

8. Im Anschluss an den Hauptteil des Buchs mit der wiederholten Struktur „Fall – Lösungsskizze – Formulierungsvorschlag – Fazit" findet ihr noch weitere hilfreiche Abschnitte.

In der Rubrik ***„Alles, nur das nicht …"*** gibt es wichtige Hinweise auf vermeidbare Sünden in Klausuren und Hausarbeiten (Seiten 268 bis 272).

Dann erwarten euch ***Schemata*** (Seiten 274 bis 304).

Schließlich dürfen natürlich ***Gesetzesverzeichnis*** und ***Sachverzeichnis*** nicht fehlen (Seiten 306 bis 314).

Alles, nur das nicht ...

Vermeidbare Sünden in Klausuren und Hausarbeiten

Unabhängig vom Einzelfall treten erfahrungsgemäß in Klausuren und Hausarbeiten bestimmte Fehler immer wieder auf.

Während bei der „Einführung in die Fallbearbeitungstechnik" noch einiges in den Bereich „Geschmacksache" fiel, handelt es sich hier um ***eindeutige Verstöße*** gegen die Vorstellungen des Aufgabenstellers, die es strikt zu vermeiden gilt. Häufig ist in diesem Zusammenhang von „schier unausrottbaren Fehlern" der Bearbeiter die Rede. Wir wollen mit den folgenden Hinweisen zur „Ausrottung" beitragen.

Soweit die jeweiligen Punkte bereits bei der „Einführung in die Fallbearbeitungstechnik" besprochen wurden, wird auf die dortigen Einzelheiten verwiesen.

Unzureichende Schwerpunktsetzung

Der Gesamteindruck einer Prüfungsarbeit wird oft durch eine mehr oder weniger gleichförmige Fall-Lösung getrübt.

Völlig unproblematische Prüfungspunkte wirken zu zäh, während auf der anderen Seite die eigentlichen Probleme des Falls viel zu kurz kommen. Zeigt ***Mut zur klaren Schwerpunktsetzung***, das zeugt von Sicherheit!

Dazu gehört natürlich auch die richtige Zeiteinteilung, sonst wird die Arbeit gegen Ende immer dünner.

→ siehe näher Seiten 16 bis 20

Unnötige Wiedergabe des Gesetzestextes oder des Sachverhalts

Beispiel (Gesetzestext / hier § 32): „Wer eine Tat begeht, die durch Notwehr geboten ist, handelt nicht rechtswidrig. Notwehr ist die Verteidigung, die erforderlich ist, um einen gegenwärtigen rechtswidrigen Angriff von sich oder einem anderen abzuwenden."

→ siehe auch Seiten 21 unten bis 22 oben

Beispiel (Sachverhalt): „Laut Sachverhalt ist O auf T mit gezücktem Messer zugelaufen, woraufhin T seine Pistole gezogen hat und drei Schüsse auf O abgegeben hat."

Beides ist ***völlig überflüssig*** und damit streng genommen falsch. Außerdem besteht die Neigung, durch die bloße Wiedergabe des Sachverhalts die erforderliche Subsumtion zu „ersetzen".

Die Tatbestandsmerkmale des § 32 ergeben sich zwanglos aus der Prüfung.

Beispiel: „Es müsste ein Angriff vorliegen. Angriff ist ..."

Die entsprechenden Tatsachen gehören in den jeweiligen Subsumtionsschritt. Auch dabei sollte die wörtliche Wiedergabe des Sachverhalts nach Möglichkeit vermieden werden. Oft bietet es sich an, die entsprechende Sachverhaltspassage mit Blick auf die Definition des jeweils geprüften Merkmals sinngemäß zusammenzufassen. Beispiel (Subsumtionsschritt / „Angriff"): „Von O drohte angesichts des gezogenen Messers eine Verletzung der körperlichen Unversehrtheit des T."

Übrigens solltet ihr euch auch die Phrase „im vorliegenden Fall" verkneifen, das provoziert die Randbemerkung „wo sonst?"

Die Sachverhaltsquetsche / in dubio pro reo

Akzeptiert den Sachverhalt so wie er ist!

Auf der Suche nach Problemen wird der Text oft so lange zurechtgebogen, bis der erlernte Streit relevant wird. Etwas seltener kommt es vor, dass der Sachverhalt gezielt an einem Problem „vorbeigequetscht" wird, weil der Bearbeiter der Erörterung aus dem Weg gehen will. Beides ärgert – wie ihr euch denken könnt – den Korrektor!

Nicht weniger unangebracht ist die Anwendung des Grundsatzes „in dubio pro reo" (im Zweifel für den Angeklagten). Wenn der Sachverhalt bestimmte Tatbestandsvoraussetzungen nicht eindeutig hergibt, ist eine möglichst ***lebensnahe Auslegung*** angesagt! Darin besteht nicht selten ein beachtlicher Teil der Klausurleistung. Der prozessuale Grundsatz „in dubio pro reo" findet nur Anwendung, wenn sich in der Praxis der Sachverhalt nicht sicher ermitteln lässt. Bis zum ersten Examen einschließlich habt ihr es aber mit einem feststehenden Sachverhalt zu tun! Für „in dubio pro reo" ist demnach nur Raum, wenn ausdrücklich im Aufgabentext steht, dass sich bestimmte Umstände nicht aufklären lassen. In diesen extrem seltenen Ausnahmefällen geht es meist um die Blutalkoholkonzentration des Täters.

Merkt euch im Grundsatz: Finger weg von „in dubio pro reo"!

Der Ich-Stil

Der Ich-Stil („Meiner Meinung nach ist es sachgerecht ...") ist im Gutachten verfehlt, er gilt als ***unsachlich***. Man kann sich berechtigt fragen, ob es nicht ehrlicher wäre, die Ich-Form zu benutzen. Solche Gedanken sind aber müßig, der Ich-Stil wird nun einmal nicht akzeptiert.

Unsinniger Konjunktiv

Immer wieder liest man Sätze wie „Möglicherweise könnte sich A gemäß § XY strafbar gemacht haben“ oder „Weiter könnte eine Strafbarkeit gemäß § YZ in Betracht kommen.“ Das ist doppelt gemoppelt! In „Möglicherweise“ oder „in Betracht kommen“ kommt der Gutachtenstil ja bereits zum Ausdruck. Deshalb muss es heißen: „Möglicherweise hat ...“ oder „A könnte sich ...“ oder „Weiter kommt ... in Betracht.“

In diesem Zusammenhang ist eine weitere ungenaue Formulierung regelmäßig am Ende der Prüfung zu finden: „Eine Strafbarkeit des T gemäß § XY kommt daher nicht in Betracht.“ Auch das ist Blödsinn! Wenn die Strafbarkeit nicht in Betracht gekommen wäre, hättet ihr sie nicht geprüft. Ihr könnt allenfalls schreiben: „Eine Strafbarkeit des T gemäß § XY scheidet daher aus.“

Das alles mag euch vielleicht kleinkariert vorkommen. Bedenkt aber, dass ***unpräzise Formulierungen*** der oben geschilderten Art aus Sicht des Korrektors ein ***Hinweis auf unbedachten und rein schematisch angewandten Gutachtenstil*** sind.

Überflüssige Füllwörter

Bemüht euch um einen stringenten und sachlichen Stil. Tendenziell neigen die Bearbeiter zu einer übertriebenen Anzahl von Füllwörtern.

Evidenzappelle (also Hinweise auf die Eindeutigkeit des Ergebnisses) wie ***„zweifellos“***, ***„unzweifelhaft“*** wirken nur scheinbar überzeugend. Wenn etwas tatsächlich „unzweifelhaft“ ist, wird das durch eine kurze sachliche Feststellung des Merkmals voll und ganz deutlich. Wenn es aber in Wirklichkeit doch zweifelhaft ist, ist das Füllwort schlicht falsch.

Für den Korrektor sind Zusätze der Marke ***„ohne Zweifel“*** ein untrügliches Zeichen fehlender Sicherheit. Das gilt noch stärker für das Wörtchen ***„wohl“***, das sich immer wieder erstaunlicher Beliebtheit erfreut. Beispiel: „T handelte damit wohl in der Absicht rechtswidriger Zueignung.“ Der alten Binsenweisheit zahlloser Repetitoren ist nichts hinzuzufügen: Wer „wohl“ sagt, dem ist unwohl!

Schlichte Berufung auf die herrschende Meinung

Oftmals „begründen“ die Bearbeiter eine bestimmte Auffassung mit dem bloßen Hinweis auf die herrschende Meinung. Das ist falsch!

Wer „(ganz) herrschende Meinung“ schreibt, muss sich mit jeweiligen Gegenmeinungen auseinandersetzen. Meist handelt es sich im Einzelfall um eine absolut geläufige Definition, das Stichwort „h.M.“ kann also getrost weggelassen werden. Gerade im Strafrecht gibt es fast immer mehr oder weniger beachtliche Mindermeinungen. Wer deren Existenz in der Formulierung berücksichtigen will, kann von „allgemeiner Auffassung“ sprechen. Auch das solltet ihr aber nicht übertreiben! Wenn es sich um eine wirklich fallrelevante Streitfrage handelt, muss man sowieso auf alle nennenswerten

Meinungen eingehen. Dabei kommt es auf deren Überzeugungskraft an, nicht auf die Anzahl ihrer Vertreter. Abgesehen davon bietet sich fast immer eine vom Fall ausgehende Problementwicklung an (siehe Seiten 27 bis 29).

Quintessenz: Der Begriff „herrschende Meinung“ ist in der Darstellung nie wirklich erforderlich, sollte also jedenfalls mit Bedacht gewählt werden.

Tathandlung nicht im Obersatz benannt

Beispiel: „T könnte sich gemäß § 242 I strafbar gemacht haben.“ Hier wird nicht deutlich, durch welche Handlung sich T strafbar gemacht haben könnte.

→ siehe Seite 21

Rechtstechnische Begriffe in Abschnittsüberschriften und Obersätzen

Beispiel: „Die ***Wegnahme*** des Autos“ taucht als Überschrift oder „T könnte sich durch die ***Körperverletzung*** gemäß § 223 I strafbar gemacht haben“ als Obersatz auf.

Ob eine Wegnahme oder eine Körperverletzung vorliegt, soll ja gerade erst geprüft werden.

→ siehe Seite 21

Problemdiskussion ohne Fallbezug

Oft werden langwierig Meinungen diskutiert, ohne dass zuvor durch Subsumtion klargemacht wird, ob und warum es überhaupt auf eine Entscheidung ankommt. Das ist besonders ärgerlich, wenn die diskutierten Ansichten im zu prüfenden Fall zum selben Ergebnis führen. Dann ist die Streitargumentation nämlich überflüssig.

→ siehe Seiten 27 bis 29

Infragestellen eines bereits festgestellten Ergebnisses

Beispiel: „T handelte vorsätzlich. Etwas anderes könnte sich jedoch aus § 16 I 1 ergeben.“

Richtig muss es natürlich heißen: „T müsste vorsätzlich gehandelt haben. Möglicherweise befand er sich in einem Tatbestandsirrtum.“

Dieser Hinweis wirkt vermutlich besonders banal. In der Hitze des Gefechts schleicht sich aber auch der soeben beschriebene Fehler immer wieder ein.

Fehlerhafte Zitate in Hausarbeiten

Bei den Fußnoten in Hausarbeiten treten zwei Mängel immer wieder auf:

Die Fußnote bezieht sich oft fälschlicherweise direkt auf den Sachverhalt: „Somit handelte T in der Absicht rechtswidriger Bereicherung. → Fußnote: so auch BGHSt ..."

Obwohl klar ist, was der Bearbeiter meint, darf so nicht zitiert werden. Der BGH hat den als Aufgabentext vorliegenden Fall nicht entschieden, es handelt sich bei der Entscheidung allenfalls um einen vergleichbaren Fall! Der mit einer Fußnote belegte Satz muss also abstrakt sein. Ein Beispiel aus der Prüfung eines fremdnützigen Betrugs (vgl. Die Fälle – Strafrecht BT 2, Fall 42): „Es genügt, dass der Täter die Bereicherung als notwendiges Zwischenziel erstrebt. → Fußnote: BGHSt ... Die Bereicherung des D war zwingende Voraussetzung für die letztlich angestrebte Eigenbereicherung. Die Drittbereicherung war damit ein notwendiges Zwischenziel. T handelte in der Absicht der rechtswidrigen Bereicherung des D."

Auf der Suche nach der geeigneten Zitiermöglichkeit eines bestimmten Werkes wird oft eine ***Aussage per Fußnote belegt, die sich unmittelbar aus dem Gesetz ergibt:*** „Nach Abs. 1 ist der Versuch bei Verbrechen stets strafbar. → Fußnote: vgl. Fischer, StGB, § 23 Rn 2". Der Gesetzeswortlaut spricht für sich. Fundstellen werden erst interessant, wenn man mit dem Gesetz allein nicht mehr weiterkommt.

Aufbauschemata

Schemata sind hilfreich, wenn man mit ihnen umzugehen weiß …

Im Strafrecht gibt so etwas wie die ***Mutter aller Schemata***, nämlich die ***Prüfung des vollendeten vorsätzlichen Begehungsdelikts*** (in Form des Erfolgsdelikts). Es handelt sich – wenn man so will – um die „Grundform".

Gerade dieses ***Grundschema*** ist zwangsläufig enorm umfangreich. Denn ein Schema soll einen vollständigen Überblick bieten. Mit seiner Hilfe soll fallübergreifend deutlich werden, was an welcher Stelle zu problematisieren sein kann. In der Fall-Lösung geht es aber keinesfalls darum, sämtliche Punkte des Schemas gleichförmig abzuarbeiten. Es ist vielmehr fallbezogene Schwerpunktsetzung angesagt.

So gibt es Prüfungspunkte, die in der Klausur nur angesprochen werden sollen, wenn sie ausnahmsweise problematisch sind (Beispiel: Objektive Zurechnung).

Der Unterschied zwischen Schema und Einzelfallbearbeitung zeigt sich besonders schön im Bereich der Rechtswidrigkeit. Im jeweils zu prüfenden Fall werden niemals alle gängigen Rechtsfertigungsgründe in Betracht kommen. Im Schema tauchen sie dagegen auf, um ein umfassendes Bild zu erzeugen.

Dem neunseitigen Grundschema haben wir eine ***Aufbauübersicht*** vorangestellt.

Die auf das Grundschema folgenden Schemata sind bewusst knapper gefasst.

In der Prüfung der ***Mittelbaren Täterschaft***, der ***Mittäterschaft***, der ***Anstiftung*** und der ***Beihilfe*** dürft ihr auf bereits aus dem Grundschema Bekanntes zurückgreifen. Dasselbe gilt für die dann folgenden Aufbauschemata zum ***Versuch des vorsätzlichen Begehungsdelikts (einschließlich Rücktritt vom Versuch)***, zum ***Fahrlässigkeitsdelikt*** und zum (unechten) ***Unterlassungsdelikt***.

Der Wert unserer Schemata besteht nicht zuletzt darin, dass wir Beispiele nennen und auf die Fälle verweisen.

Vollendetes vorsätzliches Begehungsdelikt

des Einzeltäters

Aufbauübersicht

- Strafbarkeit des ... gemäß § ... ?

I. Tatbestand

1. Objektiver Tatbestand
- *a. Tatobjekt ?*
- *b. Tathandlung und zurechenbarer Taterfolg ?*
  - *aa. strafrechtlich relevante Handlung ?*
  - *bb. Taterfolg ?*
  - *cc. Kausalität (Ursächlichkeit) zwischen Handlung und Erfolg ?*
  - *dd. objektive Zurechnung des Erfolgs ?*

2. Subjektiver Tatbestand
- *a. Vorsatz ?*
- *b. je nach Straftatbestand zusätzlich: bestimmte Absicht (z.B. § 242 I) ?*

II. Rechtswidrigkeit

1. Rechtfertigungsgrund

- *Rechtfertigung gemäß § 32*
  - *a. gegenwärtiger rechtswidriger Angriff ?*
    - *aa. Angriff ?*
    - *bb. gegenwärtig ?*
    - *cc. rechtswidrig ?*
  - *b. erforderliche Verteidigung ?*
    - *aa. geeignetes Mittel ?*
    - *bb. relativ mildestes Mittel ?*
  - *c. Gebotenheit ?*
  - *d. subjektives Rechtfertigungselement ?*

II. Rechtswidrigkeit (Fortsetzung)

- ***Rechtfertigung gemäß § 228 S. 2 BGB***
  - *a. von einer fremden Sache ausgehende drohende Gefahr für ein Rechtsgut ?*
  - *b. erforderliche Beschädigung / Zerstörung der gefährdenden Sache ?*
    - *aa. Beschädigung / Zerstörung der gefährdenden Sache ?*
    - *bb. Erforderlichkeit ?*
  - *c. Verhältnismäßigkeit ?*
  - *d. subjektives Rechtfertigungselement ?*

- ***Rechtfertigung gemäß § 904 S. 1 BGB***
  - *a. gegenwärtige Gefahr für ein Rechtsgut ?*
    - *aa. Gefahr für ein Rechtsgut ?*
    - *bb. gegenwärtig ?*
  - *b. Einwirkung zur Abwendung der Gefahr notwendig ?*
  - *c. Verhältnismäßigkeit ?*
  - *d. subjektives Rechtfertigungselement ?*

- ***Rechtfertigung gemäß § 34***
  - *a. gegenwärtige Gefahr für ein (beliebiges) Rechtsgut ?*
    - *aa. Gefahr für ein (beliebiges) Rechtsgut ?*
    - *bb. gegenwärtig ?*
  - *b. erforderliche Beeinträchtigung eines anderen Rechtsguts ?*
    - *aa. Beeinträchtigung eines anderen Rechtsguts ?*
    - *bb. Erforderlichkeit ?*
  - *c. wesentliches Überwiegen des geschützten Interesses ?*
  - *d. Tat als angemessenes Mittel zur Gefahrabwendung (§ 34 S. 2) ?*
  - *e. subjektives Rechtfertigungselement ?*

- ***Rechtfertigung gemäß § 127 I 1 StPO***
  - *a. auf frischer Tat betroffen oder verfolgt ?*
  - *b. der Flucht verdächtig oder Identität nicht sofort feststellbar ?*
  - *c. subjektives Rechtfertigungselement ?*

- ***Rechtfertigung durch Einwilligung***
  - *a. Erklärung der Einwilligung durch den Betroffenen vor der Tat ?*
  - *b. Einwilligungsfähigkeit des Erklärenden ?*
  - *c. Verfügbarkeit des Rechtsguts ?*
  - *d. keine relevanten Willensmängel ?*
  - *e. Tat im Rahmen der Einwilligung ?*
  - *f. subjektives Rechtfertigungselement ?*

- ***Rechtfertigung durch mutmaßliche Einwilligung***
  - *a. keine tatsächliche Einwilligung ?*
  - *b. Verfügbarkeit des Rechtsguts ?*
  - *c. tatsächliche Einwilligung nicht einholbar ?*
  - *d. Tat im mutmaßlichen Interesse des Betroffenen ?*
  - *e. subjektives Rechtfertigungselement ?*

2. je nach Tatbestand: positive Feststellung der Rechtswidrigkeit (z.B. § 240 II)

III. Schuld

1. Schuldfähigkeit
a. Schuldunfähigkeit nach § 19 ?
b. Schuldunfähigkeit nach § 20 ?

2. Unrechtsbewusstsein
a. unvermeidbarer Verbotsirrtum nach § 17 S. 1 ?
aa. Verbotsirrtum ?
bb. Unvermeidbarkeit ?

3. Fehlen von Entschuldigungsgründen
a. Entschuldigung gemäß § 33 ?
- Überschreiten der Grenzen der Notwehr ?
b. Entschuldigung gemäß § 35 I 1 ?
aa. gegenwärtige Gefahr für Leben, Leib oder Freiheit des Täters, eines Angehörigen oder einer anderen ihm nahestehenden Person ?
bb. erforderliche Beeinträchtigung eines anderen Rechtsguts ?
- Beeinträchtigung eines anderen Rechtsguts ?
- Erforderlichkeit ?
cc. subjektives Entschuldigungselement ?
dd. Hinnahme der Gefahr nicht gemäß § 35 I 2 den Umständen nach zumutbar ?

Vollendetes vorsätzliches Begehungsdelikt

des Einzeltäters

Aufbauschema / Details und Probleme

- Strafbarkeit des ... gemäß § ... ?

I. Tatbestand

1. Objektiver Tatbestand

a. Tatobjekt ?

b. Tathandlung und zurechenbarer Taterfolg ?

aa. strafrechtlich relevante Handlung ?

bb. Taterfolg ?

cc. Kausalität (Ursächlichkeit) zwischen Handlung und Erfolg ?
= jede Bedingung ist ursächlich, die nicht hinweggedacht werden kann, ohne dass der konkrete Erfolg entfiele („conditio-sine-qua-non-Formel“)

dd. objektive Zurechnung des Erfolgs ?
= der kausal auf der Handlung beruhende Erfolg ist dem Täter auch objektiv zuzurechnen, wenn er das Risiko des Erfolgseintritts in vorwerfbarer Weise geschaffen hat und sich gerade dieses Risiko auch im Erfolgseintritt realisiert hat

- ***Problem***
  Atypischer Kausalverlauf

  Beispiel
  Täter will Opfer töten, verletzt dieses aber nur; Opfer stirbt auf dem Weg ins Krankenhaus bei einem Verkehrsunfall im Rettungswagen
  → siehe ***Fall 1***

2. Subjektiver Tatbestand

a. Vorsatz ?
= Wissen und Wollen der Tatbestandsverwirklichung

- ***Problem***
  Irrtum über den Kausalverlauf; zu überdenken ist, ob die Abweichung vom Kausalverlauf unwesentlich ist (dann Irrtum unbeachtlich und damit Vorsatz) oder ob die Abweichung vom Kausalverlauf wesentlich ist (dann Irrtum beachtlich und damit kein Vorsatz)

  Beispiel
  Täter will Opfer töten, verletzt dieses aber nur; Opfer stirbt daran, dass es wegen der Verletzung unglücklich mit dem Kopf auf eine Bordsteinkante fällt
  → siehe ***Fall 1*** im ***Fazit***

- ***Problem***
  Bedingter Vorsatz = Eventualvorsatz = dolus eventualis:
  reicht im Allgemeinen als Vorsatzform; zu überdenken ist aber, ob (nur) bewusste Fahrlässigkeit vorliegt, also kein Vorsatz

  Beispiel
  Täter schlägt Opfer mit Spaten auf den Kopf; er ist sich bewusst, dass der Hieb tödlich sein kann, hofft aber sehr, dass das Opfer überlebt; das Opfer stirbt an den Folgen des Schlages (Grenzfall)
  → siehe ***Fall 2***

- ***Problem***
  Vorsatzausschließender Tatbestandsirrtum, § 16 I 1; beachte § 16 I 2

  Beispiel
  Mitnehmen einer Sache, in der Meinung, es handele sich um eine eigene Sache (Verwechslung); tatsächlich ist sie fremd
  → siehe ***Fall 3***

- ***Problem***
  Vorsatzausschließender Tatbestandsirrtum, § 16 I 1;
  (hier) Irrtum über das Tatobjekt in den Varianten error in persona / error in obiecto = Täter wirkt zwar auf die Person / auf das Objekt ein, auf die / auf das er einwirken wollte, vorgestellt hatte sich der Täter aber eine andere Person / ein anderes Objekt

  Beispiel
  Täter schießt auf eine Person, die er auch trifft; bei der Person handelt es sich aber nicht – wie vorgestellt – um die Person A, sondern um die Person B
  → siehe ***Fall 4***

- ***Problem***
  Fehlgehen der Tat = aberratio ictus = Täter verfehlt sein konkretes Ziel, trifft aber zugleich (zufällig) ein anderes Ziel

  Beispiel
  Täter schießt auf eine Person, trifft sie aber nicht; zufällig trifft er eine andere Person, die in der Nähe steht
  → siehe ***Fall 5***

b. je nach Straftatbestand zusätzlich: bestimmte Absicht ?

z.B. Absicht der rechtswidrigen Zueignung in § 242 I

II. Rechtswidrigkeit

1. Rechtfertigungsgrund

• Rechtfertigung gemäß § 32 = Notwehr

a. gegenwärtiger rechtswidriger Angriff ?

aa. Angriff ?

= jede von einem Menschen ausgehende Bedrohung rechtlich geschützter Interessen

• ***Problem***
Gefahr geht von Tier aus, das vom Täter als Waffe eingesetzt wird

Beispiel
Täter hetzt seinen Hund auf das Opfer
→ siehe ***Fall 6*** im ***Fazit***

• ***Problem***
„Unfugabwehr" = sozial übliche Belästigung

Beispiel
Anleuchten einer anderen Person; diese setzt sich zur Wehr
→ siehe ***Fall 7***

bb. gegenwärtig ?

= Beeinträchtigung des Rechtsguts unmittelbar bevorstehend, gerade stattfindend oder noch fortdauernd

• ***Problem***
Präventivnotwehr

Beispiel
Person führt Waffe bloß bei sich; die einen Angriff befürchtende andere Person wehrt ab
→ siehe ***Fall 8*** im ***Fazit***

cc. rechtswidrig ?

= fehlende rechtliche Befugnis des Angreifers

• ***Problem***
Befugnis des Angreifers

Beispiel
Angreifer zerstört Sache, um damit seinerseits den Angriff einer dritten Person abzuwehren
→ siehe ***Fall 8***

b. erforderliche Verteidigung ?

aa. geeignetes Mittel ?

bb. relativ mildestes Mittel ?

= keine mildere Handlungsalternative bei gleicher Wirksamkeit

- ***Problem***
  Relativ mildeste Alternative

  Beispiel
  Täter wählt von mehreren Abwehrmitteln das effektivste Mittel
  → siehe ***Fall 9*** im ***Fazit***

  Beispiel
  Täter wählt nicht das mildeste von mehreren gleich effektiven Abwehrmitteln
  → siehe ***Fall 9*** im ***Fazit***

c. Gebotenheit ?
= keine Einschränkung des Notwehrrechts unter Wertungsgesichtspunkten

- ***Problem***
  Notwehreinschränkung bei absichtlich provozierter Notwehrlage

  Beispiel
  Täter provoziert eine andere Person zum Angriff und verteidigt sich dann aktiv, obwohl eine Fluchtmöglichkeit besteht
  → siehe ***Fall 9***

- ***Problem***
  Notwehreinschränkung bei besonders krassem Missverhältnis zwischen geschütztem und beeinträchtigtem Rechtsgut

  Beispiel
  Verteidigung eines Angriffs auf absolut geringfügige Sachwerte durch Einsatz lebensgefährlicher Waffen
  → siehe ***Fall 10***

- ***Problem***
  Notwehreinschränkung durch Art. 2 II a) MRK

  Beispiel
  Täter tötet Angreifer zur Verteidigung eines Menschenlebens
  → siehe ***Fall 10*** im ***Fazit***

- ***Problem***
  Notwehreinschränkung bei Angriff durch erkennbar schuldlose Person

  Beispiel
  Täter wehrt sich gegen den Angriff eines Kindes oder eines Volltrunkenen
  → siehe ***Fall 10*** im ***Fazit***

- ***Problem***
  Notwehreinschränkung bei engen Lebensgemeinschaften

  Beispiel
  Ehefrau wehrt sich gegen Schläge des Ehemanns (auch umgekehrt möglich)
  → siehe ***Fall 15*** und ***Fall 10*** im ***Fazit***

- ***Problem***
  Notwehreinschränkung und sogenannte Rettungsfolter

  Beispiel
  „Fall Daschner"; Polizist droht mit Schmerzzufügung, um eine Information zu erlangen, die das Leben einer anderen Person retten soll
  → siehe ***Fall 10*** im ***Fazit***

d. subjektives Rechtfertigungselement ?
= Kenntnis von der Notwehrlage und Verteidigungswille

- ***Problem***
  Versuchsstrafbarkeit bei fehlendem subjektiven Rechtfertigungselement

  Beispiel
  Täter befindet sich in objektiver Notwehrlage, erkennt diese aber nicht
  → siehe ***Fall 15***

• *Rechtfertigung gemäß § 228 S. 1 BGB* = Defensivnotstand

→ siehe ***Fall 6***

a. von einer fremden Sache ausgehende drohende Gefahr für ein Rechtsgut ?

b. erforderliche Beschädigung / Zerstörung der gefährdenden Sache ?

aa. Beschädigung / Zerstörung der gefährdenden Sache ?

bb. Erforderlichkeit ?
= kein milderes und gleich geeignetes Mittel

c. Verhältnismäßigkeit ?
= Beschädigung nicht außer Verhältnis zu der Gefahr

HIER (+) → die gefährdeten Rechtsgüter (Leben, Gesundheit) sind gegenüber dem beschädigten Sachgut sogar höherwertig

d. subjektives Rechtfertigungselement ?
= Kenntnis von der Notstandslage und Verteidigungswille

• *Rechtfertigung gemäß § 904 S. 1 BGB* = Agressivnotstand

→ siehe ***Fall 6***

a. gegenwärtige Gefahr für ein Rechtsgut ?

aa. Gefahr für ein Rechtsgut ?

bb. gegenwärtig ?
= zur Schadensabwendung sofortige Abhilfe erforderlich

b. Einwirkung zur Abwendung der Gefahr notwendig ?

c. Verhältnismäßigkeit ?
= drohender Schaden überwiegt die Beeinträchtigung wesentlich

d. subjektives Rechtfertigungselement ?
= Kenntnis von der Notstandslage und Verteidigungswille

• *Rechtfertigung gemäß § 34* = *rechtfertigender Notstand*

a. gegenwärtige Gefahr für ein (beliebiges) Rechtsgut ?

aa. Gefahr für ein (beliebiges) Rechtsgut ?

bb. gegenwärtig ?
= der Schadenseintritt muss nicht notwendig unmittelbar bevorstehen, aber sicher oder zumindest höchstwahrscheinlich sein, sofern nicht alsbald Abwehrmaßnahmen ergriffen werden

• ***Problem***
Präventiver rechtfertigender Notstand

Beispiel
Person führt Waffe bloß bei sich; die einen Angriff befürchtende andere Person wehrt ab
→ siehe ***Fall 11*** und ***Fall 8*** im ***Fazit***

b. erforderliche Beeinträchtigung eines anderen Rechtsguts ?

aa. Beeinträchtigung eines anderen Rechtsguts ?

bb. Erforderlichkeit ?
= kein milderes und gleich geeignetes Mittel

c. wesentliches Überwiegen des geschützten Interesses ?
= eindeutiges Überwiegen des geschützten Interesses gegenüber dem beeinträchtigten als Ergebnis einer Gesamtabwägung

d. Tat als angemessenes Mittel zur Gefahrabwendung (§ 34 S. 2) ?
= in der konkreten Situation sachgemäß und billigenswert

e. subjektives Rechtfertigungselement ?
= Kenntnis von der Nothilfelage und Rettungswille

• *Rechtfertigung gemäß § 127 I 1 StPO* = *Festnahmerecht*

a. auf frischer Tat betroffen oder verfolgt ?
= bei Begehung einer rechtswidrigen Tat oder unmittelbar danach am Tatort oder in dessen unmittelbarer Nähe gestellt

• ***Problem***
Dringender Tatverdacht genügend oder Erfordernis der objektiven Tatbegehung

Beispiel
Person verschafft sich mit Werkzeug Zugang in eigenes Haus; andere Person vermutet Einbrechen
→ siehe ***Fall 12***

• ***Problem***
Nur versuchte Straftat

Beispiel
Person versucht, sich mit Werkzeug Zugang in fremde Wohnung zu verschaffen
→ siehe ***Fall 12*** im ***Fazit***

b. der Flucht verdächtig oder Identität nicht sofort feststellbar ?

c. subjektives Rechtfertigungselement ?

• *Rechtfertigung durch Einwilligung*

a. Erklärung der Einwilligung durch den Betroffenen vor der Tat ?

- ***Problem***
  Konkludente Erklärung

  Beispiel
  Verhalten einer Person lässt auf Einwilligung schließen
  → siehe ***Fall 13*** im ***Fazit***

b. Einwilligungsfähigkeit des Erklärenden ?

- ***Problem***
  Erfassung der Bedeutung und Tragweite der Einwilligung

  Beispiele
  Einwilligende Person ist nicht geschäftsfähig / minderjährig
  → siehe ***Fall 13*** im ***Fazit***

c. Verfügbarkeit des Rechtsguts ?

- ***Problem***
  Rechtsgut Leben

  Beispiele
  Tötung auf Verlangen / Sterbehilfe / Behandlungsabbruch
  → siehe ***Fall 13*** im ***Fazit***

d. keine relevanten Willensmängel ?

- ***Problem***
  Irrtum bei der Einwilligung

  Beispiel
  Täter täuscht Opfer; aufgrund des erzeugten Irrtums willigt Opfer ein
  → siehe ***Fall 13*** im ***Fazit***

e. Tat im Rahmen der Einwilligung ?

f. subjektives Rechtfertigungselement ?

• *Rechtfertigung durch mutmaßliche Einwilligung*

a. keine tatsächliche Einwilligung ?

b. Verfügbarkeit des Rechtsguts ?

c. tatsächliche Einwilligung nicht einholbar ?

d. Tat im mutmaßlichen Interesse des Betroffenen ?
= bei Kenntnis der Sachlage müsste der Rechtsinhaber vernünftigerweise im eigenen Interesse einwilligen

e. subjektives Rechtfertigungselement ?

2. *je nach Straftatbestand: positive Feststellung der Rechtswidrigkeit*

z.B. § 240 II

III. Schuld

1. Schuldfähigkeit

a. Schuldunfähigkeit nach § 19 ?

= noch nicht 14 Jahre alt

b. Schuldunfähigkeit nach § 20 ?

= wegen einer krankhaften seelischen Störung, wegen einer tiefgreifenden Bewusstseinsstörung oder ...

- ***Problem***
  Berauschung durch Alkohol und actio libera in causa (a.l.i.c.)

  Beispiel
  Täter trinkt sich Mut an, um berauscht eine Straftat zu begehen
  → siehe ***Fall 16***

2. Unrechtsbewusstsein

a. unvermeidbarer Verbotsirrtum nach § 17 S. 1 ?

aa. Verbotsirrtum ?

= fehlende Einsicht, Unrecht zu tun

- ***Problem***
  Direkter Verbotsirrtum / in Form des sogenannten Gebotsirrtums

  Beispiel
  Täter glaubt, nicht zur Anzeige einer gemeingefährlichen Straftat verpflichtet zu sein
  → siehe ***Fall 17***

- ***Problem***
  Indirekter Verbotsirrtum / Erlaubnisirrtum

  Beispiel
  Täter glaubt, ihm stehe ein Züchtigungsrecht zu; er irrt über die Existenz oder zumindest über die rechtlichen Grenzen eines Rechtfertigungsgrundes
  → siehe ***Fall 18***

- ***Problem***
  Erlaubnistatbestandsirrtum / Putativnotwehr

  Beispiel
  Täter glaubt irrig, seine Tat sei gerechtfertigt
  → siehe ***Fall 19***

bb. Unvermeidbarkeit ?

= Unrecht auch bei gehöriger Gewissensanspannung nicht erkennbar

3. Fehlen von Entschuldigungsgründen

a. Entschuldigung gemäß § 33 ?

aa. Überschreiten der Grenzen der Notwehr ?

= Überschreiten des Maßes der erforderlichen Verteidigung bei bestehender Notwehrlage

- ***Problem***
  Extensiver Notwehrexzess

  Beispiel
  Täter begeht Tat zur Angriffsabwehr zu einem Zeitpunkt, als die Notwehrlage nicht mehr besteht
  → siehe ***Fall 20***

- ***Problem***
  Notwehrprovokation

  Beispiel
  Täter wird zur Notwehr provoziert und begeht Tat zu einem Zeitpunkt, als die Notwehrlage nicht mehr besteht
  → siehe ***Fall 20*** im ***Fazit***

- ***Problem***
  Putativnotwehrexzess

  Beispiel
  Täter irrt sich nicht nur im Tatsächlichen über das Vorliegen der Voraussetzungen der Notwehrlage, er irrt sich zudem in rechtlicher Hinsicht über die Grenzen des Erlaubten
  → siehe ***Fall 20*** im ***Fazit***

b. Entschuldigung gemäß § 35 I 1 ?

aa. gegenwärtige Gefahr für Leben, Leib oder Freiheit des Täters, eines Angehörigen oder einer anderen ihm nahestehenden Person ?

bb. erforderliche Beeinträchtigung eines anderen Rechtsguts ?

- Beeinträchtigung eines anderen Rechtsguts ?

- Erforderlichkeit ?
= das mildeste aller geeigneten Mitteln

- ***Problem***
  Leben gegen Leben

  Beispiel
  Täter tötet andere Person, um eigenes Leben zu retten
  → siehe ***Fall 21***

cc. subjektives Entschuldigungselement ?

= Kenntnis der Notstandslage und Wille zur Gefahrabwehr

dd. Hinnahme der Gefahr nicht gemäß § 35 I 2 den Umständen nach zumutbar ?

Mittelbare Täterschaft

beim vollendeten vorsätzlichen Begehungsdelikt

Aufbauschema

Achtung: Sinnvollerweise prüft ihr zuerst die Strafbarkeit des (tatnäheren) Vordermanns (des Werkzeugs). Der Vordermann (das Werkzeug) macht sich zumindest typischerweise nicht strafbar. Erst danach prüft ihr die mögliche mittelbare Täterschaft des Hintermanns.

- Strafbarkeit des (Vordermanns = Werkzeugs) ... gemäß § ... ?

I. Tatbestand

1. Objektiver Tatbestand

a. Tatobjekt ?

b. Tathandlung und zurechenbarer Taterfolg ?

aa. strafrechtlich relevante Handlung ?

bb. Taterfolg ?

cc. Kausalität (Ursächlichkeit) zwischen Handlung und Erfolg ?

dd. objektive Zurechnung des Erfolgs ?

2. Subjektiver Tatbestand

a. Vorsatz ?

b. je nach Straftatbestand zusätzlich: bestimmte Absicht ?

z.B. Absicht der rechtswidrigen Zueignung in § 242 I

II. Rechtswidrigkeit

1. Rechtfertigungsgrund

- ***Rechtfertigung gemäß § ...***

  - ***Problem***
    Nötigungsnotstand

    Beispiel
    Person wird unter Drohung gezwungen, eine Straftat zu begehen
    → siehe ***Fall 23*** und ***Fall 11*** im ***Fazit***

2. je nach Straftatbestand: positive Feststellung der Rechtswidrigkeit

III. Schuld

1. Schuldfähigkeit

2. Unrechtsbewusstsein

- ***Problem***
  Unvermeidbarer Verbotsirrtum nach § 17 S. 1

  Beispiel
  Person denkt, das Leben von vielen Menschen sei in Gefahr und tötet eine Person, um diese Menschen zu retten
  → siehe ***Fall 24***

3. Fehlen von Entschuldigungsgründen

- ***Problem***
  Nötigungsnotstand und Entschuldigung gemäß § 35 I 1

  Beispiel
  Person wird unter Drohung gezwungen, eine Straftat zu begehen
  → siehe ***Fall 23***

- Strafbarkeit des (Hintermanns = mittelbaren Täters) ... gemäß §§ ... , 25 I Alt. 2 ?

I. Tatbestand, §§ ... , 25 I Alt. 2

1. Objektiver Tatbestand

a. Tatobjekt ?

b. Tathandlung durch einen anderen und zurechenbarer Taterfolg ?

aa. strafrechtlich relevante Handlung durch einen anderen ?

- ***Problem***
  Tatherrschaft kraft überlegenen Wissens und Wollens

  → siehe ***Fall 22*** bis ***Fall 24***

- ***Problem***
  Tatherrschaft bei tatbestandsmäßigem, rechtswidrigem und schuldhaftem Handeln des Vordermanns

  → siehe ***Fall 24***

bb. Taterfolg ?

2. Subjektiver Tatbestand

a. Vorsatz ?
= Wissen und Wollen der Tatbestandsverwirklichung

- ***Problem***
  Vorsatz sowohl hinsichtlich der Verwirklichung des objektiven Tatbestands durch den anderen, als auch Vorsatz bezüglich der eigenen Tatherrschaft (Werkzeugqualität des anderen)

  → siehe ***Fall 22*** bis ***Fall 24***

b. je nach Straftatbestand zusätzlich: bestimmte Absicht ?

z.B. Absicht der rechtswidrigen Zueignung in § 242 I

II. Rechtswidrigkeit

1. Rechtfertigungsgrund

2. je nach Straftatbestand: positive Feststellung der Rechtswidrigkeit

III. Schuld

1. Schuldfähigkeit

2. Unrechtsbewusstsein

3. Fehlen von Entschuldigungsgründen

Mittäterschaft

beim vollendeten vorsätzlichen Begehungsdelikt

Aufbauschema

Achtung: Sinnvollerweise prüft ihr zuerst die Strafbarkeit des Tatnächsten, d.h. die Strafbarkeit der Person, die (im prüfungstechnisch besten Falle) alle Strafbarkeitsvoraussetzungen erfüllt. Erst danach prüft ihr die mögliche Mittäterschaft der anderen Person oder der anderen Personen.

- Strafbarkeit des (Tatnächsten) ... gemäß § ... ?

I. Tatbestand

1. Objektiver Tatbestand

a. Tatobjekt ?

b. Tathandlung und zurechenbarer Taterfolg ?

aa. strafrechtlich relevante Handlung ?

bb. Taterfolg ?

cc. Kausalität (Ursächlichkeit) zwischen Handlung und Erfolg ?

dd. objektive Zurechnung des Erfolgs ?

2. Subjektiver Tatbestand

a. Vorsatz ?

b. je nach Straftatbestand zusätzlich: bestimmte Absicht ?

II. Rechtswidrigkeit

1. Rechtfertigungsgrund

2. je nach Straftatbestand: positive Feststellung der Rechtswidrigkeit

III. Schuld

1. Schuldfähigkeit

2. Unrechtsbewusstsein

- ***Problem***
  Unvermeidbarer Verbotsirrtum nach § 17 S. 1

  Beispiel
  Person denkt, das Leben von vielen Menschen sei in Gefahr und tötet eine Person, um diese Menschen zu retten
  → siehe ***Fall 24***

3. Fehlen von Entschuldigungsgründen

- Strafbarkeit des (Mittäters) … gemäß §§ … , 25 II ?

I. Tatbestand, §§ … , 25 II

1. Subjektiver Tatbestand

a. gemeinsamer Tatplan / Täterwille ?

→ siehe ***Fall 25***

- ***Problem***
  error in persona des Tatnächsten

  → siehe ***Fall 24***

b. Vorsatz bezüglich der Verwirklichung des objektiven Tatbestands durch den (bereits geprüften) Tatnächsten ?

c. je nach Straftatbestand zusätzlich: bestimmte Absicht ?

2. Objektiver Tatbestand / funktionale Tatherrschaft

→ siehe ***Fall 25*** und ***Fall 26***

II. Rechtswidrigkeit

1. Rechtfertigungsgrund

2. je nach Straftatbestand: positive Feststellung der Rechtswidrigkeit

III. Schuld

1. Schuldfähigkeit

2. Unrechtsbewusstsein

3. Fehlen von Entschuldigungsgründen

Anstiftung

zum vollendeten vorsätzlichen Begehungsdelikt

Aufbauschema

Achtung: Zuerst prüft ihr die Strafbarkeit des tatnäheren Haupttäters. Erst danach prüft ihr die mögliche Teilnahme-Strafbarkeit (hier: Anstiftung) einer anderen Person. Der Merksatz lautet: **Täter vor Teilnehmer**.

- Strafbarkeit des (Haupttäters) ... gemäß § ... ?

I. Tatbestand

1. Objektiver Tatbestand

a. Tatobjekt ?

b. Tathandlung und zurechenbarer Taterfolg ?

aa. strafrechtlich relevante Handlung ?

bb. Taterfolg ?

cc. Kausalität (Ursächlichkeit) zwischen Handlung und Erfolg ?

dd. objektive Zurechnung des Erfolgs ?

2. Subjektiver Tatbestand

a. Vorsatz ?

b. je nach Straftatbestand zusätzlich: bestimmte Absicht ?

II. Rechtswidrigkeit

1. Rechtfertigungsgrund

2. ***je nach Straftatbestand:***
positive Feststellung der Rechtswidrigkeit

III. Schuld

1. Schuldfähigkeit

2. Unrechtsbewusstsein

3. Fehlen von Entschuldigungsgründen

- Strafbarkeit des (Anstifters) … gemäß §§ … , 26 ?

I. Tatbestand

1. Objektiver Tatbestand

a. vorsätzliche rechtswidrige Haupttat ?

b. Bestimmen zur Tat ?
= Hervorrufen des Tatentschlusses

- ***Probleme***
  Aufstiftung / Abstiftung / Umstiftung

  → siehe ***Fall 28*** und im ***Fazit***

- ***Problem***
  omnimodo facturus

  → siehe ***Fall 28*** im ***Fazit***

2. Subjektiver Tatbestand

a. Vorsatz bezüglich der Vollendung der Haupttat ?

- ***Problem***
  agent provocateur

  → siehe ***Fall 29***

- ***Problem***
  Haupttat bleibt im Versuchsstadium stecken

  → siehe ***Fall 27*** im ***Fazit***

- ***Problem***
  Exzess des Haupttäters

  → siehe ***Fall 29*** im ***Fazit***

- ***Problem***
  error in persona des Haupttäters

  → siehe ***Fall 31***

b. Vorsatz bezüglich der Anstifterhandlung ?

II. Rechtswidrigkeit

III. Schuld

u.U.

IV. Tatbestandsverschiebung gemäß § 28 II

→ siehe grundlegend ***Fall 34*** und im ***Fazit*** (dort zur Beihilfe)

Versuchte Anstiftung

zum

vorsätzlichen Begehungsdelikt

Aufbauschema

Achtung: Zuerst prüft ihr die Strafbarkeit des tatnäheren Haupttäters. Dessen Strafbarkeit scheitert typischerweise. Erst danach prüft ihr die mögliche Teilnahme-Strafbarkeit (hier: versuchte Anstiftung) einer anderen Person. Der Merksatz lautet: **Täter vor Teilnehmer**.

- Strafbarkeit des (Haupttäters) … gemäß § … ?

→ siehe ***Fall 30*** und ***Fall 31***

- Strafbarkeit des (die Anstiftung Versuchenden) …
gemäß §§ … , 30 I 1 Var. 1 ?

(- Vorprüfung)

1. Nichtvollendung der Tat (hier der Anstiftung)

2. Strafbarkeit des Versuchs

- ***Problem***
  Strafbarkeit nur bei Verbrechen
  → siehe ***Fall 30*** und ***Fall 31***

I. Tatbestand

1. Subjektiver Tatbestand = Tatentschluss

2. Objektiver Tatbestand = unmittelbares Ansetzen

II. Rechtswidrigkeit

III. Schuld

Beihilfe

zum vollendeten vorsätzlichen Begehungsdelikt

Aufbauschema

Achtung: Zuerst prüft ihr die Strafbarkeit des tatnäheren Haupttäters. Erst danach prüft ihr die mögliche Teilnahme-Strafbarkeit (hier: Beihilfe) einer anderen Person. Der Merksatz lautet: **Täter vor Teilnehmer**.

- Strafbarkeit des (Haupttäters) … gemäß § … ?

→ siehe ***Fall 33***

I. Tatbestand

1. Objektiver Tatbestand

a. Tatobjekt ?

b. Tathandlung und zurechenbarer Taterfolg ?

2. Subjektiver Tatbestand

a. Vorsatz ?

b. je nach Straftatbestand zusätzlich: bestimmte Absicht ?

II. Rechtswidrigkeit

1. Rechtfertigungsgrund

2. je nach Straftatbestand: positive Feststellung der Rechtswidrigkeit

III. Schuld

1. Schuldfähigkeit

2. Unrechtsbewusstsein

3. Fehlen von Entschuldigungsgründen

- Strafbarkeit des (Gehilfen) … gemäß §§ … , 27 I ?

I. Tatbestand

1. Objektiver Tatbestand

a. vorsätzliche rechtswidrige Haupttat ?

b. Hilfe leisten ?
= (ursächliche) Förderung der Haupttat

- ***Problem***
  hypothetische Reserveursache

  → siehe ***Fall 33*** und im ***Fazit***

- ***Problem***
  psychische Beihilfe

  → siehe ***Fall 33*** im ***Fazit***

- ***Problem***
  Zeitraum, in dem Beihilfe begangen werden kann

  → siehe ***Fall 33*** im ***Fazit***

2. Subjektiver Tatbestand

a. Vorsatz bezüglich der Vollendung der Haupttat ?

b. Vorsatz bezüglich der Gehilfenhandlung ?

II. Rechtswidrigkeit

III. Schuld

u.U.

IV. Tatbestandsverschiebung gemäß § 28 II

→ siehe ***Fall 34*** und im ***Fazit***

Versuchtes vorsätzliches Begehungsdelikt und Rücktritt vom Versuch

Aufbauschema

- Strafbarkeit des ... gemäß §§ ... , 22, 23 I ?

(- Vorprüfung)

1. Nichtvollendung der Tat

2. Strafbarkeit des Versuchs

- ***Problem***
  Strafbarkeit bei Verbrechen / bei Vergehen

  → siehe ***Fall 35*** im ***Fazit***

I. Tatbestand

1. Subjektiver Tatbestand = Tatentschluss

= Vorsatz bezüglich der objektiven Merkmale

- ***Problem***
  Tatentschluss mit Rücktrittsvorbehalt

  → siehe ***Fall 35*** im ***Fazit***

- ***Problem***
  Tatentschluss auf bewusst unsicherer Tatsachengrundlage

  → siehe ***Fall 35*** im ***Fazit***

a. Vorsatz bezüglich des Tatobjekts ?

- ***Problem***
  untauglicher Versuch wegen untauglichen Tatobjekts

  → siehe ***Fall 36*** und im ***Fazit***

- ***Problem***
  Abgrenzung untauglicher Versuch – Wahndelikt

  → siehe ***Fall 36*** im ***Fazit***

b. Vorsatz bezüglich der Tathandlung ?

c. je nach Straftatbestand zusätzlich: bestimmte Absicht ?

z.B. Absicht der rechtswidrigen Zueignung in § 242 I

2. Objektiver Tatbestand = unmittelbares Ansetzen

= Handlung, die nach dem Plan des Täters ohne wesentliche Zwischenschritte zur Tatbestandsverwirklichung führen soll

- ***Problem***
  Abgrenzung unmittelbares Ansetzen – straflose Vorbereitungshandlung

  → siehe ***Fall 37*** und im ***Fazit***

- ***Problem***
  Unmittelbares Ansetzen bei Qualifikationstatbeständen

  → siehe ***Fall 37*** im ***Fazit***

- ***Problem***
  Unmittelbares Ansetzen bei mittelbarer Täterschaft

  → siehe ***Fall 38*** und im ***Fazit***

- ***Problem***
  Unmittelbares Ansetzen bei Mittäterschaft

  → siehe ***Fall 38*** im ***Fazit***

- ***Problem***
  Unmittelbares Ansetzen bei actio libera in causa

  → siehe ***Fall 38*** im ***Fazit***

II. Rechtswidrigkeit

III. Schuld

IV. Rücktritt nach § 24 I 1 Var. 1

1. weitere Ausführung der Tat aufgegeben (unbeendeter Versuch)

= Entschluss, auf die Vollendung der konkreten Tat endgültig zu verzichten; Täter hat nach seiner Vorstellung noch nicht alles Erforderliche getan, um den Erfolg herbeizuführen (unbeendeter Versuch)

- ***Problem***
  Abgrenzung unbeendeter Versuch – beendeter Versuch

  → siehe ***Fall 39*** und ***Fall 40*** und jeweils im ***Fazit***

- ***Problem***
  Endgültiger Verzicht

  → siehe ***Fall 39*** im ***Fazit***

2. *freiwillig*

= aus selbst gesetzten (autonomen) Motiven

- ***Problem***
  Abgrenzung freiwillig – unfreiwillig

  → siehe ***Fall 39*** im ***Fazit***

- ***Problem***
  Freiwilligkeit beim fehlgeschlagenen Versuch

  → siehe ***Fall 39*** im ***Fazit***

oder

IV. Rücktritt nach § 24 I 1 Var. 2

1. Verhinderung der Vollendung (beendeter Versuch)

2. *freiwillig*

= aus selbst gesetzten (autonomen) Motiven

oder

IV. Rücktritt nach § 24 I 2

1. Tat ohne Zutun nicht vollendet (beendeter Versuch)

2. *freiwilliges, ernsthaftes Bemühen, die Vollendung zu verhindern*

= Bemühen, aus selbst gesetzten (autonomen) Motiven zu verhindern

Fahrlässigkeitsdelikt

Aufbauschema

- Strafbarkeit des ... gemäß § ... ?

I. Tatbestand

1. Tatobjekt

2. Tathandlung und ursächlicher Taterfolg

a. strafrechtlich relevante Handlung ?

b. Taterfolg ?

c. Kausalität (Ursächlichkeit) zwischen Handlung und Erfolg ?
= jede Bedingung, die nicht hinweggedacht werden kann, ohne dass der konkrete Erfolg entfiele ("conditio-sine-qua-non-Formel")

3. objektive Sorgfaltspflichtverletzung

= Außerachtlassung der Sorgfalt, zu deren Einhaltung der Täter objektiv in der konkreten Situation verpflichtet ist

- ***Problem***
  Leichtfertigkeit

  → siehe ***Fall 41*** im ***Fazit***

- ***Problem***
  Atypischer Kausalverlauf und objektive Vorhersehbarkeit

  → siehe ***Fall 41*** im ***Fazit***

4. objektiver Zurechnungszusammenhang (Pflichtwidrigkeitszusammenhang)

= Erfolg als Folge der Pflichtwidrigkeit des Täterverhaltens aufgrund eines tatbestandsadäquaten Kausalverlaufs

- ***Problem***
  Wahrscheinlichkeit des Erfolgseintritts auch bei pflichtgemäßem Verhalten

  → siehe ***Fall 41*** und im ***Fazit***

- ***Problem***
  Erfolg außerhalb des Schutzbereichs der verletzten Norm
  → siehe ***Fall 41*** und im ***Fazit***

- ***Problem***
  Eigenverantwortliche Selbstgefährdung und einverständliche Fremdgefährdung

  → siehe ***Fall 42*** und im ***Fazit***

II. Rechtswidrigkeit

→ siehe bereits ***Fall 15*** im ***Fazit***

- Rechtfertigungsgrund

- ***Problem***
  Rechtfertigung durch Einwilligung bei Gefährdungs- und Fahrlässigkeitsdelikten

  → siehe ***Fall 42*** und im ***Fazit***

III. Schuld

1. Schuldfähigkeit

2. subjektive Fahrlässigkeit

= subjektive Sorgfaltspflichtverletzung bei subjektiver Voraussehbarkeit der Tatbestandsverwirklichung

3. Fehlen von Entschuldigungsgründen

- ***Problem***
  Unzumutbarkeit normgemäßen Verhaltens

  → siehe ***Fall 41*** im ***Fazit***

Unterlassungsdelikt (unechtes)

Aufbauschema

- Strafbarkeit des ... gemäß §§ ... , 13 I ?

I. Tatbestand

1. Objektiver Tatbestand

a. Tatobjekt ?

b. Tathandlung und zurechenbarer Taterfolg durch Unterlassen ?
= Eintritt des Taterfolgs aufgrund der Nichtvornahme einer zu dessen Abwendung gebotenen Handlung bei Rechtspflicht zum Einschreiten durch Garantenstellung (§ 13 I)

- ***Problem***
  Garantenstellung

  → siehe ***Fall 43*** im ***Fazit***; siehe ***Fall 44*** und im ***Fazit***

- ***Problem***
  Beschützergarant und Überwachergarant

  → siehe ***Fall 44*** und im ***Fazit***

c. Möglichkeit der gebotenen Handlung ?

d. Zumutbarkeit der gebotenen Handlung ?

2. Subjektiver Tatbestand

- Vorsatz ?

II. Rechtswidrigkeit

III. Schuld

Gesetzesverzeichnis

Das Verzeichnis bezieht sich auf Fallziffern.
Hervorhebungen weisen auf Fundstellen im jeweiligen Prüfungsobersatz hin !!!

BGB

GG

JGG

MRK

OWiG

StGB

Das Verzeichnis bezieht sich auf Fallziffern.
Hervorhebungen weisen auf Fundstellen im jeweiligen Prüfungsobersatz hin !!!

StPO

StVO

Sachverzeichnis

Das Verzeichnis bezieht sich auf die jeweiligen <u>Seitenzahlen</u> !!!

A

B

C

D

Das Verzeichnis bezieht sich auf die jeweiligen Seitenzahlen !!!

Sachverzeichnis

Das Verzeichnis bezieht sich auf die jeweiligen Seitenzahlen !!!

Das Verzeichnis bezieht sich auf die jeweiligen Seitenzahlen !!!

L

M

N

O

P

Sachverzeichnis

Das Verzeichnis bezieht sich auf die jeweiligen <u>Seitenzahlen</u> !!!

Das Verzeichnis bezieht sich auf die jeweiligen Seitenzahlen !!!

Das Verzeichnis bezieht sich auf die jeweiligen <u>Seitenzahlen</u> !!!

W

Z

Bisher im Fall-Fallag erschienen:

Dräger / Rumpf-Rometsch
Das Recht
Ein Basisbuch
Arbeitstechnik, Sprache,
Grundbegriffe, Fallbeispiele
Gratis-Download!!!
unter www.fall-fallag.de

Rumpf-Rometsch
Die Fälle
BGB AT
Allgemeiner Teil

Dräger / Rumpf-Rometsch
Die Fälle
Strafrecht AT
Allgemeiner Teil

Rumpf-Rometsch
Die Fälle
BGB Schuldrecht AT
Unmöglichkeit, Verzug,
Pflichtverletzung vor/im Vertrag

Dräger / Rumpf-Rometsch
Die Fälle
Strafrecht BT 1
Nichtvermögensdelikte

Rumpf-Rometsch
Die Fälle
BGB Schuldrecht BT 1
Mängel im Kaufrecht und in
anderen Rechtsbereichen

Dräger / Rumpf-Rometsch
Die Fälle
Strafrecht BT 2
Vermögensdelikte

Rumpf-Rometsch / Dräger
Die Fälle
BGB Schuldrecht BT 2
GoA, Deliktsrecht und
Bereicherungsrecht

Rumpf-Rometsch u.a
Die Fälle
Verwaltungsrecht
Klagearten und
Allgemeines Verwaltungsrecht

Rumpf-Rometsch / Dräger
Die Fälle
BGB Sachenrecht 1
Mobiliarsachenrecht
Grundlagen

Rumpf-Rometsch
Die Fälle
Grundrechte
Verfassungsbeschwerde
und mehr

Rumpf-Rometsch
Die Fälle
BGB Sachenrecht 2
Immobiliarsachenrecht
Grundlagen

Dräger / Rumpf-Rometsch
Die Fälle
Staatsrecht
Verfahren vor dem Bundes-
verfassungsgericht und
Staatsorganisationsrecht

und für Referendare ...

Dräger / Rumpf-Rometsch
Das Urteil
in Zivilsachen
Urteilstechnik und Urteilsstil
Arbeit am Sachverhalt
Übungen
Verständnisfragen
Rubrum, Tenor, Tatbestand,
Entscheidungsgründe

Die jeweils aktuellen Auflagen, ISBN, Preise, Neuerscheinungen, Infos, Leseproben und und und ...

www.fall-fallag.de